数字时代的精神症候

姜宇辉————

著

上海人民出版社

献给妈妈

感谢你无私的爱与关怀

目　　录

1

前言:从技术到影像, 从精神政治到精神症候

这本书是我这两年的一些思考的结晶,里面涉及从技术、影像、舞蹈、体验、情感等角度出发对当下的数字时代进行的哲学反思甚至诊断。德勒兹的那本名作的标题大家都耳熟能详——《批评与诊断》,或许恰好得以作为本书的一个潜在的副标题。在进入正文之前,我先对本书的一些基本想法和大致框架做一个简要的介绍,以方便读者与同道阅读和进一步的讨论、批评。

关于数字时代

首先,全书的研究对象及范域非常明确地限定于数字时代。固然,其中的很多问题,尤其是像孤独、自恋、情感等精神体验,其范围当然远不止于当下的数字时代,但这些历史性及普遍性的方面往往只是作为我们讨论的出发点和必要的背景。全书的论证还是主要聚焦于当下,针对于时代。

那么首先就要对所谓的数字时代给出一个较为明确清晰的概括。到底何为数字时代? 其主要特征是什么? 它又何以与之前的诸多时代进行相对明确的区分? 首先,思考数字时代,一定要澄清三个相关的概念,即数字、计算与算法。数字是人类的一个非常古老而伟大的发明,它几乎跟文字等重大的发明同样古老,而且始终是作为人类文明和社会的基本发展动力之一。离开了数字,很难想象人类社会会达到今天的阶段和境界。那么数字的最根本特征又是什么呢? 无疑是对本来连续而整体的现实世界进行一种单元式的划分,无论是划分为数的秩序,还是形的秩序,或者别的基本单位,总之,分析和分解都是数字的一个基本而关键的功用。也正是在这个意义上,数字和计算是紧密联系在一起的。计算,无非以数字为基本

单位,进而对世界和社会赋予一种普遍通行的计量尺度,以利于生产和生活。时空的计算,距离的计算,甚至心理的计算等等,根本上都是出于这样一种目的。

不过,在进入工业社会、信息社会乃至今天的后人类的时代之后,原本中性甚至偏褒义的数字和计算却越来越变成了一个贬义词,甚至蜕变为被人文学者口诛笔伐的对象。究其原因,无非它给世界施加了一种越来越统一甚至同一、越来越均质甚至同质的算法秩序,进而在很大程度上压制了人的自由创造,也遏制了世界本身趋向于差异和多元的发展。今天的数字社会的症结仍然大致出自这个根源,但它的具体形态却发生了明确的变化。福柯在《规训与惩罚》中曾将社会施加给个体的控制概括为"惩罚"与"规训"这两种形态,后来德勒兹又在这个基础上进一步提出了"控制"这个更适应于信息和数字时代的形态。但大家普遍忽视的一个要点,正是福柯自己在"安全,领土与人口"这门课程中极具洞见提出的"安全"这个重要的形态。虽然安全这个主题随后在福柯的文本中近乎销声匿迹,虽然安全看起来亦只是规训权力与生命政治之间的含混而短暂的过渡,但落实到今天的数字时代,安全反而凸显为一个看似更为值得关注的社会控制的普遍手法。从9·11事件到新冠,从反恐到防疫,从互联网到大数据,技术在变,时代在变,政治在变,由此安全就一步步成为焦点主题。何为安全? 正是为应对微观而遍在的危机而采用的一种灵活多变的控制方法。安全来自对危险的预测、预防乃至预制,而它的运作方式则是在自由与控制之间保持一种脆弱不安的平衡。或许唯有从这个基本背景和前提出发,我们方可对当下的数字时代进行相对准确的洞察、相对深入的剖析。数字时代,绝不只是又一种资本主义异化的形态,也不能只套用传统的马克思主义或法兰克福学派的理论来进行批判,它本有自己独特的症候,它召唤我们进行独特的解析。

这也是本书的导引和第一部分意欲处理的基本问题。从元宇宙开始,并不只是因为它是一个最近炙手可热的技术现象,而更是因为其中体现出来的聚焦性和综合性。综合性,是因为"元-"这个前缀已然清晰彰显出它的那种兼容并蓄的特征。虽然大致可以将其概括为现实与虚拟的融合平台,但它的最突出特征还是将之前大致平行发展的不同技术趋势进行了汇聚与集中,尤其是人工智能、大数据和互联网。正是因此,元宇宙才能成为我们对现实进行聚焦性分析的一个入口。它之所以能起到此种融合性、综合性的作用,除了技术上的发展和动因之外,还有一个更为明显的社会和政治上的动机,那正是试图以一种更为有效而全面的方式来实现对于整个社会的安全式治理。在这个意义上，元宇宙并不只是一种新技术，更是有史以来最以安全为旨归的社会治理方式。正是在这样一个主导的治理框架中，主体性的问题再度凸显。在福柯的原初论述之中，不同的主体性形态的更迭和演变本就是一个要点，不同的权力运作的方式本来也就对应着由其塑造出来的不同的主体性形态。这个背景自不待言，而就元宇宙这个数字时代的典型的安全治理模式来说，它所引发的自由与控制之间的主体性难题就变得更为棘手和突出。我们试图首先从主体性这个概念的历史演变的角度大致梳理脉络，概括出从自律到依存这个线索，接下来再结合脆弱性的双重面向进一步展开深入思考。

第一部分则是由此进行的引申与推进。整个部分的核心概念正是无根基这个始终潜藏在当代欧陆思想中的重要洞见。从巴塔耶的僭越到德里达的延异，从福柯的疯狂到阿甘本的"anarchy"，这条否定性思考的脉络一次次激进地推动着欧陆思想的前沿动向。我们在这个部分，就尝试从三个不同的角度来此进行深入阐发。首先当然是哲学上的澄清和辨析。鉴于阿甘本和弗卢塞尔（Flusser）是最直接鲜明讨论这个概念的两位代表性思想家，第一章就以二者的思考为主线，在辨析二者关键异同的基础上最终导向对技术时代的无根基性的剖析。第二章则正是承接这个思路展开，但将相对抽象而普遍的哲学思辨进一步带向、落实于当下的数字时代。弗卢塞尔固然已经对所谓"技术图像时代"进行了深刻的剖析，但他显然没有对贯穿20世纪的控制论这个主导的技术发展做出理应的关注。这一章除了补充上了这个必要的环节之外，还从前馈这个相对为人忽视的角度入手，揭示出数字技术中的否定性裂痕。随后，第三章再度回归元宇宙这个主题，并以"与死者共在"这个海德格尔式的主题为引线，重新深思了元宇宙本身的无根基性，并由此提出了这个回荡在全书之中的根本追问：何以在一个数字生存和虚拟死亡的时代真正实现人与人之间的共在与共情。

关于影像

对于电影和影像的哲学思考，一直是笔者近些年来的重点关注。在本书中，这自然也会成为一个关键的主题。只不过，这里对于影像的思考又注定与数字时代的安全与无根基性这些主线连接在一起。第二部分也正是由此展开。

　　无根基性,在阿甘本的姿势哲学和弗卢塞尔的技术图像那里,或许大致有着明确而统一的含义,但如果从当下的影像状况来说,它确实越来越呈现出多样而复杂的面貌,理应对这些差异面向进行不同的引申和思考。首先,无根基性体现于暗黑生态学和媒介生态学中的那些"暗黑"的向度。这里的暗黑大致有三个层层递进的含义,一是隐藏和遮蔽,它指向生态系统或媒介网络中的那些(局部或暂时)不可见的面向。但第二个含义则不同,它不仅指向深处和暗处,更是呈现出陌异(strange)乃至诡谲(uncanny)的形貌。这也是暗黑生态学的一个重要的否定性的契机。如莫顿(Morton)这样的代表性思想家之所以如此热衷于"弃明投暗",并不仅仅是故作惊人之语,博人眼球,而是试图以极端的方式去展现生态乃至世界在本体上的幽深面向,并以这个陌异乃至创伤的体验为前提,导向对主体性的唤醒与重建。第三个含义是幽深,不只是隐藏之"形",而是无根基的深渊之"空"(void)。也正是在这个意义上,我们得以进一步思考数字媒介、数字影像和数字生态的基本问题。

　　第四章以对数字艺术和数字美学的普遍而根本的思考开篇。而其中引入的三个关键词皆鲜明体现出暗黑和否定性的面向,它们分别是海洋、崇高和体验。海洋,是近来很多媒介学家用来形容庞大的数据库本体的一个典型意象。海洋既是庞大的,又是崇高的,它既将人类降格为渺小而脆弱的"用户",但同时又会在人身上激发出近乎康德意义上的主体性动力。就此而言,数据库的崇高美学,既是对传统美学的引申发展,同时又是对当下的数字时代的艺术和美学特征的一个颇为深刻的概括。只不过,数据库海洋的崇高,在很大程度上又与伯克和康德对于崇高的经典界定有着明显的差别。主体性这个旨归和诉求,在庞大暗黑的数字汪洋面前,变得越来越模糊不清,甚至前途未卜。

　　面对这个哲学和美学的困境,单纯从学理和思辨的角度或许很难找到回应之道,由此在第五章中,我们试图转向更为具体的媒介和电影史的领域,对崇高和暗黑这两个主题展开进一步引申。一方面,崇高在当下的数字时代已经远非一个审美景观的对象,或道德提升的动力,而是变成一种实实在在的毁灭性的力量。周蕾所谓的"作为标靶的世界",帕克丝(Parks)等人所谓的"垂直性媒介",都是意在凸显出全球蔓延的数字网络的那种咄咄逼人的庞大之物的形貌。而面对这个愈发失控而令人忧惧的未来,或许重新带回历史性的考察不失为一条解决的途径。但这个历史的考察又并非单纯是复古、迷古甚或逃避,而是要通过对于"本原"的回顾来探寻再度敞开未来可能性的途径。在这一章中,"本原"之思亦同样更鲜明地展现出阿甘本和弗卢塞尔意义上的去本原(an-arché)和无根基的特征,因为当我们再度回归电影史的源头,便会逐步揭示和呈现出暗黑这个幽深而诡谲的面貌。电影作为暗黑剧场这个面向,似乎为当下这个日益暗黑的无根基时代给出一个不同的疗治之道。暗黑,或许并不只是吞噬一切的虚无的深渊,也远非只是催生各种无意义的网络口水的无尽空洞,而更应该是一种终极的否定性契机,以极端断裂的"姿势"来促迫生命的重启,世界的再造。

由此也就顺理成章地转向第六章对于观者身份和主体性的思考。前面两章将哲学与媒介、思辨与影像相结合,固然别开生面,但始终遗留下一个关键难题有待解决,那就是此种结合的可能性依据到底何在?结合或许是一个既成的事实,但仍然需要从哲学上进一步给出理由与辩护。这恰好就是电影哲学面临的根本主题。所谓的电影哲学,其实既非用电影来图解哲学,也绝非用哲学来诠释电影,而是以思考为纽带,建立起哲学与电影之间的本质性的内在相通。而在电影哲学的研究中,又往往大致会体现出几个主要的方向,比如麦茨(Metz)为代表的符号学,波德维尔为代表的电影叙事学理论,德勒兹的影像本体论,以及卡维尔(Cavell)的怀疑论等等,但确实鲜有学者会把研究的目光投向观者及其身份、地位、体验和思考。因而,本章所进行的工作,除了补缺之外,还有另外一个重要的考量,那正是从观者身份的角度出发,重新反思数字影像的主体性问题。在电影哲学中,主体性除了谁在思考、如何思考,显然还应该包括"和谁一起思考"这个重要的维度。此外,基于观者的角度,还可以从影像出发,进一步打通电影和当代艺术之间的关联。"参与式"艺术,或许并不仅仅是20世纪当代艺术的一个根本诉求,而且也理应成为数字的影像实验和实践中的一个朝向未来的可能性创造。电影的参与性,并不仅仅体现于现有的观看机制中,也并非只能通过影游融合的方式才能进行,在更为广阔的当代艺术的视野之中,参与式主体和互动性关联会生发出更为强烈的思考和行动的潜能。

关于精神症候

初看起来,我在书中使用的"精神症候"这个说法是带有一定程度的含混乃至误导的。首先，谈起症候，很难不令人联想到精神分析的相关理论。或至少也是跟精神治疗有密切的关系。然而，我对这个概念的使用却基本上与这些常见的理论背景并无直接瓜葛。这大致出于两个重要考量。一个方面，我们使用"症候"，并非对应于某种病理，也并不是说这个时代的某个部分或环节出了严重的问题，患了严重的疾病，然后需要通过某种外显的"症候"来进行诊断乃至疗治。不，我对于时代并没有这样的预设。也不认为可以用"健康/疾病"的普遍标准来衡量一个社会。因此，本书所谓的"症候"更多的是在皮尔士的"形迹"（index）或更一般的"征候"的意义上来使用。当我把影像、技术、舞蹈、情感等当作典型征候的时候，主要的用意是想在错综复杂的力量网络中去敏锐探查变化乃至变革的萌芽和契机。因此，征候偏向于"变"，而绝非"病"。

那么，又为什么执意要使用"症候"这个很明显与疾病相关的说法呢？这就涉及第二个方面的考量了。用"症候"而不是简单直接地使用"征候"，并非对精神分析的暗指，其实更是想与当下日趋走红的以韩炳哲为代表的精神政治建立起"同"与"异"的关系。从"同"的方面说，本书的很多论述确实跟韩炳哲有极为相似之处，我对很多数字时代的精神活动的论述，也确实参考了他的很多启示性的论述，比如关于无聊、孤独、苦痛、透明性、否定性、创伤，等等，韩炳哲的文本绝对包含着比旁人更多的启示。但我的研究又显然跟他的立场存在基本的区别，这主要体现在两个重要的方面。首先，韩炳哲曾指摘说斯蒂格勒（Stiegler）对当下的网络社会和数字时代缺少细致入微的分析，相较而言，他自己确实做得比后者更为深入。但在我们看来，他的尝试和努力仍然还远远不够。一个比较重要的缺陷就在于，韩炳哲对于数字时代的很多现象（甚至不妨说是整个数字时代），基本上都有一种先入为主的批判性的立场。马克思曾说"一切坚固的东西都烟消云散了"，那么我们在这里也不妨化用一下，在韩炳哲看来，在数字时代，确实"一切美好真实的东西也都腐化堕落了"。但问题是，马克思虽然作出了看似如此极端的批判，但他仍然能够在普遍异化的资本主义之中发现和洞察变革的动力和契机，但反观韩炳哲，他似乎除了诅咒和批判之外就无所建树了。要问他对这些时代和社会的顽疾能开出什么样的对症下药的良方，那实在是非常薄弱甚至苍白的。

其次，之所以如此，主要还是因为他自己其实对数字时代的种种现象也缺乏深入细致的考察。对于数字的美学、数字的影像、数字的游戏、数字的舞蹈、数字的情感等等,他大多只有一些印象式的评判,而几乎完全缺乏系统性的梳理和研究。实际上,本书涉及的任何一个现象和主题,都已经在数字社会中至少发展了几十年,其中包含着复杂的社会机制,延续的发展脉络,以及由此暴露出来的诸多具体的问题。对于这些现象,在各个人文学科和社会科学中都已经有大量的扎实研究文献和资料,这些理论背景,任何一个试图对数字时代的精神活动进行反思的学者都势必一开始就了解和掌握。缺乏这个必要的背景,任何仅从思辨的角度作出的判断都是缺乏依据的。简言之,要想认真负责地批判数字时代,必须首先应该有对于它的最起码的尊重和正视,应该从事实和理论的角度大量深入地了解它的各个细节,不断地观察、比较、反思、检视,才能磨炼出较为深刻的洞察和观点。我们倒不是说本书在这个方面已经做得很出色了。或许正相反。从这个标准严格来衡量,本书只能算是初步的尝试,很多问题还只是触及或浅尝辄止,尚有巨大的余地和空间有待深入。

综上所述,这也正是我们使用"精神症候"而非"精神政治"的一个重要缘由。精神政治的初心和动机绝对是深刻有力的,但它还需要辅以脚踏实地的调查研究。所以"症候/征候"这个说法,除了是在德勒兹的意义上强调对变化和差异的敏锐洞察之外,还稍微带有一点对于韩炳哲的戏拟:我们的意思或许是,他对数字时代的精神病状的剖析还远远不够深入,他也许只是触及了皮毛和表层,甚至连症候的层次也还没有达到。

由此,在第三和第四部分中,我们就选取了一些典型的症候进行具体的描述和深入的反思。这些选择当然也不是随意甚或随机的,而是同样有着内在贯通的理路。第三部分更多是理论性的,试图从体验这个关键概念出发,做出必要的理论铺垫。与"症候"一样,"精神"在哲学史上也是一个极为复杂而含混的概念。我们当然无意也无力在这里对其脉络进行梳理,但"体验"这个相对明确且狭义的概念或许能够起到更聚焦的作用。关于"时代精神""精神活动""精神体验"等相关论述有很多,但真正如福柯那样为体验赋予一个明确的含义,然后又在自己的文本脉络和思想发展中不断加以发展和试炼的工作却并不多见。因此,在这个部分中,我们就以福柯对体验的哲学思考开篇,着重揭示其中的否定性和主体性这两个面向,然后再进入舞蹈这个颇具体验强度的艺术和文化的领域,来进一步明确数字时代重塑主体性的契机。选取舞蹈作为主题,既有偶然也有必然。从偶然上来说,是近年来结识了很多舞蹈学界的前辈和好友,对于自己的研究也产生了深刻的影响和改变。从必然上来看,舞蹈可以说是诸多艺术领域中唯一保留着(残存着)肉体能量和灵魂魔法的珍稀门类。在舞蹈中,肉与灵都对数字时代的种种机制构成不同程度的抵制乃至抵抗。由此我们或许才能对"复魅""孤独"这些看似稀松平常的现象给出截然不同的理解和反思。

进而,第四部分在全书之中稍显特别,因为它是唯一不是按照前后贯通的论证脉络来书写和排列的章节。数字亲密、数字自恋和数字情感,这三个部分有着很明显的相互独立性。除了想丰富一下全书的风格之外,这个排列的方式也是出于实情所致。既然我们考察的是"症候/征候",而这主要是对差异和变革的潜在趋势的敏锐洞察,那么,不同的征候之间当然往往并不存在着逻辑上的相互推导的关系。它们总像是此起彼伏的事件,恰似闪烁不定的信号,让我们以一种更为开放而流动的视角去审视眼前、身边的数字世界。此外,读者肯定也会有这样的印象,就是这个部分的三个章节不仅主题不同,而且写作的风格也多少有一些差异,这不仅是因为写作时间上的先后,更是想以不同的风格去呼应不同主题的独特内涵。比如,数字亲密更像是一篇论爱的散文,数字自恋则多少带有着精神分析式的锐利,而数字情感又显然渗透着历史性的意味。

关于未来

数字的技术还在突飞猛进的变化,数字的时代还在日新月异的变革。因而,本书的研究至多是一份草拟的提纲,还有待朝向未来进一步的充实、拓展,乃至修正。

但就目前这个阶段来看,本书持续推进的一些基本问题还是会在很长时间内成为笔者未来研究的导引。其中最为重要的或许正是真实和真诚。无论书中对数字时代的精神症候做出了怎样多样、丰富而充满动态的描述,这些林林总总的症候/征候最终似乎总会聚焦于这个核心问题和难题。比如,第一部分对于无根基性的哲学思辨,显然是对世界之真实的一种截然不同的本体论界定,从肯定性转向了否定性,从有转向了无。同样,第二部分的影像之思,也着力于从暗黑的角度去理解电影、媒介乃至世界的终极真实。第三部分探讨的数字舞蹈中的肉身和体验之真、具体剖析的数字交往中的自我之真,等等,也皆是如此。

正是因此,在全书收尾的最后一部分中,就更有必要以真实/真诚为中心,回顾、梳理之前的论述,并进而对未来的问题和研究进行一点展望。第十三章直接针对深度伪造这个日趋成为焦点的议题,深入剖析其特征及症结,并由此试图从电影哲学的角度给出相关的回应。数字时代的影像之真,既触及对真理和真实的全新理解,同时又再度明确呼应了否定性和主体性这两个全书主题。随后的第十四章则具体结合电影史、世界电影和真实电影这些论题,试图以阿彼察邦的电影为重要案例,生动例示以影像呈现真实的困境及可能。这个部分不仅首先带入了触感电影这个晚近以来愈发火热的电影产业和理论的话题,同时也以东南亚电影为个案,进一步展现出真实的不同意味,以及通往真实之影像的不同的可能性路径。进而,第十五章亦再度回归舞蹈这个全书重点论及的领域,且更试图以"重量"和"坠落"这些典型的意象来展现敞开真实的别样可能。真实,在本雅明的意义上是辩证影像所敞显的事件,在阿彼察邦的意义上是生死之间的正念,而在当代的舞蹈实验中,又成为在坠落中不断挣扎和自省的主体性体验。所有这些或许只是意在提醒我们,真实绝非一个通行的既定标准,也不可能是一个现成的完美答案,而其实首先是、根本是德勒兹意义上的"问题域",它将我们抛入一个疑窦丛生、方向不明、思考无力的境地,在激活哲学的思辨和生命的体验的基础上死而后生,从被动转向主动,经由否定重新获得肯定。

本书的各个章节,除了前言(Preface),第三部分第七章,第四部分第十一章之外,都已经发表在学术期刊上,收入本书之际也进行了些微的修改。在此谨向诸位编辑老师致以诚挚的感谢:

《元宇宙中的脆弱主体》,《贵州大学学报(社会科学版)》2022 年第 6 期;

《"姿势"的意义:技术图像时代的"无根基之恶"》,《文化艺术研究》2022 年第 6 期;

《从反馈到前馈:人与技术之间的哲学反思》,《新闻与写作》2022 年第 10 期;

《元宇宙的时间政治:生死之间的共在与共情》,《山东社会科学》2022 年第 6 期;

《数字"海洋"中的"崇高"与"创伤":重思数字美学的三个关键词》,《南京社会科学》2022 年第 10 期；

《世界又暗又深又奇诡：暗黑生态学，媒介生态学与电影之本原》，《电影艺术》2022 年第 5 期；

《论文电影作为电影—哲学的一种强连接可能》，《电影理论研究》2022 年第 2 期；

《数字时代的舞蹈：复魅抑或共情》，《北京舞蹈学院学报》2021 年第 5 期；

《谁又不是孤独的舞者》，《舞蹈学》创刊号；

《数字亲密：爱还是痛？》，《文化艺术研究》2022 年第 2 期；

《深度伪造与电影之真》，《北京电影学院学报》2023 年第 1 期；

《真实之触：触感电影，真实电影与阿彼察邦》，《世界电影》2023 年第 2 期；

《舞蹈在数字时代的三重坠落》，《当代舞蹈艺术研究》2022 年第 1 期；

《脆弱的算法》，《社会科学家》2025 年第 1 期。

导引：元宇宙中的脆弱主体

技术无疑在当今的人类发展和社会变革之中发挥着越来越明显和主导的作用。而如果一定要用一个技术现象来概括近来的社会现实的话，或许还是当属"元宇宙"（metaverse）这个极富启发，但也颇引争议的概念了。那就让我们从这里开启全书的思考，并逐步带出体验、主体性、媒介等关键议题。

元宇宙，其实跟"宇宙"没有太大关系，而是与"人"的命运息息相关。它是人类形态的极端转化，是人类历史的激烈变革。在这个兼有兴奋和阵痛的变革期，本就涌动着各种不同的力量和趋势，其中最为明显的或许还是人类的生存从具身（embodiment）向数字（digital）的彻底转变。①没错，在很长一段时间，我们还将继续拥有这具已然经历了漫长进化过程的肉身，继续以千万年传承下来的方式来感知、行动、繁衍后代，彼此交互，但这些原来在人身上是本质性的功能在元宇宙的时代将越来越淡化成辅助性的背景，甚至蜕变成潜隐的边缘。未来的人类生活和社会，都将以至大无外的数字空间为中心来展开。正是这样一个从肉身向数字、从实在朝虚拟的全面变革，标志着人类正进入新旧形态之更迭的关键阶段。

一、脆弱性：依存（dependency）还是自律（autonomy）

对于这个阶段，单纯地顺其自然、听之任之显然远非明智之举。人类必须以各种方式、从各个维度来进行介入乃至干预。而要进行介入，必要的前提是对这个激烈变革的现实作出相应的判断。正在加速趋向元宇宙的这个世界，到底是

---

① 或者更准确的说法应该是在"一个以化身为中介（avatar-mediated）的虚拟世界"中再造"具身之体验"：Denise Doyle，"Meta-Dreaming：Entangling the Virtual and the Physical"，in *The Immersive Internet*：*Reflections on the Entangling of the Virtual with Society*，*Politics*，*and the Economy*，edited by Robin Teigland and Dominic Power，New York：Palgrave Macmillan，2013，p. 40.

蒸蒸日上,还是每况愈下? 这个根本的判断可以基于不同的尺度和视角,但时间显然是一个重要的依据。①若从过去的角度来看,元宇宙不啻为一场灾难,因为它几乎标志着历史上延续和发展的人类的诸种本质特征的彻底消亡。由此看来,若说元宇宙就是人类历史的终结,似乎也并不为过。但从未来出发来审视则正相反,因为元宇宙亦完全有可能甚至有理由成为人类的全新形态的起点,甚至由此释放出前所未有的"创造进化"的可能性。那么,哪一个判断才是公允的呢? 哪一个判断才能真正引导我们进行明智而有效的抉择呢? 这里不难发现,在未来和过去之间,在创造和末世之间,我们似乎恰恰忽视了当下这个关键的时间维度。但当下并不只是一个明确的时间点,而更是一个不断转化和过渡,并由此充满着含混与纷争的时间性进程。我们就在当下,我们正在转变。我们不再仅仅是畅想未来,缅怀过去,而更是亲身经历和体验着当下发生的一切。而对于"这个"当下,单纯地用希望和毁灭,肯定和否定,甚至主动和被动来界定、判断人类的生存似乎远远不够。如果一定要用一个关键词来概括,或许当属"脆弱性(vulnerability)"这个近来颇为火热的哲学概念了。

脆弱性,首先带有着鲜明的被动性,它强调人的基本生存状态正是被动地暴露在各种难以回避甚至无力抵抗的外部力量面前②,无论那是技术的变革、生态的灾难,还是社会的动荡,等等。从这个方面看,脆弱性显然体现出更浓烈的否定和终结的气息,它既凸显出各种对人类本身进行否定性限制、操控乃至破坏的外部力量,同时又由此暴露出人类所面临着的毁灭和终结的危险。但这又并非脆弱性之全部。正相反,它还体现出不容忽视的主动和肯定的面貌。脆弱性并不只是强调人是任由各种力量摆布的傀儡,亦非只是以冷峻的笔调描绘出人类个体被抛进世界的那种身不由己且备受限制的起点和初始状态。但人可以安于此种被抛的状态而日渐麻木沉沦,亦同样可以且理当化被动为主动,积极地增强自身的能力,勇敢地直面外部的挑战,由此不断将命运掌控在自身手中,赢获希望,实现对自身的肯定。显然,这个从被动向主动,从否定向肯定,从束缚向自由的转变,也正是脆弱性作为一个根本的哲学概念和问题的要义所在。由此看来,

---

① 参见本书第三章。

② "脆弱性"这个概念的拉丁文词根 *vulnus* 正是"伤口"(wound)之意:*Vulnerability：New Essays in Ethics and Feminist Philosophy*, edited by Catriona Mackenzie, Wendy Rogers, and Susan Dodds, New York：Oxford University Press, 2014, p. 4。

用它来描摹和界定元宇宙的当下状态确实颇为恰切。对于元宇宙来说,似乎当下是一个远比过去和未来更为重要的时间维度。只有切实地从当下出发、入手,才能将元宇宙之思落到实处,而不会落入空幻的希望,抑或陷入颓唐的哀悼。直面脆弱性和依赖性这个起点,从而进一步激发人的自主和自律,这理当是元宇宙之思的一个核心要点。同样,在一个激烈变革的时代,不是片面地将人简化为日薄西山的残影或任由操控的棋子,而是真切地直面那种悲喜交加、苦乐相生的生存体验,并由此为人类提供深刻的关切与支撑,这亦理当是元宇宙之哲思的旨归所在。

由此就引出一个核心问题,即脆弱性何以能够实现从依赖向自律的转化? 既然否定和限制是它尤为突出的规定性,那么到底经由何种力量和途径能够将它引向能动和积极的主体性的向度? 这首先就要求我们对脆弱性这个概念的源流脉络和基本内涵进行一番简要的澄清。虽然人类从历史的发端开始,个体从出生的第一天开始就不断陷入各种脆弱性的境遇,疾痛病患,生老病死,不一而足,难以解脱,但多少令人讶异的是,脆弱性真正成为一个明确的哲学概念,却是相当晚近的事情。虽然早自古希腊开始,西方的思想史和文化史中就此起彼伏地涌现出各种关于脆弱性的思考、体验和描绘,但几乎直到社会学家布莱恩·特纳(Bryan S. Turner)于 2006 年出版《脆弱性与人类权利》(*Vulnerability and Human Rights*),关于脆弱性的千丝万缕的线索才首次汇聚在一起,凝结为这个核心的概念。之所以如此,其实背后的深层缘由也不难理解。虽然历史上绝大多数西方哲学家从不否认人类生活和社会中的各种明显而突出的脆弱性现象,但几乎没有谁真正愿意将其界定为人类的普遍本性,遑论主体的普遍本质。人类的脆弱性充其量只被视作是缺陷和不足,进而用来反衬人类主体真正拥有的本质性的力量,比如理性的反思,道德的选择,意志的坚定。但特纳在这部开山之作中恰恰要挑战此种主导历史的对于人性和主体的根深蒂固的见解,进而针锋相对地将脆弱性明确置于基础和本原的地位。

实际上,进入 20 世纪后半叶,伴随着后结构主义和后现代主义的兴起,对于自律主体的批判就一直不绝于耳①,甚至就在特纳该书面世的前两年,著名法学

---

① 自 20 世纪下半叶以来的对于自律的五种主要的批判立场,可集中参见 *Relational Autonomy* 一书导言。

家芬曼(Martha Albertson Fineman)就已经明确将"自律、独立(independence)和自足(self-sufficiency)"的主体视作西方历史中的一个流传甚久、影响巨大的"敌托邦式幻想(A Dystopian Fantasy)"①。但芬曼在书中至多也只是强调了主体之间的相互依存的关系,并将其视作思考法律和社会问题的必要前提,而并未真正提出一个足以和自律相匹敌、相抗衡的哲学概念。从某种意义上说,"依存"与其说构成了对于自律的有力批判,还不如说它反倒是在更深的层次上反衬出、烘托出自律的必然与重要。但特纳所树立的脆弱性这个全新的概念则显然更进一步,它不再仅局限于对社会现象的批判性描述,而更是一开始就深入到本体论的基础层次,进而将其视作人类所共通的最普遍本性。②但为何执意要将脆弱性这个基础的生存维度而非更高的理性能力视作人类的共通本质呢? 为何要如此弃"高"就"低"呢? 这样做难道不会将人性和主体性降到一个太过基础乃至低级的生物性甚至物质性的地步吗? 对于这些常见的质疑,特纳自己给出了两个重要回应。

笔者先讲一个相对间接的背景,那就是"脆弱性"这个权利之"底限"的提出,多少让人直接想到以赛亚·伯林(Isaiah Berlin)在积极自由和消极自由之间所作的那个著名区分,因为它亦恰好可以对应于自律之理想与脆弱性之底限之间的相互对照乃至彼此冲突。但特纳的洞察力和深刻性绝非仅止于此。虽然他在这部书的标题中明确列出了人类权利这个关键词,但实际上他所做的更是将脆弱性深化为人类生存的基本特征,甚至上升为人类主体的根本前提。这究竟如何可能? 基于他的概括,大致可归结为两个相关的要点,一是人类主体的具身性,二是社会机构自身同样难以根除的不稳定性(precariousness)。③先说具身性。它远非如字面上看起来那般是一种将人的一切能力和行动皆还原到身体和物质层次的粗浅看法,正相反,它一方面意在强调身体的本源性和基础性,进而基于发生和涌现的视角重新肯定身与心之间的密切而开放的关联;另一方面,它对身体的理解也是"情境化的"(situated)④,进而从根本上将其展现为一个各种

---

① Martha Albertson Fineman, *The Autonomy Myth: A Theory of Dependency*, New York and London: The New Press, 2004, p. 3.

② Bryan S. Turner, *Vulnerability and Human Rights*, Pennsylvania: The Pennsylvania State University Press, 2006, p. 9.

③ Idid., p. 25.

④ *Vulnerability: Reflections on a New Ethical Foundation for Law and Politics*, p. 2.

力量交织互渗的结点和场域。

但正是因为具身是人的在世生存之基础，也就使得每一个生存的个体自来到世间开始，就打上了难以清除的脆弱性的烙印。身体是情境化的，因此它几乎时刻暴露在各种外来或内生、积极或消极的力量面前。特纳说得精辟，具身之脆弱性同时既是开向世界的窗口，又是难以根本愈合的"创口"（traumatic wounding）①。而且，又因为身与心之间的紧密纠缠，就使得脆弱性的作用并非仅局限于生理和物质的层次，而是渗透进高阶的精神能力的内部，扰乱着理性的判断，动摇着意志之坚持，甚至让感知也总是充满着错谬和幻象。正是因此，具身的脆弱性就既需要人与人之间相互关怀，彼此辅助，但同时亦更需要各种社会机制和机构来为所有人提供必要和必须的保护。"我具身，故我脆弱"和"我脆弱，故我需要社会的保护"，这两个相关的基本命题就是特纳最终意欲达成的核心结论。

二、脆弱与自律之连接：承认作为第一种可能

但特纳这一番开创性的论述仍然存在着至少两点缺陷。他虽然将脆弱性深化为本体论的概念，拓展为普遍的人性，但他对脆弱性的理解最终还是如芬曼那般局限于依存性这个维度，进而也就最终未能真正摆脱依存和自律之间的明显对立。如果脆弱性最终就是一种被动的依存，一种否定性的限制，那么它又何以真正捍卫人的权利，建构人的主体性呢？这一缺陷进一步暴露于体制的保护这第二个重要规定中。人生来就是脆弱的，因而必须从他人和社会那里寻求庇护和关怀，这自然无可厚非，但其中也包含着一个明显的困境，甚至无可根除的危险，那正是脆弱的人和保护性的体制之间的不对等的力量关系。如果人最终一定要从别处才能获致自身的本体论上的安稳和安全，那么，一方面，这无疑将人的生存置于一种尤为被动的境地，而另一方面，这也为体制自身不受限制地施行家长式的，甚至霸权式的"病态"（pathogenic）②保护提供了荒唐的借口。"我脆弱，所以社会理应为我提供根本的庇护"，有可能会蜕变为"我脆弱，所以社会为

---

① *Vulnerability and Human Rights：Reflections on a New Ethical Foundation for Law and Politics*，London and New York：Routledge，2016，p. 28.

② *Vulnerability：New Essays in Ethics and Feminist Philosophy*，p. 47.

我提供的任何庇护都是有理由的"。

既然如此,那就理应对特纳的这个原初的立场进行修正,首先将脆弱性和自律性连接在一起,进而实现从被动向主动的转化;其次以自律为基本的底限和原则,进而对社会体制的保护性功能进行权衡和评判。这两点正是后来以麦肯齐(Catriona Mackenzie)为代表的学者所着力推进的方向。在《脆弱性:伦理学和女性主义哲学新论》这部文集中,她与同道在开篇就对特纳的经典立场进行了两点有力的纠偏。首先,她们虽然也认同特纳等人对脆弱性的"本体论证明",但同样更为强调要对具体的生活情境、复杂的社会场域中的多样且多变的脆弱性现象进行细致辨析。①其次,更为关键的是,她们不约而同地试图克服脆弱与依存之间的紧张关系,进而在二者之间建立起更为密切、内在甚至本质性的维系。②从本体论的抽象思辨转向具体分析,这本不是难事。但要真的将被动的脆弱性和主动的自律性进行有理有据的连接,这可就相当困难了。既然之前已经存在着对于自律性这个"敌托邦幻象"的连篇累牍的批判,那么,从脆弱性出发重新为自律性提供一个辩护和奠基,这既需要胆识,更需要洞察力。就此而言,麦肯齐等学者在一系列文集和专著之中进行的论辩乃至论战很难真正令人信服。

秉承具体分析这个原则,麦肯齐将脆弱性这个大概念进一步细化为三个来源、两种状态。③但这里其实并没有多少理论的创见,她真正的创见恰恰在于为自律性这个源远流长的主导概念重新提供了一个脆弱性的基础,进而从根本上改变了自律的本质原理。启蒙运动以来,自律总是指向主体身上那种最终不受环境和外部条件束缚的主动的理性反思、判断和选择的能力,因而,人与环境之间的分离乃至对立就成为一个突出而鲜明的特征。但麦肯齐则逆转了视角,进而指出,自律亦可以转换基础,不再以人和环境的分离,而恰恰以二者之间的密切连接为基本前提。人之所以自律,并非因为他最终可以挣脱一切束缚,实现自足和独立,而更是因为他首先身陷、深陷于错综复杂的关系网络之中,但又有能力在其中构建出一个具有自控和自主的"关系性自我"。依存与自律并不矛盾,前者是后者的起点和前提,而后者是对前者的转化和提升。麦肯齐由此为此种全新的自律性原理提供了一个新的名号,那正是"关系性自律"(relational autonomy)。

---

① *Vulnerability*: *New Essays in Ethics and Feminist Philosophy*, p. 6.
② Ibid., p. 16.
③ Ibid., p. 7.

我们看到，此种立场的原创之处正在于将自律的基础从分离和对立转向依存和连接，而其真正的理论要点和难点则正在于，必须在关系性自律的主体身上重新找到一种（或诸种）力量，它能够最终实现从依存向独立，从被动向主动的转化。但多少令人遗憾的是，虽然麦肯齐自己不出意料地将"能力"和"地位"（status）视作关系性自律的两大基本原理①，甚至亦鲜明概括出能力的三个主要特征（比较式评估、细化式分析、重视选择的社会条件）②，但说到底，在人身上究竟何种能力能够实现关系性自律？又究竟是通过何种途径和方法？对于这些亟待回答的关键问题，麦肯齐反倒是语焉不详。由此也就有必要转向别处来寻求对于关系性自律的更为扎实而深刻的理论支撑。回顾脆弱性理论的近来发展，大致可概括出三条重要的路径，分别是霍耐特（Axel Honneth）的承认理论，科德（Lorraine Code）的辩护（advocacy）学说，以及（或许最为重要的）巴特勒对于具身和基础设施（infrastructure）的双重脆弱性的启示性论断。下面我们就逐点展开，并细致辨析它们对于建构元宇宙中的脆弱主体的利与弊。

首先，较早将依存与自律关联在一起，进而试图以前者为基础和前提重构自律原理的哲学家当数霍耐特。虽然他从未明确使用脆弱性这个概念，也在很大程度上与从特纳、巴特勒到麦肯齐一脉的脆弱性理论有着鲜明差距，但他们之间的密切相关性亦是不容否认的要点。③相比之下，霍耐特的相关论述尤其能够弥补麦肯齐的关系性自律理论之中在主体性和能力这两个要点上的薄弱。在《破碎的社会世界》（*The Fragmented World of the Social*）一书第 16 章中，他首先指出，自 20 世纪初弗洛伊德创建精神分析理论以来，主体性这个近代哲学的核心概念便不断遭遇到各种程度不一、形态各异的"去中心化"的危机。④从弗洛伊德的无意识概念，到结构主义乃至后结构主义的语言理论，主体的那种自足、自主和自律的理性能力遭遇到了一次次的挑战乃至重创。如果主体的意识性的反思和判断最终都要归结为无意识深处的欲望和本能，如果主体的理性思考最终都要归结为共时性的结构和形式，如果主体的自由意志最终都会深陷于错综复杂

---

① *Vulnerability*：*New Essays in Ethics and Feminist Philosophy*，p. 44.

② Ibid.，pp. 49—51.

③ 比如，尤其可参见文集 *Vulnerability*：*New Essays in Ethics and Feminist Philosophy* 中 Joel Anderson 的论文"自律与脆弱性的交织"（"Autonomy and Vulnerability Entwined"）。

④ Axel Honneth，*The Fragmented World of the Social*：*Essays in Social and Political Philosophy*，edited by Charles W. Wright，Albany：State University of New York Press，1995，p. 262.

的话语—权力的机制,那么启蒙运动以来西方思想引以为傲的自律性原理,最终除了幻象和借口之外还能剩余什么? 不过,霍耐特论述的力度和气度正在于,虽然他毫不含糊地点出了自律之衰落这个不争的历史趋势,但却并未由此就如后现代主义者和芬曼等人那般对之进行弃置。正相反,在他看来,更为明智而有益的选择是对这个历史悠久的概念进行重新的界定和奠基。面临着无意识的欲望和语言的结构等看似不可为主体所控的外部力量,主体仍然可以、得以重构自律,只要他不将这些力量仅仅视作否定性的"限制"(limitation),而同时也将它们转化为肯定性的"增强的条件"(enabling condition)。①

但这个说法除了为麦肯齐的社会学描述提供了一个哲学史的背景之外,似乎并未从根本上解决后者的关系性自律的根本困境。霍耐特势必还需要进一步明确回答,到底在人身上有何种力量,又经由何种方式得以实现从被动向主动、从否定向肯定的转化。在这个简短的章节中,他已经给出了两个重要线索。首先,主体性绝非自明的前提和起点,正相反,它总是从错综复杂的力量网络和场域出发所形成的一个转化和建构的过程。简言之,这是一个从主格的"I"向宾格的"me"的转变。②其次,这并不意味着主体就由此化作被动的傀儡,而反倒是进一步激发出它身上的那种在流动不居的碎片和力量之间编织、建构起连贯线索的能力。这也是一种主动的反思和综合的能力,只不过它的前提不再是分离,而是连接,不再是独立的中心,而是依存的关系。那么,这到底又是怎样一种主体性的能力呢? 它是鲜活的感知,情感的共鸣,还是高阶的理性思考? 到底哪一种能力能够依存于关系而建构起自律呢? 对这个根本的追问,霍耐特在《承认:一部欧洲观念史》中给出了极为清晰的历史梳理和总体概括。他对承认理论的三条脉络(法国、大不列颠和德国)的梳理,实际上也正是呈现出建构关系性自律的三种不同的主体性能力,分别对应于"心理学手段""经验手段"和"理性整体性力量"③。而霍耐特自己的最终解决方案也很明确,有鉴于前两者的明显缺陷和难以克服的症结,那么从"德国观念论"出发进而将"三种模式整合起来"④,

---

① *The Fragmented World of the Social*, p. 266.

② Ibid., p. 267.

③ [德]阿克塞尔·霍耐特:《承认:一部欧洲观念史》,刘心舟译,上海:上海人民出版社 2021 年版,第 155 页。

④ 同上书,第 185 页。

似乎就是一个必然的选择。

从卢梭到萨特的法国理论,总是有一种对于本真性主体的迷执,进而将人际关系最终片面而偏激地理解为对真实自我的疏离、异化乃至侵害。英国经验论以人类普遍相通的共情为基础,虽然较好地化解了这个困境,但情感的共鸣至少存在着两个缺陷。首先,诚如亚当·斯密所言,共情往往并不能直接、自然的发生,而总是需要动用别样、更高的精神能力(比如想象力),由此才能实现人性之共通,社会规范之建构。①其次,既然共情意味着个体最终需要且"能够在道德行为和判断中将他所生活的共同体的规范加以内化"②,那么,这显然还是过于偏向了依存性的方面,因而无力为自律提供有力的基础。

三、元宇宙中的脆弱主体:理性、共情还是自爱?

那么,是否诉诸理性反思所形成的"自我规定"就是唯一的、最终的解决方式了呢? 在元宇宙的语境和场域中,要想真正深切地思考脆弱性这个根本问题,或许恰恰需要对霍耐特上述看似清晰的思辨次序进行彻底的倒转。

首先让我们从他着力倚重,甚至作为最终综合的德国观念论入手。无论是自我规定作为通往主体性的本质道路,还是由此进一步形成的主体之间的彼此规定,这个精神的运动发展的活生生过程中最关键的力量都是理性。是理性最终令精神得以觉醒,并进而将其引导向更高的阶段和理想。但对于理性自身的考察,也可以且理应从另外一个不同但或许更为基本的视角出发。理性并不仅仅是精神运动的法则,更不能被简化为形式化的规则或程式,而是与具体的承载理性思考的媒介密切结合在一起。无论是大脑的神经网络,人的身体与环境之间的交互循环,甚至从纸笔到印刷再到数字的种种物质媒介,所有这些都是理性思考必不可少的前提和基础。然而,伴随着媒介形态的历史演进和更迭,理性思考与媒介基础之间的关系也在发生着鲜明的变化。在数字媒介诞生、兴盛进而占据主导地位之前,理性向来是媒介的主导者,而媒介确乎只是理性用来实现其

---

① [德]阿克塞尔·霍耐特:《承认:一部欧洲观念史》,刘心舟译,上海:上海人民出版社 2021 年版,第 95—96 页。
② 同上书,第 177 页。

精神目的的辅助性的工具、途径和手段。媒介是外围，是周边，而理性才是人类精神最内在的法则和原理。但当数字媒介和网络社会全面席卷之际，理性和媒介之间的此种主与从、中心与边缘，甚至精神与物质的二元等级区分的边界逐渐开始模糊。今天的理性思考，已经越来越与数据库系统和算法规则难解难分地交织在一起，后者不仅是辅助的工具，更是渗透进、侵入到理性和精神的内部，进而越俎代庖地僭取了主导乃至掌控的地位。元宇宙当然亦是在这个方向上的全面、持续而深入的推进，数字算法对理性思考的操控和取代或许注定是未来的最明显的趋势之一。既然如此，那么德国观念论倡导的那种以理性为纽带和途径所实现的主体的自我规定及主体间的相互规定，似乎在元宇宙的算法主导的"思考"平台上就发生了鲜明的质变乃至衰变。理性思考，如果还能继续幸存，也将越来越倾向于形式化的程序运作和算法操作，越来越游离于、剥离于活生生的精神运动之外。我们思考得越来越快，越来越高效，甚至越来越呈现出多线程同步并进的方式，但与此同时，此种思考也越来越不能算作"我们"的思考，或者说与"我们"相关的思考。"我们"充其量只是算法的操作者（operator），而根本算不上是具有理性精神的反思者和判断者。[1]这显然不再是精神主体的自我规定，而更接近于一种丧失主动的"被规定"的状态。确实，在算法、数据库和网络的加持之下，我们越来越克服了自身的脆弱性的本体论限制，但我们亦同时失去了以脆弱性为契机重建主体性的可能。这个代价是否过于巨大？

既然如此，那么是否可以退而求其次，不再以德国观念论的理性共同体为圭臬，而是回过头以英国经验论的共通感和共情力作为连接脆弱和自律的根本纽带？初看起来，这是一条相当可行的道路。当思考越来越变成算法操作和数据处理之际，唤醒、激发出活生生的情感体验或许不失为一个重要的补救之术，这也正如当年的卢梭用情感这个人类共通的力量来对抗工具化的理性和表象的剧场。[2]然而，一旦深思元宇宙之中的情感格局，想必此种相对乐观的立场也会逐渐松动。元宇宙令人类的生存从肉身向数字发生彻底的转化，但这并不意味着

---

[1]　这里不妨借用胡塞尔的名言："哲学的生活必须被理解为一种由绝对的自身负责而来的一般生活"（［德］胡塞尔：《第一哲学》下卷，王炳文译，北京：商务印书馆2006年版，第272页），而算法化的思考所欠缺的或许恰恰是这样一个"自身负责"的本质性维度。

[2]　卢梭对于科学理性的批判，尤其可参见 Mads Qvortrup 在 *The Political Philosophy of Jean-Jacques Rousseau : The Impossibility of Reason* 一书中的全面精深的研究。卢梭对于表象（代表）和剧场的批判，尤其可参见他的《致达朗贝尔的信》。

它就会令人类彻底丧失情感体验这个宝贵的能力。或许正相反，数字和算法的平台可以令人类的理性思考发生实质性的变革和拓展，那么，情感也同样可以在数字的加持之下获得增强性（enhancement）的转变。近来的各种飞速兴起的全新领域，比如情感工程（Emotioneering①）、情感设计，甚至情感计算（affective computation），皆为明证。但若果真如此，若情感的算法化和数字化亦是元宇宙未来发展的一个重要动向，那么英国经验论传统孜孜以求的共情之人性也显然变成了一条死路。如果思考的算法化无法真正确立主体的自我规定，那么情感的算法化也显然无法真正建立起主体之间的情感共鸣。在数字的平台上，人与人之间当然依然存在着情感的沟通，而且看似还远比以往的历史时代都更为丰富、多样，甚至展现出各种不同层次的强度和广度，但这些都是被动性和依存性的极致展现，而离主体性和自律确乎渐行渐远。当我们的情感体验、表达和沟通越发依赖于算法的规制和调控时，我们也就越发地失去表达自我的能力、契机乃至理由。元宇宙中的情感沟通和共鸣，更像是一盘以交互性为主导的数字游戏，在其中，重要的仅仅是完成恰当的操作，获得预期的反馈，赢得丰厚的绩点。所有的人都戴着面具，所有的人都只是化身，至于其中是否还有、还需要真情实感乃至真实自我，似乎都变成了毫不相关的问题。

　　也正是这个情感的困境，启示我们或许可以沿着霍耐特的思路进行更为彻底的逆行。既然共情仍然不足以为脆弱和自律建立本质性的连接，那么退回到法国传统中的那种本真性的立场看似就成为唯一的救命稻草了。比如，卢梭激辩的那种从自恋回归自爱的转向是否得以为元宇宙中的脆弱主体的建构提供一种有力的哲学证明？何为自恋（amour propre）？那正是如上文所述的那般，"沉迷于让自己的任何行为都得到他者的同意或承认"②。只不过，卢梭意味的"他者"还是有着真情实感的他人，但在元宇宙中，他者却全然转变成数字平台主导的算法规则。既然如此，那么转向自爱（amour de soi）或许真的足以能够成为疗治数字时代自恋症的一剂良方。因为自爱既非诉诸算法化的思考，更是拒斥着算法化的共情，进而试图用回归"本己的自我探查"③的方式来作为重建主体性

---

① 最早源自美国著名游戏设计师大卫·弗里曼（David Freeman）的术语，尤其可参见其《游戏情感设计》一书。

② 《承认：一部欧洲观念史》，第32页。

③ 同上书，第45页。

的根本道路。然而,在本文的问题域之下,卢梭的这条思路仍然存在着两个明显的困难。首先,它虽然坚定、执意地回归内在自我这个主体性的最后堡垒,进而亦尤为强烈地展现出人生在世的那种脆弱性的本体论处境,但却也由此彻底斩断了脆弱性和自律性之间进行连接的可能性。换言之,卢梭的自爱即便疗愈了自恋这个顽疾,但却由此更深地落入到孤独症的陷阱之中。本文迄今为止着力倚重的关系性自律这条思路,正是意在克服自我与他者、个体与社会之间的分离和对立,但卢梭式的自爱无疑又再度堂而皇之地引入了这个偏执的预设。

其次,本真性的自我同样也是一个难以捍卫的立场。即便不说海德格尔式的本己性有落入"本真性行话"的危险,仅就卢梭的自爱学说来看,这其中已然暴露出重重困难。在元宇宙的情境中,或许算法化的思考和情感都不足以作为建构主体性的有力支撑,但返归自身的自爱似乎同样、甚至更加游移不定,苍白无力。当我们执意对抗元宇宙的数字平台,想要以极端的手法、激烈的姿态回归内心深处之时,我们在那个"内在的堡垒"之中所能发现的到底是坚实稳定的基础,还是无比空洞的深渊? 当我们毅然决然地撕去数字化身的面具之际,在那后面隐藏的到底是本真的自我,还是更加深入全面地被数字化的欲望乃至本能? 从理性退回共情再滑向自爱,这到底是实现了从脆弱向自律、从被动向主动的转化,还是反倒更万劫不复地跌入自弃与逃避的深渊?

面对这些棘手的困难,在关系性自律这个流派中也可以找到深刻的回应,科德提出的"辩护/抗辩"理论就颇具启示。辩护本来是法庭上常见的程序,它的重要作用正是在官方的法律和被控的被告之间起到斡旋和沟通的作用,既让被告更清楚地了解法律的规定,同时又要在法庭面前为被告进行深入具体细节的辩解。若如此看来,法庭就远非辩护的唯一场域,正相反,从医疗到教育,几乎各个场所都会出现此种以"合作协商"(collaboratively negotiated)①的方式来进行对话和沟通的活动。这恰好可以用来对关系性自律进行全新的界定。面对算法化的思考和共情,如法国理论那般极端的回归内在的本真自我,以此来负隅顽抗,显然并不明智。那么,另外一条可行的路径就是再度将自我带回到数字平台主

---

① Lorraine Code, "The Perversion of Autonomy and the Subjection of Women", in *Relational Autonomy: Feminist Perspectives on Autonomy, Agency, and the Social Self*, edited by Catriona Mackenzie and Natalie Stoljar, New York and Oxford: Oxford University Press, 2000, p. 190.

导的公共场域,通过辩护式协商,让个体的独特声音被听到,但同时也让普遍运作的算法规则更好地被个体理解和掌握。这就在很大程度上克服了单向度的算法操控,也尤为有效地避免了落入内在黑洞的危险。麦肯齐等人向来强调的关系性依赖和自律性主体,在辩护的践行之中得到了相当完美的实现和维护。一方面,辩护不是偏激地将个体的自我和普遍的算法置于对立冲突的关系之中,而是始终强调二者之间的相互依存;另一方面,它又同时强调个体以此种依存为前提和基础所进一步实现的建构和捍卫自律的积极行动。算法之下也可以有自由,算法之中也可以有协同。进而,思考和共情在这样一个以辩护为中介的平台之上也开始慢慢转变了形态,思考变成了开放的对话,共情也变成了个体之间的真实互动。

不过,科德的这一番构想还是有点过于理想化了。正如在法庭之上,律师虽然是起到中间人和调解者的角色,但在被告面前,他毕竟还是占据着相当的主导甚至掌控的地位。同样,在元宇宙的数字平台之上,即便真的有各种渠道或代理人愿意、能够倾听个体的自我表达,但最终的解释权和裁断权还是多少掌控在这些知识专家和技术精英的手中。正是因此,单纯的辩护和对话似乎已然不够,而更需要将自律的诉求转化为切实的行动,甚至如朱迪斯·巴特勒疾呼的那般,将脆弱性的被动地位转化为抵抗的积极之力。[1]作为脆弱性这个概念的最早倡导者之一,巴特勒虽然往往被后来的女性主义者们嘲讽为过于偏向本体论的思辨,而缺乏具体的分析,但她的那些将脆弱性与抵抗直接连接的论断仍然在两个要点上展现出胜过关系性自律的深度和力度。首先,麦肯齐等人的论述显然最终还是偏向于主体之间的协同、合作、一致性的关系,换言之,霍耐特所心心念念的那种以对话和协商的方式所建构起来的理性共同体仍然还是她们的最终诉求。进而,她们更试图将这个在德国观念论那里过于抽象思辨的宏大纲领进一步落实于具体的社会场域。但这样一来,她们就似乎有些舍本逐末了,因为这就在很大程度上忽视了脆弱性这个起点包含的另外一个重要方面,那就是"被伤害"[2]。诚如特纳所言,脆弱性根本上源自人的具身性,具身性首先意味着人自被抛入世界开始就在很大程度上无所庇护、无从抵抗地暴露在各种外部内

---

① *Vulnerability in Resistance*, edited by Judith Butler, Zeynep Gambetti, and Leticia Sabsay, Durham and London: Duke University Press, 2016, p. 1.

② Ibid., p. 12.

部的力量面前。①正是这种易受伤害的本性才迫切需要来自他者和社会机构的关爱和保护。然而,在一个日益全面被算法所操控和主导的元宇宙的平台之上,当本来旨在促进人与人之间的交互性和彼此依赖的社会机制越来越扭曲为"病态"的、霸权式的过度保护之时,单纯的对话和协商确实收效甚微,且于事无补,或许我们真的更需要如巴特勒所言的那般激烈、彻底地回归于脆弱性的起点,凸显出伤害、创伤、苦痛等否定性的方面,以此来揭穿关系性自律的那种肯定性迷梦,并用"刻意的暴露(deliberate exposure)"来取代无益且无果的辩护和斡旋。

结语:元宇宙,平台还是基础设施?

然而,巴特勒的启示远不止于突出强调脆弱性之中的否定性含义,她同时还再度深刻地呼应着特纳的原初阐释中的另一个重要主题,那正是脆弱的双重性。脆弱性,不仅源自人的具身性,同样也是保护性体制自身的难以根除的隐患。我们脆弱,所以我们都需要社会的保护。但给我们提供保护的体制和机构本身也处处充满着脆弱性的裂痕。正是在这个意义上,巴特勒的"暴露"的实践尤其展现出过人的洞见,因为在其中所暴露的并非只是脆弱的身体在各种力量面前的软弱乃至卑微的地位,更是以此来暴露出各种保护性的框架和设施本身的脆弱性。由此才能真正将被动的脆弱性转化为主动的行动,"理解生命的任务意味着对新框架与新内容的呼唤"②,这正是发自脆弱性生命这个本源的抵抗之力。

巴特勒的这些关于框架和基础设施的强调也同样带给我们另一个反思元宇宙的深刻视角。到底将元宇宙最终视作一个信息和数据不断蔓延流转的平台,还是亦有必要将其再度视作一个脆弱不安的基础设施,这也将决定我们对元宇宙中的脆弱主体的不同向度的理解。反观近来学界关于元宇宙的讨论乃至激辩,之所以总是深陷于自由和控制的二律背反而难以自拔,也正是因为绝大多数人还是仅从平台这个角度来考察,而忽略了基础设施这个潜在的、关键的裂痕。

———————

① "身体暴露于他人与外力的影响之下,其周围遍布着可能压迫、禁锢甚至扼杀身体的力量,这样的身体极易受到伤害"([美]朱迪斯·巴特勒:《战争的框架》,何磊译,郑州:河南大学出版社 2016 年版,第 126 页)。

② 同上书,第 53 页。

平台和基础设施之间固然并非截然二分，因为早在《基础设施的政治学与诗学》这篇首开先河的论文中，布莱恩·拉金（Brian Larkin）已然明确指出，基础设施同时既是物又是关系①，也即，它既有着物质基础的深度，又同时展现为符号、信息流转的表面。然而，落实于元宇宙的情境之中，这两个向度所展现出来的情势则截然不同。如果说平台研究更关注连接、流动、操作、界面等等，那么，基础设施的研究近来则越来越聚焦于"遍在性，可靠性，不可见性，关卡（gateway），以及崩坏（breakdown）"②。简言之，当数字平台变得越发的光滑、透明和容贯（consistance）之际，数字基础设施（digital infrastructure）却日益呈现出脆弱不安的本性。正是因此，当学界几乎一边倒地将元宇宙视作近乎终极的融合性的数据和信息的平台时，在其中回响的也只能是关系性的自律和主体间的承认这些空洞的幻梦。与之相反，当我们如巴特勒那般引入基础设施这个基本视角之后，不仅能重新返归脆弱性这个人的生存的本体论前提和基础，而且更是能在具身的脆弱和基础设施的脆弱的双重共振之中重新敞开建构主体性的切实道路。约翰·彼得斯（John Durham Peters）曾极富洞见地指出，所谓"'基础设施主义'迷恋的是最基本、最枯燥和最平凡的东西，以及所有发生在幕后的恶作剧作品"③。只不过，发生在幕后的或许并非只有妙趣横生但又往往无关痛痒的"恶作剧"，而更是充满焦虑、苦痛乃至危险的对峙和交锋。"技术产生的敬畏，虽然强势，但同时也是脆弱而短暂的。"④但基础设施的脆弱性引导我们去反思的，并不仅仅是技术的本性，更是每个人与生俱来的脆弱不安的本性。在这双重脆弱性的视角之下，或许我们才能真正直面那个根本性的难题：在元宇宙之中，作为一个脆弱的主体，到底意味着什么；成为一个脆弱的主体，到底何以可能。

---

① Brian Larkin, "The Politics and Poetics of Infrastructure", in *Annual Review of Anthropology*, Volume 42, 2013, p. 329. 从词源和语义的演变上来看，这一点同样明显。根据 William Batt 和 Ashley Carse 等人的梳理，"基础设施"这个本来源自法语的工程学术语，在进入英语的语境之后，发生了一个从军事领域向经济领域的明显转变，也由此越来越从笨重庞大的物质设施转变为弥漫、扩散、连接的"系统和网络"（*Infrastructure and Social Complexity: A Companion*, edited by Penny Harvey, Casper Bruun Jensen and Atsuro Morita, London and New York: Routledge, 2017, p. 30）。

② Jean-Christophe Plantin et al, "Infrastructure studies meet platform studies in the age of Google and Facebook", in *New Media and Scoiety*, Volume 20, Issue 1, January 2018, p. 2.

③ ［美］约翰·杜海姆·彼得斯：《奇云：媒介即存有》，邓建国译，上海：复旦大学出版社 2021 年版，第 39 页。

④ ［美］布莱恩·拉金：《信号与噪音》，陈静静译，北京：商务印书馆 2014 年版，第 62 页。

第一部分

技　术

第一章　姿势：技术时代的无根基性

脆弱的或许并非只有人的肉身，技术的平台抑或制度体系，更是从终极的本体论的层面指向整个世界的"无根基"（Groundless）的样态和本性。导引中敞开的脆弱性这个否定的裂痕，还理应首先从哲学的角度进行更为深刻的反思。本章就尝试结合两位与无根基之思尤为相关的当代思想家，逐步呈现这个概念的复杂而又深奥的内涵，由此亦为全书的论证奠定一个鲜明的哲学前提和思想背景。

那就先从阿甘本说起。尽管阿甘本的思想变幻莫测、气象万千，但仍有可能且更有必要对其进行一种总体的、贯穿性的概括与阐释。只不过，迄今为止，绝大多数学者都致力于"统合"（unified）的工作①，但却鲜有人真的敢于展现阿甘本思想发展的内在的、看似难以调和的纷争与冲突，并进而由此展开别样的推进乃至批判。就后一点而言，内格里发表于2008年的那篇短文《救赎的成熟果实》②中的看似极端实则锐利的评述至今读来仍然颇具启示。他明确将阿甘本置于德里达和德勒兹这鲜明对峙的两极之间，进而在否定与肯定、死亡与生命的张力之间呈现出其思想的最深刻的内在震荡与契机。从否定性（negative）面向来看，阿甘本与德里达（乃至列维纳斯和巴迪欧）形成了呼应，因为他们皆致力于撕开传统的形上学体系内部的否定性裂痕，由此甚至也不妨将阿甘本前期的一系列研究的基本方法大致归结为"解构"③。但他的思想同样具有积极的、肯定性的一面，那些关于"使用"（use）"行动"（agire）"共同体"等主题的深刻

---

① 比如 Alex Murray 在 *Giorgio Agamben*（London and New York：Routledge，2010）一书的开篇就明示了这个基本立场。

② Antonio Negri，"The Ripe Fruit of Redemption"，translated by Arriana Bove，网页链接见 http://www.generation-online.org/t/negriagamben.htm。

③ *Agamben's Philosophical Lineage*，edited by Adam Kotsko and Carlo Salzani，Edinburgh University Press，2017，p. 230.

思辨,又展现出至为鲜明的抵抗乃至变革的力量。①因此,面对阿甘本文本中大量出现的如"未激活"(deactivition)"非实行"(inoperativity)这样的关键词,很多学者都望文生义地将其等同于逃避,隐忍甚至放弃,这似乎过于肤浅而仓促了。②诚如阿甘本自己所言,他的哲思同样意在激活、召唤一种行动和变革之力,只不过此种力量不能等同于传统意义上的"构建性的力量"(potere constuente),而是倾向于另一种截然不同的"赤贫之力"(potenza destituente)③。正如"赤贫"这个修饰词所展示的,此种力量或许首先呈现出浓重的否定性的面貌(匮乏、欠缺、贫困),进而却发生了一种明确的转化,从否定到肯定,化无力为抵抗。

那么,遍览阿甘本迄今为止的思想发展,到底有哪一个(或几个)概念又真的能够切实且有效地展现出此种赤贫之力呢?那几乎唯有"姿势"(gesture)这个关键词了。从时间脉络上来看,它早自阿甘本的第一本代表作《语言与死亡》中就隐约显现,直到《业》这部近期的杰作,姿势这个主题的关键地位更是在开篇第一句话就得到明确断言。但姿势这个概念之所以呈现出如此贯穿性的力量,或许正是因为它得以真正在阿甘本思想的内部实现从否定向肯定的根本性转化。在《语言与死亡》中,语言在开端和本原之处展现出来的否定、无力乃至"空"(void)与"无"(nothing)的形貌无疑是全书的主导基调。④但到了《业》中,姿势不但最终导向了"行动"这个亚里士多德的独特概念,更是由此激发出前所未有的政治力量:"伦理和政治并非行动的领域,而是姿势的领域。"⑤由此,姿势不仅承接起否定与肯定这看似对立的两极,更是在艺术和政治这两个重要的社会场域之间形成了连接和互动。但多少令人遗憾的是,阿甘本虽然也从姿势的

---

① 阿甘本思想的这一正一负的双重面向的对比,亦可参见 *Agamben and Radical Politics*, edited by Daniel McLoughlin, Edinburgh: Edinburgh University Press, 2016, p. 51。

② 阿甘本就明确指出:"非实行并不意味着怠惰(inertia)"(Giorgio Agamben, "What is a destituent power?", translated by Stephanie Wakefield, in *Environment and Planning D: Society and Space* 2014, Volume 32, p. 69)。

③ 转引自 Saul Newman, "What is an Insurrection? Destituent Power and Ontological Anarchy in Agamben and Stirner", *Political Studies* 2016, Volume 65, Issue 2, p. 6. "destituent"本书译作"赤贫",主要基于三个理由。首先,"贫困"这个译法主要基于阿甘本中后期比较侧重的无政府主义这个脉络,尤其是蒲鲁东的《贫困的哲学》这样的表述。其次,"贫困"也显然是阿甘本写作研究的一个主题,尤其是《至高的清贫》。第三,之所以译成"赤贫"而非单纯的"贫困",更是突出那种从否定转向肯定的运动。

④ *Giorgio Agamben*, pp. 16—18.

⑤ [意]吉奥乔·阿甘本:《业:简论行动、过错与姿势》,潘震译,上海社会科学院出版社 2021 年版,"前言",第 xli 页。

角度简要分析了不同艺术的门类,尤其是电影和舞蹈,但他却从未真正将批判性的洞察目光投向晚近以来整个世界越来越全面深刻转向的数字技术的时代。而我在本章中就尝试进行这样一个推进发展的工作,并试图以弗卢塞尔(Vilém Flusser)为重要的对话者来建立起阿甘本与数字时代之间的纽带和桥梁。这不仅是因为二者之间呈现出众多表面上的相似之处,比如对姿势的关注,对语言和图像的深思,对艺术与政治关联的强调,等等。更为重要的是,从基本的哲学思路上来看,弗卢塞尔的核心概念"无根基"(groundless)或许恰好是对"去本原"(anachos)这个阿甘本中后期的重要范畴的最为深刻而有力的发展乃至修正。但所有这些线索或许最终都要汇聚于"恶"这个根本性的时代焦虑与哲学难题。阿甘本对集中营的痛斥,弗卢塞尔对纳粹暴行的反省,最终皆指向了数字的技术图像已经、正在、即将对整个世界所施加的"恶行"。如果说"人类生存的无根基的本性"①正是整个世界日益滑向无底深渊,那么,阿甘本和弗卢塞尔之间的对话、艺术与政治之间的交织是否能够对此给出回应乃至疗治? 我们希望在下文中探索答案,或至少是希望。

一、阿甘本思想的前后期转变:从"使用"(use)到"去本原"(anarchy)

关于阿甘本前后期思想演变的线索,学界固然早已有诸多的论断乃至揣测,但其实还是当属他自己在《何为一种赤贫之力?》一文中作出的自我总结最为精当。在其中,他不仅极为细致地梳理了自己的思想发展的不同阶段,更是将向来所关注的核心问题和主题呈示得一清二楚。其中尤其值得我们关注的,正是他所拈出的、足以彰显从否定到肯定之转化的两个关键词,那正是从"使用"到"去本原"。

初看起来,以"使用"来概括阿甘本的前期思想似乎颇引人争议。看似至少有两个明显的证据足以反驳这个选择。第一个证据正是来自《何为一种赤贫之

---

① Vilém Flusser, *The History of the Devil*, translated by Rodrigo Maltez Novaes, Minneapolis: Univocal Publishing, 2014, "Translator's Introduction", p. xiv.

力？》这篇文章，因为阿甘本在这里明确将"生产/制作"与"践行"（praxis），"非实行"与"使用"彼此对照①，而且在后文亦更为突出了"使用"的那种积极行动的意味。②这显然体现出"使用"之中的那种从否定向肯定进行转变的趋势。另一个更为明显的证据就是，阿甘本是在《身体之用》中对使用这个概念进行了全面透彻的解析，但很难说这本著作仍然局限于他前期的框架。

不过，这两个一深一浅的印象或许经不起太多推敲。要想深刻理解一个概念的内涵及其作用，仅从文本的显豁表达来看往往并不充分，还必须深入背后的思想演变的脉络、方法转变的形态。那么，从方法上来说，阿甘本前后期转变的关键要点何在呢？将他与福柯这位对他影响至巨的思想家进行相应的比照③，不失为一个有效的切入口。实际上，正如福柯前后期的思想方法的转换可以被概括为从考古学到谱系学，在阿甘本那里，这两种方法之间的更迭也同样是一条暗藏的主线。这里首先有必要澄清考古学和谱系学之间的区别。关于这一要点，福柯及诸多学者已经有众多论述，彼此之间亦有所出入，但大致说来可以概括为平面和深度这两个维度之分。④考古学更关注的是在一个平面之上尽可能地摊开各种差异性要素之间的错综复杂的关系，以此来动摇稳定的体制，模糊既有的边界，颠覆僵固的等级。借用德勒兹的极为精准的概括，考古学研究的核心对象是陈述，而"陈述领域既不存在可能性也不存在潜在性，一切都是现实的，一切现实性都显而易见"⑤。但谱系学就有所不同，它不局限于平面上的关系和格局，而是试图探入深处，但这不是作为基础（foundation）和起源（origin）的深处，而是差异性的力量不断交织互渗，甚至冲突纷争的深处。对此，还是德勒兹的概括最为深刻准确。他在《尼采与哲学》第一章中虽然只字未提福柯及其方法，但对意义的"解释"和对力量的"评价"这两种方法恰好对应着考古学和谱系学之间的区分。考古学的研究是相对静态的解释，它致力于将差异的要素、隐藏的力量摊开在人们面前，令它们变得"显而易见"。但谱系学则正相反，它试图

①　"What is a destituent power?"，p. 67.

②　Ibid., p. 69.

③　在《万物的签名》开篇，阿甘本就坦承了福柯对他的巨大影响：Giorgio Agamben, *The Signature of All Things：On Method*, translated by Luca D'Isanto and Kevin Attell, New York：Zone Books, 2009, p. 7.

④　福柯自己对谱系学的"深度"的强调，尤其参见《尼采、谱系学、历史》一文，见《福柯集》，杜小真编选，上海：上海远东出版社1998年版，第151—152页。

⑤　［法］吉尔·德勒兹：《福柯 褶子》，于奇智、杨洁译，长沙：湖南文艺出版社2001年版，第9页。

深入幽深曲折、混沌涌动的力量场域的深处，进而揭示那些"可见"的格局和关系是怎样自"不可见"的力量作用的深处涌现而出、发生而成。

由是观之，我们不难发现，以《神圣人》为代表的阿甘本的前期研究所秉承的似乎恰好是平面化的考古学方法及其探寻的对于意义的解释。首先，如果一定要用一种力量的拓扑学模式来概括其早期的方法论范型，那似乎当属《神圣人》中明确总结出的那个介于"外部与内部、自然与例外、自然与约法之间"的不可能进行终极明确划界的"无区分地带"①。实际上，这个无区分地带运作的领域远不止于阿甘本在这个段落里列出的这几个两两相对的范畴。从 zoe 和 bios，生命和政治，甚至一直到"制作"与"行动"，等等，阿甘本文本中几乎所有的两极相对的范畴都可以且理应被纳入这个"界槛"式的拓扑学模式中。这一点在阿甘本自己的论述和诸多二手研究之中都得到了一次次的强调和认同。若如此看来，"使用"这个概念即便更为突出地呈现于他后期的文本之中，但它背后所依托的却仍然是考古学的方法。也正是在这里，得以对前文列举的两点质疑进行回应。首先，还是从《何为一种赤贫之力？》这篇文本出发，其中初次集中论及"使用"的段落所重点援用的理论资源正是本维尼斯特（Émile Benveniste）的"中间语态"（middle voice）理论。除却其语言学的意涵，这个理论正是意在突出"被动与主动"，乃至"主体与对象"之间的"不确定的区域"②。进而，在《身体之用》的文本中亦同样如此。在那里，不仅再度出现了对"chresthai"这个古希腊词的细致考证，而且，"无差异性区域"（zone of indifference），"既包含又纳入"（exclusion, included），"不可确定之界槛"（undecidable threshold）③这些说法也几乎与《神圣人》如出一辙。

既然如此，那么"使用"这个范畴也自然会带上考古学方法的"不足之处"④。"使用"致力于揭示含混变动、交织互渗的绝对不可区分的地带，但仍然有两个困境对于它来说难以回应。一方面，仅仅揭示出、描绘出这样的地带还远

---

① ［意］吉奥乔·阿甘本：《神圣人：至高权力与赤裸生命》，吴冠军译，北京：中央编译出版社2017年版，第57页。他在后面紧接着画出的类似韦恩图式的例示恰是对此种"绝对的无区分性"的生动描绘。

② "What is a destituent power?", p. 68.

③ Giorgio Agamben, *The Use of Bodies*, translated by Adam Kotsko, Stanford University Press, 2016, pp. 22—23.

④ 我们这里加上了引号，那是因为只有将考古学和谱系学方法进行比照之时，前者才会暴露出相对的"不足"。若仅就考古学方法自身而言，它多少是自足和自洽的。也即，一个研究者完全可以仅运用考古学的方法去描绘权力的机制和陈述的空间，而并不一定要兼顾谱系学的深度方面。

远不够,还理应进一步展现出其背后运作的、隐藏的、涌动的力量关系和场域。简言之,还理应从可见的表面探入不可见的深度。另一方面,既然使用之考古学无力揭示力量之"谱系",那它也就由此暴露出最为致命的一个缺陷,即无法真正揭示变革的动力和行动的契机。考古学至多只能告诉我们"事已至此",至于如何挣脱困境,打开可能,迈向变革,它既无力亦无意来回应,遑论解答。

阿甘本自己当然也多少意识到了这两个颇为明显的缺陷,并由此给出了卓有成效的回应。首先,最为直接的回应自然是主动求变,从考古学的方法转向谱系学的探查。这个转变当然最鲜明地体现于阿甘本的《万物的签名》这部"方法谈"之中。其中第三章的标题虽然名为"哲学考古学",但初看起来颇令人意外的是,其实文中论述的却显然是福柯的谱系学方法。比如,在一开始对"事实性的起源(origin)"和力量涌现的"本原"(Herkunft/Entstehung)进行辨析的重要段落中,阿甘本就明确将其反复界定为福柯式的"谱系学"的范式。[①]由此也就引出一轻一重的两重思考。从轻的方面看,确乎不妨说阿甘本所谓的"哲学考古学"其实就是福柯的谱系学方法的另一种改头换脸的说法。但这样一来,他是否多少忽视了在福柯那里非常关键的考古学和谱系学之间的区分? 当然没有。阿甘本之所以会将考古学和谱系学这两种方法等同起来,正是因为考古学这个词的词根"archē"本来就带有鲜明的谱系学的意味,因为它更凸显出从不可见之力向可见秩序的转化。

但是,除了复述福柯既有的思想(无论用何种名号)之外,阿甘本的哲学考古学的独到之处究竟又在哪里呢? 关键还是在于"本原"(archē)[②]这个核心概念。或许在《万物的签名》中,它并未展现出多少别样的维度,但就在早一年出版的《王国与荣耀》中,它却已然展现出极具启示性的含义,敞开了截然不同的方向。第三章的标题就点出了这个重要主题,即基督教神学传统之中对"存在"(being)与"行动"(acting)之间的内在张力的思辨,及其随后引出的对于权力和治理的深刻反思。在神学的思辨之中,上帝之"所是"这个本体论的维度与上帝之"所为"这个安济(economical)的维度,二者之间往往呈现出难以调和的紧张

---

① *The Signature of All Things*, pp. 83—84.

② 之所以译成"本原",也正是依据阿甘本自己对这个古希腊词的解释,它既是"根本"(foundation)又是"原理"(principle):Giorgio Agamben, *The Kingdom and the Glory*, translated by Lorenzo Chiesa, Stanford University Press, 2011, pp. 57—58。

关系。由此亦引出了一个看似颇为极端的结论，即上帝对于世界的创制和治理本可以或本已经是"无根基"（groundless）、"去本原"（anarchos）的。①如果我们追问上帝"为何"如此创造世界，从根本上说，他实际上无法给出任何终极的"原因"（cause）和"理由"（reason）。这就引申出两个至关重要的思路。一方面，行动的去本原的特征本是为了给人的意志自由留出余地，进而为自我和主体性奠定基础。②但另一方面，这里还有一个与本文的讨论更为相关的要点，即治理与去本原（anarchy）的密不可分的关系，或说得直接一些，所有权力的运作根本上都是无根基、去本原的。③

二、从"去本原"到"无根基"，从阿甘本到弗卢塞尔

我们看到，揭示权力本身的去本原之本性，这才是阿甘本的哲学考古学的真正要义和用意所在，也是他与福柯式谱系学之间的最根本差别。由此也就能够理解，为何"本原"和"去本原"这一对相关的范畴会日渐在阿甘本后期的思想中成为核心的主题。它们不仅意在突破福柯的框架，更意在阿甘本思想发展的内部实现从否定向肯定的转化，从单纯对绝对不可分性的拓扑学描绘真正转向积极能动的行动。

然而，仅就去本原这个范畴而言，其实已经凸显出一个有待进一步澄清和阐释的难题。如果权力的运作根本上是去本原的，那么显然会衍生出两个亦正亦邪的结论。首先，从正面来看，权力的去本原性无疑为积极能动的政治抵抗提供了极为直接而切实的动力。去本原，正意味着所有现存的秩序，从根本上说皆远非天经地义和牢不可破的。"事已至此"，没错，但"何以至此"？在这背后实际上并不存在任何终极的原因和理由。既然如此，那么就显然为极端的变革，激进的行动留出了巨大的可能性④："事已至此"，但"总可以变得不同"。我们看到，

---

① *The Kingdom and the Glory*, p. 55.

② Ibid., p. 57.

③ Ibid., p. 64.

④ Katrina Kniss, "Beyond Revolution, Beyond Law: Christian Anarchism in Conversation with Giorgio Agamben", in *Political Theology* 2019, Volume 20, Issue 3, p. 11.

这不仅为阿甘本自己提供了一个从否定向肯定的转化契机,而且实质上是为政治行动提供了一个至为根本的动力和契机。也难怪近来有越来越多的学者开始从去本原这个关键角度来阐释、引申乃至发挥阿甘本哲学的积极、肯定的政治内涵,将去本原这个古老词汇与"无政府主义"(anarchism)这个近现代以来的激进政治运动明确关联在一起。实际上,阿甘本在《创造与去本原》(*Creation and Anarchy*)这部近作中也坦承,比起民主制,他显然对无政府主义更感兴趣。①而在全书的收尾之处,他不仅再度明确将去本原视作权力的最根本特征,而且更是由此断言:"建构与毁灭在此不可区分地重合在一起(without remainder)。"②这里,"不可区分"这个说法看似明显体现出阿甘本前期考古学的平面化特征,但实际上已经深刻展现出至为积极的行动力量。任何建构同时也都是毁灭,因为它的背后没有终极的根基,没有至上的目的,没有根本的理由,既然如此,毁灭这个根本的契机早已深深地打入建构的"本原"(或准确说是"非-本原")之处。概言之,建构与毁灭之间的绝对重合,既非局限于考古学式的静态解释,亦非仅止于谱系学式的动态评价,而更是指向了切实的行动,敞开了可能的空间。借用无政府主义的经典原理来阐释,正可以说,真正的"anarchy"并非失序、无序或混乱,而恰恰是要揭穿那些强加的、胁迫的、压迫性的秩序的去本原性,进而以自主(self-direction)、自发的方式来再度、一次次回归秩序之建构和毁灭的非-本原。③在《何为一种赤贫之力?》一文的最后,阿甘本在缕述了各种无政府、去本原的神学、政治和思想脉络之后,最终回归于"生命形式"(form-of-life)这个核心的概念。这里的形式恰恰并非来自外在的强加和压迫,更是源自生命固有的那种创造与毁灭相重合、建构与赤贫相交织的行动之力。④正是在这里,当阿甘本的思想更为鲜明地转向肯定与行动之际,他的立场也确乎更为鲜明地从福柯转向了德勒兹。生命的形式,或许确乎与德勒兹式的生命主义(vitalisme)之间展现出更为密切的关联。

　　但也恰恰在这里,体现出阿甘本忽视(甚至无视)的去本原这个范畴的另外

---

　　① Giorgio Agamben, *Creation and Anarchy*, translated by Adam Kotsko, Stanford University Press, 2019, p. 54.

　　② Ibid., p. 77.

　　③ George Crowder, *Classical Anarchism*, Oxford: Clarendon Press, 1991, pp. 1—3.

　　④ "What is a destituent power?", pp. 73—74.

一个方面,也即更为阴暗和负面的形态。一切权力的运作都是去本原的,无根基的,这既为积极的行动留出了空间,但难道不也同样为权力本身的任意妄为提供了最为邪恶的"理由"? 与无理由的抵抗并存的,正是无理由的施虐。善是无理由的,但恶又何尝不是如此? 如此看来,阿甘本后期围绕去本原这个核心范畴展开的积极抵抗的策略就要大打折扣,因为他难道不是忽视了恶的无根基性这另一个本不该忽视的相关面向? 当然,基于阿甘本的思想发展,可以对此种看似致命的忽略提供一个有理有据的辩解。虽然恶这个问题在他的文本中从来没有成为集中论述的主题,但却显然是一个贯穿的潜在主题。尤其是在其前期对生命政治所展开的考古学考察中,即便没有明确集中出现"恶"及相关概念,但几乎通篇皆是在呈示现代性之恶的诸种形态,运作方式及相互关联。既然如此,当他后期更为集中转向去本原之思的时候,似乎也就顺理成章地转换重心,从对恶的揭露和批判转向更为积极肯定的抵抗策略。

不过,这个辩解虽然在阿甘本的文本中可以找到有力的证据,但就去本原这个问题甚或难题而言,却很难自圆其说。一个显见的理由就是,恶的批判这个否定性的面向和抵抗行动这个肯定性的面向,这两者始终是密切交织,难以分隔的。因此,即便在对肯定面向进行集中探讨之际,也一定、必然要关涉无理由、无根基之恶这另外一极。无理由之抵抗与无理由之施虐结合在一起,才是去本原这个范畴的全貌和真相。因此,以转向积极行动为理由,进而(哪怕是暂且)搁置对于无根基之恶的反思和批判,这无论如何都是一个无从捍卫的立场。当然,通观阿甘本后期的诸多文本,仍然可以发现恶这个问题的偶尔的闪现,潜在的隐现,但它与去本原之行动的密切关系,确实始终悬而未决,有待深究。有鉴于此,我们在这里就有理由转向另一位思想家弗卢塞尔及其核心概念之一"无根基"(groundless)①,以此来更为切实地思考无根基之恶与去本原之行动之间的内在关联。选择弗卢塞尔作为本章后半部分的论述重心,除了他与阿甘本之间的诸多显见的相似性之外,还至少出于三个重要缘由。首

---

① 亦有学者(如 Andreas Ströhl)将"bodenlos"译作"无底"(bottomless)(Vilém Flusser, *Writings*, edited by Andreas Ströhl, Minneapolis/London: University of Minnesota Press, 2002, "Introduction", pp. xix—xx),固然更贴近葡萄牙语原词的字面含义,但却多少错失了"无根基"这个译法之中的哲学意涵。"底"不仅体现出等级上的低微(高处/底部),更是展现出一种浓重的附属性的意味(底部作为支撑,衬托)。由此看来,更合适的译法似乎是"无基底",但我们在这里之所以译成"无根基",那正是因为弗卢塞尔对"bodenlos"的荒诞性的第一重规定正是"无根"(rootless)。详见下文。

先,与阿甘本相近,弗卢塞尔自思考和写作之始,就将反思、批判现时代之恶作为自己的毕生主题。只不过,他不仅将恶作为一个潜在的线索和论题,更是将其作为核心的范畴和明确的问题进行多向度多层次的展开。其次,阿甘本对恶的批判,大多集中于历史的线索,以及 20 世纪上半叶的政治困境,而鲜有集中论述更为晚近的网络社会、人工智能及数字技术等带来的困境和难题。在这一点上,对媒介领域进行过全面广泛研究的弗卢塞尔显然更胜一筹,而且,他极具启示地提出的技术图像(technological image)这个概念尤其能够将否定与肯定、被动与主动、无根基之恶与去本原之力关联在一起,对当下的时代与现实展开极为深入而有针对性的批判。以上两点最后皆汇聚于"姿势"这第三个要点之处。仔细比照阿甘本和弗卢塞尔的姿势理论,既能够将相对宽泛的理论思辨带回具体的现实论域,更得以由此细致生动地例示弗卢塞尔洞见的深度与锐利。

"无根基"这个概念,在阿甘本那里虽也偶尔闪现,且其含义大致接近去本原①,但其实它不仅有着颇为独特的内涵,更是基于特有的脉络。澄清这一点是理解弗卢塞尔的无根基之恶的相关论述的必要前提。从西方近现代哲学史的发展来看,这个概念首次明确出现并得到深刻阐释,还是在谢林的文本之中(尤其是《世界时代》和《对人类自由之本质的哲学探究》)。进入 20 世纪,从海德格尔到维特根斯坦,从列维纳斯到德勒兹,这个概念得到了不同方向的发展和引申。②不过,还是让我们先聚焦于弗卢塞尔的相关论述,再进而以哲学史为背景对其独特内涵进行深入阐发。

弗卢塞尔关于无根基和恶的论述,可说是遍布于他的早期文本之中,构成两个最为关键的主题。先说无根基,他在同名著作之开篇就对这个概念给出了极为明确清晰的界定。值得注意的是,他一开始就将"荒谬"和"无根基"这两个重要概念关联在一起进行阐释。考虑到他对法国存在主义的熟悉和倚重,加缪在《西西弗神话》中对"荒诞感"的著名界定就注定成为首要的引线:"这种人与其

---

① 比如 The Kingdom and the Glory, p. 55。

② 关于海德格尔和维特根斯坦的无根基概念,可参见 Lee Braver, *Groundless Grounds: A Study of Wittgenstein and Heidegger*(The MIT Press, 2012)。德勒兹在《差异与重复》(尤其第一章开篇部分)中亦有相关的重要论述。实际上,海德格尔和维特根斯坦也是从一开始就对弗卢塞尔有着深刻影响的两位哲学家:*The History of the Devil*, "Translator's Introduction", p. xvii。

生活的离异、演员与其背景的离异,正是荒诞感。"①熟悉的生活背景的瓦解,支撑着整个世界的从认知到行动的稳定框架之崩溃,这些既是荒诞感的起因,也是其本质。正是因此,"荒诞、希望和死亡互相纠缠的无情游戏"②,也正是深刻理解荒诞概念的三个密切相关的要点。荒诞总是始于虚无的体验,而生活和世界的土崩瓦解也正是濒临死亡之绝境。面对此绝境,总有人要么起而抗争,要么顽强支撑,但最终都是为了重获希望。荒诞,就是在虚无和存有,绝望和希望,乃至死与生之间的持续不断的震荡。这也正是理解弗卢塞尔在此处论述的正确起点。他援用来自植物学、天文学和逻辑学的三个案例逐次递进地解释了荒诞的三重特征,分别是"无根基"(rootless),"无意义"(meaningless)和"无理由"(without reason)③。首先,被插进瓶中的花是无根基的,因为它被抽离出本该生长其中的天然土壤,并强行置入另一个人工的环境之中。这个形象的例子一开始就凸显出无根基之荒诞体验的独特"氛围"(climate):背井离乡、流浪漂泊、疏离、陌异。但所有这些归结为一点,正是加缪所谓的熟悉和稳定的世界背景的瓦解。从体验出发,引出了第二个更为深刻而绝望的思考,那正是对支配、掌控世界的诸多根本法则本身的质疑。人与世界之离异,敞开了虚无的裂痕,而正是在这个虚无的背景之上,呈现出所有法则、原理和规律本身的荒诞。世界失去了意义,那是因为它本身就没有终极而永恒的意义,那是因为支撑它的种种貌似终极而永恒的法则其实最终都注定会落入无根基的绝境。"事已至此",但"何以至此"? 没人能给出任何终极的颠扑不破的原因和理由。

由此就涉及荒诞的第三重界定,那正是无理由。看起来这进一步深化了无意义这个要点,但其实这里才明确展现出与"恶"这个根本困境密切相关的根本线索。"七点钟,在圣保罗,二乘二等于四。"但这句如此清楚明白、与生活一般平淡真实的陈述怎么就荒诞了呢? 那正是因为,一旦生活失去了熟悉的背景,一旦世界失去了稳定的框架,一旦所有的规律和法则都陷入无根基之境地,那么,不仅我们所有的行动和选择将由此失去坚实的支撑,而且更令人绝望乃至恐

---

① [法]阿尔贝·加缪:《西西弗神话》,丁世中等译,南京:译林出版社2017年版,第81页。弗卢塞尔在很多处都明确提及、引用了加缪的荒诞理论,尤其如 Vilém Flusser, *Philosophy of Language*, translated by Rodrigo Maltez Novaes, Minneapolis: Univocal Publishing, 2016, pp. 10—11.

② 《西西弗神话》,第84页。

③ Vilém Flusser, *Groundless*, translated by Rodrigo Maltez Novaes, Metaflux Publishing, 2017, pp. 19—20.

惧的是,我们甚至无法对任何当下的事实和事件做出有效的评价和判断。一切都是变动不居的,因而一切都是脆弱不安的,真会转化为假,善会堕落为恶,因为这一切背后都既无根基,亦无意义,更无理由。既然如此,人类又为何一定要捍卫真理,扬善抑恶呢? 这些所谓的执着、信念和希望,最后不也同样是荒诞一场? 或许正是因此,弗卢塞尔在论及"无理由"这一点的时候所使用的修饰词是"深渊"(abyss)①,而并不只是"背景"(horizon),那正是着意将虚无的体验深化为虚无的本原,将虚无、毁灭和死亡深深地打入根基(Ground)之处。也正是在这里,体现出弗卢塞尔的"无根基"与阿甘本的"去本原"之间的两点根本差异。首先是体验之氛围的差异。阿甘本的起点是生命政治之诸种恶行,进而由此激发出生命自身的那种难以遏制的捍卫、创造自身之形式的赤贫之力。而弗卢塞尔则相反,他的起点是背井离乡的体验,是四处漂泊的凄楚。他所体验到的恰恰不是赤贫之力,而更是脆弱无力,是孤苦无依②,四顾无援。其次,更为重要的则是二者对于虚无的理解截然不同。阿甘本的诸多标志性语汇带有否定性的前缀,比如"in-","de-",但颇值得注意的是,他确实不太喜用带有彻底否定性含义的词缀,比如"non-"或"-less"。这背后的理由也很清楚,诚如他自己所言,那正是为了不停留于、深陷于否定性之束缚乃至陷阱,而是要从否定转向肯定,从被动激活主动。③但弗卢塞尔又正相反,他虽然从未丧失"寻找根基"④的努力,希望乃至"实验"⑤,但无根基的虚无之阴影乃至暴力一直如影随形,挥之不去。由此不妨用两个关键词来概括阿甘本和弗卢塞尔之间的根本差异。借用阿甘本对于巴特比的闻名分析,他对本原(archē)的处理虽然也带有鲜明的否定性的形态(anarchy),但最终还是为了再度激发生命本原之处的不可穷竭的"绝对而纯粹的潜能(potentiality)"⑥。而弗卢塞尔则显然不同,他的关键词不是"潜能",而是"深渊"。对于他,虚无不是激活生命的力量,也远非从否定转向肯定的契机,而是敞开着那种无法根除亦无可彻底回避的终极危险:所有人类、整个世界都随时有

---

① *Groundless*, p. 20.
② "无根基就是孤独之体验。"(*Groundless*, p. 21)
③ 阿甘本自己对"as not"这个看似否定、实则肯定的说法的论述就很典型:《何为一种赤贫之力?》,第71页。另一个明证是,Saul Newman 就将阿甘本的"去本原"阐释为"de-grounding",而非"groundless",这颇令人寻味:"What is an Insurrection?", p. 8.
④ *Groundless*, p. 11.
⑤ Ibid., p. 21.
⑥ 转引自"What is an Insurrection?", p. 12。

可能无理由地再度落入死亡、虚无和毁灭的深渊。如果说"去本原"是抵抗的号角,那么"无根基"更是痛苦的警示。生命的真义,或许并不只是一次次置之死地而后生的抗争与创造,更是一场如临深渊、战战兢兢的摸索与流亡。

三、无根基之恶

也正是在这个深渊之处,恶的无根基性得以清晰地、不祥地显现。这个"噩兆"在弗卢塞尔的著作中初次,也是最集中的显现,当然是《恶魔的历史》一书。看似标题中出现的是"恶魔"(devil)而并非"恶",但细观该文本,通观弗卢塞尔的思想发展,这部书的主题绝不局限于对西方历史上的那些典型的恶魔形象的描述,而是直接指向了那些贯穿历史之中、震荡于人性深处的根本之恶。这部书中同样也自始至终回荡着弗卢塞尔对无根基之恶的一些根本性的剖析。[1]首先,在一篇自述之中,他就将纳粹这个极端之恶的破坏性作用形容为"地震般的",进而"吞噬了(devoured)我的整个世界"[2]。吞噬,显然呼应着上节最后重点提及的"深渊"这个关键词。然而,弗卢塞尔对恶的剖析绝不局限于个体的生命,亦远远超越了纳粹这一次惨绝人寰的浩劫,更是深入到本体论的普遍层次去剖析恶的哲学内涵。

在《恶魔的历史》开篇的几个令人惊叹的段落之中,这番对于恶的哲学剖析已然彰显出与"去本原"这个阿甘本式的概念的深刻差异。首先,如纳粹这样穷凶极恶的事件在人类历史上远非绝无仅有,反倒是屡屡发生,难以根除,这就让人深思"恶"与"历史"之间的复杂关系。恶,到底是在历史之中零星爆发的偶然事件,还是可以在历史的规律、人性的深处找到本质性、根源性的解释?而弗卢塞尔随即给出的解释表面上看堪称惊世骇俗。他明确指出,历史上对极端之恶的看法往往倾向于将其归结为种种否定、负面的特征[3],比如,恶就是善之对立,恶就是人性之堕落,恶就是社会之倒退,等等。但有心的读者当然会反唇相讥:

---

[1] 正是因此,我们将书中关于"恶魔"的论述都大致替换为"极端之恶"这个说法,以突出其普遍性、哲学性的含义。

[2] 转引自 *The History of the Devil*,"Translator's Introduction",p. xii。

[3] Ibid., p. 2.

难道说恶还有"积极的"、正面的作用？弗卢塞尔恰恰对此给出了肯定的回答，并进而指出恶的积极作用正在于"将整个世界维系于时间之中"（keeping the world within time）①。这个命题看起来如此离经叛道，但实际上却道出了一个关于恶的向来为人忽视的启示性要点。难以否认的是，就历史这个人类的时间性进程而言，它绝非单向的线性的进化，更难以用某个（或某些）法则来进行终极的限定。历史的时间绝不是明晰的形象，而是力量纷争的战场。对此要点，从尼采到福柯的谱系学研究早已展现得淋漓尽致。弗卢塞尔虽然并未明确征引福柯，但他的用意实际上颇为近似，即善与恶之间的难以终结的、错综复杂的争斗恰恰是推动历史时间的最为根本性的动力。片面地扬善抑恶，进而将恶仅仅视作偶然的、边缘的、次要的现象，这就等于闭上眼、转过脸执意不去面对现实的残酷、历史的复杂。恶，也是推动历史的一种根本性的力量，甚至是与善分庭抗礼的另一种根本力量，这才是真正进入历史时间的入口。相反，执意将恶排除出历史与时间之外，这也就同时失去了历史的全貌，时间的真相。由此确乎可以说，"生命的演化所具显的也无非就是恶之演化"②。弗卢塞尔进而毫不避讳地指出，进入祛魅的现代世界之后，恶慢慢也在哲学的话语，甚至公共的舆论中逐渐"消声"（silent），这难道不是另一种更令人焦虑的极端之恶吗？面对极端之恶时的失语，甚至无力去深思、无意去直面这个根本性的动荡力量，难道不恰恰是现代哲学自身的一种根本之恶吗？由此，在第一章的结尾之处，弗卢塞尔大声疾呼："为什么要害怕恶呢？为什么要逃避恶呢？这些才是本书将要或明或暗地提出的生存论问题。"③

真正的历史，总是善恶纷争的场域，或者用弗卢塞尔自己的表述来概括，那正是"神性"（Divine）与"恶魔"（Devil）、创造与毁灭、生命与死亡这两极之间的持久纷争。④当我们仰望神性，憧憬理想之际，也往往会不知不觉地走到历史之外、之上，这个时候，正是那些阵痛般爆发的穷凶极恶才一次次地将我们拖回到时间之中，由此痛并清醒地意识到历史和时间本身的无根基性。无论怎样美轮美奂的王国，都可能瞬间倾覆。无论怎样崇高伟岸的理想，都可能顷刻堕落。恶

---

① *The History of the Devil*, p. 3.
② Ibid., p. 5.
③ Ibid., p. 10.
④ Ibid., p. 3.

的无根基性和历史的无根基性,不仅相互映衬,更是彼此勾连。历史没有终极的说明,也不存在一劳永逸的解药,面对无根基、无理由、无意义之根本恶,我们既要以无理由之勇气去抵抗,亦同样需要时刻对无根基之深渊保持警醒。毕竟,我们所有人都始终"在时间之中"。

不过,弗卢塞尔的无根基之恶的学说看似极端,但确实能够在哲学史和思想史中找到清晰的线索和背景,尤为突出的三个关键环节正是神正论(theodicy),康德的"根本恶"理论以及(与弗卢塞尔最为切近的)谢林对无根基这个范畴的深奥思辨。实际上,这三个环节所围绕的核心难题都是一个:是否能够从神学、科学或哲学的角度对人间之恶,尤其是那些穷凶极恶给出一个"原因"或"理由"上的说明? 实际上,在中世纪的神学中,恶已经是一个突出的难题,但却并未造成根本性的困扰。这既是因为《圣经》的终极权威无可撼动,又是因为在至善的上帝面前,恶毕竟始终处于一个低微和从属的地位。但转入近代哲学就截然不同了,人必须最终依赖自己的理性能力来对恶进行深思和解说。细观其中的三位代表性的思想家——莱布尼茨、康德和黑格尔,他们对于恶的阐释已然形成鲜明的分化。对于莱布尼茨和黑格尔,恶始终、最终是一个"存在本身的负面效应"①。从相对消极的方面来看(比如莱布尼茨),它无非完备而普遍的理性秩序的欠缺、贬损乃至堕落;但从相对积极的角度来说(比如黑格尔),它亦完全可以被纳入理性精神的自我发展运动的过程中,变成一个必要的环节,甚至内在推动的力量。②然而,无论是消极还是积极,恶在向善求真的理性面前,要么被排斥至边缘,要么被内化于后者之中,因而都谈不上具有什么样的"根本"或"本原"的地位。但自从康德的"根本恶"(radical evil)这个概念的提出,思路开始发生了明显的变化。恶不仅变成了人性之中一种难以根除的基本力量,更是往往展现出与理性本身分庭抗礼的咄咄逼人的态势。③当然,康德最终还是想尽办法化解恶的此种威胁之力,并令其最终从属、臣服于理性的道德律令,但诚如很多学者指出的,康德的根本恶这个概念带来的更多的是困惑而非答疑。奥维莱(Dennis Vanden Auweele)就明确指出,康德试图给恶进行理性"奠基"(rational proof for

---

① 黑格尔语,转引自 F. W. J. Schelling, *Philosophical Investigations into the Essence of Human Freedom*, translated by Jeff Love and Johannes Schmidt, Albany: State University of New York, 2006, "Introduction", p. xii。

② *Philosophical Investigations into the Essence of Human Freedom*, "Introduction", pp. xiii—xiv.

③ Ibid., p. xviii.

grounding evil①)的各种尝试最终注定会宣告失败,因为如果他真的成功了的话,反而会导向两个更为令人困扰的结论:要么,恶由此就变成人性之中的一种基本力量,而这就意味着只要有人类存在,只要人类的历史还在发展延续,那么恶就将始终存在,无法根除;要么,恶就从理性这个方面获得了一种"根基",一种根本性的解说,那也就意味着不仅恶是一个无法根除的力量,甚至所有的恶行最终都是"有理由"的。康德对恶所进行的"奠基",极有可能滑向他所不愿见到的反面,那正是对恶进行了理性的"辩护"甚至开脱。

而谢林的无根基之恶的概念的提出正是来自对康德的明确回应。固然,基于德国观念论的历史演进,确有理由说黑格尔的精神运动的辩证法已然在很大程度上化解了康德的困境,但谢林对恶之深思却至少在两个重要的方面超越了整个理性主义传统的框架,一是证明从理性的角度无论如何都无法为恶提供一个奠基或理由,二是由此转向一个非理性的基础,经由"实存"(existence)与"根基"(ground)的复杂关系来理解善与恶、光明与黑暗之间的互动与交锋。然而,谢林对根基的思考与康德截然不同,因为他最终将恶之根基描绘作"混沌或去本原(anrchic)"②的根本形态,由此就导向了与阿甘本和弗卢塞尔之分歧相对应的两个看似相反的方向。一方面,它作为不可穷竭的生命力,总是可以瓦解既有的秩序,为人类历史的演进发展提供源源不断的动力,这就接近阿甘本的去本原这个概念;但另一方面,谢林意义上的根基又展现出下坠、回缩(withdrawal③)、潜隐的运动,因而又颇为切近弗卢塞尔笔下的那个幽暗的"深渊"。根基,既可以上升为生命,又可以回缩为深渊,既得以朝向善之理想,又每每落入恶之深渊,这才是谢林的无根基概念的根本要义。实存必然有一个根基,必然来自一个根基,但这个根基既非理性所能奠定,亦无法最终与实存本身形成和谐的秩序,正相反,这个根基之中早已经深深地打入了生与死之间的持久纷争,善与恶之间的永恒对抗。在这里,弗卢塞尔与谢林之间奏响着强烈而持续的共鸣。甚至两者对于"宗教"这个根本问题的回应也是如此相似,谢林曾基于词源的考察将"宗

---

① Dennis Vanden Auweele, "Kant and Schelling on the ground of evil", in *International Journal for Philosophy of Religion*(2019) 85, p. 239.

② *Philosophical Investigations into the Essence of Human Freedom*, "Introduction", p. xx.

③ Slavoj Žižek, *The Indivisible Remainder*, London and New York: Verso, 2007, p. 62.

教"（*re-ligare*）解释为"重建连接"①，也正是凸显出贯穿人类历史的善与恶之间的不稳定的张力。同样，弗卢塞尔也曾明确地将"思想与生命、生命与死亡之间的争斗"②视作自己哲学的一个显著特征，更是明确将其与宗教这个主题关联在一起："我的一生，就是本无任何宗教信仰（religion），但却始终探寻着宗教精神（religion）"③。我们将先后两个"religion"进行了不同的意译，正是为了突出两者之间的重要区别，弗卢塞尔的哲学生命，正是不断突破各种宗教信仰的体制性束缚，进而在思想与生命的张力之中不断深入到善恶持久纷争的宗教精神的至暗深处。

四、技术图像作为无根基之恶

然而，上述一番阿甘本和弗卢塞尔、去本原和无根基之间的对比，反而平添了几分对于后者的质疑。在阿甘本那里，从使用到去本原的转变，也就标志着从解构式的否定转向生命论式的肯定，由此亦为切实的抵抗和行动提供了有效的本体论上的前提。毕竟，从《至高的贫困》开始的一系列著作，都已经展现出此种去本原式的积极抵抗的不同方式和向度。但无根基这个概念呢？此种对于根基所进行的充满否定意涵的处理，是否也就同时意味着消极怠惰，甚至放弃行动？毕竟，面对无根基之恶，除了苦痛和警醒之外，又究竟还能做出怎样切实的回应呢？对此，有的学者也基于一定的文本依据将弗卢塞尔的"积极"的抵抗策略大致等同于德勒兹式的游牧主义。④确实，很难无视弗卢塞尔的一些关键概念［尤其是"转译"（translation）和"意义之绘图"（mapping of meaning）］⑤中洋溢的浓厚的德勒兹主义的气息。但要想真正领会他给出的切实的行动方案，还是要回归起点，既是思想的起点，即"无根基"，同时又是研究上的起点，即《语言哲学》这部早期代表作。在其中，无根基与语言问题密切关联，并随之引出了对于

① "Kant and Schelling on the ground of evil", p. 249.
② 转引自 Anke Finger, Rainer Guldin, and Gustavo Bernado, *Vilém Flusser: An Introduction*, Minneapolis: University of Minnesota Press, 2011, p. 17。
③ 转引自 *The History of the Devil*, "Translator's Introduction", p. xii。
④ *Vilém Flusser: An Introduction*, p. 73.
⑤ Iibd., pp. 70—71.

图像和神话问题的相关思考,这就为"技术图像"这个弗卢塞尔最为闻名的概念的提出做好了铺垫。也正是基于这些根本的前提,才能够对姿势这个关键要点进行恰切充分的理解,也才能以姿势为核心再度领会阿甘本和弗卢塞尔、去本原和无根基所导向的不同的抵抗策略。

《语言哲学》虽然只是一部草创之作,但其中对先于语言的"无"之维度的启示已然敞开了引导弗卢塞尔后续思想发展的主线。肖恩·库比特(Sean Cubitt)在为该书英译本所作的序言中,开篇就强调了"无"(nothing)这个关键词。①将无与语言关联在一起,至少体现出三重意蕴。首先,无并非彻底的空无,断裂或鸿沟,而是强调语言与其"本原"之间的差异性的张力。因此,说语言始于"无",那无非从根本上拒斥那些用因果性、历史规律、目的论等模式来对语言进行限定和框定的徒劳努力,而从本原之处就将其向那些外部的、差异的、多元的力量敞开。语言的本原,恰恰是不可明言、不可尽言之"无"(unconfessed meaning②)。其次,无在弗卢塞尔这里也并不只是一个空泛的本体论范畴。他虽然明确论及了存在与非存在这些深奥的问题,但最终还是意在将哲学的思辨引向具体的语言现象和问题。也正是这个意义上,他才会说"本体论最终就是神话学(mythology)"③。这里的神话,既指向着先于概念思辨的隐喻式思考,同时又指向了"人类语言的种种非言语的方面(non-verbal aspects)"④,比如声音、姿势、触觉、形象,等等。就此而言,语言所源自的那个"无",在这里尚未体现出多少"无根基"的内涵,而倒是更接近一种蕴藏丰富的创生性的本源。或许也正是因此,弗卢塞尔才会明确总结说,"思考,就是一个否定无(negates nothingness)的过程"⑤。但这里的否定,显然还是更为接近一个从无到有,从无形到有形,从不可言到可言的转译和转化的运动,其中并没有多少真正的否定性的意味。实际上,《语言哲学》中对无之本原的论述或许更为接近阿甘本的"潜能",而并非无根基式的"深渊"。

但到了《迈向一种摄影哲学》这部杰作和代表作,弗卢塞尔对于无和无根基的思考却开始发生明显的转折。一方面,他的思考范域得到极大的拓展和深化,

---

① *Philosophy of Language*, "Foreword", p. xi.
② Ibid., p. 5.
③ Ibid., "Foreword", p. xvi.
④ Ibid., "Foreword", p. xiii.
⑤ Ibid., "Foreword", p. xvii.

不仅从语言拓展至广大的符号领域，更是由此对整个人类的媒介发展史进行了一番极为透彻的梳理和解析。另一方面，他经由这番历史和概念梳理最终得出技术图像这个核心概念，确实更为明显地展现出无根基的鲜明意味，也正是由此导向了他在后续的《技术图像的宇宙》一书中对数字时代的无根基之恶的深刻批判。

接下来我们先从历史的脉络入手。弗卢塞尔首先将媒介史的发展大致区分为三个阶段，即从神话到历史再到技术图像。三者的关系有点接近辩证法式的否定之否定①，但又体现出迥异的细节。首先，神话与历史之间的区分，可以概括为三重对比：神话的时间性是循环的，而历史的时间性是线性的；神话的思维是想象式的，而历史的思考则是概念性的；最后，神话的主导媒介是图像（image），而历史的基本媒介则是文本（text）。这些普泛的论述，似乎算不上有多少原创。但弗卢塞尔的真正创意正在于由此引出了"技术图像"这个令人醍醐灌顶的概念。什么是技术图像呢？他的界定极为简明，那正是"由装置生产出来的图像"②。那什么又是装置呢？"简言之，就是模拟思考的各种黑箱（black boxes），它们用数字化的符号来进行组合式的游戏（combinatory game）。"③这个界定之中的几个关键词也恰好对应着弗卢塞尔在第三章中清晰界定的技术图像的六个基本特征。首先正是"危险"。技术图像本质上是一种图像，因而必定多少带上了神话式媒介的种种特征，但它又与神话有着根本区别。神话图像直接指向现实世界，而技术图像则正相反，它指向的是各种各样的文本。因此，神话图像如果说是前历史的，那么技术图像则恰恰是"后历史的"（post-historic）④，它看似再度唤起循环的时间和开放的想象，以此来替代线性的历史和抽象的概念，但实际上，它所整合的只是历史之中所演变流传下来的各种文本，这已经跟现实之间隔着一层难以跨越的隔膜。进而，它又以技术媒介和平台为主导，对这些文本、概念和符号进行共时性的、网络化的编程、操作和处理，进而完全丧失甚至清除了它们原本带有的历史线索和背景。由此弗卢塞尔将技术

---

①　"辩证过程（dialectical process）"也确实是弗卢塞尔在第一章中所明示的基本方法：Vilém Flusser, *Towards a Philosophy of Photography*, translated by Anthony Mathews, London: Reaktion Books, 2000, p. 12。

②　Ibid., p. 14.

③　Ibid., p. 32.

④　Ibid., p. 14.

图像的想象总结为两个本质特征,即次级的想象(因为它跟现实隔着文本的间距)和编程(programs)①。那为何这就一定是危险的呢?为何不能从辩证综合的角度将技术图像视为对神话和历史的扬弃和超越?这就涉及"黑箱"这个关键特征了。前历史的神话式媒介,它以万物交织、互渗的整体性宇宙图像令人与世界难解难分地交融在一起。它所运用的符号虽然充满着种种神秘莫测的气息,但其中却既涌现着宇宙之伟力,同时又展现出人类蓬勃的想象力。但技术图像对于各种信息和文本的编程式整合则正相反,它背后的运作规则跟现实没有任何关系,而仅仅是一套机械的规则和数字的算法,而且更为致命的是,所有这些规则和算法的运作都深深地隐藏在各种黑箱式的装置之中,一般的用户既难以理解,更难以触及。②这已经远非神秘,更是一种疏离和陌异。面对原始人创造的神秘图像,我们会赞叹其中难以穷尽的想象力,但对于今天的各种装置所生产出来的各式技术图像,我们几乎只会感觉到一种深深的无力和冷漠的距离。技术图像也构成了一个完整而宏大的无尽延伸的"宇宙",但那个宇宙中既没有生命,更没有精神,而只有循环相因,无限重复(endlessly repeatable③),冰冷运作的编程的逻辑。

也正是在这个意义上,弗卢塞尔最终将技术图像式的整合讽刺为"无形的一团(masses)",它甚至失去了各种历史性文本展现出的方向、目的、发展等特征,而将整个世界最终化为一片没有方向、没有秩序,甚至没有意义的混沌涌流的数字汪洋。④固然,各种装置可以从这个无形的汪洋之中不断生产出、变幻出难以穷尽的有形的秩序,但所有这些秩序都仅仅是编码操作的结果,从根本上来说,它们都是无根基、无理由、无意义的。世界可以这样编码,也完全可以别样编码,至于不同的编码之间是否存在着各种理由上的高低,意义上的深浅,最终都是毫无依据的。所有一切的编码,规则和算法最终都只是无理由、无目的的"组合的游戏",最终都注定要一次次跌落到那个无根基的本原之处。这正是弗卢塞尔以看似平淡的笔调所描绘出的技术图像时代的绝境。

---

① *Towards a Philosophy of Photography*, p. 17.
② Ibid., p. 16.
③ Ibid., p. 20.
④ 对数字海洋的论述,参见本书第四章。

但在《迈向一种摄影哲学》之中，他虽然暗示出了此种绝境之深重，却并未全然展开其极端之"恶"的面向。这个釜底抽薪式的批判工作，随后在《技术图像的宇宙》一书中得到坚定而持续的推进。该书的前六章大致都是对前作的复述，但从第七章开始，他的语调骤变，开始直接触及无根基之恶这个根本的问题。看似"互动"这个标题意在突出数字图像与传统媒介相比的独特优势，但在弗卢塞尔看来，此种所谓的互动最终却会导致两个极度令人忧虑甚至恐惧的结果。一方面，这里的"互"仅仅是一个编码操作的结果，说到底它只是技术图像对用户、玩家、消费者施加的单向度的"渗透力"："它会使人们承受压力，诱导他们按下按键，从而让图像在角落里浮现。"①表面上看是你在主动地、平等地跟图像互动，但实际上你早已不知不觉中成了程序和算法操控玩弄的傀儡。看似人与图像之间达成的是一种交互而平等的"共识"，但实质上两者之间最终形成的只是一个"闭环式的反馈回路"②。由此造成另一个方面的恶果，那正是最终会导致神话式想象的衰亡，历史性意义的枯竭。而所有这一切最终带来的几乎唯有一个终极的无根基的恶行，那正是人类自由的丧失。③

那么，面对这样一种绝境，弗卢塞尔到底又能提出怎样的对治之道呢？仅就该书而言，大致有三个要点。首先，当然是要改变技术图像的单向度的、闭环反馈式的渗透，真正让它成为一个人与人、人与技术，甚至人与万物之间平等开放之交互和"对话"的基本平台。其次，"这种对社会的对话式重构，这种'对话式存在'的关键，在于它的游戏性"④。游戏的本性，无非在一定的规则之下，以人和人的平等参与为前提，进而最大限度地发挥每一个游戏者的能力和自由。如果我们注定已经深陷技术图像的装置之中，那么唯一的解脱之道或许正是以游戏的精神来加以回应乃至对抗。对于技术图像敞开的这个游戏性的自由，其实弗卢塞尔在《迈向一种摄影哲学》中已然明示，并在那里明确以此为要点区分了历史性文本和技术图像，如果说前者还只是一种沿着线性的秩序进行的循规蹈矩的"劳作"（work）的话，那么后者则进一步演变成相对自由地对数字符号进行

---

① ［巴西］威廉·弗卢塞尔：《技术图像的宇宙》，李一君译，上海：复旦大学出版社 2021 年版，第35 页。
② 《技术图像的宇宙》，第36—37 页。
③ 同上书，第 38 页。
④ 同上书，第 66 页。

操控组合的"游戏"①。但祭出游戏性这个法宝看似仍然难以拯救技术图像的无根基之恶，因为置身日益游戏化世界中的每一个玩家，他们看似每一步都在进行"自由"的决断，但在这些决断背后进行操控的却仍然是、始终是、不可能不是算法和规则："这样看来，远程通信技术似乎不仅能在创造的过程中，而且能在决断的过程中替代人类。……现在，我们发现这些步骤再度走入了虚空。"②如果看似自由的决断背后也是无理由的程序，那么游戏性是难以真正对治数字时代的无根基之恶的。我们再一次被抛进那个幽暗的深渊。

五、重归姿势：弗卢塞尔与阿甘本的另一次对话

那么，是否还存在一线解脱之生机和希望？如果有，那么或许还是要回归姿势这个要点。既然在阿甘本那里，姿势是连接否定与肯定，艺术与政治之间的关键纽带，那么是否也能在弗卢塞尔这里找到相似的对应？在全文的最后，就让我们再度围绕这个要点在两者之间展开对话。

首先，二者之间的一个明显趋同正在于，在《业》中，阿甘本明确将姿势视作自己中后期的一个核心主题；同样，弗卢塞尔在去世之前亲自编撰的最后一部重要文集，也正是《姿势》。这个概念在二者思想发展中起到的凝聚、总括甚至归宿的作用昭然若揭。但除了文本上的接近，其实二者的基本思路更能形成一种互补乃至相得益彰的作用。还是先回到弗卢塞尔。他关于姿势的启示其实从《迈向一种摄影哲学》中就已经得到清晰呈现，而且相当重要，因为在"摄影的姿势"这一章中，姿势恰恰构成对技术图像的无根基之恶的一种有效的、根本性的回应。摄影，当然也是一种典型的技术图像，甚至不妨被视作技术图像的真正起点。③既然如此，它当然也就同样深陷于控制与自由之间的图像游戏之中进退两难。一方面，与之前的媒介形态（尤其是书写和绘画）相比，摄影显然体现出极大的自由度，以及人与媒介之间的相当深度的融合（merge）④。但另一方面，在

---

①　*Towards a Philosophy of Photography*, p. 29.

②　《技术图像的宇宙》，第 88 页。

③　*Towards a Philosophy of Photography*, p. 17.

④　Ibid., p. 39.

这场看似自由洒脱的人与机器之间的交互游戏中,对种种规则、可能性乃至决断进行操控的却仍然还是程序和算法。①这些批判性反思当然与《技术图像的宇宙》并无二致,但弗卢塞尔接下来密切贴合摄影之"姿势"所给出的具体深入的解析却顿然间带给读者全然不同的解脱乃至自由的道路。要点正在于"量子化"的"颗粒(grains)"②这种摄影特有的姿势。

其实不必身为一位技艺高超的摄影家,平常生活中俯拾即是的拍摄行为都能让我们清楚领会这个要点。弗卢塞尔对此的解释是,在摄影的过程之中,视角是不断变换的,姿势也在不断地调整,甚至每一步的操作、最终按下快门的"决断"都充满着偶然随机的特征,这就让整个看似由机械程序掌控的过程出现了很多人为制造的间断和裂痕。很多人可能会不以为然,因为在别的传统艺术的创作过程中,这种量子化的行为也同样存在吧？或许不尽然。不妨对比文学和绘画。在一篇小说的创作过程之中,始终还是线性进程在主导,虽然也存在着很多平行分叉的可能性,但这些往往都只是停留于作者头脑之中的想象。摄影创作就不同了,在每一步取景和调整的"姿势"之中,技术装置同时就已经给拍摄者明确提供了众多共时、并存的路径。再对比绘画,虽然二维的画布似乎比一维的文字更增加了一个共时性的维度,但在落笔之前,空白的画布无论怎样充满着各种涌动变幻的不可见之形③,可是一旦落笔,画面就逐渐倾向于凝固,成形。摄影又与此不同,尤其是数码摄影,不仅在空间上提供了平行分叉的路径,更是从时间上提供了拉伸、回放、重复、延迟、叠加等各种"弹性"(plasticity)的可能。因而,弗卢塞尔说摄影最大限度地克服了单一的时空范畴所固有的限制和障碍(hurdles)④,这其实并不为过。这也为后来的电影的兴起和发展提供了可能性前提。

概言之,摄影的姿势,正是在既定的时空框架之内最大限度地撕裂出一个个微小的、量子化的跃变和间隔。我们看到,这样一个结论完全可以自摄影拓展至整个的技术图像的范域。正是、或者唯有以姿势的方式,才有可能真正从装置的

---

① *Towards a Philosophy of Photography*, p. 37.
② Ibid., p. 38.
③ "认为一位画家面对的只是一个白色的表面,乃是一种错误。"([法]吉尔·德勒兹:《感觉的逻辑》,董强译,桂林:广西师范大学出版社2007年版,第101页。)
④ *Towards a Philosophy of Photography*, p. 37.

单向度渗透的闭环之中挣脱而出,实现人的自由,实现万物的交互。但由此又引申出下一个关键问题:在姿势的时空颗粒之处激发出来的到底是人身上的何种力量,是身体还是心灵,是理性、意志还是欲望? 在《技术图像的宇宙》中,弗卢塞尔给出了明确的回答,那正是苦痛之"共情"(sympathy):"但是,机器人不能代我们受苦。……所有创造力的来源正是苦难。"①正是在这里,无根基这个概念的意蕴再次明晰呈现,并展现出一种恰与阿甘本相反的从肯定到否定的转向。面对技术图像的无根基之恶,首先必当戳穿其自由游戏的看似积极肯定的虚假表象,迫近其本原(或非-本原)之处的那个虚无的深渊。面对这个终极之虚无,种种传统的抵抗方式自然无效,但德勒兹式的生命主义也于事无补。弗卢塞尔由此提供了另外一种基于"无"和否定的抵抗方式,它接受根本恶这个前提,并进而竭力在铺天盖地的技术图像的内部去撕开一个个微小的否定性裂痕。"自由不是永远拒绝,而是永远保有拒绝的可能性。"②这个可能性就在于每一次量子化的否定性决断的姿势之中。

所有这些启示性要点在《姿势》这部弗卢塞尔的终结之作中呈现得更为明晰而丰富。他在开篇就给出了关于姿势的基本界定:"姿势就是身体或与身体相连之工具的某种运动,对它不能给出任何令人满意的因果性解释。"③其实用"因果性"这个说法还是有些狭隘了,实际上真正作为否定性决断的姿势从根本上不服从于任何一种技术图像的装置性逻辑。如果说它真的"表达"了什么的话,那唯有自由之情动(affect)④。由此就来到了弗卢塞尔毕生说过的关于姿势的或许最为重要的一段话。在全书的附录之处,他不仅对姿势给出了四重分类,更是将第四种(即自指性姿势)置于根本地位。⑤真正的姿势既没有明确的目的,也不遵循既定的程序,作为量子化的跃变,它是自由的表达。但这样一个个微小的自由的姿势显然既不基于人类的普遍本质,也不朝向宏大的理性理想,它几乎只呈现为一种样态,那正是仪式。但它既不同于原始社会的仪式,也不同于中世纪的宗教仪式,甚至都不同于任何一种日常生活中常见的仪式(入职、生日、毕业,等

---

① 《技术图像的宇宙》,第 106—108 页。

② 同上书,第 88 页。

③ Vilém Flusser, *Gestures*, translated by Nancy Ann Roth, Minneapolis: University of Minnesota Press, 2014, p. 2.

④ *Gestures*, pp. 5, 164.

⑤ Ibid., p. 166.

等），因为它没有任何外在的指向、目的、意义和功能，它只重复自己，一遍遍重复自己，以此暴露技术图像时代的无根本之恶，进而对其进行无理由的微观抵抗。

我们发现，至少就姿势这个概念而言，阿甘本与弗卢塞尔的思路展现出惊人的相似轨迹。根据勒维特（Deborah Levitt）的经典概述，阿甘本的姿势理论，大致可分为三个阶段，即从生命政治的困境，到审美领域的拯救，最后再到解放性的政治行动。①这个发展线索自然与弗卢塞尔有所不同，但从基本的思路推进来看，却与弗卢塞尔颇为接近。首先，在文集《潜能》中的《科莫雷尔，或论姿势》一文中，姿势的引入并不仅仅是对生命政治的痛斥，更是将姿势从根本上视作"潜能与现实、本真与造作、偶然与必然"②之间的绝对不可分的区域。这一方面当然是前期的考古学的拓扑模式的再度运用，但另一方面，姿势的那种挣脱于目的和手段、制作与行为的二元框架之外的"界槛"之"用"③同样还展现出一种鲜明的解放性的力量④，这也是他会在全文最后引入尼采的永恒轮回概念来进行解说的重要缘由。

而对于此种解放性的力量，他后来在《论姿势的笔记》一文中给出了极为明确的阐释。姿势何以挣脱种种既定的框架，进而回归自身？它回归自身所展现出来的又到底是何种力量？那不是别的，正是"媒介性"（mediality）本身："**它让一种手段自身变得可见**。"⑤然而，当手段令自身可见之时，它就不仅挣脱了手段—目的之二元性，也同样不止于揭示自身原本被遮蔽的种种运作的过程，而是以一种回归自身的近乎仪式性的运动来制造出极端的变革和行动的可能性。诚如塞缪尔·韦伯（Samuel Weber）的阐释，作为纯粹手段被展现出来的姿势确实就是一种自指，但此种自指并不只是机械的重复，更是"建立起一种将自身当作他者（Other）的关联"⑥。随后，阿甘本在艺术领域（绘画、舞蹈、电影），以及政治

---

① *The Work of Giorgio Agamben：Law，Literature，Life，* edited by Justin Clemens，Nicholas Heron and Alex Murray，Edinburgh University Press，2008，pp. 204—206.

② Giorgio Agamben，*Potentialities：Collected Essays in Philosophy，* translated by Daniel Heller-Roazen，Stanford University Press，1999，p. 83.

③ 在《业》（第169页）中，阿甘本明确将姿势界定为介于制作与行为之间的"第三种模式"。

④ *Potentialities，* p. 85.

⑤ Giorgio Agamben，*Means without End：Notes on Politics，* translated by Vincenzo Binetti and Cesare Casarino，Minneapolis：University of Minnesota Press，2000，p. 58.

⑥ Samuel Weber，"Going along for the ride：Violence and Gesture：Agamben Reading Benjamin Reading Kafka Reading Cervantes"，in *The Germanic Review：Literature，Culture，Theory，* 81：1，p. 67.

行动(德波的情境主义)之中进行了种种尝试,试图敞开此种内在于姿势的自指仪式的差异性张力。但与弗卢塞尔对于技术图像时代的种种姿势的细致入微、全面广泛的剖析相比,阿甘本的这些论述就多少显得苍白而含混。不妨说,弗卢塞尔的姿势理论恰好可以给阿甘本关于姿势的"笔记"提供了一个切实的深入现实的维度。

但反过来说,阿甘本也有一个要点足以构成对弗卢塞尔的有力补充,那正是时间性。我们已经看到,姿势撕裂出的量子化的微小时空裂隙,是其得以回归自身、表达自由的基本前提。但遗憾的是,遍观弗卢塞尔的文本,对时间性的论述固然散布各处,但却始终未能有对于姿势的时间性的集中阐释。而阿甘本在《剩余的时间》中对弥赛亚时间的深刻阐发又恰好可以补充这个缺失的环节。弥赛亚时间,既符合"在内在性和超越性之间、此世与来世之间"的"一个绝对不可辨认性的区域"这个前期的拓扑学模式①,同时又已经展现出对"建基和起源"进行批判的中后期的"去本原"的趋向②,但最终则回归于、展现出"在时间之内"③撕裂出微小断裂的量子化契机。这条时间性的线索,显然为我们进一步剖析和批判技术图像时代的无根基之恶提供了极为关键的参考。在阿甘本和弗卢塞尔之间的对话,也显然还有可能甚至必要不断地向着未来引申下去。但对于本章而言,这个哲学上的准备已然大致充分,从下章起,理应转向更为具体的技术现象及历史发展,进而对"无根基"这个终极的本体论概念进行更为细致、丰富而多向度的展开。

---

① [意]吉奥乔·阿甘本:《剩余的时间》,钱立卿译,北京:中央编译出版社2016年版,第40页。
② 同上书,第141页。
③ 同上书,第93页。

第二章　前馈:人与技术之间的 "死亡循环"

　　如果说有哪个思想流派从 20 世纪下半叶开始,至今仍能保持活力,那当然就是后人类主义了,而它的此种持久活力的根源,或许恰恰在于它与技术现象之间的密切深入的关联。与一般的技术哲学不同,后人类主义自从《我们何以成为后人类》这部奠基作开始,就始终既将技术作为关注的问题,又作为理论发展的内在动力。而在凯瑟琳·海尔斯(Katherine Hayles)的原初论述之中,控制论及其三波历史发展显然是重中之重。这也为我们接下来对于技术反思提供了关键的线索。要想对当下的种种技术现象进行深入的哲学考察,进而由此对各种相关的社会现象及精神症候进行细致剖析,控制论都是一个无法回避的初始问题。本章就将围绕反馈和前馈这两个控制论的核心概念展开辩证,并尝试在人与技术的纠结关系中进一步敞开否定性的裂痕。

一、从反馈到前馈:控制论的时间性原理

　　那就不妨从一则生动的寓言开始。在里昂的 Arkane 工作室 2021 年出品的获奖游戏大作《死亡循环》(*Deathloop*)中,那个西西弗斯式的故事设定其实用来描摹人机之间的双重关系也颇为恰切,那正是反馈(feedback)与前馈(feed forward)。关于人与机器、人与技术的错综复杂的恩怨情仇,早已有汗牛充栋的论著进行了深入广泛的探讨,但就其基本"情节"而言,其实皆颇为近似游戏主角的命运,即我们总是已经落入机器和技术的陷阱之中,无论怎样地进行主动的努力或被动的挣扎,最终的结局似乎都只有一个,就是一次次地再度深陷其中。人与机器之间的反复交织震荡,果然恰似一个"死亡循环"。一方面,它"死气沉

沉",没有生机,因为哪怕技术怎样日新月异地更新换代,逐浪般地向前推进,但深陷其中的人类却似乎总是在重复同样的命运,看不到出口,也见不到希望。另一方面,它又是"致死的""致命的",因为当人类一遍遍在技术的牢笼中循环往复之际,他自己的生命力也在日渐耗竭,他自身的固有形态和本性也在逐渐消亡。

面对如此的困境乃至绝境,人类的选择也确乎如游戏结局那般,面临一种两难的境地。要么,我们可以放弃"破环"的徒劳努力和空幻希望,就将这个循环认作是自己无可挣脱的命运,甚至无可逃避的责任,与技术合为一体,相互共生,彼此交织,共同演进。技术之外别无可能,技术的未来也就是人类的未来。要么,我们可以转而进行一种更为极端而毅然决然的抉择,那正是终结循环,进而跃向一个全然未知的未来。跳出循环的人类所面临的,可能是生机,但也可能是更深的厄运。循环之外,可能是全新的世界,但也可能是更大更深的另一次循环。这两种选择,也恰好对应着控制论中两个彼此相对的关键术语,那就是反馈和前馈。反馈试图消除外部的偶然性干扰,进而将系统本身维系在平衡稳定的状态之中。而前馈则正相反,它的极端情形要求最终抹除既定、稳定的边界,进而向着变幻莫测的未来进行彻底的开敞。那么,人机之间的关系,到底应该是反馈还是前馈,如果是后者,那么它到底导向的是何种未来?

选择反馈和前馈这一对概念,一方面是因为控制论是思考人机关系的一个相当关键的入口和线索,另一方面亦是因为两者之中围绕时间性(尤其是未来向度)所展现的鲜明对照和复杂纠葛特别适合导向一种深刻的哲学反思。那就让我们先从概念辨析来入手。

首先,何为反馈呢?虽然反馈现象远非控制论的专属领域,而是遍及世界各个存在领域的极为普遍的现象,但要想对它给出一个相对清晰而全面的界定,似乎也并非易事。就此而言,奥托·迈尔(Otto Mayr)在《反馈控制的起源》(1970)这部经典之作中给出的历史梳理和概念界定至今仍足资借鉴。一方面,他明确指出,反馈这个足以作为控制论之本质特征的技术现象本身就具有漫长的历史、复杂的演变,甚至最早可以追溯至古希腊发明家克特西比乌斯(Ktesibios)的那座巧夺天工的水钟。①但另一方面,古往今来的反馈控制系统皆体现出一些共同

① Otto Mayr, *The Origins of Feedback Control*, Cambridge, Massachusetts: The MIT Press, 1970, p. 11.

的普遍特征，他大致将其精当地概括为三点。**首先，反馈所意在形成的必然是"闭环"（closed-up）的系统**。①固然，反馈控制的最简单情形是发生在两个系统之间，但它的作用范围却远不止于此，而是可以不断连接，拓展为极为庞大而复杂的控制系统。就此而言，如果将今天的互联网就视作"人类有史以来所建造的最为庞大的反馈控制系统"②，似乎并不为过。那么，"闭环"又究竟是怎样一种形态与操作呢？从根本上看，它就意味着在系统的内与外之间划定出明确的边界，进而以尽可能消除偏差（deviation）和偶然的方式来维系系统内部的平衡和稳定。由此看来，反馈控制不仅对于机器的运作来说是一套方便高效的方法，而且，它似乎对于一个生命体的独立和稳定来说也是尤为关键的一种原理。由此也就能够理解，为何维纳（Robert Wiener）会明确将反馈视作控制论的核心概念③，或许因为他正是在反馈控制之中才发现了有生命的人类和无生命的机器之间的最深层、最普遍的共通。但此种共通并非将一种机械的原理应用于人类身上，进而让人类越来越展现出机器般的精准和高效；恰恰相反，反馈首要地、根本上是生命的原理，由此它才得以转用于机器和技术系统的设计之中。④简言之，通过反馈所最终实现的，并非人对机器的附庸和追逐，而是机器对人的效仿和学习。反馈，让机器越来越具有生命，让技术越来越展现出人性。

由此也就涉及迈尔所概括出的反馈的第二个基本特征，即**反馈控制的系统必然是自动的（automatic）系统**。这一点看似与"生命"和"人性"形成反差，但其实远非如此。因为自动在这里所强调的并非只是摒弃人为的介入和干扰，进而令整个控制系统尽可能地处于独立而自律的状态。正相反，自动与人为绝非截然对立，一个自动控制的系统完全可以、且往往已经将人为的操作纳入其中作为一个关键的环节。由此，反馈之所以是自动的，根本上正是因为它总是旨在维系一种"预先设定的"（prescribed）⑤平衡状态与规范标准。自动，就意味着无论外部环境和条件发生怎样的变化，系统内部总能够依靠自我的调节、内在的机制一次次地"自动"回归正常与标准。

---

① 　*The Origins of Feedback Control*, p. 7.

② 　Karl Johan Åström, Rchard M. Murray, *Feedback Systems：An Introduction for Scientists and Engineers*, Princeton and Oxford：Princeton University Press, 2008, pp. 12—13.

③ 　［美］维纳：《控制论》，郝季仁译，北京大学出版社 2007 年版，第 16 页。

④ 　同上书，第 40—41 页。

⑤ 　*The Origins of Feedback Control*, p. 7.

那么,如何进一步从哲学的角度对此种闭环的、自动的反馈控制进行深刻反思呢? 这就必然触及**时间性**这第三个,也几乎是最为关键的一个要点。借用维纳的经典界定:"反馈作为一种控制的方法,就是将一个系统的过往操作的结果重新置入(reinserting)其自身之中。"①由此,就不仅在因与果、外与内之间不断形成了一个封闭的循环,更是在未来与过去之间形成了一个颠扑不破的闭环。②无论未来怎样未知而多变,它总是能够在反馈控制的干预和调节之下一次次地"自动"回归于过去早已设定的既定标准和状态。在反馈控制面前,所有的未来都是可知的(甚至"已知的")、可控的。反馈循环的世界,确乎酷似《死亡循环》中那个令人烦扰而绝望的与世隔绝的孤岛,无论主人公在前一天经历了怎样的厮杀和奇遇,但在第二天的清晨,他注定还是要再一次在那同一片海滩上醒来,迎接那同一轮太阳,并再次步入那同一个人生的循环。反馈的世界,表面上异彩纷呈甚至光怪陆离,但骨子里却总是那个循环往复的"似曾相识(déjà-vu)"的僵死、致死闭环。

那么,反馈控制之下的人机关系到底呈现出何种本质形态呢? 维纳坦承,创发控制论的一个重要初衷正是出于军事的需要:"飞机的高速度使得所有古老的火力瞄准方法都变得陈旧无用,必须使控制装置能够进行全部必需的计算。"③换言之,即便反馈控制的起源最早可追溯至古希腊,但它在 20 世纪之所以再度成为技术乃至社会变革的一个焦点和主导力量,则是源自战争这个迫切需要,并最终导向对人本身所进行的更为精确的预判和控制。准确预测战斗机的位置之所以如此困难,甚至需要构思全新的反馈机制,那正是因为驾驶员本身就是人,而人所具有的自由意志就使得他的朝向未来的选择和行为总是带有着无法根除的、不可精确预测的偶然性。但维纳随即指出,即便人类飞行员具有明显的自由意志,不过这种自由仍然是有限度的:"飞行员并没有按照自己的意愿来操纵飞机的完全自由。"④因为他毕竟还是与高速飞行的机器合为一体,二者已经形成一个闭环的反馈系统。飞行员当然不能随心所欲地操控飞机,他的行

---

① 转引自 *The Origins of Feedback Control*, p. 7。

② 诚如维纳所概括的,反馈就是"能够使用过去的性能来调整未来行为的一种属性"(转引自[德]托马斯·瑞德:《机器崛起:遗失的控制论历史》,王晓、郑心湖、王飞跃译,北京:机械工业出版社 2017 年版,第 38 页)。

③ 《控制论》,第 15 页。

④ 同上。

为必然要受到人-飞机这个反馈系统的不断调节，由此也就成为系统内部的一个可预测、可计算、可调节的因素和变量。

　　一旦成功地将自由意志这个最大敌人内化于自身内部，反馈控制就得以从根本上实现它的时间性原理，即化未来为过去，进而化偶然为必然，化自由为惯习。如此看来，其实在反馈之中向来已经包含着一种"前馈"的向度了，因为反馈固然是以"返归"过去为旨归，但从操作方式上来看，"向前"地预先征服乃至僭取未来则始终是最为关键的手法。不妨说，"反"与"前"，过去与未来，形成彼此呼应，相互勾连的对称形态。不过，这个考量还是太过简单，实际上，反馈和前馈之间还体现出某种颇为复杂的纠葛形态。其实，前馈不仅是反馈内部所固有的那种朝向未来的指向，正相反，它还具有相当重要的对于反馈所施加的补充和修正的作用。我们已经看到，反馈控制的根本特征正在于对不确定性和偶然性做出积极有效回应，进而维持系统本身的"稳健"（robustness）①，但为了更有效、更安全地保障此种稳健性，很多时候就不能等到外部信号进入系统内部再进行反应和调节，而是事先就对风险和偶然的范围、种类、趋势等进行预判、预测，预先调节，甚至是预先消除。简言之，如果说反馈是事发之后再进行反应（reactive），那么前馈则正相反，它是在事发之前就进行干预。②如此看来，固然还勉强可以将前馈视作反馈所应有的一种弥补和修正的机制，但随着控制论的不断发展，伴随着整个世界越来越滑向一个风险四起、危机四伏的动荡场域，前馈控制也就越来越独立出来，日益成为一种与反馈控制分庭抗礼的控制范式。

二、前馈的双重面向：从理查兹到麦克卢汉

　　那么，前馈控制的此种独立性乃至独特性的根源到底何在呢？③ 遍览它晚

---

①　*Feedback Systems*，p. 17.

②　Ibid.，p. 22.

③　需注意的是，在神经科学之中，前馈还具有另外一个截然不同的意思，那正是与反馈截然相反的那种单向往前推进的运动趋势（Anne-Johan Annema，*Feed-Forward Neural Networks*，New York：Springer Science，1995，p. 6）。不过，这当然不可能是本文中所涉及的含义。

近以来在社会场域中的各种运用,似乎更多的还是体现出与反馈机制之间的相互补充和增强。尤其在经济和金融的领域,前馈式预测和管理能够极大程度地降低风险,令系统保持稳健的状态。但当我们回溯到前馈这个概念的发端之初,似乎就会发现它在本源之处蕴藏着的别样意味。

与反馈的情形正相反,前馈这个概念的最初诞生地既非技术,更非军事,而恰恰是语言与传播。根据众多学者的考证,前馈正式步入学术舞台,最早是源自文艺理论家理查兹(I. A. Richards)1951 年在第 8 届梅西会议上的发言。[1]只不过,虽然在这个重要发言中,理查兹明确将前馈与反馈区别开来,进而突出强调了前者的(相对)独立性和特殊性,但他的启示性论述不仅失之简略,而且依然主要集中于语言交流的领域。在他看来,前馈所描绘的大致就是语言交流中的一个相当普遍存在的现象,近乎伽达默尔诠释学中所谓的"前理解"或"前判断"。正是前馈的、先行的背景为对话者之间的彼此沟通和理解奠定了一个隐含的前提和基础。由此理查兹将此种以前馈为特征的交流机制界定为"循环式的"(circular)[2],它既包含着背景和主题之间的循环,也包含着因与果之间的循环。潜在的背景本是对话的起因,但经由整个交流过程的展开与运动,它又变成了对话所最终所趋向的结果和目的。我们看到,理查兹提出的前馈其实与维纳所谓的反馈相差并不远[3],它虽然具有一定的潜在性、灵活性和变化性,但其诠释学循环式的基本模型仍然大致遵循着输入与输出、内部与外部、原因与结果之间的经典的反馈范式。进而,从时间性特征上来看,理查兹式的前馈之中的"前"的维度也并未体现出多少向着未来所敞开的可能性和偶然性,它最终还是意在导向对话者之间以语言为媒介和纽带所不断地、循环式地建构起的"稳健"秩序而已。

然而,到了麦克卢汉这位传播学大师那里,前馈这个概念逐渐失去了稳健的形貌,展现出相当极端而激进的特征。虽然麦克卢汉曾跟随理查兹学习,但他对前馈的理解至少在两点上极大地突破了后者的狭域。首先,他对柏格森的生命哲学的理论进行了创造性的发展,进而不再仅将前馈视作日常的语言交流之中

---

[1]　Robert K. Logan, "Feedforward, I. A. Richards, cybernetics and Marshall McLuhan", in *Systema: connecting matter, life, culture and technology*, 3.1(2015), p. 179.

[2]　Ibid.

[3]　考虑到二者发表时间的接近,此种相似和趋同就更容易理解。

的循环机制，而是将其泛化、深化为数字时代的人类生存的根本形态之一："如果计算机使得一种数据的前馈（data feedforward）得以可能，那么，为什么不会存在着一种思想的前馈，由此将一种世界性的意识（world consciousness）与一部世界性的电脑（world computer）连接在一起？"①我们看到，在理查兹那里尚且含混模糊的前理解的背景，在麦克卢汉这里更为明确地与计算机这种主导的数字技术媒介关联在一起。以往在心灵和头脑之中进行的前馈式的背景性理解，经由计算机技术的推波助澜，切实地转化为一种极大程度上突破了人类思考的能力和边界的"向前"的运动。无论从数据处理的范围、种类，还是速度和深度等方面来看，计算机都展现出远比人类强大的能力。但在麦克卢汉看来，这并不意味着技术就由此成为一种与人类相对立，甚至人类必须对之俯首称臣的统治性力量。或许正相反，计算机的前馈式思考正足以作为人类思考的有力补充和积极拓展，它往往运作于无意识的层次之上②，但正是因此亦得以突破人类的意识性、反思性思考的明显局限，进而在更大的范围之内、更深厚的基础之上激发人类思考的看似难以穷竭的创造性潜能。麦克卢汉进而指出，前馈机制的最重要的功用并非仅仅在于市场或科技的领域，而更在于"加速发现的进程"③，它不仅是对人类能力的极大拓展，更是由此将人类的生存与宇宙万物更为紧密地连接在一起。前馈，正是人向着宇宙的终极超越，由此它足以成为朝向未来生存的一个根本范畴。

　　但此种由计算机技术主导的前馈运动同样潜藏着一种难以彻底清除的隐患。既然它的运作方式主要是无意识的、环境性的、算法式的，那也就意味着它在很大程度上早已挣脱于人类的掌控之外，由此也就再度鲜明展现出《死亡循环》式的双重可能性，一正一反，亦喜亦悲：要么，它本可以如麦克卢汉所畅想的那般，作为人类朝向未来和宇宙的加速式拓展和超越；要么，它亦可以展现出截然相反的方向，最终导向一种人类难以抗拒的命运，一种铁笼式的天罗地网和座架式的捕获机器。这两个方向看似相互抵牾，南辕北辙，但实际上恰似死亡循环

---

① 转引自 Robert K. Logan，"Feedforward, I. A. Richards, cybernetics and Marshall McLuhan"，in *Systema：connecting matter，life，culture and technology*，3.1（2015），p. 181。

② 或借用海尔斯的近作的标题，更准确的说法理应是兼容无意识，身体和环境的"非思（Unthought）"之层次。

③ 转引自 Robert K. Logan，"Feedforward, I. A. Richards, cybernetics and Marshall McLuhan"，in *Systema：connecting matter，life，culture and technology*，3.1（2015），p. 181。

一般彼此连接、难解难分。在麦克卢汉那充满乐观和希望情绪的前馈序曲之中，其实已然隐隐奏响着滑向终极的控制和毁灭的深渊的厄运般低音。这正是下文我们意欲着力揭示的一条重要线索。

麦克卢汉式的乐观论调在其文本中几乎比比皆是。他不仅将"知先于行"的前馈式探索视作突破反馈式的保守、缓慢的意识形态的有力动机，更是由此将前馈和反馈这两种不同思考方式的差异比作诗与技术之分野："诗人与艺术家的生活总是趋向于前沿（frontiers）。他们没有反馈，而只有前馈。他们没有身份。他们是探索者（probes）。"①然而，如此豪迈而诗意的论断想必还需要辅以扎实的论证。但正是在这个方面，他却语焉不详。到底前馈体现出的是人与技术之间的怎样一种连接？此种连接究竟何以导向一种开放式的、充满未知和可能的探索？此种连接背后的基本机制和时间性原理又究竟为何？当然，在麦克卢汉那些广泛论述媒介现象的文本之中，读者可以发现各种启示和线索，但至少就前馈这个核心概念而言，他只能说是提出了问题，而全然未给出切实的深入推进的路径。由此就有必要转向别处，来寻找更为丰富的资源，更为有力的证据。在这个方向上，海尔斯（N. Katherine Hayles）和汉森（Mark B. N. Hansen）显然是两个代表性的人物。

那就先从海尔斯的《我们何以成为后人类》这部奠基之作入手。在其中，控制论的先后相继的"三次完全不同的浪潮"②显然是一条主线，而从动态平衡到反身性再到虚拟性的演变过程也确实明显体现出从反馈到前馈的转化运动。③如果说动态平衡界定的是经典的反馈控制机制的话（"像动物一样，机器可以利用反馈回路维系自我平衡"④），那么，反身性这第二个阶段增加和引入的并不仅仅是观察者的视角，而更是系统的内与外、因与果乃至过去与未来之间的模糊、变动、开放的边界。从古希腊的水钟到瓦特的蒸汽机，再到维纳式的对空射击系

---

① 转引自 Robert K. Logan, "Feedforward, I. A. Richards, cybernetics and Marshall McLuhan", in *Systema: connecting matter, life, culture and technology*, 3.1（2015）, p. 181。

② ［美］凯瑟琳·海尔斯：《我们何以成为后人类》，刘宇清译，北京大学出版社 2017 年版，第 9 页。

③ 但令人深思的是，即便这个转变是明显的线索，但海尔斯的全书中却几乎只有一次明确使用了"前馈"这个说法（《我们何以成为后人类》，第 37 页），即便在那里，前馈和反馈之间也只是简单的并列而已。考虑到她对梅西会议的历史及文献的熟悉程度，她肯定了解理查兹的那篇著名发言。那么为何她并未如麦克卢汉或汉森那般明确论述及深入展开这个概念呢？这或许是因为她最终还是将前馈归为反馈之中的一个内在环节，因而无意去充分展现它所启示和敞开的别样方向。

④ 《我们何以成为后人类》，第 10 页。

统,无论其规模之大小、细节之繁简,但系统之间的边界始终是清晰划分的,系统内部的功能始终是明确分化的。但在以反身性为特征的自组织系统之中,"不断变换的边界"①就成为一个典型而突出的特征。不过,反身性仍然有一个难题有待解决,那就是在变换的边界之间不断流动、互渗和转换的到底是什么? 换言之,到底是何种要素或力量得以不断突破经典的反馈控制的闭环,令不同的系统之间始终维持在开放、流变和生成的状态之中? 答案也很明显,那正是信息。信息一方面可以极大限度地独立于、挣脱于原初的既定物质载体之外,实现跨越边界的自由流动,另一方面,挣脱了物质束缚的信息又得以在广泛而多样的媒介和载体之中获得更为多变而多样的具显和实现。文字并不一定只能用笔墨书写在纸面之上,相反,它亦完全可以转化为、具显为屏幕上的图符,乃至最终皆归结为1 与 0 的代码。

但也正是在这里,前馈的喜忧参半的双重面向再度被呈现出来。一方面,令人惊喜的是,自由流动的信息不仅将反身性的运作从人类社会带向至大无边的宇宙范域,更是给麦克卢汉预言和畅想的前馈式思考提供了一个极为切实的矢量。人类的思考之所以日益趋向于前馈的机制,那并不只是因为电脑的超级处理和计算的能力总是"领先"于人类之前,而是因为整个世界从物质向信息的转化运动总是让无形、虚拟、自由流动的信息成为未来的导向和主宰。推动前馈的,正是信息,而人本身的信息化似乎也理应是顺乎这个潮流和趋势的必然选择。但另一方面,虚拟性这控制论的第三次浪潮最令人焦虑之处也正在于此。当人不断跟随着、伴随着整个世界被不断地信息化和虚拟化,当人自身不断被抽离于他所既有、固有的肉身性的存在基础之外,那么,在他身上,究竟还有何种力量得以(哪怕暂时性地)抵抗技术的洪流,进而(哪怕脆弱不安地)维系自身的主体性的地位呢? "为了让信息放弃它的载体,哪些东西是必须消除、压制和遗忘的"呢?② 海尔斯的这个发人深省的追问也正是引导我们下文追问的主线。面向不可抗拒的虚拟性的前馈浪潮,确有必要反过来仔细考察,深入探问,在人的身上,是否还有一种(或几种)力量注定无法被彻底虚拟化? 当整个世界都憧憬于甚至着魔于那个全面虚拟化的未来之际,是否同样

---

① 《我们何以成为后人类》,第 12 页。
② 同上书,第 18 页。

有必要带着审慎和警醒的心态去揭示、直面这些日渐被有意无意地遗忘、遮蔽乃至毁灭的力量？

三、汉森论前馈：从交织到间隙，从界面到体验

如果真的还存在着这样一种力量，那几乎一定是、注定是人的肉身。因此，海尔斯在书中进行的"备忘录"式的研究，最终就意在将信息与物质、虚拟性与具身性再度错综复杂地连接在一起，由此在一个后人类的时代探索重建主体性之可能。然而，对前馈这个关键维度的忽视乃至"遗忘"或许也是她的论述最终陷入僵局的一个重要原因。由此，汉森对前馈概念的深入全面的研究，亦不妨被视作是对海尔斯式的后人类主义的一种备忘录式的补充、修正与拓展。

除了承接虚拟性与具身性之连接这个海尔斯的基本前提之外，汉森在他的三本代表作之中对数字化身体和前馈机制的研究还提出一个过人的洞见，那正是通过引入梅洛-庞蒂的"间隙"（écart）概念和怀特海的"摄握"（prehension）理论进而试图在虚拟性的前馈循环内部来敞开、撕开一个不可修复的裂口、无法弥合的伤痕。概言之，在经典的控制论之中，前馈机制早已存在，但只是作为一个补充的、辅助的机制。到了麦克卢汉那里，他对理查兹的原初构想进行了大胆推进，进而将前馈作为一个对人本身进行创造性拓展的朝向未来的技术矢量。但在海尔斯那里，虚拟性的未来已然隐约为人与技术之共同进化笼罩上了不祥的阴影，而汉森正是以此为前提和契机，试图进一步撕裂开具身性这个人与技术、过去与未来乃至主体与命运之间的深刻裂口和创伤。正是因为有了这个裂隙的存在，人机之间的死亡循环才不会彻底闭合，而我们由此才得以在随波逐流的麻木狂欢和茫然失所的绝望无力之间切实找到第三条道路，那正是审慎和节制的清醒。

不过，如此来为汉森的具身性理论进行定位和定调，似乎又显得过于偏颇，因为贯穿其三部代表作之始终的基调，显然更是一种对于未来的憧憬与信心。所谓的"生于忧患"（Staying with the Trouble）式的清醒，或许亦只是我们的一厢情愿的解读。但无论怎样，我们确实想借助汉森的前馈理论来敞开这第三条与众不同的思路。那就不妨先从《新媒体的新哲学》这部启始之作入手。在其中，

汉森的根本立场看似与海尔斯并无二致，都是要对抗席卷而至的虚拟化和数字化的浪潮，进而重新建立人与技术之间的开放而差异性的连接。只不过，如果说海尔斯更关注的是文本和身体之间的关系，那么汉森则转换了焦点，明确深思数字影像和人类肉身之间的复杂关系。诚如他所言，控制论的飞速发展所带来的一个严重弊病正是逐步导致了对"信息的人之根基的遗忘"①，由此也就最终滑向技术对于人类的单向度的操控和改造，而人类自身在这个过程之中几乎失去了所有的主动性和自控力。那么，重新激活主体性的基础和根源又何在呢？很显然还是身体。身体，既是人与技术之间相互连接的直接结点和转换枢纽，但同时又因为与人的自我、人格、精神的密切关联而展现出一种不可被还原和消减的"内在性"。简言之，身体并不只是一个任由技术处理的零部件或工具，而同样也是归属于人的基本的生存维度。人经由身体进入世界，但同时又通过身体表达自我。因此，如何"冲破［数字］影像的框架——并由此重新为身体赋能（empower）"②，就成为众多学者和艺术家深刻关切的主题。

要想恰切揭示、展现身体与影像之间的差异性的张力，本就包含着两个相关又相对的方面，一是致力于展现二者之间的交织、缠结、互渗，二是同时展现出在此种密切纠缠的关系中的不可缩减的距离，不可还原的差异。在《新媒体的新哲学》中，汉森显然还是更为关注前面一个交织的方面。这尤其体现于他在书中花费大量笔墨论述的艺术家杰弗里·肖（Jeffrey Shaw）的创作之中，尤其是他引作题记的肖的一句自白："僭越（violate）影像框架之边界——使得影像得以真实地（physically）朝向观者爆发，或者使得观者虚拟地（virtually）进入到影像之中。"③这里，"真实"和"虚拟"之间的戏拟式的颠倒逆转是得以突破、挣脱数字影像之捕获性框架的一个要点。伴随着控制论的第三波浪潮，伴随着整个世界向着虚拟化的全面转化，在一般人的印象之中，似乎数字影像的最终甚至唯一的功用就是不断抽离人的肉身性和世界的物质性，进而将万事万物都化作信息和数据，再全面带向、卷入那个无边而浩瀚的数字宇宙之中。但实验影像艺术家肖在这句凝练精辟之语中恰恰要逆转这个近乎常识性的立场。数字就一定是虚拟

① Mark B. N. Hansen, *New Philosophy for New Media*, Cambridge, Massachusetts: The MIT Press, 2004, p. 82.

② Ibid., p. 53.

③ Ibid., p. 47.

化的吗？就一定只呈现出虚拟性这单一的向度和维度吗？它难道不会在与人的复杂互动乃至纷争的过程之中重新带上人的肉身性的特征，进而成为拓展、转化、连接人的肉身的一种力量？影像，并不只是将肉身化作数据，同样，它也可以化作"真实的"肉身之力返归到人的生存世界之中。反之亦然，人的肉身并非只具有物理、生理或心理的这些"自然的"维度，当它日益与技术密切连接和交织，也定会在极端激烈的转化之中不断突破既有的、固有的自然的边界，进而不断生发出前所未有、不可预测且难以穷竭的创造性潜能。真实并非肉身之专属，同样，虚拟也绝非技术之特权。在二者相互进入，彼此交织的过程之中，技术也可以展现出肉身之力，身体也可以激发出虚拟之维。肖的那些极具沉浸性体验的环幕影像装置是如此，而汉森在书中论及的大量实验影像作品亦皆是明证。由此他亦突出了新媒体的新哲学的两个关键词，正是触觉（Haptic）与情动（Affective）。如果说触觉突出强调的是肉身与影像的密切连接，深入互渗，情动则更展现出这个过程中的强度性（不断僭越边界）和体验性（深切触动主体自身）的形貌。①

然而，或许是受到了梅洛-庞蒂哲学的更为深刻的影响，在他接下去的《代码中的身体》（Bodies in Code）之中，连接、交织的关系即便仍然明显而贯穿，但另一个同样不可忽视的关键维度却日渐呈现，那正是"间隙"。在晚年的代表作《眼与心》及《可见的与不可见的》之中，梅洛-庞蒂总是将交织与间隙并称，视作不可分割的两个本质性的维度。说人之"身"（corps）与世界之"肉"（chair）彼此交织（chiasme），这并不意味着两者就混为一体，难分彼此。或许正相反，二者之所以能够如此亲密而复杂的交织互渗，前提正是彼此都始终能保有自己的独立性，都始终是作为一种差异性的力量而进入充满张力和强度的"肉"与"身"的游戏之中。边界确实时时在变动，但这并不意味着边界就不再存在。同样，力量确实不断在拓展、僭越、渗透，但这并不意味着它们就不再具有内收和凝聚这个同样至关重要的向度。分与合，散与聚，外展与内收，交织与间隙，本就是不可或缺的两个方面。正是间隙的存在，使得差异不会被缩减、还原为统一乃至同一。正是间隙的存在，使得彼此交织的身与肉不再失去自身的内在性根基（"深度"），进而彻底迷失、消散于外化和拓展的运动。对于身与肉来说是如此，对于人与技

---

① *New Philosophy for New Media*, pp. 227—231.

术来说同样如此。这正是晚期梅洛-庞蒂对于《代码中的身体》的巨大启示。

在这本书的开始,汉森对于代码化身体的界定似乎离《新媒体的新哲学》并不太远,仍然还是强调连接、交织和拓展:"代码中的身体(body-in-code)可以被界定为这样一种身体,它那(仍然基本的)建构和创造的力量经由'虚拟现实(artificial reality)'的编码程序所提供的新的交互之可能性而得到拓展(expanded)。"①他随即援引《知觉现象学》中的身体图像(body image)和身体图式(body schema)这一对概念来对此种代码化拓展进行哲学上的阐释。②身体图像是身体的可见的、现实的、既定的形态,而身体图式则正相反,它转而展现出身体的不可见的、无形的、充满生成和转化的潜能。数字技术对身体的拓展正是在身体图式这个强度性的原初场域之中展开和运作。这或许也是汉森用"in"这个介词的重要缘由。代码绝不是身体之外的异化的力量和操控的框架,而是身体所固有的生成之力,是身体得以一次次返归其中、激活新生的原初场域。

然而,单纯强调人与技术、身体与代码之间的交织和连接显然是不够的,这其中至少隐含着两个严重的危险,由此亦导向两个必须直面的难题。首先,作为原初场域的数字技术固然与人的身体之间始终保持着密切的关系,但与后者相比,前者明显具有相当程度上的主动性和主导性。前馈正是这一点的鲜明体现。技术的加速演进始终"前"于、先于人的感知、认知和行动,总是技术先行敞开了方向,开辟了道路,而人似乎总是跟随者甚至追逐者。确实不妨将人与技术的关系界定为"共生"(symbiosis)甚至"共同生成"(becoming-with)③。但在这个"共"的关系之中,技术从来是主导,而人从来只是附随。由此就导向第二个危险。在技术前馈的主导和引导之下,似乎代码亦越来越不再只是身体不断返归其中的创生本源,而反倒是愈发蜕变为一个身体深陷、消失于其中的庞大的捕获装置。概言之,代码不再是激活身体之力,而是转为侵害、毁灭身体之力;代码不再是身体在其中得以蕴生的场域,而是蜕变为吞噬身体和主体的无底深渊。

汉森也清楚地意识到这个危险。在三部曲第三本《前馈》中,他甚至明确将这一点视作数字技术面临的最根本的"政治"问题。其根本症结就在于,人与技

---

① Mark B. N. Hansen, *Bodies in Code: Interfaces with Digital Media*, New York and London: Routledge, 2006, p. 38.

② Ibid., p. 48.

③ Donna J. Haraway, *Staying with the Trouble*, Durham and London: Duke University Press, 2016, p. 3.

术之间失去了"共通性"（common ground），技术进而蜕变为一种"彻底外在于"人自身的"捕获和操控"的力量。①那么，如何重建"共通性"，进而从"同一性"的陷阱之中挣脱而出呢？如何从技术主导的前馈的捕获装置中破茧而出，进而再度恢复人与技术之间"亲密而又争执"的差异性张力呢？为连接和交织补充上不可或缺的间隙这个关键环节显然是一个可行的步骤。但汉森虽然敏锐地突出了这个要点，却始终并未给出充分的说明，由此也就无法真正展现前馈的那种作为缺口和创伤的否定性力量。在《代码中的身体》一书中，这个间隙的重要形态是界面（interface），正因为它的基本作用既是连接又是分离。界面使得实在世界和虚拟世界相互接触，又同时维系着两界之间虽然变动不居，但仍然不容被彻底抹除的边界。不过，汉森对于界面的基本界定却显然还是存在着两个不足之处。②首先，就界面而言，连接的作用仍然胜过分隔。哪怕仅从直观上看，界面的基本功能仍然倾向于直接的"接触"，而所谓分隔和间隙往往只是衍生的、附随的效应。其次，从身体与技术这两面来看，界面显然还是更倾向于技术这一边。虽然所有的界面都必须对人的身体呈现出便捷、友好的面向，但从根本上说它还是技术朝向人的"面孔"，是让技术在人的面前呈现出更具亲和力的形态，因而与人的内在的自我和心灵的感受并不存在着深刻而直接的关系。确实，界面有时也能够展现出"直指人心"甚至触碰灵魂的功效，但那些屏幕之上花花绿绿的文字和图像何以能够表达你内心深处的悲喜呢？当你用手指触碰屏幕之际，又真的能够触碰到那些数字面具和化身背后的真实灵魂吗？所有这些根本难题都远未解决，所有这些生存的焦虑都远未缓解，反倒是在代码化身体的前馈运动之中变得越来越紧迫，甚至越来越刺痛。

或许正是因此，在三部曲的终篇《前馈》一书中，汉森经由对怀特海哲学的重释而直接回归于"体验/感受"这个更为迫切的主题，并着重围绕"攫握"这个核心概念来展开阐释。说到底，攫握就是个体对于外部的差异性力量的内化，由此它既直接指向主体对于自身的亲身、强烈的体验，但同时又必定呈现出正面（positively）和负面（negatively）的双重效应③。当人攫握了技术的积极力量为自

---

① Mark B. N. Hansen, *Feed-forward: On the Future of Twenty-first-century Media*, Chicago: The University of Chicago Press, 215, p. 195.

② *Bodies in Code*, p. 100.

③ *Feed-forward*, p. 109.

身所用，进而实现了对自身的拓展和增强之时，必然会体验到一种"自我享受"（self-enjoyment）①。反之，当人在未来和当下之间撕裂的前馈间隙之中无法攫握技术之力量，甚至日益感受到自身的肢解和毁灭之际，这注定会带来一种难以弥合的创伤和苦痛的体验。②正是因此，喜与悲的体验并不只是次要的效应，反倒是成为确证主体性的根本性问题。而且，在一个前馈日益加速的时代，或许苦痛之体验要远比随波逐流的享乐和快感更为重要。在未来和当下之间不断撕裂着、震荡着、挣扎着的，或许才是真实的自我，（不断）重生的主体。近来传播学领域对数字体验的日渐关注或许正是由此而生。只不过，我们更应该关注的或许并不仅仅是自我享乐的所谓"心流"③，而更是前馈的时间性裂口在主体身上心中所铭刻的苦痛创痕。或许，唯有在前馈这个"死亡循环"的断裂之处，主体才能重生。

结语：前馈作为主体性之体验

自理查兹和麦克卢汉初提反馈理念以来，海尔斯和汉森的后续阐发越来越将主体性凸显为一个鲜明的主题。反馈，并不仅仅是一个畅想技术化未来的本体论原理，更变成一个剖析、诊断数字宇宙之症结的醒目入口。那么，汉森围绕代码与身体、交织与间隙、界面与体验所展开的辩证，到底又能够进一步为我们反思数字空间中的主体性提供哪些关键的线索呢？概括起来，大致有两点。

首先，它再度回归于具身性的维度，但对具身性这个人类主体的在世根基进行了颇为不同的理解。具身，绝非是心向身的还原，而是以身与环境之间的复杂连接为原初场域，进一步阐释身与心之间的密切关联。心不再是内在的堡垒或独立的中央处理器，而反倒是每每要落后一步，成为前馈的技术矢量所衍生、建

---

① Gilles Deleuze, *Le pli*: *Leibniz et le baroque*, Paris: Les Éditions de Minuit, 1988, pp. 106—107.

② 由此汉森感叹道，在意识前面，那个前馈的未来更像是"来自外部的极端侵入（radical intrusion）"（*Feed-forward*, p. 30）。

③ 近来电子游戏设计领域对所谓"游戏感"（Game feel）的强调就是一个明证。游戏感，最终形成的恰恰是"感知、认知、行动三个处理器"所形成的"一个闭合反馈回路"（［美］史蒂夫·斯温克：《游戏感：游戏操控感和体验设计指南》，腾讯游戏译，北京：电子工业出版社 2020 年版，第 40 页），因而此种以心流和快感为特征的体验根本无从突破反馈—前馈的恶性循环，更无从为我们提供一个重建主体性的基础。

构出的"后知后觉者"。在一个人机共生的加速时代,确乎总是技术在先行地探测世界,预知未来,而以往占据主导地位的心灵及其反思力和判断力都要逐渐走下神坛,成为随前馈之矢量而动的"游牧者(nomad)"。但这当然并非是对心灵力量的削弱乃至否定,而反倒是在媒介和技术平台之上对于心灵及身心关联的一次次突破边界的拓展。

其次,心灵必然随前馈之技术而动,但它之所以还是心灵,恰恰说明它始终还有一个不可被彻底还原和缩减的内在性领域。那即便不再是笛卡尔式的我思或胡塞尔式的先验主体,但必然还是要展现出某种内在之力,由此得以保持与在世之肉身和前馈之技术之间的差异性的关系。汉森在后两部著作之中先后着力阐释的"间隙"和"攫握"皆是对这个要点的深刻启示。心灵并不只是一个附随的幽灵,亦不能被单纯还原为身体之机能与技术之功能,它必须还要保有一种与自身之间的内在性关系,如攫握这样的自我触动(auto-affection)的活动正是典型体现。从这个方向上来看,单纯如汉森那般仰赖梅洛-庞蒂式的具身现象学似乎就不再足够,还理应回归于从胡塞尔到德里达再到米歇尔·亨利对于自我触动及主体性的深刻阐释。这些都为对反馈的哲学反思提供了未来的方向。

关于这些进一步的哲学思辨,或许理应暂且搁置。下一章我们不妨尝试两个更与现实相关的思考方向,并再度集中回归元宇宙这个当下的典型的技术现象。一方面,"间隙"这个否定性的裂痕并非仅存在于人与技术的共生缠结的网络之中,而是作为终极的否定性动机深深地打入了人类生存的最根源的本体论的维度之中,那正是生死之间的间隙。因此,人与技术的间隙、灵与肉的间隙、时间与空间的间隙、反馈与前馈的间隙等,最终都将指向生死之间这个根本维度。而另一方面,生死虽然是一个至为普遍而根本的问题,一个无人能回避亦无人能给出最终解的问题,但在不同的时代,它仍然有着迥异的表现形态。在一个元宇宙的时代,在一个整个世界不断从实在向数字进行迁移的时代,生与死的难题也在逐步改变其形态和意涵。在数字元宇宙中死去到底意味着什么? 我们又如何与死者共在,进而唤醒自身的有限性和历史性的意识? 这些都是促迫我们去回应的紧迫问题。

第三章　生死:元宇宙的时间政治

在这个部分的最后,让我们再度回归元宇宙,深思生死之间的否定性间隙。这或许也是对于技术时代的无根基状态的另一种生动例示和深刻揭示。

未老先衰,似乎特别适用于元宇宙这股热潮如今陷入的困境和僵局。一个看似带着如此灵感和期待的潮流,却在如此短暂的时间之内迅速从热议热炒的主题蜕变为谈资和笑柄,确实令人大跌眼镜。细数晚近以来的一次次潮流,从后人类、思辨实在论,再到人类世和加速主义,几乎没有哪个概念如元宇宙这般昙花一现,仓促收场。但即便如此,元宇宙仍至少体现出压过前浪的一个鲜明优势,那正是无可比拟的实操性。即便没人真的知道元宇宙到底是什么,但几乎每个人都在煞有介事地谈论元宇宙,而且更重要的是,人人都在铆足劲头制定着元宇宙的各种"实现方案",瞬时间出现了各种冠以元宇宙之名的虚虚实实的产业和"事业"。思想和观念直接转化为产能和产值,这确实是之前的任何一次潮流都从未做到的。人类世的幻想和加速主义的狂想自然不足以展现多少介入现实的力量,就拿与技术发展颇为切近的后人类主义来说,也多少主动被动地与现实之间保持着一个"间距",既是反思的间距,又是行动的间距。

对比之下,元宇宙的迅速降温乃至退场的一个关键原因,或许恰恰在于间距的缺失。太过贴近现实,反而看不清现实。太过临近未来,反而会被未来的不可测、不可控的力量裹挟而去。一种冷静的反思,似乎总要在流变的现实中找到一个相对稳定独立的判断的立场,或至少是一个足以进行清晰审视的观测点。这正是我们这些以反思和判断为业的哲学研究者理应进行的工作。单纯地贬斥元宇宙的空洞和盲目,这早已被证明并非明智之举。在目前的阶段,更应该首先进行"回顾",从元宇宙的泡沫甚至废墟之中挽回一丝尚有价值的启示和洞见。如何进行这样的重审工作呢? 比较与权衡仍然是一个基本的方法。元宇宙虽然确乎如宇宙大爆炸一般骤然间降临,但作为一股有内涵有特色的思潮,它必定、注定要与后人类等之前的潮流之间存在着密切的异同关系。这个关系才是反思的起点。一方面，前面的诸波浪潮已然为元宇宙的出现做好了铺垫；另一方面，元宇宙的诞生和降临又确实展现出十足的断裂和变革的极端形态。审视这些异同关系，可以从不同的角度入手，但彼得·奥斯本(Peter Osborne)所谓的"时间的政治"(politics of time)似乎最具有穿透力。"时间的政治是这样的政治，它把社会实践的各种时间结构当作它的变革性（或者维持性）意图的特定对象。"①实际上，无论"社会实践"还是"社会思潮"皆是如此。要理解它们的广泛深远的影响力，时间性显然是一个要点。是"维持现状"，按部就班甚至步步为营地向前行进，还是实施"变革"，更为激烈地在过去和未来之间制造断裂，这显然是对不同思潮进行甄别区分的关键要点。那么，从这个时间政治的角度来看，元宇宙到底又展现出何种独特而迥异的形态呢？

一、时间、精神与死亡

元宇宙的时间政治，初看起来几乎极为明显直白，那正是义无反顾地奔向未来。"元-"(meta-)这个前缀，在古希腊语里有两个密切相关的基本含义，"之后"(after)与"超越"(beyond)。②这两个意思合在一起，用在元宇宙之中真是颇为恰切：在之前的各种潮流退却、没落"之后"，让我们"超越"现有的世界，从零开始规划畅想全新的宇宙。但若仅从这个未来性的角度来看，元宇宙跟同样以极端的姿态标榜未来性的加速主义又有何差异呢？至少有一个，那正是"超越性"(beyond)与"内在性"(immanence)之别。仅就罗宾·麦凯(Robin Mackay)和阿尔曼·阿瓦内森(Armen Avanessian)这两位加速主义主将的宣言来看，加速主义的未来指向体现出两个鲜明特征。首先是对现实持激烈批判的立场，试图彻底颠覆资本主义秩序，将其"连根拔起"(uprooting)。③但其次，他们的此种批判和颠覆又并非基于一个外部的视角，而反倒是要更为彻底深入地回归资本主

---

① ［英］彼得·奥斯本：《时间的政治》，王志宏译，北京：商务印书馆 2014 年版，第 8 页。

② Anthony Preus, *Historical Dictionary of Ancient Greek Philosophy*, Lanham, Toronto, Plymouth：The Scarecrow Press, 2007, p. 169.

③ *# Accelerate #*：*The Accelerationist Reader*, edited by Robin Mackay and Armen Avanessian, Falmouth：Urbanomic, 2014, "Introduction", p. 4.

义社会内部,加速其内在的种种错综复杂的力量,进而将其推向崩溃乃至毁灭的边缘。而元宇宙则恰恰相反。它虽然也强调加速发展现有的各种(尤其是)技术的力量,但却显然并不认为此种加速最终会导向解体和毁灭。正相反,元宇宙更是加速所实现的终极完美的境界。加速不是破坏,而是完满。未来不是黑洞和深渊,而是天国和乐土。就未来性这个时间政治而言,元宇宙不仅与加速主义针锋相对,更是对后者之噩梦和厄运的终极救赎。元宇宙既在加速主义"之后",但又从根本上"超越"了加速主义。它绝对够资格被唤作"元-"的起点。

从这个角度来看,元宇宙似乎更为切近从后人类到人类世的时间性转向。当后人类思潮兴起之初,"后-"这个前缀确实还充斥着各种复杂矛盾的含义,连续、发展、超越、断裂等时间样态都悖论性地纠缠在一起。但到了其接近尾声的时候,其时间性的含义就更为明晰化和精确化了。不妨借用罗西·布拉伊多蒂(Rosi Braidotti)在《后人类》中的经典概括:"我认为,后人类境况的公分母就是承认生命物质本身是有活力的、自创性的而又非自然主义的结构。自然—文化的这种连续统一性是我研究后人类理论的出发点。"①可见,至少在人类的未来命运与归宿这个要点上,后人类与元宇宙是颇为契合的。它们都不会如加速主义那般将未来构想为失控的深渊,而是情愿将未来畅想为万物融合的"完满"境地。这里的完满打了引号,也是强调其并非意味着存在等级的巅峰,而是趋向于万物密切互连所构成的那种终极的"共同体"。这样的共同体当然也隐藏着(或昭示着)巨大的危险,比如它极有可能堕入无序的熵增甚至热寂式的毁灭,同样,它亦有可能以同质化的网络抹杀了不同个体之间的差异性。或许正是因此,布拉伊多蒂才会将后人类所畅想的"连续统一性"的基本纽带和介质设定为"生命",不是人类特有的生命,而是万物共有的生命。充满生命的共同体网络才能真正有效激活每个动元(actant)的个性和活力,而不至于最终陷入热寂甚至死寂。作为后人类发展的最有创意和代表性的后续形态,哈拉维的"克苏鲁纪"(Chthulucene)亦是沿着相近的方向进行了更为彻底而极端的推进。在《生于忧患》(*Staying with the Trouble*)一书的开篇,哈拉维就明确界定到,所谓的克苏鲁纪不仅是万物之间的共生、共在、共创(co-becoming),同样也是各种时空维度之间的交织互渗。*Kainos* 这个古希腊语词根早已明示此点,它不仅意味着从过去

---

① ［意］罗西·布拉伊多蒂:《后人类》,宋根成译,郑州:河南大学出版社 2016 年版,第 3 页。

绵延至未来的生命创造，更有另外一个颇为关键的时间性维度，那正是"有厚度的、生生不息的当下/在场（thick, ongoing presence）"①。当下是有厚度的，因为它是连接过去和未来的中间环节，而并非断裂的鸿沟和深渊；当下是生生不息的，因为它的连接和创造是时刻都在进行的，不可遏制，变化不已。

　　但正是在连续性和当下性这两个要点上，元宇宙又体现出与后人类和人类纪之间的根本差异。元宇宙也是万物的彻底连接和终极融合，但它用以实现此种连接和融合的基本介质并非生命——无论是人类的生命还是万物的"普遍生命"（life in general）②，而是数据（data）。说到底，离元宇宙最近的一次技术变革正是大数据，因此我们更有理由将其视作引燃元宇宙之构想、玄想和狂想的最直接导火索。毕竟，虚拟现实、电子游戏、VR 等都已然经历了不短的发展历程，但为何元宇宙偏偏在 2021 年这个时间节点才骤然出现？首先当然是各种前沿技术都越来越成熟，而且越来越汇流，形成勾连的合力。其次，更重要的是，几乎唯有大数据这个晚近以来最炙手可热的技术形态方能为人类提供一个后克苏鲁纪的"超越"动力和前提，那正是"世间万物的数据化"③。从生命向数据的转化，正是元宇宙得以超越后人类的关键契机，也正是凭着"让数据主宰一切"这个终极法器，元宇宙才真正史无前例地彻底改变了人类历史的时间性模式。克苏鲁纪所畅想和憧憬的"过去、当下、未来"的"完全交织"④，在大数据的时代早已一步步变成现实。更为致命的是，从这个前提出发，元宇宙堪称有史以来第一次近乎完美地实现了对未来的"预制"（preemption）⑤。不是预测，而是预制。预测还

---

① Donna J. Haraway, *Staying with the Trouble: Making Kin in the Chthulucene*, Durham and London: Duke University Press, 2016, p. 2.

② "在我看来，一元论，所有生命物质的统一性和作为当代主体性的基本参照系的后人类中心主义之间存在一个直接联系。"（《后人类》，第 82 页）

③ ［英］舍恩伯格、库克耶：《大数据时代：生活、工作与思维的大变革》，盛杨燕、周涛译，杭州：浙江人民出版社 2013 年版，第 123 页。

④ 同上书，第 244 页。

⑤ Brian Massumi 在 *Ontopower*（Durham and London: Duke University Press, 2015）中所提出的重要概念。首先，预制不同于预测，因为它所遵循的并不只是"认识论的逻辑"，而更是对未来进行切实"操作"的逻辑（" 'operative' logic"）（p. 5）。其次，从操作的角度来看，预制又不同于预防（prevention），因为预防的前提是未来具有不可根除的不确定性，但预制的措施则正相反，它通过预先"生产"出未来（p. 12），进而将未来彻底纳入到可知和可测（measurability）的掌控之中（p. 6）。最后，结合上述两点，预制一定要落实于对于当下的切实操作（"act on the present", p. 6），说到底，它一定要将"未来"之事、将要发生之事化作当下的正在发生之事，甚至过去的已经发生之事。这三个与元宇宙极为契合的时间性特征亦提醒我们，或许元宇宙的最直接的政治背景正是对于从"9·11"蔓延至新冠疫情的全球恐惧情动（affect of fear）的终极预制。

是向着可能性敞开，但预制则是通过先行"制定"未来而实现对于过去和当下的越来越深广和牢固的掌控："对于善于运用科技解读未来的人来说，我们的未来不再是只字未书的画布，而是似乎已经着上了淡淡的墨痕。"①这样的说法实在太过谦逊了。元宇宙可远不只是满足于勾勒模糊隐约的墨痕，正相反，它是极为清晰的未来图景，清晰到可以按部就班地制定前进的规划，清晰到足以有满满的自信和底气说上一句：未来已来。

由此我们亦清晰看到，元宇宙确实亦是连接和融合，甚至是终极的"连续统一性"，但那只是在至大无外的元宇宙的内部。对于之前的人类历史乃至世界历史来说，它就是最为深刻和截然的断裂。《大数据时代》全书的结语援引了莎翁的名句，实在是入木三分："凡是过去，皆为序曲（What's past is prologue）。"（《暴风雨》）从智人到后人类，人类的历史始终以生命为基质展开演化的历程，但如今则"俱往矣"，因为元宇宙就是一个全新的数据宇宙的真正起点。元宇宙和人类/后人类之间，就是彻底的、终极的断裂，是新旧世界间的更迭，是两个宇宙间的变革。由此看来，如果说元宇宙的时间政治也同样是以当下性为关键的话，它与克苏鲁纪的当下性至少存在着两个根本差异：一方面，它不是充实的、有厚度的，而恰恰是空洞的、断裂的；另一方面，在元宇宙的那个"未来正在发生"的当下之中，所充溢的并非生生不息的生命创造，而唯有一次次预制的数据循环的空洞回声。在元宇宙的预制未来面前，一切皆已老去，甚至尚未发生之事亦已然化作历史。当下，只是从未来返归过去的一次次空洞循环之中的那个无比空洞的点而已，它既没有厚度，亦没有广度，既没有内容，更没有意义。

这样看来，作为终极的数字共同体的元宇宙与之前的作为生命共同体的人类世界，这二者之间的断裂关系正近乎一种"生离死别"。从生命向数字的转化，也正是旧人类之死，新人类诞生的过程。显然这个过程不可能是连续的，不是人类生命的下一个阶段的进化（甚或突变），而恰恰只能是否定性的，它彻底否定的就是生命这个人类乃至万物存在的基质和基础。这样一种否定性的转化，也就直接让人念及黑格尔在《精神现象学》第六章开篇提及的"两个相互对立"的"伦理实体"②也即家庭和国家的辩证运动过程，而两者之间的至关重要的

①　《大数据时代》，第 244 页。
②　［德］黑格尔：《精神现象学》，先刚译，北京：人民出版社 2013 年版，第 274 页。

环节正是死亡:"否定的本质于是表明自己是共同体的真正权力,是共同体赖以保存自身的力量。"①正是经由死亡这个关键环节,每一个个体才得以真正从自然的生命共同体(家庭、家族、世系)的一员转化和提升为伦理和政治共同体(民族、国家、政府)的一员。支配这两个共同体的法则分别是"神的规律和人的规律",而推动从家庭到国家之转化的根本动力恰恰是精神及其内在固有的返归自身、认识和理解自身的持续而坚定的意志。

细读黑格尔的这段文本,会发现有三种(三次)不同意味的死亡贯穿起这个转化的过程。第一次是人作为自然存在之死,即人作为对自身无所意识和反思的自然存在物,全然受自然法则的支配而"懵懵懂懂"但又俯首帖耳地走过整个从生到死的历程。但人并不只是自然界中的"一个纯粹的物"②,当他进入家庭之后,固然仍然要受到"神圣"的自然法则的掌控③,但却已经开始自觉地"作为一个意识去行动"④。家庭与自然之间的最鲜明直接的对立乃至对抗恰恰还是聚焦于死亡。家人会死去,一代代的人薪火相传、前赴后继,延续着生命的血脉,但我们对待家人之死的态度并不是将其视作一个单纯的、普遍的自然物,正相反,我们会秉承传统,安排仪式,让死者入土为安,由此不断地对他们表达追思和缅怀。"家庭通过这种方式使死者成为共同体的一员,而共同体则牢牢地控制着个别质料的腐蚀力和各种低级生物,防止它们毫无忌惮地毁灭死者。"⑤家庭已经开始从自然的共同体向伦理的共同体迈进,由此亦唤醒了每个家人的精神力量,他们不再只是盲目的自然存在,而是一步步成为觉醒的个体,有责任,有担当。而实现这个觉醒的关键步骤,恰恰正是在家庭之中才得以进行和发生的面向死者,甚至"共死者同在"⑥的葬仪。明白了家庭这个从自然向国家转化、从神律向人律觉醒的中间环节的关键作用,随后的第三次死亡也就很容易理解了。那正是已然成为民族和国家之一员的公民,得以主动自觉地为人民赴死,为祖国捐躯,由此更为彻底地否定、超越了自身的自然存在,向着自由的精神境界跃升:

---

① 《精神现象学》,第335页。原文的黑体字。
② 同上书,第283页。
③ "神的规律在家庭里起主宰作用"(《精神现象学》,第279页)。
④ 《精神现象学》,第276页。
⑤ 同上书,第277页。
⑥ 《存在与时间》,第275页。

"即从死亡上升到光天化日的现实性,上升到一个自觉的实存。"①

黑格尔这一番透彻精辟的论证,恰好可以作为我们理解元宇宙的深刻前提。如果说元宇宙之前的人类历史和世界的进化,不妨在黑格尔的意义上简化概括为从自然到家庭再到国家的精神觉醒的历程,而其中每一次转化的关键环节都是死亡;那么,元宇宙标志的恰恰就是这整个精神历程的最终完结,以及下一个全新阶段的真正起点,是从自然共同体,经历精神共同体,最终进入数字共同体的关键"界槛"。既然如此,那么,元宇宙作为转化之界槛的作用,理应同样体现于死亡这个关键环节之中。甚至不妨说,元宇宙就是人类的第四次死亡。不理解这次死亡的深刻意味,就根本无法领悟元宇宙的真谛。那就让我们从死亡这个要点深入元宇宙。

二、"共死者同在":元宇宙的时间政治

然而,死亡作为转化和过渡的界槛,它必然带有所有界槛都注定无法逃避的双重性和含混性,也即它始终同时既是连续又是断裂,既是肯定又是否定。固然,我们可以在黑格尔辩证法的意义上大而化之地谈论否定之否定的扬弃,但其实更应该深入这个含混的中间地带,揭示其中的种种复杂纠缠的面貌。此种复杂性在黑格尔的文本之中亦有鲜明的体现,尤其体现于《安提戈涅》这个持续引发聚讼纷争的古老难题。

概括说来,安提戈涅的最核心难题确乎正如黑格尔所言,是家庭和国家这两个伦理实体之间的冲突和矛盾的激化。只不过,在索福克勒斯的原初脚本中,最终受到惩罚的是触犯神律的克瑞昂②;但若根据上述《精神现象学》的相关阐释,则我们显然更应该理性地、清醒地站在克瑞昂这一边,因为他毕竟代表了精神发展的必然性的趋势和规律。然而问题并非如此简单。实际上,诚如黑格尔随后在《法哲学原理》中清醒意识到的,克瑞昂即便确实代表、体现了从神律到人律,从家庭到国家的转化过程,但他自身却对这个过程全无反思,毫无意识,而只是

---

① 《精神现象学》,第 284 页。

② "我不认为一个凡人下一道命令就能废除天神制定的永恒不变的不成文律条"(《索福克勒斯悲剧二种》,罗念生译,北京:人民文学出版社 1961 年版,第 24 页)。

盲目地、偏执地炫示国家的权威乃至暴力,进而凸显出国家和家庭之间的矛盾和对立。他根本没有看清楚、想明白,死者才是生者的前提,"安葬家人"的仪式才是通往"公民意识"的本质性环节。唯有经由死亡和葬仪这个否定性环节,才得以实现从家庭向国家的肯定性转化。诚如汉斯·鲁因(Hans Ruin)的精辟概括:**"人类不只是与生者共存,还与死者共在。"①**

但在鲁因看来,黑格尔虽然有力地反驳了克瑞昂的盲目和自大,但他自己对于死者显然还是缺乏"足够"的尊重。他最终还是只将死亡视作精神发展运动"之中"的一个过渡环节,将死者及其葬仪作为生者共同体"内部"的一个构成环节。但实际上,如鲁因敏锐指出的,"生死之间的'幽灵'(spectral)地带"②本就是幽深曲折的,难以清晰化、简化为单向度的精神运动的辩证规律。说到底,死者绝不是一个完全消极被动的存在,只能毫无抵抗、逆来顺受地听任生者对于他们的安置和摆布,接受生者赋予他们的一切秩序和意义。正相反,死者与生者之间理应是"相互承认"(mutual commitment)③的。但且慢。相互承认?这难道不是异想天开的臆断吗?死者即便有权力要求自己被承认,他也根本没有任何能力去伸张和争取这样的主动地位吧?死者能起而抗争生者对于他的不公正处置吗?死者能够愤而"起身"捍卫自己的权力吗?没错,哈姆雷特的亡父确实纠缠着自己的儿子,一遍遍催促他去"复仇"(Revenge!),但最终作出决断、了结一切的不还是那个尚且活在世间的丹麦王子?没错,克瑞昂因为自己对死者的不敬而受到了惩罚,但最终安葬哥哥吕涅刻斯的不还是那个挣扎着活下去的安提戈涅?即便我们不再接受黑格尔式的绝对精神的运动,但似乎仍然找不到足够充分的理由去肯定死者的那种积极的、能动的作用("'work','agency'…'power' of the dead"④),或者说得更彻底一些,去真正肯定死者自身的主体性地位。⑤但如果死者无法真正成为主体,那他又如何可能获得本体论上的平等地位,进而与我们这些作为主体的生者共在呢?海德格尔说得直白,"他人之死"

①　Hans Ruin, *Being with the Dead: Burial, Ancestral Politics, and the Roots of Historical Consciousness*, Stanford: Stanford University Press, 2018, p, 3. 原文为斜体字。

②　Ibid., p. 5.

③　Ibid., p. 7.

④　Ibid., p. 88.

⑤　"然而,死者在历史之中始终是能动的主体(active agents),即便我们确信他们什么也不是,哪里也不在。"(Thomas W. Laqueur, *The Work of the Dead: A Cultural History of Mortal Remains*, Princeton and Oxford: Princeton University Press, 2015, 18)

充其量只是一个契机,它最终逼出的还是每个此在对于"向来我属性"的领悟。①一句话,能够作为主体承担起主动的责任的,最终还是只有生者。

正是因此,鲁因的《共死者同在》一书虽然颇有筚路蓝缕之功,但最终还是摇摆在生死之间的幽灵地带难以作出决断。时而,他强调死者的那种(近乎列维纳斯意义上的)绝对分离和超越的他者地位②,但他的那些"关怀死者",进而与死者"共享"乃至"共建"同一个世界的诸多论述,其实最终还是意在如黑格尔那般"跨越界槛"(across the threshold)③,进而"修复裂痕"(repair what is broken)④而已,即便他关注的不再是精神而是肉体,不再是精神的普遍运动而是葬礼仪式的具体细节。这也是为何他还是更偏爱将死者归结为"幽灵"⑤,这虽然已死,但还是带着怨念游荡在尘世、纠缠着生者的残存形态(survival)。但鲁因陷入的僵局并非只源于他自己的理论架构,也绝非他凭一己之力所能解决。实际上,这或许是前元宇宙的人类世界的最根本的困境,或更准确地说,是难以超越的困境。通观人类历史,真正的"共死者同在"几乎是一个难以实现的任务,主要原因大致有三。首先,从事实层面来说,死亡永远只是、只能是人类共同体"内部"发生的事情。死去的只是一个个人,逝去的只是一代代人,但人类的整体从未彻底濒临灭顶之灾。简言之,人类的总体从未如每一个个体那般有机会直面死亡这个终极大限。其次,从本体的层面来解释,这也是因为人类历史无论怎样充满变故和曲折,但贯穿其中的根本力量仍然是生命(即便生命经过了诸多"超-","后-"的变异),根本法则仍然是精神(无论精神经历过怎样的苦痛和挫折)。作为人类生存的本体,生命及其精神从未真正遭遇过彻底否定自身的他者和差异的力量。第三,从体验的层次上来说,虽然世界各大宗教、各种文献记载都曾对濒死体验甚至死后世界进行过种种或纪实或玄想的描绘,但真正对死亡有过切身亲历的体验的人绝对是凤毛麟角。这三重限制几乎是人类无法超越的有限性的终极边界。既然如此,在人类世界,无论经由怎样的途径,无论是

---

① [德]马丁·海德格尔:《存在与时间》,陈嘉映、王庆节译,北京:生活·读书·新知三联书店2014年版,第276页。即便在后文谈及"此在的历史性"的时候,这一立场也没有根本的改变:"此在作为将来的此在本真地生存在下了决心把选择出的可能性开展出来这一活动中。"(同上书,第448页)

② *Being with the Dead*, p. 83.

③ Ibid., p. 105.

④ Ibid., p. 6.

⑤ Ibid., p. 82.

思辨还是践行,几乎都难以实现与死者的平等共在,遑论让死者成为被承认、承认自身的主体。"共死者同在",在元宇宙诞生之前充其量只能是一个美好的愿景,一句空洞的口号而已。

但元宇宙的诞生或降临则全然突破了这三重边界。首先,它是全部人类从现实世界向虚拟世界的彻底的"大迁徙"(migration),因而人类第一次面临着整体灭绝的绝境。其次,它是从生命世界向数字宇宙的彻底转变,因而人类的生命第一次遭遇到完全否定的力量。最后,今天的数字虚拟技术已经完全可以在体验的层面让绝大多数人类"真实"、真切地体验到自己濒死的全过程。我们置身其中的这几代人,几乎无时无刻不在亲身经历着新的数字化身对旧的肉体生命的侵蚀、取代、改造乃至抹除。我们每个人都是濒死者,而且我们每个人都心知肚明,或至少感同身受。也正是出于这三重逆转,如今可以非常确凿地肯定,"共死者同在"这个命题,唯有在元宇宙之中才能真正实现。元宇宙之"元-",正在于它作为新旧人类进行转换的生死交接的"间隙"(interval)。

至此,我们亦得以对上节最后得出的元宇宙的时间政治的两个基本特征进行重要的引申乃至修正。首先,元宇宙确实是人类世界"之后"的终极"超越",这个超越也确实展现出极端的否定和断裂的特征,但在这个间隙与鸿沟之处并非无物存在,无事发生。正相反,从事实、本体和体验这三个层次来看,死亡就是这个间隙之处所发生的最为重大的事件。在人类世和元宇宙的更迭之际、之处所发生的,就是人类亲历的自身的死亡和生命的终结。正是因此,元宇宙的时间政治首先是,尤其是死亡的政治(necropolitics[1])。

其次,由是观之,元宇宙与加速主义、后人类等晚近思潮之间在时间性上的根本差异,就并非仅在于"预制未来"这一点。或者更恰切说,当元宇宙以预制的方式掌控过去和当下之时,断然会在新旧人类转换的间隙之处遭遇到复杂而又棘手的抵抗。残存的生命肯定不甘心束手就擒,而一定会进行各种难以预制的顽抗。元宇宙的起点正是濒死、趋死和赴死,但天底下还有什么比死亡更难以预测、预防和预制之事吗? 在这个死亡的间隙,元宇宙的预制注定不会一帆风顺,也断然不会所向披靡。在断裂的深渊中回响着死亡之声,在空洞的循环中交织着趋死之力。死亡这个终极含混的事件,骤然间扰乱了元宇宙那一派和谐完

---

① *Being with the Dead*, p. 7.

美的画面。

　　死亡的这种含混莫辨的中间形态,早已有众多哲学家给出过提示和阐释。不妨还是回到《安提戈涅》这个老而弥新的谜团。晚近以来很多人对《精神现象学》中的经典分析提出过尖锐质疑。比如朱迪斯·巴特勒就一针见血地指出,其实在神律和人律之间本不存在黑格尔所言的那种"非此即彼"的二元对立。①首先,从"语言体系"上来说,安提戈涅和克瑞昂就是"交叉联系在一起难以区分"②;其次,更重要的是,安提戈涅的此种在象征体系之内的含混位置,并非仅仅涉及女性的身份和地位,而完全可以且理应有一个更为普泛的追问,那正是"对于生死之间的这个独特的位置,对于在生死的摇摆不定的边界上发声,我们应当怎样理解呢?"③对于夹在神律和人律之间痛苦挣扎的安提戈涅来说,这是一个根本的难题;而对于夹在濒死的人类世界和新生的元宇宙之间的我们,这同样是一个刻骨铭心的追问。死亡,本不是一个瞬间发生的事件,也不是一个明确划分的边界,更不是一个单向演变的过程。在这个独特的位置和摇摆不定的边界之处,有错综复杂的力量在交织、对峙、对抗,有不断撕开又缝合的创口在一次次加深着我们对于生死的深切体验。这个含混性,才是思索元宇宙的时间政治的最为关键的要点。

　　对这个要点,几乎没有人说得比英年早逝的罗伯特·赫尔茨(Robert Hertz)更为凝练而透彻。在《死亡与右手》这本堪称里程碑式的论著中④,他就从连续和断裂、肯定和否定这交织纠缠的双重性入手对死亡和葬仪的含混性进行了深刻解析,进而尤其触及"感染"之危险这个极具启示性的主题。那就不妨以分离、整合、感染这三个主题对其文本进行大致概括。

　　首先,死亡作为"分离"(separation),这当然是赫尔茨秉承其恩师涂尔干的基本立场。在《宗教生活的基本形式》之中,涂尔干就明确界定:"宗教现象的真实特征仍然是:它们经常将已知和可知的整个宇宙一分为二,分为无所不包、相

---

　　①　[美]朱迪斯·巴特勒:《安提戈涅的诉求:生与死之间的亲缘关系》,王楠译,郑州:河南大学出版社 2017 年版,第 76 页。

　　②　同上书,第 40 页。

　　③　同上书,第 145 页。

　　④　赫尔茨的这部论著虽然成书甚早,但直到今天仍然是死亡和葬礼研究的最重要参考之一。比如在 *Celebrations of Death* 和 *The Work of the Dead* 这两本晚近以来的相关领域的代表作之中,学者们进行的工作无非是从赫尔茨的原初灵感中进一步引申和细化而已。

互排斥的两大类别。"①这也是为何以确定分离、划定界限为要旨的"禁忌"会成为他的宗教社会学的核心主题。但若果真如此,那我们想必会随即引发出一个很自然的追问:还有什么比死亡更能够凸显此种分离的现象,进而在"凡俗的与神圣的"②两界之间划定禁忌的边界? 如果说宗教确如涂尔干所说可以概括为禁忌、信仰和仪式的三位一体,那么死亡的禁忌与葬礼的仪式恰恰是体现、巩固、维系核心信仰的最重要基础。但令人费解的是,涂尔干全书却几乎对死亡和葬仪无所论述,仅在接近尾声的第五章蜻蜓点水般地提及了一下"哀悼仪式"而已。赫尔茨的《死亡与右手》恰恰弥补了涂尔干的这个本不应该出现的重大疏漏。

　　同样,正如涂尔干将禁忌区分为消极和积极、分离和接触这两个方面,赫尔茨同样也从分离和"整合"这密不可分的两个方面来破解含混莫辨的死亡之谜。死亡当然首先是分离和排斥(exclusion)③。无论是主动还是被动,无论是出于何种自身和社会的原因,当一个人死去时,他无疑就是从根本上离开了我们这些"生者",进入"死者"的行列。他们不再是"这个"世界中的一员,而是进入"那个"世界之中。我们与他们、生者与死者之间的维系,也不再遵循着世俗的法则,而是必须履行另一套仪式和程序。对于这个分离的终极禁忌,还必须进行两个深入的理解。一方面,它不是"瞬间完成的",而总是体现、展开为一个长短不一的"持续过程(a lasting procedure)"④,也就是说,在"死亡和最终的葬仪之间"总是存在着一段"过渡"(intermediary)或"间隙"(interval)的时间。⑤而且,这在不同的文明和民族之中都是普遍的现象。这也说明,死确实是分离之禁忌,但这个分离并非一个点,而总是拉伸为一个线段,或更准确说是复杂力量交织渗透其中的"场域"(field)。最终,死者注定要彻底、完全离开我们,但在这之前,他们还是要在"这个"世界之中与生者"共在"一段宝贵而又意味深长的时间。在这个时间段之中,我们令死者的遗体"安葬"(burial),令他们的灵魂"安息"

---

　　① ［法］爱弥尔·涂尔干:《宗教生活的基本形式》,渠东、汲喆译,北京:商务印书馆 2011 年版,第50 页。

　　② 同上书,第 45 页。

　　③ Robert Hertz, *Death and the Right Hand*, London and New York: Routledge, 1960, p. 86.

　　④ Ibid., p. 48.

　　⑤ Ibid., pp. 39, 44.

（peace），并以此来给我们所有这些生者带来"安慰"①。由此看来，死亡并不仅仅是分离，它也是另一种"新的整合（a new integration），也即，一次新生"②。死，看似在新旧两个世界之间制造了截然的分离和断裂，但它同时亦以极为微妙和奥妙的方式在二者之间穿针引线。

而另一方面，分离也不是单边和单向度的，并非仅仅是生者对于死者而主动做出的安置与应对。正相反，诚如鲁因所言，死者也同样有他们的主动的"工作"要做。死者的此种主动作用亦展现出善恶分明的两个方面。从善的角度看，与我们分离的死者进入的是一个漫长而又光荣的传统，打开的是另一个神圣而又光辉的世界。他们的死既有意味，又有价值，它为我们这些生者带来安慰、祈福乃至拯救。但反过来从恶的方面看就截然不同，死者亦完全可能进入一个黑暗混沌的世界，并由此将那些邪恶的毁灭性力量带回人间，在生者之间，在尘世之中进行可怕的散播和"感染"③。正是因此，生死之间的那个葬仪的时间远不只是一派和谐温暖的氛围，正相反，它不啻一个善恶交织、正邪对抗、明暗互渗的纷争之地。亲近死者，表达哀悼，本来就是一件充满危险的事情。

三、《第二人生》：元宇宙中的死亡禁忌

赫尔茨的这一番鞭辟入里的阐释对于我们深入理解元宇宙的时间政治具有深刻启示。作为人类的第四次死亡，元宇宙同样展现出**分离之禁忌、整合之仪式和感染之危险**三个重要的方面。从分离的角度看，它划定的是新旧两个世界之间的巨大的、难以弥合的鸿沟。从整合的角度看，它又在技术、媒介和身体等基础层次上推进、维系着从人类到后人类再到数字人类的过渡和转化。而从感染的角度看，无论是将其视作禁忌还是过渡，否定还是肯定，元宇宙中的死亡和葬仪都绝非一件简单明晰的事件，而始终是交织着错综复杂力量之间的角逐和角斗。在本节中，就让我们带着前文得到的理论要点，进入元宇宙的具体细节之处，以人类学的方式来展现上述三个方面之间的分合异同。空谈无益，下面不妨

---

① *Death and the Right Hand*, p. 54.

② Ibid., p. 81.

③ Ibid., pp. 64—65.

聚焦于《第二人生》这部划时代的经典大作来进行深入思考。

选择《第二人生》，主要基于三个理由。首先，既然当下围绕元宇宙展开的各种或严肃或戏谑的讨论已然愈发空洞泛滥，那么，回到其萌发之处，从最初的文本和作品之中去挖掘尚且潜存的含义和可能性，就不失为一条有助益的补救之途。再次回归源头，可能会为逐渐乏力的向着未来的筹划再度提供动力。其次，元宇宙的源头自然是多样而复杂的，但如今大致能够达成一点共识的是，《雪崩》这部小说和《第二人生》这部游戏可以被视作两个最为重要的发端。但是，为何一定要选择《第二人生》作为入口，而非内涵更为丰富，意境更为恢弘的《雪崩》呢？这无非因为《雪崩》至多还只是初期的想象，但无论完美与否，《第二人生》都是元宇宙这个概念在横空出世之后的第一次切实落地的实现形态。①说得极端一些，与今天那些空穴来风的热议相比，《第二人生》早在将近二十年前就已经在虚拟世界之中前无古人地第一次做出了元宇宙的雏形。②

最后，固然从艺术性和思想性的角度看，《第二人生》皆无法与《雪崩》相提并论，但它至少还展现出一个明显高于后者的优势，那就是它才真正是集体的创造，是人与人之间的共在。《雪崩》说到底还只是作家一个人的构想，即便怎样栩栩如生，那最终也还是纸上谈兵。但《第二人生》则显然不同，它是鲜活的人生，而且是其中每一个有着七情六欲的鲜活个体共同谱写出的交响诗篇。更重要的是，无论《雪崩》的文本后来怎样一遍遍被玩味和探讨，但它的整体文本架构和叙事情节的主线是无法更动的。但《第二人生》则正相反，它从诞生的第一天起，从第一个虚拟公民入住开始，就在不停的生长和变化，或者说，它的世界，每时每刻都充满着前所未知的实验。这是一个游戏，但它本质也是"另一场"活生生的人生，因此它也跟人生一样，是可能性优先于现实性的。③或许正是因此，近年来涌现出不少对于《第二人生》的虚拟世界人类学的深入考察，下文将着重参考的《在第二人生中成长》（*Coming of Age in Second life*）就是其中的翘楚。当

---

① "即便《第二人生》只是元宇宙的一个场景，但从诸多方面来看，它所提供的都是元宇宙的核心理念。"（*The Immersive Internet*, edited by Robin Teigland and Dominic Power, Basingstoke and New York: Palgrave Macmillan, 2013, pp. 197—198.）

② Linden Lab 初创《第二人生》的时间，大致是在 2001 年到 2003 年间，参见 Tom Boellstorff, *Coming of Age in Second Life: An Anthropologist Explores the Virtually Human*, Princeton and Oxford: Princeton University Press, 2008, p. 52。

③ "此在总是从它的生存来领会自己本身：总是从它本身的可能性——是它自身或不是它自身——来领会自己本身。"（《存在与时间》，第 15 页）

然，关于《第二人生》，实在有太多的主题可以展开，那首先还是让我们回归死亡和葬仪这个本文聚焦的要点。

诚如涂尔干和赫尔茨所言，死亡首先涉及分离的禁忌。那么，作为禁忌，它又展现出何种特征呢？涂尔干的界定最为清晰全面。首先，它强调被分离、隔绝的两界（神圣与凡俗，生与死）之间的"不相容"性[①]，也即各种仪式的最重要的作用就是恪守一条不容被僭越和侵犯的边界。其次，禁忌与亵渎始终是一体之两面，划定边界与僭越边界也几乎总是相生相伴，因此，一旦真的有人胆敢触犯禁忌，那就必须从肉体和精神上施加双重惩罚。肉体上会遭受各种"紊乱"，而精神上则更会遭到众人的谴责和唾弃。[②]最后，所有这一切都是为了确立神圣领域的至高地位及其对每个个体所施加的"绝对命令"。

这三个要点在《第二人生》之中体现得同样明显，但又皆发生了极为微妙的转变。从元宇宙的角度来看，《第二人生》同样体现出"之后"和"超越"这两个差异但又相关的根本维度。一方面，它是人类"之后"，因为它与人类之间肯定着存在着千丝万缕、剪不断理还乱的传承脉络的关系。另一方面，它又是人类的"超越"，因此断然会以一种全新的形态展现出从未有过的"新人"的面貌。死亡禁忌显然首先凸显"超越"这一个维度。《第二人生》不只是第一人生［所谓"真实人生（real life）"］的衍生、镜像或倒影，正相反，它不仅有着自身的独立性和完整性，而且更是展现出全面超越第一人生的无可比拟的优越性。正是因此，"第二"更体现出"元–"这个含义：名曰第二人生，但其实它才真正实现了人生的真义，它才是值得过的人生，它才是人生的真正起点。不妨戏拟《存在与时间》中的那个经典说法，将第二人生称作"本真的人生"，由此与作为"真实的人生"的第一人生形成反差和对照。本真，即意味着觉醒之后的人生，不再受到各种现实束缚的人生，由此真正回归自身本质的人生。由此说来，将《第二人生》在海德格尔的意义上界定为"本真"，似乎也并不为过。

然而，第二人生的本真性至少有一个重要特征不符合《存在与时间》中的基本界定，那正是对死亡的轻视和蔑视。它用以实现超越和筹划的动力从来不是、根本不是所谓"向死而生"，而恰恰是将第二人生中的"生"与第一人生中的"死"

---

① 《宗教生活的基本形式》，第 414 页。
② 同上书，第 415 页。

彻底分离。之所以要进入第二人生去自由逍遥,那正是为了从根本上跳出第一人生中的可朽性和有限性的牢笼,从而以更为彻底的方式去实现人生的可能性。如此看来,如果说在《第二人生》中,死亡仍然是一种禁忌的话,那么它的信念和仪式都和之前的第一人生有着根本差异。在第一人生之中,死亡的禁忌主要体现在生者对于死者的敬畏,前提是死后的世界是神秘莫测的,既可能是极乐的天国,亦可能是邪恶的地狱。但无论怎样,人类始终是从生者的主体性视角出发去揣测死者。但《第二人生》则显然相反,玩家已经在人类"之后"的世界,进入了永生而无死的境界,因此,作为从元宇宙回望人类的"死者",他们才是真正的主体,他们才是能动力量的主导。这些要点甚至已经作为基本信条明确写进了《第二人生》的手册之中。在 McGraw Hill 公司出版的《如何在〈第二人生〉中做一切事情》(How to Do Everything with Second Life)这部权威手册之中,根本没有任何关于死亡、哀悼、葬礼的操作指南。因而这本书的标题蛮可以更为恰当地被改写作"关于《第二人生》的一切,但除了死亡"。

之所以如此,正是因为在元宇宙中谈论死亡是无意义的,体验死亡是不可能的,甚至连思考死亡都是一件荒唐的事情。遍览整部手册,其中出现"死亡"字样的只有寥寥几处[而"葬礼"(funeral)则一次也没出现过],但已经颇能展现出上述特征。第一处是开篇第一章第一段话:"一个全新的身体。不分男女。无病无痛,亦无死(No illness, pain, or death)。飞吧。这听起来酷似圣经里对天堂的界定。"①这里对圣经和天堂的直接指涉无疑正是凸显了分离的鸿沟和隔离的边界。这段话里反反复复出现的"新""无""飞"这些词语都在无比直白地将元宇宙的"超越性"展现在所有玩家面前:如今,我们所有人都已经是站在一个至高无上的顶峰去俯视陈旧过时的人类生活方式。这高下之间的分别自然也就让人类身上挥之不去的各种有限性"顽疾"(生老病死)变成无关紧要、无关痛痒的表面现象。死亡不再是触动每一个生者的至深体验,相反,它在被无限"推远"之际变得越来越若即若离,甚至若有若无。将人所面临的最深重的恐惧焦虑隔绝到一个安全的距离之外,这恰恰是禁忌仪式的一个功效。不妨就此跳至手册中提及死亡的下一个"命题":"给所有新手的一个结论:千万别担心有刺儿头(griefers)来推搡你,把你关进笼子,甚至'杀死'你。在第二人生之中,没什么彻

---

①　Richard Mansfield, *How to Do Everything with Second Life*, New York: McGraw-Hill, 2008, p. 4.

头彻尾的坏事(permanently bad)会发生在你身上,比如死亡。"①你被推进沟里,还可以再爬出来。你受伤了,还可以吃药补血。你生病了,还可以去找女巫施魔法来疗治。说到底,哪怕你"真的"一命呜呼了,那也没什么大不了的,无非从"存盘点"再重新开始一遍而已。②等一下,什么叫作在第二人生中"真正"死去?或者,在元宇宙中的死亡到底意味着什么? 无非就是 AFK[暂时离开键盘(away from keyboard)③]这个通行的术语。死亡,没什么大不了的,就是游戏里面的一步操作而已。我暂时离开了,但我还可以再回来,我总可以再回来,更关键的是,我心心念念地总还是想再回来。因为那是一片无生无死,无病无灾的完美乐土。一旦把死亡这个第一人生中的可怕恶魔远远隔绝在安全距离之外,元宇宙就会变成一个自洽而圆满的终极天堂。它是一个全新世界的起点,它是全新人类的摇篮,它才是我们所有人的最终归宿。

然而,元宇宙天国中的生活看起来并非幸福完满,因为诚如人类学家和社会学家一次次警示我们的,任何的分离都不可能是彻底的,任何的隔离都已经将僭越和亵渎的可能性深深打入了自己操作的内部。死亡或许正是元宇宙中最难以清除、根除的一种僭越体验。正是因此,必然要动用各种极端的手法来惩戒"屡禁不止"的僭越行为。手册中的第三个死亡命题就已然透露出这方面的隐隐不安和焦虑。"还有所谓的**人为伤害**(*damage-enabled*),也即你可能被迫遵守规则,由此也会非自愿地(*involuntary*)遭受'死亡'体验,比如先被射杀,然后被遣返回你的家。"④死亡即便不再是每个人本己的可能性之极限,但却仍然划定了一个人为的边界,那正是规则施加的边界。当人为制造的死亡骤然间降临在你身上的时候,它只是在提醒你,那个禁忌的边界是不能被触犯的。你触犯了,就要遭受惩罚,即便不能真正用"彻头彻尾的坏事"来折磨你的肉身,但仍然可以在涂尔干的意义上从群体精神的角度对你进行诅咒和排斥。你不好好玩,不认真玩,不遵守规则地玩,就会被"强制去死",被暂时剥夺玩的时间和权利,甚至被强制清零,抹除了你之前在第二人生中辛苦打拼得来的一切"绩

---

① *How to Do Everything with Second Life*, p. 14.
② "在《第二人生》中你死不了,但可以死着玩(play dead)"(Sarah Robbins and Mark Bell, *Second Life For Dummies*, Hoboken: Wiley Publishing, 2008, p. 33)。
③ *Coming of Age in Second life*, p. 106.
④ *How to Do Everything with Second Life*, p. 162.

效"。这很可怕。这样的死虽然仍然还是发生在虚拟世界中,仍然还只是游戏中的一步操作,但它触及每一个玩家的深刻度似乎远远不逊于第一人生中的真实死亡。

但即便虚拟之死也仍然可以达到无以复加的严苛,施加变本加厉的苦痛,它也同样无法根除死亡式的僭越行为。只不过,元宇宙中的僭越往往呈现出与第一人生中截然相反的情形。第一人生中的死亡是生者向着未来的终极边界的投射和筹划,而元宇宙中的死亡则正相反,它呈现出两种形态,一是局部的,临时的死亡,这并不严重,只是小打小闹的 AFK;二是近乎持久的,全局性的死亡,这很严重,因为你触碰到规则的终极边界和底线,你丧失了所有既有的身份和成就。这第二种死亡不妨被称为元宇宙中的"真实死亡",它体现出**外部性、强制性和必然性**三个根本特征。首先,它是从外部由规则施加的,而不是玩家主动承担起来的。其次,它是强制性的,也即没有其他的可能性,甚至也不存在协商和斡旋的余地。你不能问"为什么要这么玩? 我为什么要遵守规则?"你要做的就只是、只能是遵守规则而已。你要么好好玩下去,要么被强制清零,被迫去死。最后,由此它就是终极的必然性(涂尔干所谓"绝对命令"),它是元宇宙中的每一个玩家和居民无法挣脱和逃避的终极命运。它即便早已不是此在的向来我属性,但却仍然可以反过来被界定为玩家的向来"非自愿性"。当强制死亡的惩罚性禁忌出乎意外但其实又如期而至地降临在每一个玩家身上,相信每个人的内心深处都会涌现出那样一种真切深切的体验:毕竟,我总是已经"被抛进"元宇宙之中了。手册中关于死亡的第四个命题说得是如此触目惊心,"第二人生会以各种方式融于真实生活之中。……虽然你不会在第二人生中真的面对死亡,但你非常有可能要直面一个税吏(a tax man)"①。这里的潜台词无非是,元宇宙确实是一个彻底超越了人类之有限性的极乐天堂,但这个天堂是有规则的,它的规则是不容触犯的,一旦触犯就要遭受惩罚。你不再会死,但你必须纳税。你不纳税就不再是合法公民,你不是公民就没有资格再生存在元宇宙之中。但你不在元宇宙中,又能到哪里去呢? 第二人生早已全面入侵、吞噬了第一人生。如今,元宇宙已然摇身变成"元人生",而你拖着肉身在呼吸和行走的那个物理宇宙早已蜕变为黯淡的背景和飘忽的倒影。

---

① *How to Do Everything with Second Life*, p. 176.

结语：语音（voice）——共情作为"感染力"

但诚如赫尔茨所言，死亡这个可怕之物哪怕被封禁在重重禁忌之中，也仍然会爆发出难以彻底避开的感染力量。只不过，它不再像第一人生中那般或是来自外部的威胁（地狱、冥府），或是来自内心的焦虑（向死而生）；正相反，它早已被彻底内化于被规则严密包裹的至大无外的元宇宙内部，由此，它亦早已被彻底剥夺了与每一个个体之间的活生生的体验关系。但看似山穷水尽，仍有裂隙敞显。死亡，既然无法发自外部的冲击，也无法在个体身上被真实体验到，那看似就只留下唯一一个可能了，那就是在个体之间作为"共情"（com-passion）被体验到。我自己虽然不再有死，不再能死，不再体验到死，但当我与你、我与他以极端的方式彼此面对之际，却时而会有最为强烈鲜明的死亡体验涌现而出。这样的共情体验即便不再如通常理解的死亡那般可怕，但从极端的强度来看，它却仍然足以取代日渐失势的死亡而成为元宇宙内部的感染之力。

但为何一定要激发出种种触犯禁忌的感染力呢？大家为何就不能都太太平平地生活在被禁忌隔离和保护的安全领土之内呢？这不仅是因为僭越和感染的危险是始终存在的，而且还因为，感染并不只是一种消极破坏的力量，而更是具有一种根源性的能动和创生力量。借用玛丽·道格拉斯在《洁净与危险》中的那句名言："死亡的污染被当作积极的创造性角色来对待，从而有助于弥合形而上学的裂隙。"[1]简言之，一个真正有活力和创造力的社会形式和生存方式，必须有勇气、有智慧来从那些看似"污染"的禁忌之中获取肯定性的灵感和动力。元宇宙同样如此。如果我们对它仍然怀着应有的尊重和希望的话，那么，如何从它的种种死亡禁忌之中激活时间政治的灵感，或许是一条关键的道路。《在第二人生中成长》和《一个虚拟世界中的生与死》（*Living and Dying in a Virtual World*）这两部研究《第二人生》的人类学研究代表作，都不约而同地提到了"语音"这个僭越死亡禁忌的关键要素，颇值得反思。元宇宙中的个体以"化身"的

---

① ［英］玛丽·道格拉斯：《洁净与危险》，黄剑波等译，北京：商务印书馆 2020 年版，第 245 页。

形态生存("Living as avatar"①),但化身远非单纯之物,它主要以文本(text)为依托,进而融汇了表情、性别、身份、种族等错综复杂的要素。这些要素之间也会时常发生失调和抵牾的状况,但真正撕裂数字化身的完美面具、骤然间引入真实肉身的感染力的至为危险的要素恰恰是语音。②语音营造的那种人与人之间的不可思议的"亲密性"(intimacy),才是元宇宙那看似光滑无缝的织体内部的最为可怕的禁忌。③不过多少令人遗憾的是,"禁止发声"这个语音禁忌在上述著作中都未成为一个要点。因此,我们有理由期待沿着涂尔干、赫尔茨和道格拉斯等人类学大师的禁忌理论的启示,会出现聚焦于语音对元宇宙进行更为细致的分析,更为透彻而有针对性地反思和批判。劳伦·贝兰特(Laurent Berlant)曾不无严厉地指出,晚近以来所兴起的"共情"理论潮流的一个最大症结就是将共情简化、还原为旁观者个体的内心体验,而未能真正实现它理应具有的在个体之间营造共鸣共振,进而导向行动和变革的政治力量。④语音会成为激活元宇宙的时间政治的关键要素吗?我们期待着,憧憬着。在元宇宙中"发声",或许已经是一种行动。

然而,能在技术的元宇宙之中撕开否定性裂痕,激活共情之"声"的绝非只有电子游戏。或者不妨反过来考虑这个问题:当电子游戏和游戏化日益深陷于困顿的迷局之时,我们是否理当于别处探寻思考和行动的潜在力量?就此而言,与电子游戏密切相关的电影及数字影像或许会成为敞开这样一种别样思考的积极动力?由此,下个部分就将聚焦于电影这个主题,并再度尝试对技术时代的无根基特征进行三重思考,分别围绕"崇高""暗黑"与"思考"这三个向度展开。

---

① Margaret Gibson and Clarissa Carden, *Living and Dying in a Virtual World*: *Digital Kinships*, *Nostalgia*, *and Mourning in Second Life*, Cham: Palgrave Macmillan, 2018, p. 53.

② *Living and Dying in a Virtual World*, p. 5.

③ *Coming of Age in Second life*, pp. 113—114.

④ *Compassion*: *The Culture and Politics of an Emotion*, edited by Laurent Berlant, New York and London: Routledge, 2004, p. 71.

第二部分

影 像

第四章　美学:数字"海洋"中的"崇高"与"创伤"

如今的电影,正日趋全面转向数字化的阶段。因此,要对数字电影和数字影像进行深入思考,势必首先对数字美学进行一番更为全面的描述和剖析。在这个部分的起始章节,就让我们先来进行这个必备的理论准备和铺垫的工作。

一、从数字艺术到数字美学

首先,数字艺术(digital art)不同于数字美学(aesthetics of the digital①),前者明晰显豁,而后者则晦暗不清。谈起数字艺术,几乎人人都有体验,甚至都在实践。拿起手机随手一拍,你似乎就摇身一变成了数字摄影师。再把照片上传微信,你好像就是在进行一场在线展览了。而三五好友聚在一起点赞加评论,那就不啻一次小型研讨会了。数字艺术,真的是再平常不过的事情。

但数字美学可就不一样了。一张随手拍摄的数字照片,它到底怎样改变了图像/影像的传统存在方式? 当你随兴所至地上传照片的时候,又怎样改变着艺术"作品"的展示场所和呈现方式? 更进一步,当朋友圈的点赞和评论日益取代了在真实作品面前的专注凝视之时,它究竟又怎样深刻全面地改变了观者与作品之间的"体验"的关系? 所有这些大家有所感触,但却鲜有深思的美学问题,正是本文要追根究底地直面的核心问题。那就先让我们从数字艺术之美学含义来入手,逐步展开海洋、崇高和创伤这三个关键词,并最终回归于数字时代的主

---

① 这个说法我们取自肖恩·库比特的奠基性的同名论文,收于 *A Companion to Digital Art*, edited by Christiane Paul, Chichester: John Wiley & Sons, 2016, pp. 265—280。

体性这个我们向来关注的核心主题。

　　根据克里斯蒂安娜·保罗(Christiane Paul)对于数字艺术的经典概述①,大致可以从两种含义、四个阶段和两大发展方向上来进行通盘的理解。但本文不拟关注具体的历史发展和创作方式,而仅聚焦于其界定和本质。首先,到底什么才是数字艺术的本质呢? 哪些艺术作品能够、应当被归入数字艺术呢? 对此可以从广义和狭义这两个方面来回答,但其实无论哪个方面都面临着难以最终化解的困境。从广义上说,只要是在艺术作品的"创作、储存或传播的过程中的任何一点上运用了数字技术"②,就都可以普泛地被视作数字艺术。但这个界定实在太过宽泛甚至空洞。关于"数字技术"的界定,可能还相对清晰,但究竟怎样来对"过程"和"点"之间进行区分? "点"的影响程度到底有多大,有多广? 这个影响究竟是单纯的量,还是深入到质的层次,深浅程度又如何? 比如,一部经过数字技术修复的胶片电影肯定符合这里的广义的标准,但它显然不能算是数字艺术。再比如,作为如今数字媒介的最普遍而日常的形态之一,手机肯定在艺术家的生活和创作之中占据重要的地位,但试想一位油画家只是用手机拍摄了一处风景,然后再以其为原型创作了一幅油画作品,这显然也不可能被归入数字艺术的范畴。

　　广义的标准失之空泛,几乎没有任何的解释力,那么狭义的标准呢? 或许也并不乐观。狭义的数字艺术是指那些"生来就是数字"(digital-born)③的艺术形式。但这里的"生来"似乎也展现出两种不同的含义。一是时间上的,比如确有一些新兴的艺术形式是与数字技术"同步""同时"诞生。但这或许只是外在的关系,还必须从时间上的同时深入到本质上的相通这另一层根本含义。由此,真正的数字艺术,必须从本质上以数字技术、数字平台为主导,进而在方方面面都体现出数字的特征,甚至数字之"精神"。正是因此,美学上的界定就顺理成章地成为理解数字艺术和传统的、别样的艺术之间的最根本区别。仅仅是运用了数字技术是不够的,只是与数字技术并生也是不够的,真正的数字艺术必须是"通体"数字,由此展现出前所未有的全新的创作、体验和鉴赏的方式。但细品保罗接下来所列出来的一长串数字艺术的美学特征,却没有哪一项可说是独特

---

①　参见她为文集 *A Companion to Digital Art* 所做的序言。

②　*A Companion to Digital Art*,"Introduction",p. 1.

③　Ibid., p. 2.

的、专属的。由此也就提示我们必须再度推进追问,不能仅满足于表面现象的描述,而是必须深入最内在的本质,揭示数字美学和传统美学之间的根本差异。

关于这一点,凯伦·查姆(Karen Cham)指出了两个基本方向,一是重复性和本真性之争,二是媒介的特殊性和共通性之辩。[①]第一个问题最为人所熟知,它的经典表述当然就是本雅明的《机械复制时代的艺术作品》。不断重复、毫无创意的机械复制从根本上破坏了乃至剥夺了作品本身的本真而原初的"灵韵"。但在这里,不必再纠结于这个经典论述的种种细节,而只需带着这个问题转向数字艺术的领域,进而追问,数字艺术到底是机械复制的极致,还是反之对机械复制的根本性的颠覆? 以查姆为代表的一批学者持前一种看似"显然"的立场。数字艺术的本质不在于原创,而更在于、甚至只在于不断的重复,由此进行更广更深的传播。这当然并非是说不存在原创的数字艺术的作品,但问题在于,原创性确乎不是其根本的诉求和旨归。一首在数字软件上创作出来的电子舞曲,它最大的生命力当然就是在无尽的复制的过程之中让更多的人听到,买到,享受到。可重复性,进而在重复的过程中变得越来越容易获取和上手,这些就是数字艺术的传播力所在。而对于数字艺术来说,或许传播力是远比艺术性更为重要的一个美学的标准。从基本界定上来说,美学思考和研究的无非是"共通感之形式"(forms of consensus)[②],那么,传播力正是数字艺术之所以、得以营造共通感的最根本力量。

但有人肯定会随即质疑这个说法。那些花五分钟制作,花两分钟收听,在网上随处随手都能下载的电子舞曲真的能算是艺术吗? 它们真的有什么值得体验和思考的美学价值吗? 难道我们不应该更着重于那些艺术性更高的数字作品吗? 除却这里的人为设置的艺术之高下等级之外,其实这些看似尖锐的质疑恰好触及了数字美学的最核心要点,那正是:具有前所未有的强大传播力的数字复制确乎从根本上颠覆了传统艺术"创作、储存和传播"的所有经典模式。对此,鲍里斯·格罗伊斯(Boris Groys)在《从图像到图像文件并再返回:数字化时代的艺术》(From Image to Image File and Back:Art in the Age of Digitalization)这篇论文中作出的总括至今仍极具启示。他首先明确肯定了无限复制这个数字艺术的

[①]　*Digital Visual Culture*:*Theory and Practice*, edited by Anna Bentkowska-Kafel, Trish Cashen and Hazel Gardiner, Bristol:Intellect Books, 2009, pp. 15—17.

[②]　Ibid., p. 16.

普遍特征,但随即笔锋一转,不是(仅)将其视作值得诟病和批判之症结,而反倒是将其奉为数字艺术之"强大"(strong)力量所在。①与传统艺术形式相比,这个强力主要有三个体现。一是"**自主**"。传统艺术总是将作品束缚于各种框架之中,艺术家的意志、评论家的理论乃至艺术机构的体制等等,所有这些都凌驾于艺术作品之上。但数字艺术从根本上日益挣脱了所有这些束缚,它随手随时随处可及,而且观众兼玩家亦往往可以随心所欲、各取所需地进行欣赏、互动和操作。作品自身变成了首要的、直接的审美对象,它可以独立于任何本真的灵韵、美学的背景、机构的评价,直接、生动、轻而易举地跟每一个人相接触、相作用。

由此就涉及数字艺术之强力的第二个体现,那正是看似不可穷竭的"**生命力**"(vitality)。它挣脱了种种传统框架的束缚,但却并未奄奄一息,反而激发出前所未有的维系、推动自身的力量。一件数字艺术的作品,可以通过任何渠道、平台,在整个网络的范围内进行自由流通和传播,所谓的"原创""独占""限量"其实往往只是营销的噱头。传播力决定了生命力,二者合在一起又进一步深刻决定着数字艺术之"艺术力"的实现形态、感受方式和评价标准。这也就提示我们,"数字复制时代的艺术"既不能简单等同于机械复制的传统范式,更是从根本上改变、颠覆了传统艺术的各种本质性特征。它确实以复制为生命,但却在复制的过程之中无尽变化。②它确乎不在乎原创与本真,但却反而在互动和传播的过程之中展现出更为强大的创造力。它从根本上僭越了种种人为设定的类型范畴、高低等级乃至好坏标准,但这只会让艺术变得越来越丰富而多彩,生动而灵活。数字艺术,非但不是机械复制的极端退化和异化的形态,反倒是"艺术力"之极致自由的展现。

二、第一个关键词:数字海洋及其主体性难题

只不过,数字复制即便不再有原型和摹本之分,但仍然还是存在着一个二元

---

① *Art Power*, pp. 82—83.

② 正是因此,格罗伊斯和肖恩·库比特皆不约而同地将"非同一性"(non-identity)视作数字复制的本质特征:*A Companion to Digital Art*, p. 268。

性的分化,那正是可见的实现(performing)与不可见的数字代码。①数字艺术虽然没有原型(model),但仍然有本源(origin)。借用肖恩·库比特(Sean Cubitt)的精辟概括,它同时既是"代码"(code)又是"形象"(image)②。可见的形象在重复中不断增殖和变化,但在这个多样而多变的表面之下,不可见的代码乃至算法却始终保持不变和统一。这正是数字美学的**第三个,也是最核心的本体论特征**,它用代码之"一"与形象之"多"之间的二元关系取代了本雅明所谓的本真性之灵韵与机械复制之间的二元对立。之所以说二元关系,那正是因为一和多、不可见与可见并非截然分化和对立的关系,二者并非相互否定的两极,而更接近一种关系密切的生成。借用德勒兹对于斯宾诺莎的著名阐释,正可以说"多"是"一"之"表现"(expression),而"一"又"内在于"(immanent)"多"之中。

正是在这个意义上,我们得以引入数字美学的第一个关键词,那正是海洋。③不可见的代码并不只是限定性的形式或结构,更是生成性、表现性的海洋。若仅将其视作形式,那么它就是相对固定的,且对不同的具体的情形和形象起到限制、约束和调节的作用。但若将其视作海洋,那它自身就是不可耗竭的创生之源,不断地自我转化和变形。一件数字艺术的作品,之所以能够在不同的时空情境中实现为不同的用法和操作,展现出不同的形态和体验,那正是因为一串代码并不只是抽象空洞的数字,而已然蕴藏着无尽的生成可能。但代码不就是 0 和 1 的机械组合? 那又何以能够与鲜活灵动的生命形态相比拟? 代码和算法说到底还是一种冰冷的机器吧,那又何以能够蕴生出具有温度和质感的艺术生命? 对此可以进行两种回应。一方面,生命的本质也无非基因代码的组合、重构和书写,那也就完全可能从代码的角度来解释、模拟和推动生命的创造机制。④另一方面,即便我们暂且搁置这一套生命论的隐喻,仅局限于数字艺术的狭域,此种创生的机制仍然极为明显。这就正如,在库比特重点援引的约翰·西蒙(John

---

① Boris Groys, *Art Power*, Cambridge, Massachusetts: The MIT Press, 2008, p. 84.

② *A Companion to Digital Art*, p. 267. 保罗将数字艺术的两大发展方向概括为"算法"和"影像",也恰好呼应了这个基本区分:*A Companion to Digital Art*, "Introduction", p. 5。

③ 数字海洋这个说法,我们主要得自维多利亚·维斯娜(Victoria Vesna)对数据库美学的重要研究:"一个庞大的信息海洋,它是非线性的,无处不在的,沉浸式的,它总在那里,但却始终外在于我们的视野。"(*Database Aesthetics*: *Art in the Age of Information Overflow*, edited by Victoria Vesna, Minneapolis: University of Minnesota Press, 2007.)

④ "DNA 或许是数据库美学的最美妙例证"(*Database Aesthetics*: *Art in the Age of Information Overflow*, p. 4)。

F. Simon)的那件颇有形上学之意味的深奥作品《每一个图符》(*Every Icon*)①之中,看似那只是一个有着明确边界和大小的黑白格棋盘,但随着时间的不断流动直至无穷,那上面肯定会生成出任何一种可能的图符。从黑白两色的格子之中就可以生成出整个形象的世界,这就正如,从0和1的数字组合之中就可以生成出整个语言和符号的宇宙。这就是数字艺术的"一"之本体的创生力量的终极证明。

但用西蒙这件作品来描摹作为本源的不可见的数字海洋,似乎还显得稍有不足,因为海洋显然不只是平面,更有深度。而《每一个图符》这件作品看似仅展现出了黑与白的图形单位、0和1的数字单位之间的可见的组合,而全然无法展现在其背后所蕴藏的种种复杂的深度性的创生。根据马诺维奇在名作《新媒体的语言》中的经典阐释,这里不妨将数字海洋的深度创生概括为时空和语义这两个基本面向。在集中阐释数据库美学的第五章中,他开篇便对比了数据库与叙事之间的根本差异:"数据库——它们呈现为一系列材料的集合,用户可以执行各种操作,……这种计算机化的集合带给用户的体验,与读故事、看电影或参观一栋建筑的体验截然不同。"②读一篇故事,看一场电影,通常都是从开端到发展再到结尾的一个线性时间的进程。但如果将故事和电影就当作数据库来操作和使用,那就截然不同了,读者或观众会将一个看似统一的文本切分成不同的、相对独立的部分,然后再进行各种不同层次和维度的组合与编织。文本是如此,整个世界又何尝不是如此?实际上,数字美学无疑正是为整个世界提供了一个数据库式的空间纵深。任何可见的形象背后都是不可见的代码,但代码又并不只是抽象冰冷的数字串,而是不断地聚合成大大小小、不同类别和形态的集合,由此在无尽的离合聚散的过程之中为表面的形象和叙事提供了一个巨大的数字海洋的深度。

显然,这个深度既是空间的,又是时间的。即便数据库消解了线性叙事的时间,但在如恒河沙数一般的数据集合的聚散分合的无尽运动之中,仍然凸显一种独特的时间性的面貌。这里不妨借用库比特的概括:"这些作品的自由在于它们的转瞬即逝的时间性(ephemeral temporality),它们如泡沫一般不断绽现又破灭,经由对过去积累的数据所进行的操作而蕴生出涌现的(emergent)未知

---

① *A Companion to Digital Art*, p. 269,图10.1。
② [俄]列夫·马诺维奇:《新媒体的语言》,车琳译,贵阳:贵州人民出版社2021年版,第223页。

的未来。"①可见,数据库的深度时间(deep time)展现出两个基本面向。一方面,是表层的叙事时间的脆弱性和不稳定性。一旦引入了数据库这个深度,那么,所有表面的线性秩序便皆有可能开始松动、脱节乃至断裂。由此看来,数字艺术并未彻底取代乃至否定叙事,而反倒是给叙事的时间提供了更为丰富的时间性上的可能。在数字的叙事美学之中,时间不再仅是线性的进程,而变成了多维度多层次交织并存的晶体。同样,故事也不再只是一个从头至尾的单向度的历程,而是演变成一个充满断裂、缝隙、碎片、分叉的迷宫式网络。晚近以来在好莱坞大屏幕上不断刷新票房纪录的"谜电影"(puzzle film)恰是明证。但另一方面,数据库的深层时间除了在连续与断裂之间不断交织震荡之外,还体现出另一种潜在与现实之间的柏格森式的关系。潜在作为不断累积、互渗、变型的庞大的过去——记忆之本体,构成了任何当下之实现和未来之创造的根本的时间性前提。从数据库美学的角度来看,过去绝非残骸甚或空无,而是孕育新生的宏大深邃的创造之源。

　　在这个数据库的时空深度之上,又进一步衍生出语义的深度。这无疑是不可见的代码与可见的形象之间的最密切接触之处。这里,马诺维奇所明确借用的正是索绪尔在《普通语言学教程》中所着力阐释的"聚合"和"组合"这一对概念:"建构叙述(聚合)的数据库是隐性的,而实际的叙事(组合)是显性的。……数据库(聚合)具有了物质存在,而叙述(组合)开始去物质化。"②这段精辟的概括之中至少包含两个要点。首先,数据库是不可见的深度,而各种生产和传播意义的叙事仅为可见的表面。但之所以如此,正是因为数据库的那种时空的纵深无法完全展现在任何一种线性的叙事进程之中,而只能是潜在于纵向的聚合轴之上。其次,潜在的数据库深度并非仅仅是想象甚或虚构之物,而反倒是展现出更具有创生能量的物质性形态。马诺维奇明确指出,这也正是新媒体和"旧"媒体之间的本质区别。如果说在小说和电影之中,纵向的聚合关系确实往往只存在于读者和观众的联想和想象之中,那么在数字艺术之中,那个不可见的数字海洋却恰好构成所有叙事和意义的表层之下的物质性的基础和本源。在传统的叙事美学之中,自由只是主观的体验,但到了全新的数字美学之中,自由获得了一个切实的物质根基,并尤其通过语义的纵向自由聚合不断指向、返归那个庞大的

---

① *A Companion to Digital Art*, p. 275.
② 《新媒体的语言》,第234—235 页。

自由无羁的数字海洋的时空深度。

正是在自由这个要点上,数字艺术体现出(甚至不妨说暴露出)了自身的一个明显缺陷甚至症结。虽然库比特和马诺维奇最终都将自由明确归结为数字艺术的根本旨归,但难道不应该究根结底地追问一句,这到底是谁的自由,何种自由?在传统的叙事之中,自由或许确实多少是虚幻不实的主观想象,但在数据库的海洋面前,人甚至连这一点主观的自由都不再掌控,而全然蜕变为一个随波逐流的"操作者"甚至"游戏玩家"。①不妨说,主体性的丧失甚至危机,或许正是数据库美学日益面临的难题、深陷的困境。这个难题亦集中体现于查姆所提及的数据库美学的第二个纷争焦点之中,那正是媒介的特殊性和共通性之争,或说得再直接明确一些,则正是"美学与互动性"②之间的断裂。要深刻理解这一点,仍然需要再度回归《新媒体的语言》的文本。在全书的开篇,马诺维奇就精辟而深刻地概括出所谓新媒体之"新"的特征:"所有媒体都被转化为可供计算机使用的数值数据。图像、运动影像、声音、形状、空间和文本都成为可供计算机处理的一套套数据。简言之,媒体成了新媒体。"③这里涉及层层递进的三个要点。**首先**,前文刚刚论及的数据库取代传统叙事成为新艺术和新美学的主导这个总体趋势,简言之也正是数字的海洋取代了线性的叙事。**其次**,进一步引申出媒介自身从旧向新的极端变化。数字的海洋不仅有着无限延展的表面,更有着时空和意义的深度,但这虽然为媒介的创生提供了源源不断的动力,但也从根本上消解了传统艺术以之为前提的不同媒介的特殊性,或者说媒介之间的不可还原性。在数字艺术兴盛和主导之前,不同的艺术类型主要依托于不同的媒介特性,比如绘画利用颜色,音乐运用声音,而诗歌善用文字,等等。不同的媒介激发着、激活了不同的艺术表现的形态、审美体验的方式乃至人与作品相交互的途径。但到了数据库美学之中,所有媒介的特殊性最终都消失了,无论是绘画、音乐还是诗歌,最终无非数据设计的不同模式而已。由此甚至可以说,传统意义上的任何艺术的类型都早已是数字艺术了,只不过唯有伴随着新的数字技术和媒介的兴起,我们才逐步看清、看透这个历史的事实而已。

---

① 正是在这个意义上,库比特会总结说,数字艺术的时空形态从根本上展现出一种超越于人类之外,甚至不专属于人类本身的特征和趋势("inhumanity"):*A Companion to Digital Art*, p. 273。

② *Digital Visual Culture*, p. 17.

③ 《新媒体的语言》,第25页。

最后,这样一来,如果说媒介的特殊性已然为数据库的海洋所席卷而吞没,那么,再去谈论不同媒介之分及其所衍生出来的不同的艺术形态和审美体验,真的就变成一件很过时的事情。如果还可以、还需要用美学这个词来形容和概括数字艺术的话,那确乎不妨采纳马诺维奇的那个著名说法,即"后媒介美学"(postmedia aesthetics)。在同名的论文之中(与《新媒体的语言》一书几乎同时发表),他首先明确指出,既然媒介不再能决定一种艺术创作和艺术对象之本质特征(the identity of an art object①),那么,传统的美学立场最终必须被否弃。而他随后总括出的后媒介美学的六大特征之中,根本上无非是以用户(user)和数据库之间的关系取代了艺术家/观众与艺术作品之间的关系。表面上看,马诺维奇在第一个特征中就将"用户的数据体验"②奉为圭臬,但细究他随后的展开论述,就会发现这里所谓的"体验"其实跟传统意义上的审美体验没有任何关系,它既不关心形式的和谐所带来的感官愉悦,更不关心以美的理念来提升人类的精神,说到底,数据库美学只关注一件事情,就是如何以更为多样、灵活而高效的方式去使用、处理、传输数据。概言之,在新的后媒体美学之中,主观的审美体验最终被(相对)客观的用户"行为"(behavior)③所取代,进而,人类在面对美的艺术和美的理念之时的那种主体性的自由和自律(autonomy),也注定要被客观的,甚至可计算可调控的"操作"(operations)所取代。说得直白一些,后媒体的数字美学,根本不再有美的理念(Idea),而只有"'理想化'(ideal)的行为"④。若借用阿多诺在《美学理论》中的闻名论述,此种在自律与他律、自由与束缚之间的张力,恰恰是数字美学面临的最为深刻的主体性难题。⑤

三、第二个关键词:数字崇高及其历史性衰变

数字美学的这个根深蒂固,甚至不妨说病入膏肓的主体性危机,还可以且理

---

① *Transmedia Frictions*: *The Digital*, *the Arts*, *and the Humanities*, edited by Marsha Kinder and Tara McPherson, Oakland: University of California Press, 2014, p. 36.

② Ibid., p. 37.

③ Ibid., p. 38.

④ Ibid.

⑤ [德]阿多诺:《美学理论》(修订译本),王柯平译,上海人民出版社 2020 年版,第7—8 页。

应从更大的社会和政治的角度来理解。比如,东浩纪在《动物化的后现代》中就明确比较了传统的元叙事和后现代的数据库叙事与主体之间的关系之变革。①在前者之中,表层的小叙事看似多样而分散,但实则皆最终指向深层的宏大叙事。不妨说,任何局部的、零星的小叙事的意义最终都要回溯至元叙事所提供的"权威"解释。在这里,主体虽然面对着一个等级、层级鲜明的树状结构[小与大、表面与深层、分支(branches)与根基(root)],但主体在读解文本、"破解"意义的过程之中仍然还是能发挥自身的积极主动的能力,由此在一定程度上保障了自身的独立自主的地位,进而也为进一步的反思和抵抗提供了(哪怕极为微弱的)可能性。

但在数据库叙事之中就全然不同了。即便这里仍然有表面和深层、可见和不可见、组合和聚合等二元性的分化,但深层的并非统一的根基,也无法提供整合性的意义,而唯有一片在大大小小的数据集合的分合聚散中不断震荡的海洋。玩家和用户即便试图竭力甚至挣扎着获得暂时的稳定性和局部的连贯性,但深陷这个汪洋之中,每一个人都注定会困惑、迷失,进而在没有方位、没有趋向,甚至没有轨迹的数字海洋中自暴自弃,随波而去。"人们为此感到失望因而再度转向看不见的事物,如此产生了一个没有边际的平行移动。"②为了探寻意义,用户从可见的表层一次次深入不可见的深处,但在那里,除了混沌的洋流和危险的漩涡之外又别无他物,由此又必然再度一次次地被推回表面,在一个个碎片化的、昙花一现的小故事中获得脆弱的支点和短暂的慰藉。可见与不可见之间的无尽的"平行的"震荡,正是数据库叙事和数字美学的终极命运。"要么随波逐流,要么死路一条"(Surf or die)③,这个后人类主义的豪迈宣言却恰好成了后媒体美学的主体性挽歌。

然而,我们当然不想在这个困境中坐以待毙,也不想将主体性作为一个注定过时的问题加以蔑视和弃置。④那么,在无边无际的数字海洋之中,拯救主体性

---

① [日]东浩纪:《动物化的后现代:御宅族如何影响日本社会》,褚炫初译,台北:大艺出版社 2012 年版,第 164—166 页,尤其是图 19a(元叙事)和 19b(数据库叙事)之间的清晰对照。

② 《动物化的后现代》,第 166 页。

③ Robert Pepperell, *The Posthuman Condition: Consciousness beyond the Brain*, Bristol: Intellect Books, 2003, p. 177.

④ 现代哲学中对于主体性的种种"去中心化"的批判,以及我们面临这些危机理应承担起的对于主体性立场的捍卫,尤其参见本书的"导引"部分。

的出路又到底何在呢? 重归审美体验似乎是一个不二的法门。这里我们发现,或许崇高这个与美相生相克的概念能够为我们提供一条切实可行的道路。那就从《判断力批判》中关于美与崇高之区分的经典段落入手。初看起来,康德对崇高的三个基本界定颇为吻合数字海洋的形貌。首先,崇高是"某个不确定的理性概念的体现"①。对于庞大的数据库的时空来说,它虽然未必符合人类理性思考的法则②,但却至少体现出一个与康德意义上的"理性概念"极为切近之点,即都是作为"绝对之总体"。在表面的各式各样、大大小小的叙事之下,始终有一个庞大的数字海洋在蕴生,在涌流,在激荡。作为有限和可朽的人类,我们虽然无法以有限的思考去洞察其全貌,但却始终鲜明体验到一个近乎无可置疑的事实:有一个作为物质性整体的数字之海在无限地逾越于可见的信息流之外,可知的人类范域之外。其次,从体验的角度看,崇高又截然有别于美感,如果说后者主动追求的是愉悦,那么,前者则往往被动地陷入一种由于"生命力的瞬间阻碍"③而产生的苦痛而悲伤的情感。人在数字海洋中的体验亦往往如此。表面上看,乘风破浪无疑是一件快事,但此种快意始终只是短暂的,局部的,转瞬即逝的。每一个历经风雨的水手在心底都会始终体验到那种迷失于无边无际的大海之中的孤独、挫折乃至绝望。梅尔维尔在《白鲸》中的著名段落堪称写照:"大海没有慈悲、不听从权力,只会握紧自己的力量。无主的海洋占领了全世界,它像一匹失去了骑手的战马……"④

由此也就得以归结出崇高体验的第三个、几乎也是最为根本的特征,它是"违反目的的,与我们的表现能力是不相适合的"⑤。这倒不是说数字的海洋就全无内在的秩序和根本的目的,而只是强调一个要点,即作为崇高之物,它的秩序和目的是全然超越人类的理解、掌控甚至体验之上的。我们能思考和感受的,仅仅是那个庞大的海洋对我们施加的无法超越的限制,无可逆转的否定,无从抵御的力量。但康德对于崇高感的深刻论述并非只意在断言人类在宏伟的宇宙力

---

① [德]康德:《判断力批判》,邓晓芒译,北京:人民出版社2002年版,第82页。

② 基特勒则说得更为直白而悲观:"人类在最近几百年里称为思考的那些东西根本就不是思考,而是控制技术和数据处理。"([德]弗里德里希·A. 基特勒:《实体之夜》,李双志译,上海社会科学出版社2019年版,第35页。)

③ 《判断力批判》,第83页。

④ 转引自[美]戴维·法雷尔·克雷尔:《哲思与海》,陈瑾译,北京燕山出版社2020年版,第274页。

⑤ 《判断力批判》,第83页。

量面前的渺小地位,恰恰相反,他最终是想以崇高的体验为契机,以否定为环节,进而以一种更高更强的力量来唤醒人类自身的理性自觉。自然是崇高的,但人类的理性思考的能力也同样是崇高的,甚至足以和前者相媲美。所以他才会明确总结说,"崇高不该在自然物之中,而只能在我们的理念中去寻找"①。但正是在这一点上,数据库作为崇高之物就明显相悖于康德的经典论述了。数字海洋是绝对之总体,它激发的是苦痛之体验,它最终超越着有限的人类生存,但它的旨归恰恰不是以此来肯定人类自身的力量,而反倒是要实现着对于人类的中心地位的彻底颠覆和超越。

实际上,无论是从数学的崇高还是力学的崇高的角度看,数字海洋都与康德的论证正相反。在康德看来,数学的崇高看似是对人的想象力的巨大的束缚和压制,但实际上它却通过将想象力与绝对总体的理念相关联这个方式而更为强烈、极端地激发出了"想象力的全部威力"②。我们看到,这无疑更接近于元叙事的崇高形态。但数据库美学则正相反,它的主导作用和目的既非激发人的想象力,更非激活人的理性思考,而是试图将人的所有想象、体验、思考都最终引向一个无法最终超越和理解的庞大的物质性本体。另一方面,数字之崇高亦显然不同于力学的崇高,因为后者最终意在"让我们心中一种完全不同性质的抵抗能力暴露出来"③,但前者则正相反,它最终恰恰让人类放弃自身的一切抵抗的可能性,一切主体性的地位,进而自暴自弃地沦落为一个随波逐流的用户与玩家。再度借用康德的精辟对比,如果说传统美学中的崇高体验最终激发的是主体心中的"敬畏"之情,那么数字崇高则正相反,它最终让人类陷入"恐惧"之中而难以自拔,无从自立。

由此看来,数据海洋即便从形态上来看真的颇为符合康德对于崇高的诸多界定,但它最终导向的却是对康德乃至整个德国古典美学中孜孜以求的主体性立场的根本否定。主体性之崇高与数字之崇高,恰好形成了鲜明的反差与冲突。康德当然无从见证崇高之体验的此种根本性变革(或更准确说是蜕变),但在20世纪接近尾声之际,在另一位深思崇高问题的哲学家和美学家利奥塔那里,此种变革的意味却呈现得尤为清晰。在《非人》这部重要论文集中,先后两篇集中探讨崇高概念的文章恰好形成了对照。在《崇高与前卫》一文中,他以纽曼

① 《判断力批判》,第88页。
② 同上书,第95页。
③ 同上书,第100页。

（Barnett Baruch Newman）的名作《崇高就是现在》（*The Sublime is Now*）来开篇，由此极为敏锐地揭示出自起始处就深深蕴藏于现代主义之中的崇高情结，概言之正是对"不可表达"（inexpressible）、"难以理解"（incomprehensible），甚至"无法呈现"（unpresentable）①的崇高之物的敬畏。但利奥塔在这里的论述是极为忠实于康德的经典立场的，因而他也意在强调现代主义艺术之中的那种挥之不去的主体性情结。崇高之物看似限制、压制、否定了人自身的力量，但实则相反，它只是以一种极端的强力斩断了形象和概念之间的和谐一致的纽带②，转而令人类的体验和思考的力量死而复生，重获新生。但在全文的最后，他却对这个现代主义式的契机持一种根本性的悲观立场，指出"崇高已经不存在于艺术之中，而仅存在于对艺术的臆测（speculation）之中"③。之所以如此，其背后的重要推手正是信息技术和数字技术的兴起和主导。在他看来，数字艺术经由代码对体验的操控，进而不断实现着一种最为陈腐和保守的审美意识形态。在数字艺术之中，不再有崇高之创伤体验，而是一切都在甜腻而俗套的数字愉悦之中变得越来越透明空洞，光滑流畅。

也正是因此，他在《崇高之后，美学的状态》一文的最后，对数字时代的崇高感缺失症开出了自己的哲学药方。既然数字时代不再会有崇高之体验，而只会有到处泛滥的空洞快感；既然主体性之执着只是现代主义的回光返照，而断然无法成为激活未来的真正动力，那么，似乎只剩下一个选择，那正是重新回归纯粹之"物"（Thing）。只不过，这里的物不再是对象之物，也并非质料之物，而是那种挣脱了一切与人类之关联的所谓"物自身"。④因而，利奥塔的最终立场就是，在崇高消亡之后，在主体性瓦解之后，理应在向"物"进行回归的极端运动之中才能再度激活艺术之新生。这显然颇为近似于思辨实在论的立场，因为他们心目之中的物都不再是康德意义上的崇高之物，而是斩断了一切相关主义（corrélationsime）组带的"绝对物"⑤或"庞然大物"（hyperobjects）⑥。但若根据

————————————

① 　Jean-François Lyotard, *The Inhuman: Reflections on Time*, translated by Geoffrey Bennington and Rachel Bowlby, Cambridge: Polity Press, 1991, p. 93, p. 96, p. 101.

② 　Ibid., p. 98.

③ 　Ibid., p. 106.

④ 　Ibid., p. 142.

⑤ 　[法]甘丹·梅亚苏：《有限性之后》，吴燕译，郑州：河南大学出版社 2018 年版，第 57 页。

⑥ 　"庞然大物激发出一种更甚于崇高之上的恐惧"（Timothy Morton, *The Ecological Thought*, Cambridge, Massachusetts, Harvard University Press, 2010, 131）。

我们上文的论述,那么,最符合这个庞然大物之界定的难道不恰恰正是那个广袤无垠的数字汪洋? 既然如此,利奥塔这一番看似极端而深刻的诊断和治疗最终注定要落空,因为"崇高之后"的物性其实根本无从再度激活艺术的"前卫"之力,而反倒是落入了数字崇高这个终极的陷阱和深渊之中。

结语:第三个关键词——重塑数字创伤(traumas of code①)的体验

从康德到利奥塔,从现代主义到数字艺术,从崇高的主体性到崇高的数字海洋,我们见证的是崇高概念的不断转化,但同时也是崇高之力的日渐蜕变,从确证主体性的力量最终蜕变为否定主体性的力量。在数字海洋中的创伤体验,如今早已不再是也不可能是主体自省自觉之力量,而是主体之自弃甚至自缢。那么,出路何在,希望又何在? 这里,或许再度回到利奥塔留下的疑难会提供富有启示性的线索。或许,当他在论及"物"之转向之时,确实低估了甚至忽视了数据库海洋的物质性本体,但难道他不也同样留下了一个根本性的追问:以这个物质性为全新的起点,是否有可能激发一种全然不同的数字创伤的体验,它得以化被动为主动,进而在吞噬主体性的数字汪洋之中再度激活主体性之重建的全新力量?

在利奥塔之后,在思辨实在论之外,我们还发现了重建主体性的两种契机,一是召唤幽灵,二是重启叙事。幽灵是垂死之生命,但同时又在残存的过程之中展现出断裂的、不在场的强力。幽灵的回返,总是纠缠着,乃至扰乱着可见的秩序。虽然德里达等人对此已经有着相当深入的论述,但对于数字海洋的幽灵形态,却还是格罗伊斯最早给出了提示。在《数字时代的艺术》之中,他在透彻阐释了数字艺术的可见与不可见、"多"与"一"的辩证关系之后,随即对其物质性给出了一个根本性的界定,那正是如同人类的生存一般的有限性和可朽性。简言之,人的生命是有始有终的,因而无论在瞬间或局部怎样达到力量的极致,最

---

① 这个说法源自 N. Katherine Hayles 的同名论文,收于文集 *Digital and Other Virtualities*: *Renegotiating the Image*, edited by Antony Bryant and Griselda Pollock, London and New York: I. B. Tauris, 2010, pp. 23—41。

终还是难逃衰老和死亡的命运。数字存在同样如此。虽然从海洋的本体来看,它展现出源源不断的创生力,但在表面之上的任何一件数字艺术的作品,都会在看似多样而多变的传播过程中不断改变、耗尽自己。数字存在之"物性",正在于它总是在"磨损"之中不断丧失(possible or real loss①)。这虽然并非人的主观的创伤体验,而更接近物自身从充实到匮乏再到毁灭的"创伤"式运动,但正是在这些断裂性的瞬间、否定性的局部,人的创伤体验同样得到深刻的共鸣和共振。在《数字巴洛克》(*Digital Baroque*)一书中(尤其是第五第六章),莫瑞(Timothy Murray)就将数字电影在媒介层次的物性创伤(胶片在数字之中的"残存生命")与主体的记忆创伤密切的关联在一起,极具启示。

不过,仅仅从物性的创伤角度,或许可以在利奥塔和思辨实在论之外打开一条思索数据库之物性的别样途径,但还是未能有效而充分地揭示主体性的力量之源。在这个方面,作为数字创伤这个概念的创始者和阐释者,海瑟琳·海尔斯在同名文章中的阐释就显得尤为深刻。与格罗伊斯和库比特等人一致,她开篇就将可见与不可见的关系视作洞察数字艺术的一个重要起点和根本原理。代码就是潜藏的、不可见的"非意识"(nonconscious)的深度,它不仅自身构成一个庞大的海洋,更是对表面之上的种种大大小小的叙事起到决定和操控的主动作用(agent②)。但若如此看来,作为写故事、读故事、传播故事的用户和玩家,似乎注定只能身不由己地被代码操控,所谓的主体性最终也无非幻象,任何的"作者"最终只是那遍在而潜在的代码的"幽灵代笔"。不过海尔斯随即指出,代码和叙事之间的关系绝非如此单向和单纯,创伤就是二者之间既断裂又综合的纠缠关系③。创伤这个最早主要源自弗洛伊德的精神分析术语,后来在当代的欧陆哲学之中获得了各种形态的呈现,各个方向的展开,但这些看似迥异的形态和方向又都明显体现出一个趋同的旨归,那正是对主体自身的否定性面向的突出和强调。正如本书"导引"中所述,无论是列维纳斯、巴迪欧还是朱迪斯·巴特勒,他们的主体性概念都意在与启蒙运动以来的独立、自足(self-sufficiency)、自律④的

---

① *Art Power*, p. 86.

② *Digital and Other Virtualities*, p. 26.

③ "断裂式综合"(synthèse disjonctive)这个说法,我们自然是借自德勒兹和加塔利的《反俄狄浦斯》一书:Gilles Deleuze & Félix Guattari, *L'anti-œdipe*, Paris: Les Éditions de Minuit, 1972/1973, pp. 23—24。

④ Martha Albertson Fineman, *The Autonomy Myth: A Theory of Dependency*, New York and London: The New Press, 2004, p. 7.

肯定性面向进行深入的批判性反思,由此转而聚焦于依赖(dependency)、脆弱性(vulnerability)、创伤这些更具有否定性特征的维度。

　　海尔斯独具慧眼地提出的数字创伤的概念也同样是对这条否定性脉络的有力推进。她首先指出,代码确乎与创伤有诸多相似之处,除了上文提及的有限性和可朽性之外,还集中体现于潜藏或"压抑"(repressed position)①这个根本的机制。创伤在平日里一般是不可见的,但每每在偶发的事件之中骤然爆发,瓦解了惯性的生活模式和惯常的认知框架。代码同样如此,虽然它最终是一个吞噬万物的庞大而崇高的数字海洋,但在最为贴近日常生活表面的语义和叙事这个界面之上,却总是有可能以创伤的形态出现,撕裂连贯的秩序,瓦解既定的意义。作为创伤的代码或许最终仍然是施加操控的主宰,但在那一次次偶发、阵发的不连续的作用之中,却仍然深刻改变着数字时代的主体和叙事的双重面貌。从主体的角度看,在数字创伤面前,他或许转而如元叙事中的情形那般,开始主动地探问真相,自我的真相与世界的真相。从叙事的角度看,创伤之数字叙事也不再迷醉于谜电影式的数据库叙事抑或用户与数据库之间密切勾连的各种操作,而是展现出"解离,闪回,重演(re-enactments),令人惊惧的活梦魇"②等"诡谲"乃至"诡异"(weird)的形貌。是的,数字创伤的主体是自省的,数字创伤的叙事是诡异的。正是从这两个要点出发,我们隐约看到了从数字海洋的物性出发,朝向未来的体验性的变革之力。

---

① *Digital and Other Virtualities*, p. 27.
② Ibid., p. 26.

第五章　媒介:暗黑生态与电影之本原

　　然而,真正能够在数字汪洋中探寻和重建主体性的道路,或许远非止于幽灵和叙事这两条。当朝向未来的方向困难重重之际,亦不妨转变方向,将目光投向历史和本原。这也将是本章所着手进行的工作。数字电影或许是未来主导的趋势,但它断然不会是未来电影的唯一可能。当我们再度回归电影史的本原之际,会发现更为丰富的潜能仍然在持续涌动和酝酿。电影到底发端自哪里? 电影的本性到底为何? 人们一般都倾向于将电影生动地概括描绘为"光与影的游戏",但其实若回归本原之处,我们反倒会发现,电影更接近于明与暗交织的剧场。暗黑(darkness)这个颇具否定性意味的形态,不仅敞开了电影的更幽深的本性,而且还引入了晚近以来学界围绕暗黑这个向度所展开的一系列思考,尤其是暗黑生态学。更为关键的是,暗黑或许是技术时代的无根基性的一种极致写照。

　　那就先从暗黑生态学(dark ecology)这个更大的理论背景入手。暗黑生态学到底暗黑在哪里? 其理论创始人蒂莫西·莫顿(Timothy Morton)曾将其生动概括为苦乐相生、喜忧参半的对于环境的三重体验,分别是"压抑"(depressing)、"诡异"(uncanny)和"甜蜜"(sweet)。[1]压抑,首先是要将暗黑之体验既与《人与自然》般的浪漫的田园气息相区分,更与绿色环保主义的宏大叙事形成对比,进而突出环境问题的紧迫性和压迫感,并尤其凸显人在环境面前的那种挥之不去的创伤、苦痛与无力的体验。[2]但此种创痛性的体验仅仅是起点,它只是提醒我们环境问题的复杂性,以及我们深陷其中的"当事人"(而非"旁观者")的身份。由此就激发出"诡异"这第二重体验。与弗洛伊德赋予这个词的原初含义有几

---

　　① Timothy Morton, *Dark Ecology*, New York: Columbia University Press, 2016, p. 5.

　　② Timothy Morton, *Ecology without Nature*, Cambridge, Massachusetts: Harvard University Press, 2007, pp. 186—187. "创伤"这个说法另见 *Being Ecological*, Cambridge, Massachusetts: The MIT Press, 2018, "Introduction", p. xxv。

分相似,莫顿在这里也强调环境自身的那种看似平常实则"谜样"(riddle)的氛围。之所以如此,正是因为环境中的人、事与物构成一个剪不断、理还乱的诡异圈环(loop),这不只是如实展现万物间彼此纠缠的复杂样态,更是强调由此呈现的明暗交织、叵测未知的面貌。这恰是"暗"这个词的真意,它不是光之"彻底缺失"①,而是光明与黑暗之间的诡谲互渗的本体论形态。

但这种迷失于甚至错乱于明暗恍惚之境的创痛体验,又谈何"甜蜜"呢?此种甜蜜当然不是环保片式的自欺与自弃,而是尼采式的跃入深渊的勇气。直面暗黑,深入暗黑,进而在暗黑之境中做一个探险者和解谜人,这才是甜蜜之真意和真味。不妨再度借用莫顿的精辟之语:面对错杂交织、诡异莫辨的世界,"唯一的出路唯有深潜"(The only way out is down)。②但这些既深切又不乏诗意的论述跟电影研究又有何关系呢?似乎并没有直接的关系。固然,作为一种终极的本体论图景,暗黑生态学本就将天地间万事万物都囊括其中,电影自然也不例外。但这样的视角总显得空泛乃至空洞。莫顿自己确实也每每在文中援用电影的例子,但电影却似乎从未真正成为暗黑生态学的关键论据和主导动机。那么,是否可以找到一个恰当的中间环节,它既得以吸取暗黑之精神,同时又能洞察电影之本性?如果有,那几乎肯定是媒介生态学(media ecology)了。一方面,它也是明确从生态学这个基本视角出发,并尤其展现出明暗交织的形态。另一方面,电影又无疑是最能贯彻其基本研究思路的重要领域之一。电影不仅颇具错综复杂的媒介环境之形态,而且从本源和发端上来看,它恰好是光与影、明与暗之游戏的堪称极致的体现。由此,下文就按照三个步骤推进论证。首先我们将大致概述媒介生态学的明暗交织的形态,接着将深入思考"垂直"(vertical)这个维度在当代的影像和早期的电影(early cinema)之中的两种截然不同的体现,由此最终回到电影哲学的一个根本问题:电影,到底是一部机器,还是一种生命?如果它是生命,那么它到底激活(animation)了什么?又如何激活?

---

① Timothy Morton, *Being Ecological*, p. 15.

② Timothy Morton, *The Ecological Thought*, Cambridge, Massachusetts: Harvard University Press, 2010, p. 59. 又这与尼采在《查拉图斯特拉如是说》开篇的名句何其相似:"我必须,像你一样,下降"(《查拉图斯特拉如是说》,钱春绮译,北京:生活·读书·新知三联书店 2007 年版,第 4 页)。

一、明暗之间的媒介生态学

谈到媒介生态学这个颇为晚近的发明,其初始界定其实颇为简洁明晰,那正是"研究媒介何以作为环境(environment)"①。环境这个看似空泛的说法在这里有两个明确的含义。首先,与"oikos"这个古希腊的词源相一致,它强调的无非人、事、物之间的普遍的彼此连接。②但这当然不是说媒介生态学兴起之前的世界就从未有过全面而深广的连接,而只是强调一个不争的事实,就是伴随着技术和媒介的飞速发展,整个世界的互连正在变得前所未有的深入、广泛和紧密。沃尔特 · 翁(Walter J. Ong)在 *EME*[《媒介生态学探索》(*Explorations in Media Ecology*)]杂志的创刊号之中就细致描绘了媒介环境营造的种种连接,时间与空间、身体与心灵、全球与地方、人与自然,不一而足。③这自不待言,但又何以呈现出暗黑之面貌? 似乎并不明显。可以说,媒介生态学初创之际,显然更为突出那种无限蔓延的连接网络的形态,而并未将明暗交织互渗的运动作为要点。固然,网络也有暂时和局部的幽深不可见的深处,但在早期的媒介生态学家看来,这个深处并没有什么本体论上的优先性,伴随着网络的不断展开和构织,深处注定会被碾平,而幽深也注定要重现光明。

然而,即便在初创时期,亦已经有一些学者从别样的视角揭示出媒介生态的暗黑面向。比如,在《教育的终结》(*The End of Education*,1995)一书中,媒介生态学的真正创始者尼尔 · 波斯特曼(Neil Postman)就明确指出:"技术的变革不是附加性的(additive);它是生态式的。一种新技术不只增加了一些东西;它改变了一切。"④当然,这种改变也肯定具有正面和负面的双重效应。从正面上来看,它重组了人与环境之间的方方面面的关系,由此带来了人的进一步的解放和自由。但反过来说,它在此种天翻地覆的重组和改造的过程之中,也完全有可能对人本身施加一种更为深刻且难以抵抗的操控。借用埃里克 · 麦克卢汉(Eric McLuhan)的一针见血的断语:"很多[媒介]都是有毒的(toxic);但所有[媒介]

---

① 转引自 Lance Strate, "The Cell Phone as Environment", in *EME*, Vol.2, Issue 1, 2003, p. 19。
② Walter J. Ong, "Ecology and Some of Its Future", in *EME*, Vol. 1, Issue. 1, 2002, p. 5。
③ Ibid., pp. 8—10。
④ 转引自 Lance Strate, "Neil Postman, Media Ecologist", in *EME*, Vol. 5, Issue.1, 2006, p. 89。

都令人上瘾(addictive)。"①既然作为环境之媒介能够实现强有力的全面连接，那它当然也同样能够有力量让人们深陷其中，无可挣脱。早在 EME 的创刊号之中，道格拉斯·拉什科夫(Douglas Rushkoff)就从正反两方面剖析了新媒体(尤其是网络文化)的革命或"复兴"(Renaissance)对人类社会的深刻影响。从正面看，互联网让人们从消极被动(captive，passive)的看客转变为积极主动的参与者②；但从负面上说，它似乎又时时处处用金钱和交易在暗中操控着人与人之间的沟通与交流。③虽然在文章的最后，他还是激励我们不要对网络之光明未来有所气馁，但这个光明背后所暗藏的巨大危险显然已经欲盖弥彰。

网络不只是一个平面，它还有不可见的暗黑深处。那不只是光线暂时未能照亮的角落，更是弥漫于整个媒介环境之中的暗中施加操控的"看不见的手"。这就是早期媒介生态学研究中已然隐约呈现出的明与暗的两极对峙。而在晚近的研究之中，此种对峙并未得到任何缓解，反倒是进一步激化。"平面派"的代表或许当属托马斯·弗里德曼(Thomas L. Friedman)。在脍炙人口的《世界是平的:21 世纪简史》这部旗帜鲜明的名作之中，他对"一个单一的全球网络"所建构的扁平的世界进行了毫无保留的赞颂:"全球的竞技场变平了，……这将带来一个繁荣而充满创新的时代。"④在他看来，以往的世界之所以不尽如人意，根本症结正在于存在着高低鲜明的等级，中心/边缘的界限。正是在全球蔓延编织的网络让所有的个体都能平等地进入开放而多元的互动、沟通和竞争之中，而无论他们在种族、地域、性别、阶层等方面存在着怎样的差异。平面化的网络让世界更美好，这似乎已经是一个不容置疑的事实。而在随后的第二章中所列出的"碾平世界的 10 大动力"之中，"互联网时代的到来"⑤无疑是最为主导的因素。只不过，弗里德曼这本书出版于 2007 年，可即便在当时，亦已经有不在少数的学者开始对一个被网络"碾平"的时代发出了严厉的声讨。比如，美国著名法学家劳伦斯·莱斯格(Laurence Lessig)在《代码 2.0》的开篇就明确指出，网络的世界其

---

① Eric McLuhan，"Concerning Media Ecology"，in *EME*，Vol.5，Issue. 3，2006，p. 193.

② Douglas Rushkoff，"Renaissance Now! Media Ecology and the New Global Narrative"，in *EME*，Vol. 1，Issue. 1，2002，p. 46.

③ Ibid.，pp. 50—51.

④ [美]托马斯·弗里德曼:《世界是平的:21 世纪简史》，何帆等译，长沙:湖南科技出版社 2008 年版，第 7 页。

⑤ 同上书，第 48 页。

实远非自由平等的无羁的场域,而更是"一个被完美规制的世界"①。同样,早在 2004 年出版的《协议》(Protocol)之中,亚历山大·加洛韦(Alexander R. Galloway)就结合网络技术的细节雄辩地证明了,或许从表面上来看,网络世界确实近乎德勒兹(和加塔利)在《千高原》开篇所描绘的根茎(Rhizome)的形态②,但遗憾的是,网络并非只有、只是平面,从纵深上来看,它向来都是一个层次分化,等级鲜明的"树形系统"③。正是这个表层与深处、平面与纵深、根茎与树形之间的鲜明对照,恰切而生动地为他在副标题中提出的问题给出了一个完美的解释:"为何在去中心化的网络时代到来之后,控制却仍然存在,甚至变本加厉?"答案很简单,网络不只是平的,而是暗藏着纵深和等级。

　　这样看来,仅仅赞颂平面的世界,这不仅是偏见,甚至是谎言。或许正是因此,之后的媒介生态学的研究开始越来越深入暗处和深处,以期对暗中隐藏的操控之力进行清算和控诉。比如,在开了先河的《媒介生态学》这部力作中,马修·富勒(Matthew Fuller)就极大拓展了沃尔特·翁等人的早期立场,不再仅研究平面的网络"环境",而更为关注纵深的"基本的物质性"④。但何谓物质性呢?难道仅仅是强调一个过于显见的事实,即网络远非一层笼罩在现实物理空间之上的虚拟的平面,而同样也有着不可还原的物质实体和基础架构(infrastructures)?互联网无论看上去怎样的光滑透明,但它毕竟总还是要依托于实实在在的服务器、光纤线路和传输信号。正是这些物质基础,才决定了、限定了虚拟的表层。但这个相当唯物论的立场看似言之凿凿,却包含着一个极为令人焦虑的决定论的结果:平面上的自由只是幻象,因为它最终要受到深层的物质基础的牢不可破的限定。既然如此,那么谈论、探索媒介生态学的意义又何在呢?当波斯特曼等人提出这个原始构想的时候,当然是想通过一个自由连接和流通的环境来更好地保障人自身的平等与自由,但唯物论的立场难道不恰恰是对这个美好初衷的一个彻底的背弃和否定?富勒肯定意识到了这个恶果,因此他在书中阐释的物质性绝不只是一种决定论式的前提,而更接近德勒兹和(经由德勒

---

　　①　[美]劳伦斯·莱斯格:《代码 2.0:网络空间中的法律》,李旭、沈伟伟译,北京:清华大学出版社 2009 年版,"第一版前言",第 VII 页。

　　②　Alexander R. Galloway, Protocol: How Control Exists after Decentralization, Cambridge, Massachusetts: The MIT Press, 2004, p. 34.

　　③　Protocol, p. 39, 图 1.4。

　　④　Matthew Fuller, Media Ecologies, Cambridge, Massachusetts: The MIT Press, 2005, p. 2.

兹阐释的)尼采所谓的力量的原初场域(will to power)。①力量本来就是不断生成和流变的强度性运动,因此它根本不可能局限于、固守于僵化的等级和结构,而注定要一次次瓦解体系和边界,化有形为无形,令整个世界再度进入生成。这才是媒介生态学所谓的"唯物论能量"的真意。平面之下是深处,网络之下是力量,但力量远不只是僵死的物质形态,而是潜藏着无尽的创造力量的本源,它的目的不只是限定和决定,而是转化和变革。若借用凯姆博(Sarah Kember)与齐林斯卡(Joanna Zylinska)的那部名作的副标题,正可以说"媒介化本身就是一个生命过程(Mediation as a vital process)"。当媒介生态学不断探入网络和平面之下的深处之时,它发现的并非冰冷而严苛的树形控制,而是生生不息、创造不已的生命能量。在暗处,媒介生态学似乎又重新获得了希望和光明。

但这个希望的泡沫也并未持续太久。且不说富勒自己的后几本著作几乎全然滑向了批判和悲观的立场,如《邪恶媒介》(Evil Media)、《凄惨的快乐》(Bleak Joys)这样的书名就是明证。更有说服力的论据其实还是来自切实而深入的实证性考察。在《信号传输》(Signal Traffic)这部晚近的合集之中,以丽莎·帕克丝(Lisa Parks)为代表的学者用有力而翔实的论据拆穿了媒介生命论的脆弱幻象。参与全书的诸位研究者不仅多少延续了加洛韦对暗处的树形系统的批判,更是将其进行了相当广阔而纵深的拓展,从网络、信号、线路、服务器一直拓展到海水、陆地、空气乃至整个地球的生态系统。这不啻对"生态学"这个基本立场进行的极致推进。全书导言的开篇就结合三个案例(谷歌的数据中心、赞比亚的手机信号塔、夏威夷的海底电缆站)生动展现了贯穿于整个世界的现实和虚拟的不同层次之间的"层叠"(layering)等级的构造。②不仅网络世界是等级分明、层次鲜明的,甚而整个世界皆是如此。媒介生态学无疑正是透显整个世界的树形构造的一个恰切入口。这里,媒介生态学和暗黑生态学之间产生了明确的交集,甚至不妨说,前者不仅是后者的一个典型例证,更是由此对后者进行了深刻的修正。世界何以明暗交错、晦暗幽深?那无非因为你站在平面之上来蠡测深度。如果真的如帕克丝等人那般切实地探入生态环境的物质性深度,你就会感叹,那里虽然幽暗,但从基础架构上来看,却绝对是清楚明白,毫不含混。借用

---

① *Media Ecologies*, pp. 62—63.

② *Signal Traffic*, edited by Lisa Parks and Nicole Starosielski, Urbana: University of Illinois Press, 2015, "Introduction", pp. 2—4.

莱斯格在《思想的未来》中的有力描绘,恰可以说整个网络的世界从"内容层"到"代码层"再到"物理层",层层递进,环环相扣,清晰无疑地构造出当下世界被完美规制的树状形态。

二、垂直的媒介化:所见即毁灭(Seeing is Destroying[①])

但帕克丝等人的研究最终仍然摇摆于唯物论和生命论之间不知所从。到底媒介的生态是一个层叠的树形,还是交织的网络(无论是透明的平面还是力量的场域)? 在导言的文本中,这两个相当矛盾的表述却往往被并置[②],也多少暴露出编者的莫衷一是。或许正是为了克服此种含混的境地,帕克丝在随后撰写和编辑的两部著作中更为明确地使用了"垂直的媒介化"(Vertical Mediation)这个独创的说法,由此更为鲜明地回归和捍卫唯物论的立场。何谓垂直呢? 首要的含义正是指在9·11事件之后,美国对从天空到大地之间的"垂直"的领域所施加的霸权。[③]但美国对空间霸权的觊觎和僭取早自冷战时期就开始了,后9·11的格局又有何实质性的变化呢? 那正是从军事技术、政治宣传、市场竞争全面拓展至数字和影像媒介的领域。这当然再次直接关联到媒介生态学的主题,因为垂直的媒介化不仅最大限度地将各种技术、文化、政治、经济的要素全面深刻地连接卷携在一起,更是由此对人的肉体和心灵施加着更为深重的影响和操控。[④]

但这些本就是媒介生态学的常识和公论,那么垂直这个向度又到底体现出何种新意和深意呢? 显然,垂直与深度形成对称,并由此与平面和表层形成对峙。深处是暗黑的,但高处又何尝不是如此? 深处的物质基础无时无刻不对人的言谈举止形成着限定和决定的作用,但高处的卫星网络又何尝不在对整个地球构成着更为密不透风的监视与管控? 但若如此看来,单纯将垂直这个维度分离出来进行着重阐释又有何深意呢? 帕克丝自己不也每每强调从天空到大地之

---

① Rey Chow, *The Age of the World Target*, Durham and London: Duke University Press, 2006, p. 27.

② *Signal Traffic*, "Introduction", p. 9.

③ Lisa Parks, *Rethinking Media Convergence*, New York and London: Routledge, 2018, "Introduction", p. 3.

④ Ibid., p. 15.

间的媒介环境的连续与交织吗?①既然如此,垂直的空间与水平的地面之间就只存在层级的区别,而看似并没有实质性的差异。但实情远非如此。当遍在而操控的媒介环境从地下延伸、拓展至空间之际,它的整体形态也在发生着深刻而本质性的变化。

首先,地面和地下的物质基础仍然是限定性的,但却不再是决定性的。如今,是悬浮在空间之中的卫星网络逐渐起到着主导的作用。其次,垂直与深处这两个维度之间的一个明显区别,正在于它们在人面前的显现方式截然有别。深埋于、密布于地下的光纤通路虽然也隐不可见,牢不可变,但(借用海德格尔或哈曼的说法)它的潜隐的形态更接近于一种"回收、内隐"(withdrawal),也即,它总是指向着一个不可被轻易打开和探视的幽深的物质核心。②但垂直的天空则正相反,它无限敞开自身,一览无余,无所隐蔽,但也正是以此种方式形成了一种更为可怕的威胁,那正是帕克丝深刻点出的"不确定性"这个要点。③没错,当仰望180度开敞的天空之时,你会感受到一种自由和畅快,似乎自己总能够挣脱种种束缚,再度成为人生的主宰,此种体验恰好和脚下、地下的那些潜藏的物质性力量形成鲜明的对照。但诚如列维纳斯在《总体与无限》中的深刻论断,当你沉浸在物质元素的快意享乐之中时,却总还是有一种不可彻底消除的不确定性隐隐地形成威胁。④在看似无限丰盈的自然环境之中、之后,时刻总隐藏着未知叵测的灾难和危险。帕克丝说得也恰切,仰望着在头顶盘旋的可见的美军的战斗机和无人机,以及那背后密布的不可见的卫星监控网络,在地面上的那些无辜的人民时刻感受的或许远非自由和洒脱,而是随时随处暴露在未知的危险之中的焦虑和恐惧。从开敞的空间垂直落下的可能是炸弹,也可能是援助物资⑤,可能是意识形态的洗脑,也可能是人道主义的声援。从天而降的到底是

---

① *Rethinking Media Convergence*, "Introduction", p. 9.
② "大地是涌现着一庇护着的东西"(《海德格尔选集》(上),孙周兴选编,上海三联书店1996年版,第266页)。"物的那种不可直接接触的回撤或自持(*withholding*)是物导向本体论的核心原理。"(Graham Harman, *Object-Oriented Ontology: A New Theory of Everything*, Pelican Books, 2017, p. 7. 原文为斜体字。)
③ *Rethinking Media Convergence*, p. 46.
④ "享受并不与一个处于滋养它的事物之彼岸的无限相关,而是与那呈交给它的事物的潜在消逝有关,与幸福的不稳定性有关。"([法]伊曼纽尔·列维纳斯:《总体与无限》,朱刚译,北京大学出版社2016年版,第122页。)
⑤ *Rethinking Media Convergence*, p. 45.

福还是祸,是拯救还是毁灭? 没人知道。但所有人只能在地面惴惴不安地等待和苦熬。

　　由此也就导向了垂直媒介化的第三个至关重要的特征,那正是从根本上改变了影像与人之间的体验性的关系。垂直的视角并不只是一个俯视万物的近乎上帝般的全能全知的位置,而同样也跟地面甚至地下的人、事与物之间形成着极为密切乃至"私密"(intimacy)①的关系。这又体现于两个方面。一方面,空间与地面、垂直与深处之间的关系并不只是远隔的距离,而是跨越巨大的时空间距所形成的直接而即时的作用。你在地面上的一举一动,可能同时就清晰呈现于远隔大洋之外的屏幕之上,被记录,被分析,进而随时、即时做出反应,是继续监控还是当下毁灭。由此就触及影像与人之间的另一方面的关系,那正是周蕾所谓的"所见即毁灭"。对你进行监控的人员看似面对着冰冷的屏幕,那上面没有鲜活的肉体,而只有像素和数字,但这并不意味着影像就此失去了与人之间的活生生的关联。或许正相反。当人的肉身被还原、抽象为屏幕上的数据和图形之时,恰恰是影像之力的极致体现:这里,影像不再仅仅是"再现"(representation),而是实实在在地作用于肉体,进而深入肉体之中施加操控、改造(alteration),甚至摧毁。诚如帕克丝的触目惊心的描述,在热成像的监视影像之中,鲜活的肉体被还原为无差别的"抽象的白色",而肉体的死亡也只是无声无息甚至无色无臭地"消失"于周遭的环境之中。②如果说"尘归尘,土归土"是可朽的人类不可抗拒的宿命,那么,"深入肉体并将其实时改造为数据"则正是垂直媒介化所实现的另一种不可思议的"神迹"。德波曾哀叹整个晚期资本主义世界日益陷入"景观"之牢笼,但垂直媒介化的时代则更是魔高一尺,因为它更是一个"世界作为标靶(as-a target)"③的时代。在景观社会中,所有人充其量只是消极被动的看客和傀儡,但在垂直媒介化的作用之下,所有人都成为了潜在的打击和毁灭的对象。如今,观看不只是为了享乐和消费,而更是为了定位、监控、打击和摧毁。整个世界从"景观"日益沦为"标靶",这既是垂直媒介化所带来的人类的终极厄运,又是媒介生态学所刻骨铭心地展现出来的世界的至暗时刻。

---

　　① *Life in the Age of Drone Warfare*, edited by Lisa Parks and Caren Kaplan, Durham and London: Duke University Press, 2017, p. 144.
　　② Ibid., p. 146.
　　③ *The Age of the World Target*, p. 31.

　　但这样一种厄运,或许并非仅仅肇始于9·11的恐袭,而是早在电影的发端之初就已经清楚埋下伏笔。这里,媒介生态学的前沿视角与电影史的考古学溯源近乎构成一个封闭而又完美的圈环。二者彼此呼应,但又不乏相互修正。电影史提示我们,影像对肉体的监控、渗透和改造久已有之,它甚至可以被视作电影之所以被发明的一个根本动机。反过来,媒介理论又警示我们,影像对肉体的规训不能仅局限于电影史内部来审视,而理应拓展视角,将其深化为当今世界的媒介化治理的根本形态,由此才能凸显其特征,明辨其危害。前后互映,首尾相接,这无疑形成一个牢不可破的圈环。但在下文,我们正要尝试进行一点逆转的工作,结合丽莎·卡特莱特(Lisa Cartwright)和汤姆·甘宁(Tom Gunning)对早期电影(early cinema)的研究来探索"破环"之契机。

　　那就先跟随卡特莱特在《屏检身体》(Screening the Body)一书中的阐释回归电影史的开端。不妨再度追问这个根本问题,电影的发明到底是出于何种原初的动机和动力? 那或许既非只是对现实的纪录,亦非只是对景观的营造,更是源自一个极为简单直白的念头,那就是研究人类"身体的运动"(bodily movement)。[1]毕竟,从史实来看,"卢米埃尔的最大成就并非在于他在电影方面的工作,更在于他对于肿瘤和癌症的实验室研究"[2]。同样,马莱(Etienne-Jules Marey)最能在影史留名的成就当然是首开先河的连续摄影术(chronophotography)的创作,但这些作品本身就是诞生自他的生理学研究基站(physiological station)。[3]甚至由此不妨修正德勒兹在《电影》系列中的经典概括:"运动—影像"绝非影史的起点,在那之前还理应补充上"身体之运动—影像"这个向来为人忽视的发端。而从媒介生态学的角度来看,身体之运动影像至少体现出三种整体性、环境式的连接。首先是科学和艺术之连接。不可否认,科学与艺术本就有着根本的区分,科学研究事物的客观规律,而艺术则更着意于对表象之直观。[4]但在早期电影之中,这两条看似平行的线索却相当密切地交织纠缠在一起。电影为科学提供了生动捕捉身体运动之手段,从而直接或间接地推动了从相对静态的解剖学向着

　　[1]　Lisa Cartwright, *Screening the Body: Tracing Medicine's Visual Culture*, Minneapolis: University of Minnesota Press, 1995, "Introduction", p. xii.

　　[2]　*Screening the Body*, p. 1.

　　[3]　Noam M. Elcott, *Artificial Darkness*, Chicago and London: University of Chicago Press, 2016, p. 21.

　　[4]　"科学家要在这个混乱的世界中寻出事物的关系和条理,……美感经验就是形象的直觉"(《朱光潜全集》第2卷,合肥:安徽教育出版社1987年版,第10—11页)。

更具动态的生理学的革命式转化。反过来，科学也为电影提供了单纯的艺术手法所无法实现的"精确，测量，计算和证据"①。其次是技术与治理的连接。卡特莱特在书中多次援引福柯对临床医学和规训社会的研究，进而明确将身体的知识和规训的权力机制密切关联在一起。科学与电影的联手，并非单纯出于求知的兴趣，更是意在对身体进行"控制，规训"乃至"建构"和"改造"。②

由此也就导向了目光与身体这第三重连接，这对于影史和媒介生态学的研究来说具有突出的重要性。当科学—电影—权力彼此勾连的目光投向肉体的深处之时，也就逐渐在光滑而均质的表面之下撕裂出一个幽暗不明、叵测莫辨的深度。在《临床医学的诞生》中，福柯就将"从显现层面深入到隐匿层面"视作"解剖临床经验"的关键特征。③进而，他随后在《词与物》中更是进一步断言，从表层向深处的转化标志着从古典到现代的知识型进行转折的关键点。④卡特莱特当然亦秉承了这些经典论述，但又结合早期电影的细节揭示出了福柯所忽视的一个要点：这个肉体的暗黑深处并非仅仅是目光与疾病之间相互搏斗的沙场，而是从一开始就将目光一步步实现为朝向"标靶"的打击和毁灭的操作。道理似乎很简单，要想深入那个暗黑之处，单纯保持一定距离进行"客观"的观察肯定是不够的，还必须依靠技术和影像的联手互动来将隐藏之物暴露于知识—权力的目光之下。这不仅是一个"转译"的过程，更是一个实实在在的"转化"（physical transformation）⑤的过程。转译，意味着多少还尊重着身体的独立性和完整性，但转化可就不同了，为了让身体说出真理，它可以动用程度不一的"胁迫"手段来对身体施加各种方式的渗透、控制与改造。面对暗黑的、潜藏的秘密，耐心等待其呈现是远远不够的，必须采取极端的手法对其进行预测、预知甚至预先控制（preemption）。正是在这里暴露出电影发端之初的一个根本而又荒诞的悖论：身体之运动—影像的创发本是为了更好地研究人的生命，用影像的方式来激活解剖学所无法触及的"生命之源"，但随着科学—电影—权力的日益合流，它却转而蜕变为对身体的戕害，对生命的否定。不妨再度借用卡特莱特的精辟之语做

---

① *Screening the Body*, p. 12.

② Ibid., p. 4.

③ ［法］福柯：《临床医学的诞生》，刘北成译，南京：译林出版社2011年版，第152页。

④ ［法］福柯：《词与物》，莫伟民译，上海：上海三联书店2001年版，第327页。

⑤ *Screening the Body*, p. 29.

结,"可见性与毁灭"(visuality and destruction)①之间的密不可分的勾连,正是早期电影"实验"的最隐秘暗黑的动机。

三、电影史的至"暗"时刻:电影作为明暗之间的剧场

从电影史的开端直到今天的垂直媒介化,确乎形成了一个首尾呼应的循环,也似乎也给电影史的发展脉络笼上了一层不祥的暗黑氛围。电影从其开端处开始就是知识—权力—技术的勾连机制,而到了如今,这一趋势并无任何缓解,反倒是在数字媒介和网络技术的加持之下不断被推向极致。在马莱和卢米埃尔的时代,身体是影像进行规训和改造的标靶;而到了后9·11的时代,则是整个世界都从景观沦为标靶。

那又如何挣脱这个恶性而又致命的循环?或许还是应该再次回归电影史的源头,撕开异质性的裂痕。细品卡特莱特的论述,虽然史与论兼备,但却至少暴露出两个明显的缺陷。首先,固然科学和电影的连接是起点,但它真的能够被视作电影史随后发展演变的内在动力和贯穿性脉络吗?即便对身体之运动的探索在电影之中向来是一个主题,但科学式的探问和实验在影史之中却日渐消退减弱,这也是一个不争的事实。科学性的纪录片或带有科学精神的影片,早已不再是电影的主流。其次则涉及莫顿所构想的暗黑生态学的第二个重要特征,即诡异。若根据卡特莱特的说法,科学—电影之勾连所逐步实现的正是对于身体的观察、实验和改造,那么,这也正是一个隐秘逐渐消亡、诡异不再可能的运动过程。即便在电影探索的初期,机器所捕捉的身体影像之中总还残存着一丝诡谲的气息,但随着影像改造身体这个趋势的不断深入,这些痕迹也注定将被彻底清除,销声匿迹。

那么,如何对卡特莱特自认为言之有据的这两个立场进行一番"纠偏",进而揭示出别一种不同意味的"暗黑"版本的电影史呢?安德烈·戈德罗(André Gaudreault)和汤姆·甘宁(Tom Gunning)所提出的吸引力电影这个概念似乎尤其具有启示。它有力地挑战了科学与电影之连接、知识和权力之勾结这个默认

① *Screening the Body*, p. 46.

的前提,进而既对早期电影的本质特征给出了一个更具普遍性的概括,又颇为独到地展现出"奇诡"这个暗黑生态学的谜样向度。

首先,甘宁指出,对机器的迷恋,对科学式探索的着迷,这既是早期的导演和观众所共享的一种"癖好",同时又确实是电影之吸引力的最初发源地。①但问题在于,早期电影的此种吸引力最终到底是为了进行一种像模像样的科学实验,还是恰恰相反,只是表面上以科学为手段甚至"借口"和"噱头",但实质上是想用那些异想天开的"荒诞机器(machines absurdes)"②来敞开身体乃至世界的那些难以为科学知识所触及的诡异面貌? 概言之,或许科学与艺术的连接充其量只是表象,而早期电影的真正动机其实恰恰是试图有力地撕裂开二者之间那种已然被规训机制牢牢绑定的关联? 如此看来,电影或许就不再是权力的同谋,而是全新的感知和思考形态的起点。这或许也是甘宁将其称作"不合时宜(un-timely)的思想系统"的真正用意所在。③

由此看来,卡特莱特的第二个论点也就很难站得住脚了。确实,若从科学与电影之密切勾连的角度看,这绝对是一个诡异体验消亡、身体在影像面前日益变得透明的过程。但如果根据甘宁的阐释,电影的初始动机恰恰是科学和电影之间的断裂,那么,身体的诡异面貌则恰好可以在这个断裂的间隙之处若明若暗地呈现。这或许才是"至暗时刻"的真意。让我们跟随甘宁的洞见步步递进地揭示其中深意。首先当然还是要澄清吸引力的真意。他之所以要重提这个看似古旧的概念,正是试图以此来质疑乃至颠覆影史的一个成见,即仅将"叙事"视作成熟形态的电影之本质。叙事固然重要,但吸引力这另外一极同样不可忽视。二者之间的根本区别正在于时间性:叙事最终试图赋予影片以一条连贯(coher-ence)、统一(integrational)的时间线索;而吸引力则正相反,它的基本单位是分离而独立的"镜头"(shot):"每个镜头都被默认为一个自律而自足的单位,它们之间的潜在连接——如果不止一个的话——被克制在最低限度(minimum)。"④简言之,如果说叙事的本性就是连贯的情节线,那么吸引力的本质则更是一个个离

① *The Cinema of Attraction Reloaded*, edited by Wanda Strauven, Amsterdam: Amsterdam University Press, 2006, pp. 383—384.

② Gilles Deleuze & Félix Guattari, *L'anti-œdipe*, Paris: Les Éditions de Minuit, 1972, p. 463.

③ *The Spectralities Reader*, edited by María del Pilar Blanco and Esther Peeren, London: Bloomsbury, 2013, p. 209.

④ *The Cinema of Attraction Reloaded*, p. 375.

散的"当下"之点。叙事最终意在引导观众走完整个流程,而吸引力则不同,讲故事对于它从来不是要点,它更关注的是在一个个独立的镜头之中将观众的注意力、感受力一次次推向峰值。众多学者都对这个时间性的界定颇为认同。比如维瓦·帕西(Viva Paci)就明确概括到,"早期电影"(也即"电影的第一个十年")"正是奠基于当下时刻的不连续的时间迸发(bursts)"之上的。①

然而,只从这个断裂之当下的时间性角度出发,似乎又难以真正透彻阐释吸引力的来源。剧情片之中不是没有当下之"迸发",只不过这些迸发的时刻之间最终有一条叙事的线索进行贯穿。那么,吸引力电影之中到底又有何种力量能够在当下之间维系、保持一种分离和断裂的状态,而不是再度让它们落入到任何一种连贯的线索之中? 对于这个动力,向来存在着不同的解释,但都颇有趋同之处。比如,旺达·斯特劳文(Wanda Strauven)就指出,要想理解早期电影的本性,只谈吸引力是不够的,还必须补上"marvelous"这个未来主义的重要口号。这个词单纯译成"奇迹"似乎稍显力度不足,细观马里内蒂的原文,会发现它其实更带有"奇异"和"诡异"等含义。②正是在这里,清晰显现出吸引力电影的"暗黑"本性。当然,对于此种本性,还是甘宁给出了更为令人信服也更具启示性的阐释。在妙趣横生的《扫描一个幽灵》("To Scan a Ghost")文本中,甘宁从三个方面深入阐释了吸引力何以展现出诡异之貌。首先还是在于科学与电影之间的实质性的断裂。电影绝非为了进行一种客观实证的科学实验,而是为了以科学为中介去打开那些未知莫测的维度。这一点上文已述。那么接下就要进一步回答一个关键问题,电影艺术究竟有何种独特的手法能够与科学研究分庭抗礼?同样都是对身体之运动进行影像的纪录、控制和改造,电影又究竟呈现出了何种不同于科学实验的诡异形态呢? 甘宁的解释清晰明确:电影之所以具有吸引力,皆源自它那种营造"幻象"(phantasm),召唤"鬼魂"(ghost)的力量,这或许不仅是早期电影的特征,更是电影那独特的媒介本性的生动显现。电影之为媒介,正在于它能够在"看与被看"(seen and the seer)、"可见与不可见"之间敞开种种明暗相间、迷离恍惚的幽幻之境。③

尤其需要注意的是,此种幽幻并非局限于可见的影像或叙事的层面,而是指

---

① *The Cinema of Attraction Reloaded*, p. 123.

② Ibid., p. 115.

③ *The Spectralities Reader*, pp. 211—212.

向着媒介的基础层次。正是在这里，触及甘宁的吸引力理论的第三个要点。电影何以实现此种明暗之间的媒介化？摄影和绘画不也同样具有相当强烈的幽幻意味吗？那为何又只谈电影，而且是早期电影？原因有二。一方面，作为运动之影像，电影相较于绘画或摄影的优势正在于，它不仅能实现对事物之"再现／描摹"（portray），而且更能实现能动的"介入／参与"（participate）。①这一点，卡特莱特已然给出了雄辩有力的证据。但另一方面，甘宁所谓的"参与"又不同于知识与权力相勾连的规训机制，而是展现出不可思议和言喻的诡异形貌。影像面对身体本可以有两种不同的方式，一是操控，二是赋灵②（animation）。二者之间又形成了戏剧性的对比和反差。操控的初衷是为了更好地研究生命，但最终却滑向了对生命的否定。而赋灵则正相反，它直面一个垂死的身体，但却试图释放出、"分离出"生命的幻象。之所以说幻象而非实存，那无非因为实存的肉体的深处早已被规训和垂直媒介化的操控之力全面深入地渗透，既然如此，确乎只有在明暗相交的幽幻之地方能保有再度激活生命的一丝微弱的可能。这也是为何，纳达尔（Nadar）会试图将"幽幻的表层（spectral layers）从身体之中分离出来"③。诚如菲利普斯塔尔（Philipstahl）所言，此种营造幽幻的手法并非意在如魔术师那般施行"骗术"（deceive），更意在以回归电影之暗黑本性的方式来展现它那种本源和本原（origin or *archē* ④）的诡异震撼力（astonish）⑤。这，正是甘宁心目之中的深藏于影史发端之处的至暗时刻。⑥

结语：电影之源，就是激活影像深处的黑暗（darkness）

关于电影，常有一个流传甚广的说法，那就是光影的游戏。但基于上述甘宁为我们展示的暗黑版本的电影史，这个看似通俗易懂的说法却至少包含着两个

---

① *The Spectralities Reader*, p. 214.
② 我们在古希腊，尤其是亚里士多德的《论灵魂》一书的意义上进行此种翻译。"anima"本就是对古希腊的"*psychē*"（灵魂）这个词的拉丁文转译。
③ 转引自 *The Spectralities Reader*, p. 225。
④ *Artificial Darkness*, p. 10.
⑤ 转引自 *The Spectralities Reader*, p. 223。
⑥ Ibid., p. 238.

误解。首先是将光与影置于二元对立的等级关系之中，将"影"仅视作"光"的效果和陪衬，由此就忽视甚至无视了"影"本身可能具有的更为积极能动的作用。其次，将光视作主导，也就随之会遮蔽"黑暗"这个电影的真正本原。实际上，光与影之间之所以能变幻出如此出神入化的游戏，正是因为它们都同时指向了一个更为幽深而暗黑的原初场域。①

将黑暗/暗黑视作电影之本原，亦远非甘宁的一己之见。早已有众多学者试图从这个角度出发，重新阐释电影之本性，甚至重新书写电影之历史。比如，琳达·亨德森（Linda Dalrymple Henderson）就曾撰长文详细描绘了 X 光技术在 20 世纪早期的先锋艺术中的广泛运用，进而提示我们，影像并非仅（如卡特莱特所断言的那般）是一种对身体进行控制乃至改造的力量，而更可以（如甘宁所畅想的那般）是一种对生命进行再度激活的力量。在库普卡（Kupka）和杜尚的实验性绘画之中，看似 X 光确如早期的科学式影像那般穿透和肢解着身体，但实际上，它所最终起到的效应却并非戕害和扼杀生命，而反倒是以更强的力量激活了潜藏在可见的表象之下、之上的更高的实在（所谓"第四维度"②）。在极具穿透力的光线面前，身体确实化为了"阴影"，但却亦由此敞开了暗黑之处的更强的生命之源。

在早期电影的发展之中，亦同样可以发现此种令人惊叹的暗黑剧场的本源/本原之力。这也正是诺姆·埃尔克特（Noam M. Elcott）的那部极具想象力和洞察力的《人造黑暗》（*Artificial Darkness*）的贯穿性主题。他其实正是想从明暗之间这条线索出发来重写电影史。说电影是从暗黑而非光亮开始，这听上去有几分异想天开，但却并未偏离史实太远。实际上，真正为电影史奠基的两个重要的媒介环境，马莱的黑屏（Black Screen）和瓦格纳的暗黑剧场（dark theater）都是试图以暗黑为本源性的力量来为电影这个初生的媒介和艺术形态进行深层的铺垫。③只不过，若仔细比较起来，瓦格纳的发明显然更接近日后通行的影院的模式，也即在一个暗黑的空间中置入闪亮的屏幕。但马莱的黑屏则正相反，它是以一个全黑的屏幕来衬托出闪亮的身体之运动，由此也就与甘宁对身体之幽灵影

① "从光到暗；从影像到场所；从可见性到不可见性；从空间到非空间。"（*Artificial Darkness*, p. 8）

② Linda Dalrymple Henderson, "X Rays and the Quest for Invisible Reality in the Art of Kupka, Duchamp, and the Cubists", in *Art Journal*, 47:4, 1988, p. 3.

③ *Artificial Darkness*, p. 7.

像的描绘相映成趣。首先,马莱的初衷或许确实是意在将科学研究与影像实验有机结合在一起,进而实现对人体的深入探查,但黑屏这个作为"暗黑场域"(*champ noir*)或"暗黑的开口"(*ouverture noire*)①的苦心孤诣的场所设置却反而一次次见证了科学之挫败和幽灵之绽现。夹在黑屏和光线之间的身体,总是处于一个极为尴尬但又"悖论性的本体地位"②,也即一面朝向清晰的、可见可计量的形式,但另一面却又总是时刻面临着重新落入暗黑深处的危险。埃尔克特说得妙,黑屏既像是献祭身体的祭坛(altar)③,但同时又像是身体由之向着无限的暗黑之源进行跨越的"界槛"(threshold)④。祭坛之上的身体,正是那个日渐在垂直媒介化的操控之下沦为标靶的身体;但不断逾越界槛的身体,则是那个不断在暗黑深处被激活的强力生命。

由此也就得以回应列夫·马诺维奇在《新媒体的语言》之中所提出的那个看似惊世骇俗的断语:"运动影像的历史从而构成了一个完整的循环。电影自动画中诞生,将动画推向电影的边缘,最终电影又成为动画中的一个特例。"⑤初看起来,马诺维奇在这里勾勒的循环更接近从规训式影像到垂直媒介化的恶性循环,它从科学——电影的同谋开始,又到数字时代的全面操控的网络达至顶峰。但实际上,动画这个电影的本源和归宿又似乎暗示出突破循环的一线生机。今天的动画,确乎已然落入数字巴洛克宇宙的天罗地网之中,但一旦回到电影之本源/本原,我们却会发现真正的动画(animation)激活(animate)的绝不仅仅是冰冷机器的断裂性时间⑥,而是明暗之间的奇诡剧场。这或许才是暗黑生态学带给我们的最为深刻的启示。也正是在这里,我们才能真正领会一代代导演所倾心迷恋的电影那"赋灵(animism)"之魔法。⑦

---

① *Artificial Darkness*, p. 22.

② *The Spectralities Reader*, p. 212.

③ *Artificial Darkness*, p. 44.

④ Ibid., p. 46.

⑤ ［俄］列夫·马诺维奇:《新媒体的语言》,车琳译,贵阳:贵州人民出版社 2021 年版,第 306 页。原文的着重号。

⑥ *Animating Film Theory*, edited by Karen Beckman, Durham and London: Duke University Press, 2014, p. 38.

⑦ Ibid., p. 5.

第六章　思考:论文电影中的 主体性难题

　　从数字艺术和数字美学的当下与未来,再回归于电影史的暗黑本原,我们这个部分的论述看似已然构成一个相对完备的循环。但细思之下,却还是存在着一个不算隐晦的缺环,那正是观众。既然这个部分(乃至全书)的主题都是在深思数字元宇宙中的主体性难题,那么,在数字影像面前,到底如何激活主体性的体验和思考,这肯定是一个必须关注的核心问题。本章就将围绕这个主题展开,首先澄清电影与思考之间的密不可分的关系,再进一步结合论文电影这个最具思想性的电影类型来深思那个朗西埃式的难题:在宏大而席卷的数字影像的海洋中,究竟如何去"解放"观众?

　　实际上,影像(image)与思想(thought)之间的内在关系,并不只是电影哲学才关注的主题,而实际上不啻为与电影之本性至为相关的根本问题。若借用亚历山大·阿斯楚克(Alexander Astruc)在名文《电影的未来》开篇的提问,也即"电影是否能够成为一种表达人类思想的媒介?"①由此得以引出一系列根本性的追问,比如,电影用影像表达的思想跟哲学用概念和命题来表达的思想之间到底有何异同? 又比如,电影本身只是一种物质性的媒介,甚至是一套复杂的机制和机器,那么它到底何以能够如人(及其大脑)那般进行"思考"? 说电影"能够思考",这到底只是一个比喻,还是确有其事? 再比如,即便我们暂且承认电影能思考、会思考,仍然还会面临一个棘手的难题,即思考这件事对于电影来说为何如此重要呢? 电影难道不只是一种重要的人类艺术的形式吗? 既然如此,它在人类生活之中的根本作用难道不更是激发感官的享受,引发情感的愉悦和熏

---

　　① Alexander Astruc, *The Future of Cinema. Essays on the Essay Film*, Edited by Nora M. Alter and Timothy Corrigan, New York: Columbia University Press, 2017, p. 93.

陶?固然,它不妨将思考纳入自身作为一个有机的成分,但思考真的能够或应该凌驾于审美之上被视作"电影的未来"吗?更令人深思的是,将思考归为电影的本质,这还不只是阿斯楚克的一己之见,事实上,遍观影史,已经有众多的导演和学者明确将这一点执为基本立场。戈达尔的那句著名的自白"我自认为是一个论文作者"(I think of myself as an essayist)①恰是明证。

一、提出问题:论文电影作为思考电影—哲学之连接的恰切入口

为了深入回答以上这些根本的追问,自然有两种不同的进路。一种是抽象的思辨,即首先区分电影和哲学的本质性特征,再进一步展开比较与论证。②但还存在另一种不甚相同的进路,那就是从具体的电影类型来入手,从一个点出发来寻求突破,再进一步得出普遍的概括和结论。若采取后一种进路,就要求我们首先选取一种最能够体现和实现电影与哲学之内在连接的电影类型,深入细致地分析其中所展现出来的思想与影像的种种结合方式和可能。由此,再尝试进一步的拓展,看看在这个具体的电影类别中的电影—哲学的连接是否能够推广到、适用于所有电影的范围,甚至进而被视作电影艺术的本质性特征。

在千姿百态、群芳争艳的电影艺术的乐园之中,到底有哪一种类型的电影最能够具显电影哲学的意味呢?显然不会是所谓的"哲学电影"。一方面,在此类电影中,影像和哲思其实只具有外在的关系,而并未真正实现内在的连接。要么,哲思是影像和叙事的装点,甚至只是市场宣传的噱头,毕竟,有了"哲学"这个卖点,似乎就凭空给一部或许本来平淡无奇的电影增加了一点可观的"深度"。要么,反过来说,影像只是哲思的图解乃至例示,只是将现成的哲学思想用一个生动感人的故事再讲述一遍而已,它既没有能力、更没有可能成为激发、推进甚至变革思想的实质性力量。另一方面,所谓的哲学电影还存在着一个明

---

① 转引自 *Essays on the Essay Film*, Edited by Nora M. Alter and Timothy Corrigan, New York: Columbia University Press, 2017, p. 5。

② 这方面的工作我们在别处已经进行过,尤其可参见姜宇辉:《脑电影,还是心游戏?——探寻哲学与电影的"强"连接可能》,《电影艺术》2022 年第 1 期。

显的"症结",那正是向来标榜自己的边缘和非主流的地位。由此也就给广大观众带来一个深重的误导,就仿佛电影跟哲学之间的连接总是颇为罕见的现象,总是某些别出心裁的导演"刻意为之"的罕见手法。这就在很大程度上阻碍了我们将思考—影像之连接上升为、普遍化为电影艺术之本质性特征。

除了故步自封甚至作茧自缚的哲学电影之外,是否还存在着更为恰切的具体分析的入口呢? 当然有,那就是晚近以来越来越成为学界热点的"论文电影"(essay film)①。关于这个极为复杂而含混的电影类型,向来有着各种往往并不一致的描述和界定。但至少自其诞生之初,开先河者都会明确将影像与思考、哲学与电影之连接视为其最根本的特征。除了阿斯楚克之外,汉斯·里希特(Hans Richter)也同样强调,电影的核心特征正在于"在屏幕上令思想变得可见"(to visualize thoughts on screen)②。既然如此,那么以论文电影为入口展开下文的阐述似乎就是顺理成章的事情。不过仍然还存在着一个疑点有待澄清。虽然与哲学电影相比,论文电影显然影响力更大、受众面更广、艺术水准也更高,但遗憾的是,它似乎至今仍然难以成为电影艺术和产业的主流。从里希特和阿斯楚克提出论文电影的宏伟构想开始,之后的影史之中也确实涌现出了大量堪称伟大的论文电影导演,比如克里斯·马克、戈达尔、索科洛夫(Sokurov)等等,但即便单从每年上映的影片数量上来看,论文电影甚或电影的论文性要素也远未成为主流。对这个现象的一种解释就是,传统的电影制作、发行、观看和评论方式其实并不利于论文电影的生存和发展。论文电影确实是"影像化之哲思",但这个思的过程并非单向度的,而必然同时兼涉两个方面,即思考者和接受者。简言之,论文电影并不只是作者的一厢情愿的自我表达,更非高高在上的发号施令,而是要在与观众的交互之中才能真正得以实现。这也是为何绝大多数论文电影的研究者和践行者都会强调"对话"③这个本质环节的缘由。论文电影同时既是"表达"又是"接受",既是"演出"又是"观看",既是"写作"(writing)又是"阅读"

---

① 国内对于这个术语有两种不同的译法,但其实并不矛盾,而是突出了这个本身就极为丰富含混的概念的两个主要面向:"论文电影"更强调影像和思考之间的关系,而"散文电影"则更凸显一种全新的书写形式。下文若有必要,也会视不同情形灵活采取这两种不同译法。

② Hans Richter, *The Film Essay. Essays on the Essay Film*, Edited by Nora M. Alter and Timothy Corrigan, New York: Columbia University Press, 2017, p. 91.

③ "论文式思考(Essayistic thinking)的原型,正是以某种苏格拉底式对话所发起的问—答—问的模式(question-answer-question format)"(Timothy Corrigan, *The Essay Film: From Montaigne, After Marker*, Oxford: Oxford University Press, 2011, p. 35)。

（reading）。它不仅改变了导演的身份和地位、影片的创作和观看方式，更是由此对电影艺术和产业的方方面面产生着全面而深刻的影响。

正是因此，传统的电影机制（régime）和体制（institution）难以与论文电影相适配，甚至在很大程度上限制了论文电影的发展，这也实在是情理之中的事情。虽然论文电影已然对主流的电影范式不断施加着深刻的影响，但显然并不足以令其发生根本性的变革。但随着数字技术的兴起和普及、网络社会的拓张和蔓延，这一格局正在发生明显的转变。诚如科里根（Timothy Corrigan）所敏锐指出的：“自 20 世纪至 21 世纪，论文式作品（the essayistic）越来越多地呈现为摄影散文（photo-essays）、论文电影和电子散文（electronic essays）的形式，进而又以博客与公共电子媒介域中的别种沟通形态渗透到互联网中。”①显然，这里点出了数字和网络时代的“论文式”创作方式对电影本身所正在、即将产生的三个深刻影响乃至变革。首先，是创作方式的变革，即从独白式的表达到对话式的互动。以往的电影，根本上是以导演及其制作团队为核心的，既定的艺术理念和情节脚本始终先于后续的影像呈现。但在互联网的时代，电影正从“封闭的作品”日益转化为［艾柯（Umberto Eco）所谓的］“开放的文本”。观众的回应和评论，媒体的推广和宣传，这些原本只是作为边缘的现象和衍生的效应，如今却越来越成为一部影片的内在的、不可或缺的构成要素。在胶片和工作室（studio）的时代，影片杀青之时，也正是“作品”完成之际。但在数码和互联网的时代，作品充其量只是电影生命的开始，它随后注定要在不断拓展的网络之中实现为一个绵延不断的“过程（process）”。

其次，创作媒介的变革。为了更好地表达一个思想，完成一个论证，一篇论文可以动用各种素材来充当“论据”，可以用不同的方式来展开“论证”。一部论文电影亦如此。为了表达一种思想和思绪，它完全可以采用为传统电影所忽视、轻视乃至敌视的素材，跨越在现实与虚构、私人与公共，甚至业余与专业之间的人为设定的诸多边界。诚如阿多诺所言，“论文的对象正是新之为新（the new in its newness），而非那些可以被转译为既有的旧形式的东西。”②进而，论文电影的

---

① Timothy Corrigan, *The Essay Film: From Montaigne, After Marker*, Oxford: Oxford University Press, 2011, p. 14.

② Theodor W. Adorno, *The Essay as Form. Essays on the Essay Film*, Edited by Nora M. Alter and Timothy Corrigan, New York: Columbia University Press, 2017, p. 79.

"书写"方式也就发生了极为开放而多元的变化,它并不一定要讲述一个完整的故事,而可能只是捕捉了生活之中的一个瞬间和片段;它并不一定要表达某种深刻的道理,而可能只是抒发了作者自己非常私密的感想;它也不一定要采取多么复杂的叙事技巧或视听语言,而可能只需要能让观众提起兴致、积极参与和互动也就够了。

第三,观众参与方式的变革。在传统的观众身上,"主动或被动,操控或抵抗,距离或涉入(implication)"①总是一个令创作者和研究者都殚精竭虑的难题。之所以会有如此的困惑与窘迫,无非因为一旦置身黑暗的影院,在闪烁的大屏幕之前,观众多少已经陷入一种消极被动的地位,总是或明或暗地被各种力量(叙事、影像、意识形态,乃至商业宣传等)所操控而难以自拔。但在数字和网络的时代,交互性变成新媒体的一个突出特征,这也就使得论文电影的观众在很大程度上得以获取一种积极能动且主动参与的地位。他们不仅可以相当灵活地自由改变播放的内容和形式,更是可以带着自己的感受和思考来参与到"开放的论文"的不断生成建构的过程之中。

基于上述三点重要的变化,我们当然有理由说,论文电影和网络时代堪称相得益彰,珠联璧合。后者为前者提供了平台,而前者又得以用艺术的形式生动丰富地展现出后者的种种前所未有的变革性潜能,比如时空、主体、体验,等等。那么,这样一种变革又怎样将论文电影和电影哲学这个本文探讨的主题关联在一起呢?大致可以有两种不同的可能。一方面,可以站在后电影(post-cinema)或拓展电影(ex-cinema)的立场,即仍然承认论文电影和经典电影形态之间存在着历史脉络的延续和传承,却更为突出二者之间的差异甚至断裂。这也颇为符合阿斯楚克初创论文电影之概念的时候的豪迈宣言:"这些年,电影正在经历一场根本性的危机。……我并未言过其实。一个电影的历史时期正在终结。"②只不过,他在当时所见证的"危机"、所预测的"终结"其实只有在当下这个后电影的时代才真正降临。论文电影,就是电影的新旧形式的极端更迭,就是又一次(甚至可说唯一一次)电影的死而复生的极端事件。而这个重大的事件之所以在将近半个多世纪之后才姗姗来迟,那或许是因为唯有到今天,变革的条件才成熟,

① Michele Aaron, *Spectatorship: The Power of Looking On*, London and New York: Wallflower, 2007, p. 1.

② *Essays on the Essay Film*, Edited by Nora M. Alter and Timothy Corrigan, New York: Columbia University Press, 2017, pp. 95—96.

转化的力量才齐备。从这个角度看,论文电影就是全新的电影形态,就是我们期盼良久的电影之"未来"。

不过,即便此种立场有着扎实的立论依据,但对于电影—哲学之连接来说却是具有相当的负面作用。如果说论文电影确乎就是新旧电影的分水岭,那或许也就意味着,在"旧电影"的时代,影像与思考、电影与哲学之间的连接既罕见又间接,根本不足以构成本质性的关系。只有到了论文电影的"新时代",二者之间才真正找到了彼此连接的迫切需求和紧密纽带。显然,这不啻将电影哲学视作一个新鲜而晚近的产物,既是对传统的背叛,又是随数字和网络技术而生的新事物。对此,当然还存在着另一种针锋相对的立场。如果将后电影的立场称作"弱版本"(weak version)的电影哲学,那么,与之相反的立场则正可以被恰切称为"强版本"(bold version)。在拉斯卡罗利(Laura Rascaroli)和科里根这两位晚近以来最重要的论文电影研究者那里,此种强立场获得了最为清晰的表述、最为有力的捍卫。其要点大致可以概括为科里根的两个逐步递进的说法,那正是"重演"(re-staging)和"重新定义"(refine)。之所以说重演,那正是因为论文电影远非新旧电影的更迭,更非电影史的断裂。恰切说来,它更是对既有形式的一种再度的融汇和综合:"它将既有的[电影形式]重新思考为一种观念的对话(dialogue of ideas)"①。这也就意味着,论文电影的形式("观念的对话")其实并非与传统的诸多形式相对立,而是早已潜在其中,并足以有力量来构成一种跨越既有边界和分化类型的全新融合。说得极端一些,"论文性"固然鲜明体现于论文电影这个相对局限而明确的类型之中,但从根本上说,它已经是、理应是一切电影的最普遍特征,甚至足以作为电影之为电影的最根本特性。若如此看来,那么论文电影的晚近兴盛或许就并非一个新时代的现象或新技术的产物,而更是电影生命的延续,甚至堪称是其前所未有的极致的、完美的实现。论文电影根本不是电影的未来,而只是电影向来所是、所应该是的样子,它只是更极致地实现了一直处于潜在状态的电影之本质而已。这也是为何科里根会进一步说,论文电影"重新定义"②了电影。但这恰恰不是将电影"定义"为全新的形态,而是召唤我们再度回归电影之本身和本源,重新思考那个历久弥新的问题:电影到底是什么?

---

① Timothy Corrigan, *The Essay Film*:*From Montaigne*,*After Marker*, Oxford:Oxford University Press,2011, p. 51.

② Ibid., p. 4.

二、何为"论文的形式"：重读阿多诺

那就让我们专注于引导论文电影之发展运动的几篇关键文本，尝试深入阐释开放的文本、多元的媒介和参与式观众这三个上节揭示出的要点。

为众多研究者反复征引的一篇基础性文献，自然就是阿多诺的《作为形式的论文》（"The Essay as Form"），在其中，论文不再仅作为一种多变莫测的文体，而是足以作为一种对抗传统形上学及实证科学的全新的思维方式。首先，论文式思维不同于传统形上学追求的普遍、绝对、整全的同一性，它是"碎片化的"①，只有在多变的"裂隙"（breaks）之处才能维系自身的流动性统一；它同时又是"开放的"②，不再执迷于明确的划界和封闭的体系，而是不断令自身向着种种偶然的外部因素、具体的实际情况敞开。正是因此，论文式思维显然更接近一种"批判性"的思想"实验"③，它的宗旨不是将一套"放之四海而皆准"的原理运用到千差万别的具体事物之上，而是试图不断敞开对象和事物本身的全新形态，并由此激活思想对自身的批判性反思乃至创造性重构。由此看来，论文式思维确实有几分近似科学的研究，但绝非常规形态的科学，而是处于极端的"革命期"的科学，因为它的目的不在于"验证"既有的理论，更在于撕开现有体系内部的裂痕，并由此敞开差异，推动变革。

但阿多诺在文中却并未将论文的"形式"与科学实验或革命进行类比，而是明确地将其与艺术的形式（尤其是音乐）密切关联在一起。简言之，论文式思维的典型而极致的体现，唯有在艺术之中方能实现。原因有二。一方面，与科学不同，论文确实对自身的表达媒介（语言，概念）有着更为深入而全面的依赖。对于科学来说，语言仅仅是一套工具性的符号系统；但对于论文式思维和论文化艺术，在挖掘媒介自身的潜能的基础之上展现出种种多变而多元的思维力量，这就是一个必需的前提。另一方面，音乐之所以能够作为论文形式之极致，正是因为

---

① *Essays on the Essay Film*, Edited by Nora M. Alter and Timothy Corrigan, New York: Columbia University Press, 2017, p. 74.

② Ibid., p. 71.

③ Ibid., p. 76.

它既展现出"严谨"（stringent）的"逻辑"，同时又能激发那些"非概念性"（aconceptual）或不可被彻底概念化的迁变（transition）。①我们看到，此种双重性同样也鲜明体现于论文的形式之中。从严谨的逻辑这一面来看，论文并非单纯是零星碎片的动态而偶然的聚合，而更是"形散而神不散"，在碎片之间，在间隙之处，始终有一种连贯的韵律和"气息"在贯穿。而从非概念性的生成流变这一面来看，论文形式又展现出差异性的"深度"，在其中，物质的力量，意义的层次，乃至外部的种种因素的交织互渗，不断推动着形式本身的变革和重构。也正是因此，阿多诺将论文之形式精辟地形容为无时无刻不在进行着的"自我反思"（reflect on itself）。这里的"反思"显然有两层含义，首先是强调形式对于自身的连贯性韵律的不断维系，在差异之中保持同一，在流动之中保持延续；其次又是强调返归自身的本源，不断激发出那些不可穷竭的差异性能量。简言之，反思既是为了清楚把握自身之"所是"，但同时又是为了不断朝向自身之"所不是"。音乐正是如此，在井然有序的调性、旋律与和声的表层之下，始终涌动着声音、意义、体验乃至种种环境要素的错综复杂的"力量场域"（a force field）②。

　　但若如此看来，或许最能展现论文形式的艺术类型恰恰不是音乐，而是电影。这尤其体现以下三个方面。首先，论文的形式是开放的，媒介是多元的，而电影在这方面显然要比音乐更具有优势。音乐的媒介始终只是声音，即便可以动用其他一些素材，但还是以声音的逻辑为主线和主导。电影正相反，从本体的层次上看，它已经至少涉及影像和声音这两个具有本质性差异的媒介。进而，在形式和表意的层次上，它又最大限度地涵纳了文学、戏剧、舞蹈甚至建筑和雕塑等艺术类型。而且更为关键的是，在这些差异性的要素和维度之间，其实并不存在一个优先的等级和次序，也没有哪一种力量能够始终、最终起到主导的作用。就拿影像和声音的关系来说，或许一般的理解总是将影像视为主导，声音视作附庸和从属。但以米歇尔·希翁（Michel Chion）为代表的声音研究者已经雄辩地证明，二者在电影之中始终是一种平行而互动的"联姻"（couplage）的关系。③拉斯卡罗利更是援用德勒兹的"间隙"（interstice）概念来诠释阿多诺，并由此指出

①　*Essays on the Essay Film*, Edited by Nora M. Alter and Timothy Corrigan, New York: Columbia University Press, 2017, p. 80.

②　Ibid., p. 71.

③　［法］米歇尔·希翁:《声音》,张艾弓译,北京:北京大学出版社 2013 年版,第 287 页。

差异性的间隙实际上蔓生、密布于电影的方方面面,甚至角角落落。①就此而言,电影明显比音乐更接近阿多诺心目中的那个差异性的"力量场域"的理想形式。或许正是因此,阿斯楚克才会信心满满地将电影称作"人类有史以来最全面而包罗万象的表达形式",它甚至能够将"整个宇宙"都化作自身的媒材。②

其次,则涉及思想与形象这个基本的问题。论文形式的新颖和独创之处,正在于用变动不居的形象来激活思想的变革。这里,"思"与"像"之间的相互作用和彼此激发始终是主线,而这也就意味着切不可偏执于任何一极。论文式艺术不是用形象的运动来取代思想,而是想通过前者来为后者提供外部的刺激和内部的深度。从而,思想在论文之形式的呈现、展开、转变的运动过程之中就起到了穿针引线的作用,正是它在"是"与"不是"之间、"表层"与"深度"之间、"同一"与"差异"之间维系着形式自身的原动力和生命力。只不过,这不再是抽象而封闭之思,而是形象化之思,情境化之思,差异和流变之思。在这一个要点上,电影又明显胜过音乐一筹。黑格尔在《美学》中曾有一个著名的论断,与建筑和绘画相比,音乐显然更贴近于抽象的观念和精神的运动。③或许如此。但一旦置于与电影的比较之中,则音乐的此种观念性和精神性的优势便荡然无存了。音乐当然可以表达思想,但此种表达始终是含混不定的。在聆听一部音乐作品之时,听者的心灵固然可以强烈感受到那种在时间中不断绵延的真切的精神运动,但这背后的推动力量几乎总是情感而非思想。一旦要想真的着手去诠释音乐背后的思想内涵,便总会陷入莫衷一是,甚至"无法可依"的窘境。但电影则正相反,它不仅可以明确地表达思想,可以在思想和影像之间形成丰富而生动的联系,更可以激发观众不断参与到对话乃至论争之中。正是因此,众多论文电影的倡导者们才会不约而同地将电影和文学(而非音乐)进行类比,进而将电影视作人类有史以来最全面最先进的书写方式。阿斯楚克创发的著名术语"摄影机之笔"(caméra-stylo)恰为明证。亦正是因此,电影或许才最为接近黑格尔心目中的那个艺术之最高境界,即作为"理念的感性显现"④。由此,爱泼斯坦(Jean Ep-

---

① Laura Rascaroli, *How the Essay Film Thinks*, Oxford: Oxford University Press, 2017, p. 11.

② *Essays on the Essay Film*, Edited by Nora M. Alter and Timothy Corrigan, New York: Columbia University Press, 2017, pp. 100—101.

③ "所以适宜于音乐表现的只有完全无对象的(无形的)内心生活,即单纯的抽象的主体性。"(黑格尔:《美学》第 3 卷 上册,朱光潜译,北京:商务印书馆 1979 年版,第 332 页。)

④ 黑格尔:《美学》第 1 卷,第 142 页。原文的着重号。

stein)将电影形容为"观念之观念"①这个颇具斯宾诺莎意味的说法,应该绝非戏言,而更是认真严肃的论断。

但精研黑格尔哲学的阿多诺又为何如此立场鲜明地赞颂音乐而贬抑电影呢? 为何电影在他的笔下从未成为论文形式的恰切而生动的体现呢? 这就涉及第三个要点,即观众。首先必须指出,观众或接受者在阿多诺对论文形式的论述中几乎没有任何重要性的地位。除了仅在一处点到了"修辞与沟通(communication)"之外②,文中对观众的角色近乎只字未提。这多少也让人怀疑他所谓的"论文"是否确乎只是一种作为力量场域的形式,或至多只是那些伟大心灵的独白。实际上,即便在他充分阐释音乐的众多论著之中,听众虽然不能说被全然忽视,但亦始终处于一个尴尬而被动的境地之中。在《音乐社会学导论》中,阿多诺就痛斥到,大众音乐的"娱乐性听众……的内心世界将仍然是空虚的、抽象化的、犹疑不定的"③。在《新音乐的哲学》(第五版)之中,他更是对新音乐的受众的扭曲心理进行了更不留情面的剖析,从"痴呆症"到"紧张症",不一而足。究其根源,阿多诺对观众和听众的批判主要基于其对于文化工业的批判,以及对于艺术之二律背反(自律和他律)的哲学分析。当一种艺术形式将受众置于至高无上的地位,甚至将迎合大众的口味奉为金科玉律之时,它就注定将丧失其形式上的自律和表达上的自主,进而不断沦为资本的傀儡,意识形态的帮凶。这样的批判当然有一定道理,但无论对于音乐还是电影,都显得太过片面甚至偏激。或许在商业电影之中,观众作为消费者的被动身份向来是一个令人遗憾的不争的事实,但就论文电影而言,如何真正激发观众的主动力量,则向来是一个核心的主题。

三、重塑主体性:论文电影的哲学旨归

如何重塑观众之主体性,恰是论文电影自发端之初就已经明确提出的诉求,

---

① 转引自 Timothy Corrigan, *The Essay Film*: *From Montaigne*, *After Marker*, Oxford: Oxford University Press, 2011, p. 58。

② *Essays on the Essay Film*, Edited by Nora M. Alter and Timothy Corrigan, New York: Columbia University Press, 2017, p. 80。

③ [德]特奥多尔·W.阿多诺:《音乐社会学导论》,梁艳萍、马卫星、曹俊峰译,北京:中央编译出版社 2018 年版,第16—17 页。

或许也正是这个要点最能展现出其深刻的哲学内涵。里希特已经提出,应该用激发观众之思考的更"聪明的"(smart)的电影来取代那些"愚蠢的"(idiotic)的剧情片。①阿斯楚克同样认同这一立场,进而明确强调未来的电影更接近一部形而上学的"著作"(book)而非娱乐大众的"表演"(performance)。②不过,这些划时代的畅想固然充满洞见乃至豪情,但就观众身份这个关键问题而言,至少存在着两个突出缺陷,一是仍然过于强调作者和导演本身的主导地位,二是没有真正解释影像和概念、电影和哲学"何以"连接这个基本问题。

唯有到了拉斯卡罗利和科里根这些晚近的研究者,这两个难题才真正被正视,被深思。拉斯卡罗利在《私人摄像机:主观影片和论文电影》[*The Personal Camera*:*Subjective Cinema and the Essay Film*(2009)]这部里程碑式的著作之中,开篇就明确将"反思性"(reflectiveness)和"主体性"(subjectivity)归为论文电影的两个基本特征。③反思性这个概念自然得自她最为倚重的《作为形式的论文》,但当它与主体性这另一个要点关联在一起之时,则又明显呈现出超越阿多诺之处。一个电影文本、一部电影作品到底如何"反思自身"呢? 除了动态而开放的力量场域之外,还显然必需落实到主体身上:是谁在反思,谁在电影中进行反思,反思什么,又向谁发起反思? 由此看出,论文电影的主体性是其突出的本质性特征,而且这个主体既是复数的,又是交互的。他从来不只是电影的作者,而同时也是作者向其发问、与其对话的那个观众。它从来不只是作者的自言自语,更不是作者的一厢情愿的倾诉,而同时也迫切等待着甚至要求着观众的回应、质疑、挑战乃至否定。说到底,论文电影的主体性问题,根本上就是"我"与"你"之间的对话式关系。④而且此种对话显然不会是空洞的闲聊,而是试图以问题为导向,以批判为精神,以思考为方法,将对话的双方都引导到一场哲学的讨论之中。正是基于这个复数而交互的主体性,方可真正理解论文电影的哲学性和开放性。它之所以如阿斯楚克所言那般更接近形上学的文本,不仅仅是因为它动用了概

---

① *Essays on the Essay Film*, Edited by Nora M. Alter and Timothy Corrigan, New York: Columbia University Press, 2017, p. 92.

② Ibid., p. 95.

③ Ibid., p. 183. 之所以译成"主体性"而非"主观性",是为了突出观众的身份和"地位",而非仅关注一种影片拍摄的"视角"。

④ *Essays on the Essay Film*, Edited by Nora M. Alter and Timothy Corrigan, New York: Columbia University Press, 2017, p. 185.

念、谈论了哲学，更是因为它以影像为媒介和纽带直接实现了心灵之间的哲学对话。它之所以是开放的，不仅是因为它的形式具有多元性、差异性和流动性，而是因为在作者和观者之间的哲学对话始终是持续进行、生生不息的。真正的论文电影，绝不会单纯满足于给出一个最终的、现成的答案，也不会执意将作者置于一个居高临下的全知全能者的地位，而是始终将作者和观者这复数的两极卷入一场平等的对话、交互的争锋之中。正是在主体性这个要点上，论文电影对阿多诺的原初的论文概念进行了极具批判性和创造性的引申与发展。

主体性这个要点，在科里根那里得到更为明确的强调、更为全面的阐释。他进一步将论文电影的主体性概括为三个主要特征。首先是，**"表达的主体性"**（expressive subjectivity）[1]。表达又涉及三个环节，"谁"在表达，"为何"表达，以及"如何"表达。"谁"指向表达的主体，但这个主体本身亦不是一个固定的位置，而是具有多面性和流变性。有时，影像及其叙事是作者自己的思想的真实直接的流露，但有时，作者的真实念头和声音则隐藏在影像的迷宫之中若隐若现。有时，作者是一个置身事外的旁观者，但有时，他又化身成为卷入场景之中的剧中人。科里根说得妙，"主体性在世界之中尝试着不同的位置，并以此来尝试建构不同的自我"[2]。与表达主体（"谁"）的多元和流变相比，表达的动机（"为何"）似乎就显得更为明确而直白。固然，不同的作者在其论文电影之中要抒发和表达的思想千差万别，但几乎所有论文电影的构思和拍摄皆出自于一个根本的动机，那正是拉斯卡罗利所谓的"质问"（interrogate）[3]。论文电影必须发问，但绝非明知故问，更非"随便问问"，而恰恰是以发问的方式来挑战既有的预设，来颠覆既定的框架。这也就决定了它的发问、表达和沟通的方式（"如何"）注定是灵活多变，视观众和情境而定的。

由此就涉及论文电影之主体性的第二个基本特征，那正是**"体验"**之纽带。[4]论文电影毕竟不能等同于哲学论文，虽然诸多论者和实践者都将其与概念性的写作明确关联在一起，但毕竟它的表达和沟通的媒介始终是、注定是影像。正是

---

① Timothy Corrigan, *The Essay Film*: *From Montaigne*, *After Marker*, Oxford: Oxford University Press, 2011, p. 30.

② Ibid., p. 31.

③ *Essays on the Essay Film*, Edited by Nora M. Alter and Timothy Corrigan, New York: Columbia University Press, 2017, p. 185.

④ Timothy Corrigan, *The Essay Film*: *From Montaigne*, *After Marker*, Oxford: Oxford University Press, 2011, p. 32.

在这里体现出其哲学性的独特面貌,即不可能直接采取概念的思辨或抽象的说理,而是一定要与鲜活生动的影像结合在一起,与观众的活生生的日常体验结合在一起。这也是很多论者都明确突出"日常性"(the everyday)这个要点的原因。日常性,并非仅仅是用生活的慢速来对抗主流商业片的快速,用日常的真实来对抗屏幕上的虚构。对于论文电影来说,它还有另一个突出的特征,就是能够令观者进行设身处地的体验,进而激发具有参与性和介入性的思考。日常并非平淡甚或平庸的代名词,而是指向最与每个活生生的个体直接相关的体验之面向,最与每个行动者密切相关的迫切之议题。只有从日常性出发和入手,才能避免让思考流于抽象和空洞,也才能真正在作者和观众之间建立起直接而紧密的纽带。"我的困惑和迷惘,你可曾感受得到?"这往往是论文电影最基本的体验式的发问形式。也正是在这里,论文电影除了展现出鲜明的哲学性之外,还同样必然涉及强烈的政治性含义。只不过,这里的政治既非空洞的口号,亦非高蹈的"大问题",而是要落实到日常生活的点点滴滴、真实体验的方方面面,以此来唤醒每个个体的反思和行动,进而回应"我们如何共同生活"这个根本性的政治议题。

政治性这个要点就引向了**"思想实验"**(testing of ideas)①这第三个特征。论文电影是影像化的思考,是发问式的思考,是与观众一起进行的体验式思考,这些要点已然清楚明白。但无论论文电影与哲学论文之间存在着怎样的差异,思想实验这个要点却确实是两者内在相通的另一个关键环节。一篇哲学论文,当它对现实进行批判性反思的时候,可以采取不同的方式。要么,它可以从更高的原理出发对当下进行检视(目的论,乌托邦);要么,它可以深入现实,透析其中的各种差异、冲突的力量之间的张力(考古学,谱系学)。但其实,它更可以尝试进行一种全然不同的思考方式,即设想甚至"假想"一个跟现实完全相反或至少是迥然有别的状态,然后再尝试性地对其进行推演,看看最终能得出什么样的结果。不妨从时态的角度来对三种批判方式进行区分,如果说目的论是将来时("现实是不完美的,那么它应该、将会变成什么样子"),谱系学是过去式("现实是不完美的,那么到底曾经有哪些力量塑造了当下的现实"),那么很显然思想实验就是虚拟式("what if"②:"现实是不完美的,那么它还可能变成什么样子?

① Timothy Corrigan, *The Essay Film: From Montaigne, After Marker*, Oxford: Oxford University Press, 2011, p. 33.

② Thomas Elsaesser, *European Cinema and Continental Philosophy*, New York: Bloomsbury, 2019, pp. 60—61.

假设它不是这个样子，会产生什么样的结果，更坏还是更好？"）。思想实验在历史上早已大量运用于科学和哲学的研究之中，"自由落体"和"缸中之脑"就是两个明证。但晚近以来，它也越来越被应用到电影的研究甚至创作之中，比如瓦登伯格（Wartenberg）和埃尔塞瑟都是其中翘楚。他们的用意显然是想拉近电影和哲学思考之间的关系，但颇令人费解的是，在这些研究之中，却几乎从未出现过论文电影这个或许最适应进行思想实验的电影类型。没错，《黑客帝国》是思想实验，因为它构想了一个当下还远远不可能存在的未来数字宇宙，进而警示我们，身心分离的网络空间有多么可怕。没错，《环形使者》是思想实验，因为它用一个令人肝肠寸断的凄美故事讨论了时间旅行这个往往只停留于科学幻想之中的抽象主题，进而提醒我们，时间是不容被随意扭曲和改变的，所以还是珍惜当下的时刻，勇敢地承担起生命的责任。

　　然而，与这些主流大屏幕上的"思想实验"相比，论文电影看似既没有炫目的特技，也没有令人屏息的情节，更没有明星云集的排场，但从"论文性"这个角度看，它至少体现出三个更强的优势。首先，它的形式更为开放和流变，而不像好莱坞的谜电影（puzzle film）那般仅热衷于杜撰形式上相当封闭［基本上就是各种循环（looping）］的叙事游戏。其次，它的媒材更具多元性和差异性，而不像主流大片那样仅采用相当工业化和标准化的制作流程。最后，在好莱坞的谜题大片面前，观众大部分时间只是被动的消费者和享乐者；但反之，诚如上文所示，论文电影则给观众的参与性和参与度提供了更为开阔的余地，更为丰富的可能，更为积极主动的选择。拉斯卡罗利在近作《论文电影如何思考》中花费近半章篇幅细致阐释的索科洛夫的《旅程挽歌》（*Elegy of a Voyage*）就是一个鲜明的例证。很多论者和观者想必不会将其跟思想实验关联在一起，而更倾向于将其界定为一部诗意的纪录片。但这就低估了这部杰作的思想能量。从形式、媒材和主体性这三重视角来看，它都既是论文电影的杰作，又是哲学和电影之强连接的一次近乎完美的实验。

　　首先，如果整部影片有一个恰切的主旨可以来概括，那确乎是拉斯卡罗利点出的"流动"。影片之中，无时无刻不在流动，人、事与物皆在流动。叙述者的脚步在移动，观者的视角在转换，时空在迁移，心情和体验也在发生鲜明而深刻的变化。这些还只是表面的现象，但已经足以彰显影片的那种"开放的文本"的特征。进而，从媒介的角度看，影片的流动性也是极为鲜明的，"《旅程挽歌》经历了不同的生命：作为装置作品、纪录片、艺术、作者电影（auteur film），并兼为影像和数字化的文本（both video and digitized text）。"①它不仅跨越了不同的媒介形态（影像、装置、数字），更是打通了不同类型之间的边界。但影片中最具思想实验特征的要点还是体现在主体性这个核心之处。作者—导演并不只是一个在无垠的欧洲大地、无限的历史时空中的漫游者，也并不仅仅是一个旁观者、叙述者，正相反，他在漫游和移动的过程中始终是一个积极的参与者、介入者，但或许不是以行动来介入，而是以思考来介入，以哲学式的"质问"来介入。这尤其体现在三个重要场景中所提出的三个根本追问："这个孩子真的能明白何为牺牲吗？""他有什么权力如此盘查我？"尤其是第三个问题，明显采取了思想实验所典型的虚拟式追问："如果这个人真的像他所说的那样快乐，那又为何如此渴望向一个完全陌生的人袒露灵魂呢？"②这些追问是严肃的、诚恳的，而并非仅仅在表达一种无来由的叛逆和不满。每一次追问都有明确的对象（宗教、军队、人生），每一次追问所朝向的对话者亦各有不同，对话的场景和方式也都体现出明显的戏剧性的差异。但三次追问却都指向一个根本的主题，那仍然是流动。如果生命本身就在不停地流动，如果时空的本性就是不断的延展，如果意义的本质就是不息的创造，那么，为何在现实世界之中却总会存在着人为横加划定和设置的各种边界、区隔和条条框框呢？为何人类要以宗教、国家，甚至仅仅是"我"与"你"之分别来划分出各式各样的不容跨越的界限呢？教堂中的人投来的冷眼，荷枪实弹的大兵发出的命令，甚至在敞开心扉的时候仍然有所戒备的路人，这些似乎就是我们当下这个世界的真相。人类还远远没有学会"一起共同生活"。流动，或许不只是欧洲的一个梦想，也理应是人类未来的一个理想。因此，当拉斯卡罗利援引鲍曼（Zygmunt Bauman）的"流动的现代性"的理论来对影片的论文性和哲学性进行解释之际，我们却显然对流动性这个主题给出了截然相反的阐释。在拉斯卡罗利看来，流动性既是现代社会的显性特征，又是隐性顽疾。但在我们看来，流动性则显然更具有思想实验的虚拟式的特征：这个世界"真的"在流动吗？"假如（What if）这个世界变得更流动，那会不会变得更好？"开放性的文本，实验性的问题，多元性的主体，这些本就是论文电影的真意。只要它还在向我们提问，它的哲学潜能就还远远没有被耗尽。

---

① Laura Rascaroli, *How the Essay Film Thinks*, Oxford：Oxford University Press, 2017, p. 27.

② Ibid., p. 33.

四、结语:从论文电影到参与式艺术

开放的文本,多元的媒介,参与的观众,这些都不只是论文电影的特征,更是足以作为电影与哲学之连接的本质性的形态。对此,当然已经有、将会有诸多展开的研究方向,但在本文的最后,我们仅围绕参与性(participation)这个要点尝试展开一点引申的思考。

首先,自本雅明发表《作者作为生产者》(The Author as Producer)这篇著名的讲演以来,参与性就始终既是当代艺术中的一个棘手难题,也是艺术家和理论家孜孜以求的归宿。虽然亦有迈克尔·弗雷德(Michael Fried)在《艺术与物性》(Art and Objecthood)之中对剧场性和参与式艺术的严厉批判,但却远未撼动这个20世纪下半叶以来几乎最为重要的艺术潮流和精神。尼古拉·布里奥(Nicholas Bourriaud)的《关系美学》和克莱尔·毕晓普(Claire Bishop)的《人造地狱》(Artificial Hell)正是参与式艺术在晚近以来的最重要的两部宣言。但参与为何注定会成为艺术的一个重要的追求呢? 还是朗西埃在《被解放的观看者》之中说得最为清晰透彻,那正是为了改变观看者在传统艺术之中的那种"无知"(ignorance)和"无能"(passivity)的消极被动的地位。①艺术的最终目的断然是启蒙和解放,但如果它的效果反而是令观者陷入一种更为深重的被束缚和被压抑的境地之中,这难道不同样也是一种值得深思和批判的"启蒙的辩证法"吗? 为了改变这样一种尴尬的境地,更好地以艺术的方式来唤醒人性和人心,进而重塑主动和自律的主体性,当代艺术采取了两种异曲同工的道路,那正是以布莱希特为代表的理性主义策略(evaluations of reasons),和与之形成鲜明对照的阿尔托式的情动主义方案。②理性主义首先试图隔开观看者和现实之间的距离,然后再通过科学研究和哲学反思的方式来更为冷静而清晰地审视现实之中的困境和问题。情动主义则正相反,它不认为思考还具有多少改变现实的力量,而更强调应

---

① Jacques Rancière, *The Emancipated Spectator*, Translated by Gregory Elliott, London and New York: Verso, 2009, p. 2.

② Ibid., p. 4.

以僭越边界、不断蔓延的生命情动(vital energies①)来瓦解主动和被动、自我和社会、景观与真实之间的僵化边界。

在近来的电影创作和研究之中,也鲜明存在着这两种唤醒观众的主动参与的方式。情动主义的代表自然是深受后人类主义和加速主义影响的所谓后电影潮流。史蒂夫·沙维洛(Steve Shaviro)甚至还专门创制了"后电影情动"(post-cinematic affect)这个术语来进行描摹和概括。但结合朗西埃的分析,就会发现这个方向至少存在着一个鲜明的缺陷,那正是用骤然爆发但却注定昙花一现而盲目盲动的生命能量来取代持久、深刻、专注的思考。由此,从某种意义上来说,它并未真正增强主体性的力量,而反倒是在影像与数字技术的合流合力之下更为彻底全面地化解了主体性得以重塑的可能。与之相反的趋势则正是以论文电影为代表的理性派,它们试图以冷静的思考来克服盲目的情动,进而以影像与哲学彼此连接的方式为主体的积极参与奠定了坚实的基础。但这里仍有一个难点有待澄清和辨析。首先,在朗西埃看来,理性主义的参与方案仍然存在着一个明显症结,那就是在作者—导演和观众—接受者之间多少划定了一个知识的高下等级。导演在向观众发问、在启迪观众进行思考的时候,仍然还是位居一个相对优势的认知高点,多少还是以知识的拥有者、真理的捍卫者的优越地位自居。而要想从根本上破除此种真理/意见、知识/无知之间的人为区隔,就至少需要进行双重逆转,即首先恢复作者和观者之间的平等地位,进而在交互的对话、交锋、辩论的开放螺旋之中实现认知和自我的不断转化。若如此看来,虽然朗西埃并未明言,但基于本文的论证,完全可以且理应将论文电影视作晚近以来最具有参与性精神和效力的艺术形式。正是在参与性这个要点之上,论文电影不仅突破了类型的狭域,建立起思考与影像之间的内在关联,更是由此明确指向了电影的未来、艺术的未来,甚至人类的未来。作为未来的电影观众,"她知道她必须做**一件事**——那就是克服主动性和被动性之间的分隔(separation)。"②重塑主体性,才是论文电影敞开的最为强有力的未来潜能。

---

① Jacques Rancière, *The Emancipated Spectator*, Translated by Gregory Elliott, London and New York: Verso, 2009, p. 4.

② Ibid., p. 12. 原文为斜体字。

第三部分
肉　身

第七章　体验：福柯哲学中的
僭越与盲视

前面两个部分，已从人机关系、生死难题、崇高体验、影像之源以及主体性思考等诸多方面展现出技术时代的无根基性这个核心主题。那么从这个部分开始，理应转向本书的第二个重要面向，即对于精神症候的关注。孤独、自恋、亲密、情感等现时代的典型的生存和精神体验将逐次成为这两个部分集中阐释的难题。但在进入具体描述和反思之前，还是有必要对"体验"这个关键概念进行一番哲学上的辨析与陈说。

本部分第七章选择从福柯的体验理论入手，既是为了对德勒兹的生命主义进行批判性的反思，更是由此试图在随后的章节中尽力敞开种种与数字时代的肉身体验密切相关的否定性裂痕。在这个方面，福柯对僭越和盲视这两个主题的阐发就显得尤为具有启示性。

一、提出问题："政治"与"生命"之间的"体验"概念

那就让我们首先回归福柯思想的论域。在福柯那里，体验这个概念之所以如此重要，但却往往被人忽视，一个根本的原因，或许正是因为很多人都没有注意到"生命政治"这个福柯的重要主题之中的"政治"与"生命"之间的内在张力。

不过，近来确实已经有学者注意到这个要点，进而批判性地指出，在福柯之后日益成为"范式"乃至"时髦"（fad）①的生命政治理论，其最为令人诟病乃至批

① *Biopolotics*：*A Reader*，edited by Timothy Campbell and Adam Sitze，Durham and London：Duke University Press，2013，"Introduction"，pp. 5—6.

判之处或许恰恰在于只谈"政治",而几乎全然忽视了"生命"这一极。确实,遍览生命政治的各种文献,读者很难不会心生如此的印象,即其中充斥的是各种权力、机制、策略对生命的规训、治理和操控,但由此势必引申出一系列亟待回应的追问:生命政治到底对"生命本身"(life itself)施加了怎样深刻的(肯定或否定的)影响? 在它面前,生命到底是沦为了任由处置的被动傀儡,还是反而激发出更为强烈的转化可能? 更可以随之引出一个根本性的追问:那么,生命政治除了控诉"政治"对于"生命"的种种戕害之外,它到底对生命本身提出了什么前所未闻的深刻的哲学洞见? 简言之,在"bio-politics"这个概念之中,"bio-"或许不应仅是修饰"政治"的一个前缀,而反倒是核心和本源,进而理应将"政治"视作从这个本源之处引申出来的种种效应和后果。生命政治,正如生命哲学或生命伦理那般,本就是应该围绕生命展开的一系列政治问题和议题,既然如此,那么,晚近以来的生命政治对"生命"的普遍忽视乃至无视又到底是怎样一种令人困惑不已但又啼笑皆非的"症候"?

对此,生命政治理论当然可以作出两个力度有别的回应和反驳。首先,断然会有学者指出,生命政治关注的生命既非生命哲学沉思的本源和本体,亦非自然科学研究的现象和规律,而其实是有一个明确而独特的指向,那正是人口。人口当然和生命有密切关系,但却不能简化乃至还原为后者。准确说来,人口只是生命呈现自身的一种方式,而且此种方式尤其与整个西方从近代向现代的政治权力的运作方式密切相关。简言之,在之前的哲学史的脉络之中,生命总是与实体、本质、灵魂、欲望等形而上学的基本概念关联在一起,但进入近现代的转化期之后,它越来越挣脱了这些哲学思辨的框架,而是经由统计、概率、数据等新兴的社会管理和政治治理的手段,日益被全面、深入、无可挣脱地被拉向政治这一极。一句话,生命政治的主题,恰恰不是哲学化的"生命本身",而恰恰是生命逐渐被"政治化"、技术化、数据化(乃至数字化)这一贯穿历史和现实的基本趋势。

这一论断自然言之有据,因为反观福柯清晰勾勒生命政治的整体框架的那些奠基之作,确实鲜有对生命本身的直接的哲学阐释,而绝大多数篇幅皆聚焦于政治对于生命的近乎单向度的作用。然而,这亦只是一种相当表面的印象。坎贝尔(Timothy Campbell)就提醒我们,福柯对于生命政治的种种论述绝非如此清晰明确,乃至可以给出一个统一而自洽的整体图景。正相反,从一开始(即1976年出版的 *La volonté de savoir* 这本小书),他的字里行间都充斥着含混、迟疑,甚至不乏自相矛盾的细节和精心设置的"骗局"(deception)①。既然如此，那么面对福柯文本的更为恰当的方式，就不是把它奉为不可置疑的"权威经典"，死守其中的"金科玉律"，而是应该将其视作一个变幻莫测的晶体甚至错综复杂的迷宫，进而从中不断引申出别样的方向和维度。"体验"(expériecne)正是这样一个可能的转折点。选择它作为突破口，大致有以下两个基本的缘由。

　　首先，聚焦于生命之政治化的生命政治包含着种种显见的难以克服和化解的二元对立，尤其是外在和内在、被动和主动。将描述和阐释的重心置于政治这一极，本来无可厚非，但问题恰恰在于，当我们沿着这条政治化的思路不断推进的时候，注定仍然要触及生命这内在的、主动的一极。不兼涉"生命本身"②的生命政治不仅是不完整的，而且更是自相矛盾的。比如，我们尽可以详细深入地揭示政治权力和机制对生命所造成的效应和影响，但问题恰恰在于，生命既不同于无生命的物质，亦不能被归结为巧夺天工的机器；正相反，它最重要的本性就在于有着内在的动力、创生力、型构力(formation)，乃至转化力。③正因此，它不可能只是消极被动地接收"外部"力量的作用，而总是已经带着或强或弱的主动性去接纳、去承受，甚至去抵抗、去回击。一个显明的道理正是：政治权力之所以能够如此随心所欲，甚至肆无忌惮地运用各种手段去对生命施加操控，前提不正是因为生命本身就具有种种难以遏制和限定的可塑性和变化力吗？换言之，生命之所以能够被以各种方式政治化的前提，不正是生命本身不断展现出来的种种不可被彻底、完全政治化、技术化、数字化的"超逾"(excess)的向度？借用克莱尔·布伦考(Claire Blencowe)的精准概括，恰可以说生命政治所操控和作用的，既非机体(organism)，亦非身体(body)，而是不断趋向极限乃至逾越边界的"trans-organic"④的生命本身。被限定的不是生命，而只是生命的既定状态；被操控的也不是生命，而只是生命的可见形貌。生命本身，总是一个从潜在到实在，从不可见到可见的生生不息的变化运动。就此而言，生命政治的根本议题根本

---

　　①　*Biopolotics*：*A Reader*，"Introduction"，p. 7.

　　②　[英]尼古拉斯·罗斯：《生命本身的政治：21世纪的生物医学、权力和主体性》，尹晶译，北京大学出版社2014年版，"导言"，第3—5页。

　　③　Andreas Gailus，*Forms of Life*：*Aesthetics and Biopolitics in German Culture*，Ithaca and London：Cornell University Press，2020，"Introduction"，p. 4. 另可见书中对"生命形式"的四点基本概括："Preface"，pp. xii—xiii。

　　④　Claire Blencowe，*Biopolitical Experience*：*Foucault*，*Power and Positive Critique*，Basingstoke and New York：Palgrave Macmillan，2012，p. 49.

就不应该是生命的政治化这个"自外向内"①的单向度作用,而是围绕着主动和被动这不可分割的生命的二重性而展开的一系列哲学的辩证。生命政治不仅应该回归生命,更应该回归哲学。唯有如此,方能克服其种种困境,更能展现出切实的行动和介入的力量。

只不过,上述这一番以安德烈亚斯·盖鲁斯(Andreas Gailus)和布伦考为代表的以生命来批判政治的另类版本的生命政治亦有着明显的症结。当盖鲁斯回归文学文本、当布伦考回归德勒兹式的生命主义之时,他们恰恰犯了坎贝尔明示的那种错误,即忽视了福柯思想本身的深刻度和复杂性。事实是,通观福柯思想的发展脉络,不是恰恰有一个贯穿始终的概念早已将内在和外在、主动和被动这生命的二重性极为明确而近乎完美地呈现出来了吗?那不正是"体验"?公允地说,其实盖鲁斯和布伦考都已经先人一步地拈出体验这个要点;但同样公允地说,他们皆不约而同地对这个福柯的关键词进行了相当"非福柯式"的理解和处理。盖鲁斯错得最为离谱。他不假思考地就将"偏离体验"②这个罪名安到了福柯的头上,而对福柯文本中大量而丰富的关于体验的阐述视而不见。布伦考则显然更为客观。她不仅明确试图以体验为出发点和基点来对现有的生命政治化的单向度范式进行纠偏,更是深入福柯的文本之中细致概括梳理出体验概念的种种线索,尤其是体验作为"实验"(experiment),"极限"(limit),"创新"和"运动"(mobilising)这四个基本特征。③但即便如此,她却最终仍然对福柯的体验概念进行了一种令人可以理解但却无法认同的"德勒兹化"的处理,全书最后一章的标题("Eternally becoming")正是明证之一。

由是观之,布伦考在这里的基本错误有二。一方面,"体验"从来都不是德勒兹哲学中的关键词,甚至连重点词都谈不上④,因此,用一套德勒兹式的生命

---

① *Forms of Life*, "Introduction", p. 5.

② Ibid., "Preface", p. ix.

③ *Biopolitical Experience*, p. 21.

④ 之所以如此,一个重要的原因或许在于,体验(Erlebnis)作为一个肇始自狄尔泰的生命哲学的重要概念,其中向来鲜明体现出从黑格尔至胡塞尔的那种主体性的立场:"黑格尔以辩证的方式从生命推导出自我意识,他是完全正确的。……这是自我感受的方式,即对自己生命性的内在意识"[(德)伽达默尔:《真理与方法》(诠释学 I),洪汉鼎译,北京:商务印书馆 2010 年版,第 360—361 页]。而德勒兹的生命概念则正相反,它从根本上突破了人类的意识和感受的范围,试图回归"非人"(impersonal)和"非有机体"(inorganic)的本源层次。然而即便如此,他将"自我肯定"作为生命创造的基本特征的立场表明他仍然在很大程度上深陷于这个德国脉络之中:"生命是自我肯定。这是基础。"[《真理与方法》(诠释学 I),第 358 页。]由此看来,福柯将体验视作主体的极端自我否定的看法显然是与这个传统的最深刻决裂。

主义来解说福柯的体验概念,显然是张冠李戴。另一方面,若概括说来,福柯的生命体验和德勒兹的生命生成(devenir/becoming)之间的最根本差异恰在于否定和肯定的截然对立,这也恰是布伦考无视的最大"盲点"。概括说来,福柯的体验概念是"趋向于极限的体验(limit-experience)"①。进一步细致区分,其又呈现出三个递进的要点:体验是主体跟自身的关系,此种关系不是肯定性而是否定性的("导致它的真实的毁灭,它的解体"②),正是此种否定性的关系见证了主体和真理之间的关系。这些要点都将在下文得到充分展开,在此仅简要论及。

首先,体验不同于对象化的感觉和理性化的认知,初看起来它是主体跟自身的一种极为独特的、内在的乃至私人的关系。它可以形诸语言和表达,但又总是展现出先于、逾越于可见、可言的表达的根源性力量。就此而言,它又反倒是体现出某种主体之间的普遍性和共通性。

其次,从根本上说,体验的此种介于私人和共通、可见与不可见之间的含混面貌③,尤其将它与生命这个本源力量关联在一起。体验,恰好正是生命在展开、创造、转化自身的过程之中与自身所发生的最直接、密切、本质性的关系。但也正是在这里,集中体现出了福柯和德勒兹的根本差异。在德勒兹那里,否定的环节也很重要和关键,但毕竟只是中介和过渡的环节,它最终是为了回归生命的本源,肯定生命自身内在的创造性动力。面对来自外部的种种压制、阻碍甚至破坏的力量,生命往往得以更为强势地回归自身,激活新生和创生的力量。但福柯则正相反。他所着力揭示的主体与自身的关系既是以否定为起点,但同时又尽力维持在否定的状态和关系之中,而并不想如德勒兹那般回归到一个肯定的本源。主体之所以否定自身,首先是因为它是种种既定的、限定的权力机制之中发现它自己的。或者说,他发现那些他与自身之间的看似直接而内在的关系,其实都已经是被种种权力关系所建构和生产的结果了。深陷在这个被动性的牢笼之中,他势必要以一种极端的态势和力度来抵抗和破坏这些关系,进而令自身也发生一种彻底的改变。正因此,主体既非本源和基础,亦非产物和效应,而恰恰就

---

① "Interview with Michel Foucault", in *Essential Works of Foucault 1954—1984*(*Vol. 3*): *Power*, edited by James D. Faubion, translated by Robert Hurley and others, New York: The New Press, 2001, p. 241.

② *Power*, p. 247.

③ Ibid., pp. 241—242, p. 245.

是一种纯粹的转化的过程。甚至不妨说,真正的主体就是那种必须不断否定自身的运动过程:"脱离自身,斩断与自身的关系,失去自身的同一性。"①

　　但主体又何以突破束缚,否定自身,实现转变呢? 福柯的回答与德勒兹正相反,他从未对生命的内在动力有任何直接的揭示和阐释,也从未试图以一种生命主义式的本体论来作为他的生命政治的隐藏预设。一个最为重要的论据就是他在《知识考古学》中对《古典时代疯狂史》作出的批判性反省,认为其中所充斥的"体验"式论述的根本症结正在于"承认了一个匿名而普遍的历史主体"②,也即多少预设了一个超越于具体的历史情境和权力关系格局之外的普遍而本源的疯狂体验,似乎我们总是可以、得以回归到这个本源之处,去展现被压制的可能,去探寻抵抗的可能,去激活新生的希望。正是这样一个自我批判令体验概念在福柯的随后思想发展过程中销声匿迹了很长一段时间,直到《性史》才重获新生。但这至少也说明,福柯绝不想对体验进行一种德勒兹式的本体论界定和预设。他从未界定"生命是什么"③,而总是基于具体的历史谱系学考察复杂细致地展现出"生命不是什么","生命还可能变成什么"。由此他才会将体验概括为"一种虚构(fiction):它是一个人自己杜撰出来的东西,之前并不存在,但之后得以延续"④。在具体的情境之中转化自身,进而将此种转化维持在否定的状态之中,这就是福柯的主体性概念的根本含义,也是他的"僭越"式体验的根本特征。由此我们可以非常有理由说,即便布伦考对现有的生命政治范式之中的生命与政治之间的张力进行了极为深刻的剖析和批判,但她试图将福柯进行德勒兹化的做法仍然是一个巨大而明显的缺陷。正因此,在下文之中,我们试图更为深入

----

①　*Power*, p. 248. 就此而言,福柯与萨特的主体性概念确实颇为相似,他在访谈中也确实屡屡谈及萨特对他那代法国学人的深刻影响。只不过,二者的差异当然也是极为明显的,福柯是在历史的谱系学考察之中展现主体的自我否定的僭越,而萨特则首先是在意识的虚无化运动之中找到这个契机。

②　Michel Foucault, *L'archéologie du savoir*, Paris: Gallimard, 1969, p. 27.

③　从某种意义上说,德勒兹式的生命主义的历史观甚至可以追溯到兰克的"历史世界观"乃至狄尔泰的生命哲学,因而也就在某种意义上与黑格尔的辩证史观有着内在的传承:"自由是与力、甚至与原始的力联系在一起的。如果没有力,自由就既不出现于世界的事件中,又不出现于观念的领域内。在每一瞬间都有某种新的东西能够开始,而这种新东西只能在一切人类活动的最初和共通的源泉找寻其起源。"[《真理与方法》(诠释学 I),第 293 页]当然,德勒兹和黑格尔之间存在着太过明显的区别:"差异"对"对立","生命"对"精神","多元性"对"大全",等等。但多样之力及其从"潜能(Wirkungsmöglichkeit)"向"外现"的"表达"(Ausdruck)作为历史演进的动力[《真理与方法》(诠释学 I),第 294、304 页],却仍然可以视作德勒兹的生命史观的突出要点。

④　*Power*, p. 243.

地回归福柯自己的文本脉络和思想发展,进而揭示福柯的体验概念的那种"以否定来否定"(而非"以否定来肯定")的僭越之态势。

但我们似乎还未谈及真理这一极,这里同样也体现出福柯和德勒兹之间的另一个根本差异。一般意义上的真理总是涉及认知的主体和被认知的客体之间的被建构起来的关系①,它凝聚和体现为种种知识体系,更由此得以跟社会领域的其他规则和规范体系协动、勾连在一起。不过这恰恰不是福柯所意味的真理。他首先区分了"savoir"和"connaissance"这两个在法语里面有着明确区分(但在英译中实难区分)的概念②,由此亦导向两种截然不同的真理观:后者显然是"知识"意义上的真理,是主体和客体、主体和主体之间的一致性、规范性的机制;但前者则更是"智慧"意义上的真理,它最终涉及的是主体跟自身的关系,而且是否定性的关系,也即,之所以要"认识自己",不是为了让自己接受一种既定的真理—知识的体系和规范,而是恰恰相反,要"改变自己",要令自己从既定的"确定和明确的位置"③之中挣脱而出,实现自己对自己的否定。正是在这里,"认识自己"和"关切自己"这一对福柯晚期的主题明确合一;也正是在这里,否定性的极限—体验和变动不居的"真理之历史"密切关联在一起。④人总是在真理的既定历史情境之中发现自己,但只有当他真正对自身实施僭越式的否定和转化之际,真理才真正化作他与自身的生命体验。就此而言,德勒兹的真理是本体论的,它是经由各种直接间接的环节对生命自身所进行的终极肯定;但福柯的真理则是唯名论的(nominalism)⑤,它只能在一个个偶发、具体的情境之中去体验真理,去践行真理,甚至去转化真理。借用贝阿特丽丝·韩(Béatrice Han)的那部重要研究著作的核心论点,正可以说福柯是在"先验"(transcendental)和"历史"(historical)之间找到了一个中点,即"历史之先天"(historical *a priori*)⑥,它既不想如观念论那般在具体的历史运动过程之外去设定一个本源、目的或规律,但也

① *Power*, p. 254.

② Ibid., p. 256.

③ Ibid., p. 257.

④ Ibid.

⑤ Paul Veyne, *Foucault*: *His Thought*, *His Character*, translated by Janet Lloyd, Cambridge: Polity Press, 2010, p. 54.

⑥ Béatrice Han, *Foucault's Critical Project*: *Between the Transcendental and the Historical*, translated by Edward Pile, Stanford University Press, 2002, p. 42.

同样不想如唯物论那般将历史还原为特殊的事实。①福柯的历史之先天正是试图在具体的历史事件之中去探寻另一种"先验/超越"的动机,那正是否定式的僭越,而此种僭越的起点、核心和归宿都鲜明指向"主体性"和"主体化"(subjectivation)这个终极主题,或者说"我们自身的历史本体论"(historical ontology of ourselves)这个根本问题。②

二、从僭越到盲视:重启《僭越序言》

然而,行文至此,想必读者定会新生疑惑:即便已然辨清德勒兹和福柯之间的基本区分,但又为何一定要做出一个二选一的抉择,厚此而薄彼,取道福柯而背弃德勒兹呢? 或者不妨更直截了当地追问,虽然如布伦考的那种以德勒兹来"曲解"福柯的方式并不足取,但福柯的"僭越"到底又在何种意义上比德勒兹的"生成"更能够成为一条回归生命体验的可取的途径呢? 下文我们就从两个角度来回应这个严重的质疑。首先,我们将结合《僭越序言》这篇重要文本澄清体验概念的基本内涵,尤其是它与"盲视"之间的内在关系。接下来,我们将大致梳理僭越体验在福柯文本中的演进发展,并试图以《词与物》为关键枢纽揭示出从僭越到盲视的转变过程。

那就先从《僭越序言》开始。韩曾指出,福柯对"构成性主体"(constituent subject)的强调似乎并未从根本上超越胡塞尔现象学的主体性立场。③但这显然是一种深刻的误解。在上节最后反复援引的那篇重要访谈之中,福柯明确区分了他的体验概念与现象学之间的关键差异:首先,现象学的体验是活生生的(lived experience),展现出的是生命本身的可能性,但他的体验概念则趋向于死亡和不可能性的极限和边界;其次,现象学的主体最终承担起理性判断的责任,并由此赋予意识体验以种种意义,而福柯的历史先天之主体则正相反,他与自身的关系是否定的、断裂的、破坏性的。④此种主体性之体验在"序言"之中得到了

---

① *Foucault's Critical Project*, p. 5.
② Ibid., p. 13.
③ Ibid., p. 12.
④ *Power*, p. 241.

淋漓尽致的展示和阐释。

在全面梳理"体验"概念史的《体验之歌》一书中,马丁·杰伊(Martin Jay)就专辟一节集中讨论福柯的体验理论,甚至以此来为全书作结。他所重点援引的文本正是上述的这篇访谈及《僭越序言》。只不过,他将重心置于"语言与体验之间……的互渗关系(interpenetration)"[1],但细观福柯的文本,体验所致力于僭越的极限/边界(limite)显然不止语言这一个维度,而是直指意识、律法(loi)及语言的方方面面。[2]当然,这篇文本主要聚焦于性体验,大致有三个基本缘由:一是因为致敬的对象是乔治·巴塔耶,二是因为性本来就是福柯的思想发展的一个贯穿性主题(体验这个概念在晚期福柯的复兴就是从《性史》真正开始),三是因为以性为具体主题可以避免对体验概念进行过于空泛的概述。但我们则完全可以且理应突破性体验这个狭域,进而拓展至更为广泛的生命体验甚至体验一般(experience in general)。那不妨就先概括出这篇序言所清晰给出的僭越式体验的三重要点。

首先,趋向于极限/边界的体验总是内在于主体自身之中的**"裂隙"**(fissure)。作为"无对象的亵渎"(profanation sans objet),体验总是在回归、指向主体自身的过程之中呈现出一种"纯粹"和"空洞"的特征。[3]表面上看,这无非说的是上节最后强调的主体与自身的否定性关系,但这里又明显多出了"亵渎"这个要点。何为亵渎? 突破既有的等级和边界。亵渎什么? 必然是神圣的超越之物。这两个方面关联在一起,就提示我们注意体验概念的双重性:它一面朝向内在的自我和主体,一面则同时朝向外部的绝对超越者上帝。进而,体验的否定性也就同样展现出彼此相关的双重性:一方面,当自我趋向于极限/边界之时,它所进行的是对自身的否定;但与之同时,它之所以能够对自身实施此种极端的否定,最根本的动力恰恰来自对于一个边界之外的超越者的同样极端而彻底的否定。这恰恰是福柯之僭越体验和德勒兹的生成运动的根本差异。对于德勒兹,生成的根本动力来自生命本源的不可耗竭的创造力(*Immanence*, *une vie ...*);但对于福柯则

---

[1]　Martin Jay, *Songs of Experience*: *Modern American and European Variations on a Universal Theme*, Berkeley: University of California Press, 2005, p. 393.

[2]　Michel Foucault, "Préface à la transgression", in *Dits et écrits 1*: *1954—1975*, Paris: Gallimard/Quarto, 2001, p. 261.

[3]　Ibid., p. 262.

正相反,僭越的根本动力并非来自生命本身,而是来自对于超越性之外部的否定和亵渎。亵渎这个词很关键,因为它并不只是一种否定和僭越,而是最为彻底的否定和最为极端的僭越,因为它直接指向的就是"上帝之死",或者说,它直接否定的正是一切为生命及其历史运动奠定基础和意义的超越之物:无论是上帝,还是本源(arche),目的(telos),规律(nomos),甚至传统,民族,国家。也正是在这个意义上,福柯强调指出,僭越既是亵渎,同时又是"牺牲"(sacrifice)①,亵渎否定的是超越的上帝,而牺牲否定的则是内在的自我。亵渎上帝不是为了肯定自我,否定超越者不是为了回归所谓内在的生命本源,恰恰相反,当我们经由僭越的双重否定最终回归内在的生命之时,所揭示和敞开的恰恰同样是抽去了一切基础、本质、中心的纯粹、绝对之空(vide absolu)。②亵渎和牺牲,这外向和内倾的双重否定之间的震荡,恰是僭越之生命体验的真意。

由此就引出僭越的第二个特征。严格说来,福柯的这一段描述谈不上是本质性的界定,而只是对僭越的运动从**空间和时间的**角度进行**形象化的描摹**而已。首先,从空间上来看,僭越与边界之间的关系呈现出"一种螺旋(en vrille)的形态,没有哪一次侵犯(effraction)得以穷尽"③。既然它注定是亵渎和牺牲之间的持续震荡,那也就意味着它始终要在内在的自我和外在的超越者之间不断地往返,在一次次的"侵犯"之际重复着双重否定的运动。但从螺旋这个空间形象之中至少能读出两个进一步推进的含义。一方面,螺旋不是两极之间的线性的关系,而是在彼此之间形成一个相互承继甚至相接的循环。这就是对"边界"(limit)的深入理解,因为它不再仅标示出彼此区分的关系,而是揭示出相互渗透乃至转化的交互运动。另一方面,螺旋还包含着一种强度的含义。它并非仅是运作于一个平面之上的循环,而是在力度逐步增减的过程中形成鲜明的上升或者下降的运动。这又是对"极限"(limite)的重新理解,它不再只是一个不断趋近的极值,亦不只是被一次性跨越的阈限,而是在两极之间不断震荡甚至彼此缠结的力量的关系。福柯由此给出的"闪电"(flash)这个僭越运动的时间性形象正是这一点的生动写照:"黑夜中的一道闪电,自时间之起始,就赋予了它所否

① "Préface à la transgression", p. 263.
② Ibid., p. 271.
③ Ibid., p. 265.

定(nie)的黑夜以一种浓重(dense)而黑暗的强度。"①如果说空间的螺旋深化了对"边界/极限"的理解,那么时间的闪电则显然加深了对"否定"的再度反思。一方面,否定亦非单纯的区分和对立的逻辑关系,而同样在区分背后体现出一种更为深刻的联结和互渗的关系。正如划过夜空的闪电,看似鲜明地从背景之中挣脱而出,但同时亦将它从中而出的那片黑暗衬托、凸显得更为浓重。另一方面,否定也同样展现出强度的关系,但与螺旋式的震荡不同,闪电在光与暗、可见与不可见的震荡之际,同时还展现出一种瞬间的不连续的、断裂的样态,由此又对螺旋的空间运动进行了更深一步的修正:内与外的双重否定的震荡不能理解为连续的循环,更不能概括为连续上升或下降的强度增减;正相反,闪电这个极度短暂,甚至瞬乎即逝的时间性环节一次次地中断着所有连续性的循环关系和螺旋运动,将贯穿亵渎和牺牲的僭越运动的各个否定性的环节都始终维系在否定的样态之中,而竭尽全力地不让它们重新落入任何一种肯定或综合之中。

由此就涉及对**"盲视"**这个重要概念的启示。这个概念在福柯的这篇文本中呈现出承上启下的关键地位,但遗憾的是鲜有学者真正注意到这一点,几乎从未有人基于盲视这个要点对福柯的主体性体验进行重新梳理。②实际上,盲视出现在全文后半部分的起始(vérité aveugle③),进而又或明或暗地屡现于后文之中,直到最后一段起到画龙点睛的收官之效(aveugle et tue④)。它上承前文对于僭越的双重否定和时空形态的诸种阐释,又将它们带向对于生命、主体性和真理这些基本问题的深入反思。那就不妨围绕着这三个要点大致概述盲视的内涵。首先,虽然表面上看,福柯关注的确实是杰伊着意强调的语言和体验之间的关系这个核心问题,但细读原文,却会发现生和死之间的螺旋的否定式震荡才是字里行间的真意。可见的语言和文字所照、掏空、凸显的那篇浓黑的"深处之沉默"(le mutisme profond)⑤到底是什么呢?无疑正是内在自我的空洞和黑洞。这个否定性的空,这个拒斥一切可见性、明证性和连续性的空,显然不可能指向德勒兹意义上的那个生命的创生本源,而只能是以一种极端/极限的强度指向死亡这

---

①　"Préface à la transgression", p. 265.
②　似乎仅在韩的文本中"闪烁"了一次:*Foucault's Critical Project*, p. 36.
③　"Préface à la transgression", p. 270.
④　Ibid., p. 278.
⑤　Ibid., p. 269.

个终极黑暗的深渊。活生生的看似充满生命气息的语言和图像,它们在每一次施行僭越之际,都同时会被一种更强的否定的力量击退回内在之死亡,同时完成自我牺牲这个无可逃避的命运。这也是为何在全文的最后,"盲视"与"杀死"这两个词会明确地并置在一起,因为僭越体验从根本上说正是出生入死的循环往复和螺旋升降。

其次,盲视由此就与主体性概念明确相关。体验是主体与自身之间的否定而断裂的关系,这一个要点我们早已心知肚明。但在这里,福柯又对主体的"内在之死"给出了一个颇为不同的描绘。一方面,不断死而复生的主体呈现出"多元"(multiplicité)和"碎裂"(fracture)①的面貌。这当然很容易理解,因为在僭越运动之中毕竟存在着闪烁之瞬间这个时间性环节,正是它不断瓦解着任何连续性的运动和整体性的综合,不断将主体自身推入自我解体而无法同一的境地之中。由此亦重绘了内在之死的黑夜,它在无数碎裂而散布的闪电映衬之下亦同样展现出多元而碎裂的"暗夜星空"(l'intérieur nocturne et étoilé)②之貌。但另一方面,碎裂的主体并不仅仅是一种力量的削弱和瓦解,它本也可以且理应是另一种形态的力量的满溢(répandu hors de lui-même)和增强(le sujet exorbité)③,因为它不仅在内和外之间形成双重否定的关系,更是在一次次微小的闪烁和局部的螺旋之间形成着星丛般的互映和共振,进而为下一次、无数次的僭越运动蕴积起潜能。

最后,盲视也同样让我们重新审视主体和真理之间的关系。盲视这个用法绝不仅仅是福柯信手拈出的一个方便隐喻,而是起到了推进论证的关键作用。盲视首先跟巴塔耶对于眼睛和视觉的迷执密切相关。但这只是表面的观察。更重要的方面在于,盲视对福柯的"历史之先天"这个真理的全新形态给出了一个极为生动的描摹。真理不是历史之外的,而是历史之中的。但它又不仅局限于事实,而是敞开可能性;不只建构秩序,而是扰乱既定的秩序;不只描绘可见的形态,而是凸显潜在的力量。然而这就会给读者带来一种相当误导的错觉,以为福柯所谓的历史之先天需要落实于一种独特的历史"洞察力"(insight)④,那即便

---

① "Préface à la transgression", pp. 270—271.

② Ibid., p. 273.

③ Ibid., p. 271, p. 273.

④ 这里我们戏拟了保罗·德曼(Paul de Man)那本名作的标题《盲视与洞见》(Blindness and Insight)。

并非超脱历史之外的所谓"上帝视角"，亦恰恰是深入错综复杂的具体事实和事件之中进行拨云见日般的辨析和审视的能力。但这并非福柯的本意。如果真的有一种历史之先天的洞见，那也绝对不只是外向的、客观的，而是内与外之间的否定性震荡。我们在历史之中所见的绝非现象背后的本质、过程背后的规律，其实更是"一无所见"的黑暗和黑洞。上帝或所有超越者之死并没有给我们带来任何一种启蒙式的照亮，反倒是将我们推入更为深重的黑夜之中。外部和内在这两片浓重的黑夜，亵渎和牺牲这两重否定性的运动，它们彼此的交织、互渗、共振、抵牾，才是盲视之真理的真正含义。在全文的最后反复出现的"夜"这个词又是明证。

三、疯狂体验，临床体验到有限性体验：盲视体验的谱系

僭越序言可说是真正开启了福柯的"体验"概念的全新篇章，其中不仅对主体、否定和真理这三个基本环节进行了深化的阐释，更是由此带出了盲视这个极具启示性的维度。接下来就理应沿循着福柯主要著作的发展脉络，尝试对上述要点进行引申和展开。

体验概念的第一次隆重登场当然是在《古典时代的疯狂史》（简称《疯狂史》）中。中译者林志明极为敏锐地捕捉到了这个关键点，进而同样甚为深刻地强调了它在福柯思想发展历程中的重要地位。然而多少令人遗憾甚至费解的是，他虽然也赞同将"界限体验"这个基本的界定，但却执意将趋于"极限"的僭越运动和划分内外的"界线"形态明确区分开来。①这当然是一个明显的误解。"界线"是相对静止和稳定的区分，但正是因此它一定要和亵渎与牺牲的双重否定、螺旋与闪烁的时空形态以及内与外的双向盲视这些变动不居但又生死攸关的运动结合在一起。界线可以是起点，它引发了僭越的运动；界线也可以是过渡，它让我们暂时看清了力量的格局；界线更可以是结果和效应，是体验衰减乃至衰亡之际所日渐体现出来的稳固和僵化的形态。说得直白一点，界线是体验

---

① ［法］米歇尔·福柯：《古典时代疯狂史》，林志明译，北京：生活·读书·新知三联书店2005年版，第67页，注解9。

之死,而极限则是体验之生。

那就让我们在界线和极限的张力之间进入《疯狂史》这第一部福柯的"体验之书"①。初看起来,书中的体验概念确实是以"界线"之分化为起点的,那正是"宇宙性的体验"和"批判性的体验"这个基本的区分。直接看来,这个区分揭示的正是语言与形象之间的疏离、断裂乃至对抗的关系,一边是悲剧性形象的爆裂与增殖,另一边则是隔岸观火的话语的冷静反思和描述。②但二者的关系当然并非这么单纯。只不过,这个复杂的关系若仅用杰伊强调的"互渗"(或福柯原文中的"缠错交绕"③)这个词来描述亦同样失之简略。实际上,盲视及其双重性才是《疯狂史》开篇所着力展现的疯狂体验的核心特征。它首先展现为内向和外向的双重向度。疯人眼中的世界,当然不是秩序井然的时空,但同样也不只是变幻不已的形象,而是整个世界从可见回归不可见、从光亮回归"沉默和黑夜"④、从生回归死的"悲剧性"过程。疯人之所见,最终正是世界尽头的最深的黑暗:"疯狂曾将它的双眼盯住黑夜"⑤。在这个外向盲视的背后,与之密切相关和"缠错"的,正是疯人反躬自视所见的内在的空洞和黑暗:"此时虚无已不再被认为是外在的终点,……它现在是由内在为人感受"⑥。也就是说,外向的盲视或许只是起点和条件,它最终意在敞开的是人类内心深处的终极的否定和空洞。

我们清楚看到,这里所生动鲜活地展现的双重盲视之体验与《僭越序言》中的相关阐释是极为贴合而呼应的。它绝非"分裂"抑或"互渗"这样的简单化形容所能概括,而恰恰是在双重否定的螺旋和闪烁的共振之中展现出其难以言喻的丰富错杂甚至悖谬的面貌:"疯狂只是非存有的错误以及虚无的形象间的瞬间接触。"⑦由此,疯狂体验亦同样深刻地揭示出主体与真理之间的复杂关系。在全书最后一章"人类学圈环"之中,疯狂体验从文艺复兴到古典再到现代的转变过程,其背后的实质正是人和真理之关系的明显更替。"疯狂不再标指人和真理(la vérité)的某种关系——这个关系,至少是静静地包含着自由;现在它只

---

① 在访谈中,福柯明确指出,《疯狂史》就是源自他自己的"直接体验":*Power*, p. 258.
② 《疯狂史》,第41—42页。
③ 同上书,第40页。
④ 同上书,第42页。
⑤ 同上书,第63页。
⑥ 同上书,第25页。
⑦ 同上书,第729页。

标指人和他的真相(sa vérité)间的一种关系。"①之所以在"vérité"之前加上了不同的修饰词,正是为了凸显主体和真理之关系的前后形成鲜明对照的变化。在文艺复兴的时代,真理是外部世界和内在自我从存在到虚无、从生到死的悲剧性的、否定性的运动过程,而正是这个过程中,反倒给人的主体性留出了最大的自由。看似作为主体的疯人一无所见,或者说所见皆黑暗,但实际上这种双重的盲视最终只是为了以最为极端的态度瓦解人与世界、人与自身之间的稳定僵化的秩序,以毁灭主体自身的极端否定的方式来催生他的新生的真正起点。但到了以"人类学沉睡"著称的近现代时期,真理不仅从内外共振的双边关系蜕变为由内至外的单向运动②,而且更是从否定性的自我断裂蜕变为肯定性的自我反思和"自我辨识"③。由此,真理不再是主体改变自己的力量,而是变成了一次次对他与自身之既定、明确、稳固的关系进行肯定的"机制"(régime)。当人自满自足自安于自我肯定的"圈环"之时,他或许反而陷入另一种"盲视"的境地,但已不再是文艺复兴时期的那种由"盲"之否定性环节而最终洞见真理之"视",如今它已彻底蜕变为对自身和世界之真理一无所见的"遗忘"和"盲目"。

然而,在如此波澜壮阔的历史画卷之下,《疯狂史》中的体验概念仍然还是稍显薄弱,它最终只是从生到死的近乎单向度的悲剧性的毁灭过程。全书从杰洛姆·博斯的画作开始,又终结于萨德和戈雅的"作品",并且明确以"中断""毁灭""崩溃"这样触目惊心的表述收尾,更是加深了此种弥漫于全篇的悲怆氛围。疯人之盲视,似乎无非就是见证整个世界和内在自我的双重毁灭。但反过来说,它为何不能同样是导向新生的起点,是死而复生的契机?盲视并不仅仅是极端的否定,更是由否定激活肯定,但不是如人类学圈环那般一次次重复肯定既定的主体—客体之调和关系,而是以最为极端的方式肯定变异的方向与别样的可能。简言之,赴死的疯狂体验最终或许更理应激活全新的、不可思议的生命体验。

不过,也很难绝对地说《疯狂史》中的体验就全然是一个从生到死的否定过程。在博斯的末世狂欢的图景之中,在戈雅的迷醉狂乱的疯人院之中,固然所有观者都会强烈体会到一切秩序土崩瓦解、一切生命濒临毁灭的悲怆感,但在这些可见的形象的背后,似乎总还是隐藏着一种更为强烈的别样的生命力。那或许

---

① 《疯狂史》,第 716 页。
② "主体和客体、内在和外在、实存体验和认识相互调适。"(《疯狂史》,第 736 页)
③ 《疯狂史》,第 720 页。

不是创生和孕育,但却带着更为咄咄逼人的莫测之力席卷而来。疯人是一无所见的盲者,所见的唯有黑洞与虚无,但黑洞不是荒凉一片,虚无亦非空无一物,只不过在其中涌动的是逾越于人类学圈环之外的无法"辨识"的生命力而已。所以福柯才会总结说,"在古典时期,谵妄的超越性,使得疯狂不论如何地外显,都能保有一个从不外显的内在性"①。但整部《疯狂史》的体验概念的最根本症结亦正在于此,这种在外显的表象之下不断退隐和回收的体验,在某种意义上无疑更为接近德勒兹式的生命本体论,尽管它更带有否定性的形态,更是通过遮蔽的方式迂回地呈现,而不再是通过创造的方式来直接的表现。由此就可以理解前文所提及的《知识考古学》中的批判性反思,也即《疯狂史》中的体验其实并未很好地恪守内外双重否定之间的螺旋和共振关系,而是最终塌缩进内在性的黑洞之中。

福柯当然极为清楚地意识到这个弊病,所以才会在进入谱系学阶段后几乎全然弃置了体验这个概念。那么,又如何理解体验在《性史》中的强势回归? 甚至是福柯在访谈中对体验的中心地位的直言不讳的认同和强调? 答案只有一个,那就是他经由一段时间的沉默之后,终于找到了突破疯狂体验的本体论预设和"匿名的主体"的困境。但同样值得注意的是,这种突破不是在《性史》中骤然完成的,而是已然在考古学时期的另外两部代表性著作中做好了关键性的准备工作。第一个突破口是《临床医学的诞生》(简称《临床》)。体验这个贯穿全书的关键词在"前言"之中就醒目出现。看似它所标示的无非亦是与《疯狂史》颇为类似的形象与语言、可见与可说之间的分合关系,看似它同样落入了"匿名主体"的本体论预设的窠臼,因而仍然将临床体验从根本上理解为"一种先于任何话语的、免除任何语言负担的接触"②,然而,细观文本,却能发现一个前所未有的全新裂隙,那正是死亡。在疯狂体验之中,死亡虽然一开始呈现为世界之夜和内心之夜这双重虚无的形象,但最终只是间接迂回地更深地回归内心而已。但临床体验就截然不同,死亡不再是内与外之间的一致和谐的辨识关系,但也同样不再偏向于内在这一极,而其实更是作为外倾的僭越之力。这个重心的转向似乎正是对《疯狂史》的一种纠偏。

———————————

① 《疯狂史》,第727页。
② [法]米歇尔·福柯:《临床医学的诞生》,刘北成译,南京:译林出版社2011年版,"前言",第7页。

　　在进入第七章之后,福柯首先明确概括,临床体验的宗旨虽然仍是在"看与知"之间建立起对应的关系(否则谈何知识),但这个关系中的主导力量开始发生明显倾斜,不再是以分类为主要手法的主观表象,而是试图倾听"事物本身处于原始沉默状态时使用的语言句法"①。也正是从这个意义上说,"临床经验的核心"就不再是客体在预设的认知框架中得到正确充分的表象,而是恰恰相反,是"事物真相显现的方式,进入事物真理的方式"②,是医学的目视和体验在不断深入病患身体的过程中对自身进行修正乃至转变的运动。如此一来,这个过程就体现出鲜明的"亵渎"式的外部否定的特征。因为随着探问的目光不断深入肉体,它不但未能得到肉体给出的越来越明确肯定的答案,而反倒是越发深陷含混、困惑乃至迷惘的境地。肉体确实在打开自己,在"言说"自身,但临床体验在其中倾听到的却只是"混沌的物质","隐藏着"的"各种秘密"以及"看不见的病变"③。概言之,在肉体的深处,它其实一无所见,它所体验的唯有自己的那种不断被拖向边缘和极限的"无力"体验而已。死亡正是这样一种极限的临床体验。它至少在三个方面逆转了疯狂体验。**首先**,它的方向就截然相反,不是最终返归内心的黑洞,而是引导体验不断深入观察诊疗的身体之中,迷失在黑暗的深处。**其次**,虽然全书简短的篇幅似乎未能如《疯狂史》那般游刃有余地展现体验的诸多细节,但却仍然以更为凝练的方式凸显螺旋和闪烁这两个要点。死亡当然还是生命的否定和断裂,但否定之界线和断裂之瞬间在临床体验之中展现出前所未有的碎片化、多元化、流动化的格局。"死亡是复合式的,在时间上是分散的:它不是时间停顿并后退的一个绝对而特殊之点;……在个体生命死亡之后,许多细节和局部的死亡继续在瓦解着仍然残存的生命群岛。"④**最后**,由此它也深刻地改变了主体和真理之间的关系。它不再如疯狂体验那般偏执地无限地倒退回内心的黑洞,以此来捍卫那个"绝对撕裂"⑤的本源不被扭曲和同化,而是试图以死亡这个外向的僭越运动来一次次重新激活生命:"对生命的认识在生命的毁灭及其极端的对立面中找到了自己的源头"⑥。也正是因此,在"生命、疾病和死

---

① 《临床医学的诞生》,第 120 页。
② 同上书,第 128 页。
③ 同上书,第 136 页。
④ 同上书,第 159—160 页。
⑤ 《疯狂史》,第 60 页。
⑥ 《临床医学的诞生》,第 164 页。

亡"的三角形之中,"其顶点是由死亡规定的"。①看似《临床》与《疯狂史》相反,不再是由外返归内,而是将"内"极端地拉向"外"。但这个方向上的颠倒只是极为表面的现象,实际上临床体验展现出更为鲜明的内外共振的双重否定的形态。它同样在外和内、死与生之间形成了一种圈环,但不再是人类学的圈环,更是僭越的圈环,是死之亵渎和生之牺牲之间的以局部螺旋和散落瞬间的形态展现出的圈环。

这样一种从僭越到盲视之体验的圈环,在全书的最后几段得到升华,并明确导向"有限性体验"这个关键表述:"个人既是自己认识的主体又是自己认识的对象,这种可能性就意味着这种有限物的游戏在知识中的颠倒。"②由此引出有限性体验的三个基本特征,同样涉及主体和真理之关系这个终极主题,并且尤其对《疯狂史》和《临床》之中的体验理论进行了总括。首先,无论是内返的疯狂体验还是外倾的临床体验,其实最终都涉及主体与自身的关系,而且是一种身兼主体和客体的循环自指的关系。其次,主体与自身的此种自指的体验圈环尤其要与近代以来的人类学圈环区分开来,因为在其中,主体与客体、进而与自身的关系不是肯定的、一致的辨识,而是否定、陌异、断裂:"个体的命运总是出现在那种既显现它又隐匿它、既否定它又构成其基础的客观性中。"③由此就涉及第三个也是最为核心的要点,那正是从僭越到盲视。为何福柯最后用"有限性"来作为体验的本质性特征? 除了突出主体的自我圈环之外,更是突出此种循环往复的双重否定运动的两个基本形态,一是僭越,即逾越既有的边界,但在逾越的过程之中又对所有可见的秩序和超越的基础(外在的上帝和内在的自我)进行不懈的否定;二是盲视,即在内与外、生与死、可见与不可见之间进行的持续震荡,而这背后的终极动力正是那一无所见的暗夜与黑洞。《临床》全书的最后一句话正是"体验的阴暗而坚实的网"④,可谓点睛之笔。阴暗,是因为体验总是半明半暗,半遮半掩;但这并不意味它只是苍白空洞的幽影,正相反,它才是主体与自身之圈环的最为"坚实"而切实的体现。

所有这些关键要点在《词与物》中得到全面深刻的总结,尤其凝聚于"人"

---

① 《临床医学的诞生》,第 161—162 页。
② 同上书,第 220 页。
③ 同上书,第 221 页。
④ 同上书,第 222 页。

"非思"和"有限性"这三个基本维度,不妨先以下图来概括:

　　在其中,"人"本身占据着一个显要的起点和顶点的位置。之所以说人这个"国王的位置"只有在古典的表象知识型接近崩溃和瓦解的边缘之际才初露端倪,道理也很简单,因为在古典知识型中,人永远只能作为被表象的对象而呈现,由此就无法建立起与自身之间的真正的循环自反的关系。或者更恰切说,主体只能表象自身,而无法体验自身,但表象只是同一性的辨识,而唯有体验才能真正打开双重否定性的循环:"他在表象中表象自身,……但是,并不存在关于人本身的认识论意识。"①只不过,这里的"认识论意识"恰恰不是辨识性的"我思",而更是僭越性的"非思":在我思之中,我对自身之"在"进行恰切的表象,由此形成主客一致、彼此呼应的人类学圈环;而在"非思"之中,思与在之间则是否定和断裂的关系,思是经由他异(autre)之在才得以返归自身,但并不是为了再次确证自明的表象框架,而恰恰是为了撕开所有既定的、稳固的表象体系的裂痕,将其带向界线和极限,由此对其实施最为极端的僭越操作。人不再是中心、基础和起源,而是一个"开口"(l'ouverture)②。自我表象的我思最终陷入不可自拔的"沉睡"中,唯有自我体验之非思才能真正对主体性起到唤醒之功。

　　因此,主体与自身的非思之体验的本质特征恰恰正是有限性:"在所有的体验确实性的基础上,在能把自身标示为人的存在之具体界限的一切的基础上,我们发现了一个限定性——它在某种意义上就是自己。"③有限性,首先是内与外的区分边界,其次又是外部的他异性一次次冲击和瓦解内外之间的同一性关系的僭越运动,但最终更是由此打开人的存在的根基处的非思之体验的裂痕与黑洞。"现代性"体验的核心问题,恰恰不是在"我思"和"我在"之间确立起恰切表

----

　　①　[法]米歇尔·福柯:《词与物》,莫伟民译,上海三联书店2001年版,第402页。同时参考Michel Foucault, *Les mots et les choses*, Paris:Gallimard, 1966。以下仅标注中文版页码。

　　②　《词与物》,第433页。

　　③　同上书,第410页。

象的关系,而是"为了使我成为我所不思的,为了使我的思成为我所不在的,我必须是什么"①? 主体体验到的真理,因此既非康德意义上的先验为经验提供前提条件,亦非唯物论意义上的将先验还原到经验,而恰恰是在历史之先天这个居间的有限性的阈限之处所持续震荡的"退却和返回"的双重否定的运动,并最终指向生与死这个终极主题:"我在自我的深处感受到"生命,但它的真正动力却来自对我构成终极的有限性冲击的"死亡的迫近"②,由此一次次"重新激活思与非思的连接"③。

结语:从僭越到盲视再到节制——主体重生的体验

作为思与非思之间的有限性圈环,生命之体验可说在《词与物》中得到了最为凝练而精确的概括。它不仅深化了之前围绕主体、体验、真理等环节展开的诸多线索和阐述,更是在很大程度上克服了《疯狂史》中的那种对"匿名"而"普遍"的内在生命的迷执。不妨再度返归《知识考古学》中的那段自我批判,结合前文的缕述,大致可以得出两个重要的结论。一方面,福柯之所以只批判了《疯狂史》中的体验概念,而全然未提及《临床》及《词与物》中的那些围绕体验概念展开的更为丰富而深刻的段落,原因几乎只有一个,就是他显然认为在后面两本著作中,体验概念已经得到很大程度上的完善与发展,因而根本无需赘述。另一方面,那么他又为何在后来很长一段时间"弃置"体验概念呢? 答案也很明显,那就是根本不存在"弃置",而至多只是"搁置"。搁置,只是因为福柯认为对于体验的相关论述已经完备,而他暂时需要着手处理别的方面的问题。

所以,《知识考古学》之后论著中的体验的"缺席"实际上只是为了《性史》及相关法兰西学院课程之中的体验的再度复归进行直接间接的铺垫。一句话,体验从未被否定,也从未被弃置,而始终都是福柯思想发展的一条主线,只不过在某个时期被暂时隐藏。体验概念的连续性也正是我们重思他晚期的生命政治理论及主体和真理关系的重要前提。而正是这个前提,始终为学界普遍忽视。这

---

① 《词与物》,第 423 页。
② 同上。
③ 同上书,第 422 页。

个重思的工作,理应在后续的研究中展开,本章在结尾处仅简要提及两个要点。

首先当然是《性史》第二卷开篇对"体验"概念的再度回归。当然,在这个简短的"导言"之中,我们并不意外地发现,前文揭示出的有关体验概念的几乎所有要点都逐一得到明确重申。这自然也是给"体验概念在福柯思想发展中的连续性"这个本文的重要论点提供了一个有力的支撑。比如,体验首先是主体跟自身的关系:"探寻个体是根据哪些自我关系的形态和样式被塑造和被认可为主体的。"①再比如,此种关系根本上是一种否定的关系:"试图自我改变,改变自己独特的存在"②。进而,正是此种否定的关系揭示了主体与真理之间的根本关系:"它有权探究在自己的思想中什么是可以通过运用一种自己陌生的知识而被改变的。"③但若由此就得出结论说,《性经验史》无非将考古学时期的体验概念运用到一个新的领域,这又显得过于仓促了。实际上,这篇福柯晚期的杰作仍然启示出体验概念的一些全新要点,那正是"快感"。初看起来,性快感的体验与疯狂体验和临床体验皆有所不同,它似乎更为偏向于德勒兹式的肯定性的生命力量的游戏④,而非僭越和盲视那般的双重否定。但这多少是一种偏见和误解,因为在福柯对于快感的基本界定中,"控制"和"节制"才是最为关键的要素⑤,而恰恰不是生命主义式的流变和生成。正是在这里,性体验同样鲜明展现出有限性体验的特征:"即自我对自身的本体论认识。……与真理的关系是把个体确定为有节制的和过一种节制生活的主体的一种结构的、工具的与本体论的条件。"⑥细读文本我们会发现,有限性体验的诸多环节,比如内与外、生与死、我思和非思的圈环都可以在《性经验史》中找到详细的展开。但控制这个关键词又确实打开了主体性的不同维度。它不同于疯狂体验,因为它不再指向那个绝对撕裂的内隐的本源,而是在内与外、"身体与其周遭各种因素之间界定了一种环境战略"⑦。它亦不同于临床体验,因为它不再是以死亡这个来自外部的"顶点"来冲击可见的、稳定的生命秩序,而是试图在最大限度地吸纳种种外部

① [法]米歇尔·福柯:《性经验史》第 2 卷,佘碧平,上海人民出版社 2016 年版,第 5 页。
② 同上书,第 9 页。
③ 同上书,第 8 页。
④ 同上书,第 38 页。
⑤ 同上书,第 71—72 页。
⑥ 同上书,第 80—81 页。
⑦ 同上书,第 99 页。

力量的前提之下将主体本身的生命力量带向极限。这就是在一个充满危险的世界中保持节制的生存艺术。由此,它不再是双重否定间的僭越式的震荡,不再仅停留于主体否定、改变、破坏自身的体验关系,而是在这片战场和废墟之上探寻主体新生的契机和希望。从僭越到盲视再到节制,也正是主体本身死而复生的戏剧性运动。僭越提供了否定的强力,盲视敞开了真理的维度,而节制则真正以前二者为前提进而导向主体性的重建。①主体之所以要否定和毁灭自己,并不是为了沉溺在悲剧、死亡和有限性之中难以自拔,而是为了积聚更强的力量来激发自己的重生。

　　节制这个体验概念的引入,不仅得以对福柯晚期的生命政治甚至治理学说进行全面的重新梳理,而且更是能够回应后福柯的生命政治中的一个难题,即埃斯波西托(Esposito)所谓的"自然身体"和"政治身体(the body politic)"之间的张力乃至纷争:自然身体本就包含着生老病死的过程,本来就暴露在各种内部外部的危险力量面前,而这就给"免疫"式的政治权力的介入和干预留出了余地,因为从自然身体向政治身体的转化过程,也正是"尽最大可能延缓从生到死的过程,将死亡驱逐到离当下生命最远的极限"②。但此种免疫之机制显然与节制之体验正相反。免疫这个自外至内的干预模式,不仅破坏了主体与自身的体验关系,更是从根本上威胁着主体体验自身、改变自身,进而重塑自身、书写自身的真理性关系。在一个免疫机制日渐在全球主导的时代,重新唤回节制之体验是否有可能是一剂疗治之方? 这还需要我们一次次回归福柯的原初文本,吸取更多的灵感和能量。

---

　　①　正是在这里,体现出福柯与德勒兹之间的一个根本性的思路上的差异:在福柯那里,生命先否定自己、清空自己(僭越),由此看清自己的真理(盲视),然后才能令自己重生(节制);但在德勒兹那里,生命先肯定自己,然后再经由各种肯定和否定的环节不断"表现"自己的力量,一次次以回归本源的方式创造新生。不妨借用保罗·德曼在《盲视与洞见》中的著名对比,恰可以说福柯如(德曼理解的)卢梭那般预设了本源之空性(void),而德勒兹则更如(德里达笔下的)卢梭那般迷执于本源之"充盈的在场(presence and plenitude)": *Blindness and Insight: Essays in the Rhetoric of Contemporary Criticism*, (second edition), New York: Oxford University Press, 1971, pp. 127—128。

　　②　*Biopolitics: A Reader*, p. 318.

第八章 舞蹈:复魅,抑或共情?

福柯的体验之哲思带给我们深刻的启示,尤其是其中关于主体性体验的否定性含义的揭示与阐释,无疑为本书后面的论证奠定了最为坚实而明确的哲学基础。不过,当我们带着福柯的哲思再度回归当下时,反倒会觉得有些不知所措,甚至迷失方向。固然,《僭越序言》和《疯狂史》中的酣畅淋漓的文字令人陶醉,但如此的体验和思考的强度在当下的数字时代又何处寻觅呢? 真的还有可能唤醒那种趋向于边界和极限的体验之力吗? 如果说还存在着一线的希望,那或许正是来自舞蹈这个迄今为止仍保留着最强魔力和魅惑的人类艺术的形式。数字时代的舞蹈,或许还能带给我们些许残存的体验之强力,进而唤醒主体之重生?

一、舞蹈之复魅?:技术与魔法之间

关于舞蹈的哲学思考,历史上无疑有三个最为高光的时刻,那正是尼采的《悲剧的诞生》,阿尔托的《残酷戏剧》,以及苏珊·朗格的《情感与形式》(*Feeling and Form*)。即便存在着年代和背景上的鲜明差异,但三者中的舞蹈之思确实皆体现出一个趋同的关键点,那正是将舞蹈视作"魔法"(magic)的"象征"(symbol)。在《悲剧的诞生》第二节的末尾,对于酒神之舞的酣畅淋漓的抒写最后归结为"整个身体的象征意义"①。在《残酷戏剧》中,阿尔托虽然并未沿用"日神/酒神"这一对早已过时的用语,但他倡导的残酷戏剧的神髓却仍然与尼采极为契合,因为它从根本上试图以"黑暗的、神秘的生命旋风"②来撼动乃至摧毁那个

---

① [德]弗里德里希·尼采:《悲剧的诞生》,孙周兴等译,上海:上海人民出版社 2018 年版,第 36 页。
② [法]安托南·阿尔托:《残酷戏剧:戏剧及其重影》,桂裕芳译,北京:商务印书馆 2015 年版,第 17 页。

"处于衰退状态"的当代戏剧的"冷冻的世界"①。不妨说,阿尔托在巴厘岛戏剧中探寻的也正是尼采在古希腊的酒神祭仪中寻觅的魔法之力。此种探寻在《情感与形式》这本集大成之作中获得了一种极为系统深刻的理论概括。朗格不仅同样将魔法作为舞蹈的历史和本体的双重起源,而且更是基于其象征(symbol)哲学将舞蹈明确界定为"潜在之力"(virtual powers)②的直接生动的展现。

由此在三位大师的前行引导之下,我们似乎悟得舞蹈的三个本质性特征:一是,它总是指向身体和生命这个本原和本源;二是,作为生命力的直接表现,它由此总是与那些高阶而抽象形式(语言系统、形象系统、符号系统,等等)形成对立乃至对抗;三是,跟别的艺术门类相比,舞蹈与魔法、巫术这些原始的神秘力量的关系要更为紧密。甚至可以说,即便我们的世界早已是一个韦伯意义上的"去魅"的时代或查尔斯·泰勒意义上的"世俗时代",但唯独在舞蹈这个横贯人类历史的悠久的艺术表达之中,魔法的"迷魅"之力获得了最为持久的延续,进行着最为顽强的抵抗。作为**生命—表现—魔法**的三位一体,舞蹈一直在现代的艺术体系之中占据着一个独树一帜但又含混不清的位置。独树一帜,是因为它几乎与所有现代性的理性化程式格格不入;含混不清,是因为它由此也就始终难以获得各种现代性理论的澄清、阐释乃至策封。从某种意义上来说,舞蹈近乎一种"外在于"艺术史的存在。也难怪当代第一位舞蹈哲学家茜茨(Maxine Sheets-Johnstone)带着几分悲凉的语调说,直到20世纪六七十年代,连一部真正意义上的舞蹈研究的"文献"(literature)③都难觅踪迹。

即便舞蹈本身不断抗拒着现代性的历史和正统官方的艺术史脉络,但却并不意味着它由此也就逐渐远离了我们当下的世界。或许正相反。当舞蹈越来越游离于"历史"之外,它反倒是越来越深入而全面地渗透进我们的生活中。这不止是说,当全面步入数字化阶段之后,舞蹈的形态正发生着多元而丰富的改变,而是说,此种"改变"从根本上远非"适应"和"与时俱进",而恰恰是"逆时而动"般再度将魔法之力召唤回数字时代。世界越是技术化和数字化,舞蹈就越是

---

① [法]安托南·阿尔托:《残酷戏剧:戏剧及其重影》,桂裕芳译,北京:商务印书馆2015年版,第40页,44页。

② 作为本章的关键词之一,"virtual"在文中有两个相关又差异的含义,一是在朗格和茜茨那里作为"潜在之力",二是在数字化表演之中作为"虚拟"的技术。

③ Maxine Sheets-Johnstone, *The Phenomenology of Dance*, Philadelphia: Temple University Press, 2015, "Preface to the second edition", p. xxxii.

"依然故我"地尽情展现其原始的迷魅能量。在舞蹈之中，技术和巫术①、祛魅和迷魅似乎从未成为对立和对抗的双方，而反倒是越来越成为交织、缠结，乃至互渗和转化的两股力量："今天的魔法就是明天的技术。一切皆魔法。一切皆技术。"（The magic of today is the technology of tomorrow. It's all magic. It's all technology.）②数字时代的舞蹈，似乎已经不再安于历史"之外"的含混地位，而是成为扰动历史时间的颠覆性力量："来自远古的魔法和来自未来的技术实为一体。我们正是以此来创造当下（the present），我们在加速（speeding up）。"③由此不妨戏拟拉图尔那本名作的标题，指出正是舞蹈的存在让我们豁然领悟，这个世界或许"从未真正现代过"。

但在这个看似令人激奋的表象之下，是否还蕴藏着某种隐忧乃至危险呢？确实，当拉什科夫（Douglas Rushkoff）这样的理论先行者步入大型的浩室（House）或锐舞（Rave）派对去进行人类学考察之时，他的心中断然充满着对创造和未来的憧憬。但抛开"赛博宗教"（cyberian religion），"电子巫术"（technoshaman），"精神维度"（spiritual dimension）④这些说辞不谈，我们总想从哲学上进一步追问，到底技术和魔法是怎样连接在一起的？技术和魔法到底何者才是真正占据主导的一方？魔法的复魅（re-enchantment⑤）真的变革了技术时代的格局了吗？还是反过来说，所谓的"魔法"充其量不过是数字技术营造出来的一种"效应"或"手法"？在舞池中的那一具具扭曲、缠绕、震荡的身体真的形成了一个"部落"（tribe）⑥吗？如果是，那么在他们之间形成维系的物质力、生命力乃至精神力又到底是什么？

对于这些步步紧逼的追问，我们却很难自信地给出一个乐观的回应。那不

---

① 技术与魔法的对峙乃至冲突，尤其可参见 Federico Campagna 的《技术与魔法》一书，其中鲜明地将魔法作为解决日益技术化的世界的危机和困境的"疗治之道"（*Technic and Magic*, London：Bloomsbury Academic. 2018, "Introduction", p. 9）。

② Douglas Rushkoff, *Cyberia：Life in the Trenches of Hyperspace*, Manchester：Clinamen Press, 2002, p. 114.

③ *Cyberia*, p. 116.

④ Ibid., p. 91, 92, 94.

⑤ 晚近以来对这个概念的最集中阐释当属 Christopher Partridge 的 *The Re-Enchantment of the West*（London：T&T Clark International 2004），他在书中不仅清晰概括了如新世纪这样的新兴宗教的主要特征（pp. 32—33），而且还尤其专辟一章来细致描述电音和舞曲文化在全球复魅潮流中的重要地位（第7章第5、6、7节）。

⑥ *Cyberia*, p. 97.

妨先从拉什科夫自己的阐释入手,由此进一步深思锐舞式"电子巫术"到底是释放出逃逸的潜能还是建构起捕获的装置。通观他在名作《赛博利亚》(Cyberia)第九章中的相关论述,不妨将锐舞文化的"革命性"概括为同步、同时、同一这三个关联的本质特征。首先,他用物理学上的"锁相"(phase-locking)这个机制来大致描摹舞者之间的同步,也即他们之间在舞步和姿态上固然存在着显然的差异,但是他们之间的互动是"直接而切实的"[1],由此形成了一个紧密缠结的网络,根据节奏和旋律的变化,总是在一个相对稳定的"相位"(phase)之内彼此共振。而制造这个同步效果的,正是"同时"(synchronized)这个基本的时间性机制。伴随着精准而机械的四四拍鼓点,舞者的动作也就同步被明确切分成一个个彼此独立而离散的"当下点"(present-point)。他的时间、他们的时间永远是、纯粹是同时的,因为自始至终唯有机械重复的当下和现在,过去留存的痕迹和未来敞开的可能都最大限度地被压制乃至被抹除。由此就形成了"同一"这个终极的效应。看似每个舞者都带着强烈的个性来表达自我,但这些所谓的个性差异仅仅是表象,因为它们都极为严格地被限定在稳定而明确的空间相位和时间切分之中。确实,"房间里的每个人都必须变成'一'。这意味着,没有表演者,没有观众,没有领袖,也没有自我(no egos)"[2]。显然,这里早已没有尼采式的迷醉,阿尔托式的痛苦,朗格式的幻觉(illusion),有的只是无缝衔接(seamless[3])、机械重复的模式和序列,以及在其中身不由己地彼此震荡的原子般的舞者个体:"这是一个序列(a sequence)。你搭建起人群,又把他们拆解。"[4]也难怪拉什科夫会偏好"锁相"这样的物理学术语去描绘那一个个本该带着生命的强度和气息起舞的个体。说到底,追问在这里起舞的到底是人之身还是物之体,又到底有何差别,有何意义? 一切无非都是被算法编码、捕获和操控的原子而已。读到此处,我们似乎顿然领悟了所谓"电子巫术""赛博宗教"的真正含义,其实它既非原始魔法的复活,更不足以对抗技术的座架,所谓的灵魂、神秘、迷狂等,都无非遍在而强大的数字平台所模拟、生成、制造出来的"特效"而已。如果说这里真的有一种"宗教的至福"的话,那更接近机器和人之间所缔结的浮士德式的邪恶

---

[1] *Cyberia*, p. 94.

[2] Ibid., p. 97.

[3] Ibid., p. 105.

[4] Ibid., p. 98.

契约：请献祭你的肉身，我赐予你以数字天国的永生。

但这断然不会是我们人类所憧憬和向往的未来。那么，又如何敞开别样的未来可能？或许亦是隐隐体会到了锐舞文化的危险乃至威胁，拉什科夫在第九章的最后回到了"共情"（empathy）这个主题。他自己虽未明言，但其中的缘由似乎极为明显：在机械重复的数字时空之中，在被动共振的身体原子之间，或许尚有一丝解脱甚或解放的希望，那正是重新回归体验（experience）这个源头。但此种体验当然并非只是主观的心理感受，而是鲜明指向了肉身的在场和生命的强度。既然如此，拉什科夫又为何仍然要用技术性的"共享频率"（frequencies shared）①来解说此种共情的基础？为何我们不能索性直接回归魔法和巫术的源头，将此种体验就视作灵魂之间的震荡？"我们可以将灵魂归结为一系列震动"②，我们亦欣然以阿尔托的这句断语作为真正起点，来重思舞蹈之复魅。或许灵魂早已是一个过时的词语，或许今日的灵魂更接近于游荡于数字时空中的苍白幽灵，但我们更愿意重拾阿尔托的"重影"这个主题，以舞蹈为契机，重新激活灵魂的"流体物质性"，进而探寻重建主体性的希望。哈特和内格里在《诸众》中将肉身（flesh）之怪异潜能（monstrosity）作为重建主体性和共通性（common）的重要途径③，但在本文之中，我们却恰恰意在反其道而行之，将灵魂之舞蹈作为激活创造性的别样能量。毕竟，舞蹈，或许正是数字时代的灵魂之"呼喊"④。

二、"情感"还是"形式"？：朗格之惑

上面引出的技术/魔法之争不禁让我们重回《情感与形式》这个重要源头，再度深思朗格对于魔法这个主题的原初阐释。关于舞蹈的论述集中于该书的第11、12 章。她首先指出，不应该局限于将舞蹈与其他艺术类型进行类比，而必须要找到它自身的独特本质。比如，在舞蹈里面，音乐式的"韵律"（rhythm）、电影

---

① *Cyberia*，p. 125.
② 《残酷戏剧》，第143 页。
③ Michael Hardt & Antonio Negri, *Multitude*：*War and Democracy in the Age of Empire*，New York：The Penguin Press, 2004, p. 193.
④ "在欧洲，再没有任何人会呼喊了。"（《残酷戏剧》，第150 页）

式的"运动"乃至哑剧式的"摹仿"都起到重要的作用,但舞蹈本身却不能被还原其中任何一个方面,因为它的核心其实在于"姿态"(gesture)①。要透彻理解姿态,须从三个要点入手。首先,它不是再现或摹仿,也绝非单纯的身体运动,而是"生命运动"(vital movement)之表达。其次,此种表达也绝非指向主观的一方,而是源自生命自身内在的形式和秩序的"自发"(spontaneous)、"直接"②的呈现。用朗格自己屡屡强调的说法,表达的是"观念"或"概念"。由此,最后,此种表达虽然是观念化(ideation),但绝不意味着它由此就可以被还原为抽象的哲学体系或语言符号的体系。正相反,舞蹈对生命运动的表达恰恰是以"形象"核心的。形象又展现出两面,一方面它从根本上朝向生命运动本身的秩序,因此是"客观的";但另一个方面它又明确指向了人的情感体验,因而又是主观的。

正是这种两面性进一步界定了舞蹈的两个基本特性,即"原初幻觉"(primary illusion)和"基本抽象"(basic abstraction)③。幻觉绝非意味着缺乏客观性的主观臆想,而是强调,舞蹈所"表达"的并非生命运动可见的、现实的方面,而是不可见的、"潜在的"(virtual)力的运动及其动态形式。进而,"抽象"也绝非一种高阶的思维活动(概念,判断,等等),而只是提醒我们,舞蹈作为一种艺术象征(symbol),其根本的作用正是要"从翻涌的现实印象之流中抽取出概念(abstracting concepts)"④。或简言之,舞蹈从根本上说是一种"呈现性"(presentational)⑤而非"再现性"(representational)的象征系统。也正是在这里,出现了朗格的舞蹈哲学的核心难题,那正是客观和主观这两极之间的难以化解的张力。从根本上说,她无疑鲜明地将重心置于客观性这一面,也即将舞蹈(乃至所有艺术)的本源皆置于生命运动的内在的、潜在的形式的呈现。虽然她也每每强调这个形式的表达是激发情感的,甚至充溢着情感体验的⑥,但说到底情感本身总是附属的、伴随的效应,正如 pathos 这个词的古希腊词源所暗示的,它永远只处

---

①　Susanne K. Langer, *Feeling and Form: A Theory of Art*, New York: Charles Scribner's Sons, 1953, pp. 172—174.

②　Ibid., p. 178.

③　Ibid., p. 169.

④　Susanne K. Langer, *Philosophy in a New Key*, The New American Library, the sixth printing, 1954, p. 117.

⑤　*Philosophy in a New Key*, p. 134. 同样还有"demonstrate"(p. 123),"reference"(p. 127)这些近似的说法。

⑥　*Feeling and Form*, p. 71.

于一种被动的地位。《情感与形式》这个标题已经把"主观/客观"这个张力展现得淋漓尽致:情感依托于形式,形式充溢着情感,但是,到底"谁"在承受、体验情感? 情感除了被动性这个方面,是否还有可能存在着主动性的根源? 这个"主观性"乃至"主体性"的重要方面不仅在全书之中被忽视,甚至被搁置、弃置。

这个难题不可谓不重要,因为朗格在晚期的巨著《心灵》(*Mind*:*An Essay on Human Feeling*)之中,开篇就明确指向了身与心、物理与心理之间的二元性划分,进而指出,情感并非外部对象在内在心灵之中所产生的"结果",亦非内在心灵对于外部世界所进行的独立而内源的回应乃至抵抗,而更应该放在一个更大的生命运动的过程之中。[①]正是在这个意义上,情感展现出一种主动性的形态,它不仅是被动承受,而是"自生的行动"(autogenic action)[②]。且不论朗格这一套生命论(vitalism)的宏大哲学体系是否真的站得住脚,但是很显然,我们亟待追问的主体性这个根本问题并未得到真正的回应,而反倒是彻底被遗忘、被取消了。换言之,我们更关心的是"谁"在体验,或者说人作为体验的主体究竟具有何种主动、本源的地位,而绝非"被体验的是什么"(whatever is felt in any way)[③]这个朗格全书中唯一出现的根本问题。对于她来说,情感并不具有什么独立的地位,它只是生命运动的一个层次和维度而已。情感的主动性,说到底也注定要回溯到生命的机能本身。[④]

基于这个根本的难题,我们得以重新审视《情感与形式》之中关于"魔圈"(magic circle)的重要论述。首先必须指出的是,朗格虽然早自《哲学新解》开始就强调了原始部落及其神秘仪式这个历史背景,但她却同样警示我们,不应该仅从"神秘解释"[⑤]的角度去理解舞蹈的"起源"(origin),而更应该从象征哲学的角度去阐释舞蹈的"本原"(ground)。一句话,在朗格的文本之中,"神秘"(mystical)完全可以且理应被等同于"潜在"(virtual)。神秘绝非难以或不可理解,而只是指向着有待表达的不可见之力而已。由此也就可以理解为何朗格对现代的种种复魅现象嗤之以鼻,那正是因为,在世俗化对西方历史造成了无可挽

① Susanne K. Langer, *Mind*:*An Essay on Human Feeling* (*Volume I*), Baltimore:The Johns Hopkins University Press, 1967, p. 21.

② Ibid., p. 23.

③ Ibid., p. 4.

④ Ibid., p. 29.

⑤ *Feeling and Form*, p. 169.

回的"创伤"（trauma）之后，舞蹈本身的"堕落"（degeneration）也就成了一个不争的事实。①今天的种种大众喜闻乐见的舞蹈形式，只是徒有魔法之外表，而完全失去了"潜在"之力这个神髓和实质。在复魅这个空洞苍白的外衣之下，其实"表达"的只是同样空洞苍白的情欲和快感而已。②但我们不妨追问一句：为何在锐舞派对上震荡扭曲的一具具身体就没有完美实现原始魔舞的那种对"生命作为整体"（life as a whole）③的参与和归属呢？他们到底缺失了什么根本的要素呢？在这个章节之中，朗格并未给出明确答案，但却暗示出一个方向：原始舞蹈激发的那种"狂喜"（ectasy）到底根源何在？一言以蔽之，正是"内"与"外"的循环流转和彼此震荡。④那么，在内与外之间流转的到底是何种不可见的潜在之力呢？朗格会明确回答说是生命之力，但如果基于从弗雷泽（《金枝》）到查尔斯·泰勒（《世俗时代》）对原始文化研究的脉络，或许更应该是灵魂之力。或许在原始思维之中，生命和灵魂之间的边界本就不甚清晰（亚里士多德《论灵魂》），但是，灵魂之力的震荡更能够体现精神性的维度和整体性的超越，由此亦得以为朗格无力回应的主体性问题提供一个重要的推进思路。

这一思路，在朗格之后最重要的舞蹈哲学家茜茨那里获得了深刻推进。然而，她的奠基之作《舞蹈现象学》固然意义重大，但细究内容，并没有太多对于朗格的既有结论的实质性推进。该书虽然名曰"现象学"，但其中绝大多数关键术语（表达、形式、潜在，等等）都还是朗格的，茜茨自己在书中给出的舞蹈的明确定义也同样如此："舞蹈，作为一种人类情感的形式化象征，直接创造出并维系着一种力之幻觉。"⑤然而，在2015年为第15版写就的序言之中，茜茨却更为明确地从现象学的立场阐释了这本旧作的真正用意所在，那正是"体验"和"主体性"这两个要点。首先，她所谓的体验当然不只是主观、内在的心理感受，而更是揭示出前反思（pre-reflective）⑥的身体觉知。但这个觉知又并不仅仅是对象化的，不是对身体的种种属性和状态进行客观的观察和描述，而是强调这个觉知和身体的运动本身是融为一体的，"我"在运动之中觉知，"我"就是那个运动之

---

① *Feeling and Form*, pp. 201—202.
② Ibid., p. 203.
③ Ibid., p. 190.
④ Ibid., pp. 195—196.
⑤ *The Phenomenology of Dance*, p. 68.
⑥ Ibid., "Preface to the fifteenth anniversary edition", p. xiii.

中的身体。由此就引申出两个重要的结论,首先,这个前反思的体验展现的更是身体的动态(kinesthetic),也即,不是作为一个有待观察和剖析的"物",而是一个在流动变化之中又保持连贯统一的"过程"。其次,正是在这个"动觉体验"(kinesthetic experience)之中,不仅明确出现了一种自我意识,而且更可以说是出现了一种原生的主体性形态,它当然不同于更为高阶的"我思"式的认知和理性主体,但也不同于与对象世界相对立的感知和行动的主体["我能(I can)"],而更接近一种与身体运动紧密融合在一起的自反性体验:"这是我的身体在运动(this is my body that is moving)",进而"我活在我的身体之中,我体验着,运动着我的身体(I live, feel, and move my body)"①。我们看到,在朗格那里全然被忽视乃至遮蔽的"谁在体验"这个关键问题,在茜茨这里终于获得了直接明确的呈现。

更值得注意的是,茜茨随后更是突出了两个要点。首先,对于此种"我动"(I move)的原初体验的展现、实现乃至创造来说,舞蹈显然是一个至为关键的媒介和途径。其次,她同样暗示出,舞蹈的体验不仅能够实现主体自身的内在激荡,更是能够在主体之间形成"情感的共鸣"(affective resonance)②。她在随后的著作之中对这些要点进行了持续推进。比如,在《运动的优先性》(*The Primacy of Movement*)中,她不仅进一步界定了"我动"的体验主体的基本特征(流动、整体、定性、自发等),更是重点援引了胡塞尔关于"赋灵"(animation)的论述,这无疑强调了内在体验的本源地位。之所以"我"在体验到我的运动,并非只因为身体是属我的,我和身体是一体的,更是因为"我"本身就是运动的原初的、根本的动力。"我动"和"自动"(self-movement/self-agency)③本就是一体之两面。就此而言,"我动"并不只是居间的、初级的主体形态,正相反,它才是高阶的反思和对象化的感知得以可能的根本性前提。我,向来是、始终是在运动中实现和体验自身的那个"第一人称"的主体。在全书的最后一章,她甚至明确提出了"有心之身体"(mindful bodies)这个说法,并援引詹姆士的说法,将情感作为运动的起点和中心④,这当然是对朗格的那种"有情之形式"的传统立场的最极端颠覆。

---

① *The Phenomenology of Dance*, "Preface to the fifteenth anniversary edition", p. xviii.

② Ibid., p. xxi.

③ Maxine Sheets-Johnstone, *The Primacy of Movement*, Amsterdam/Philadelphia: John Benjamins Publishing Company, 2011, p. 125.

④ Ibid., p. 481.

而在《内在与外在》(*Insides and Outsides*)之中,她更是将内和外的问题置于核心,进而强调了内与外之相关,以及内对于外的优先性。这一点尤其体现在她对于两种最重要的内在体验(呼吸和苦痛)的着力论述。这当然是极富启示的,因为即便茜茨或许最终仍然未彻底摆脱朗格的框架(比如她似乎最终还是将我动之主体归结为生命体之机能),但这些强烈体验的揭示无疑为深思数字化舞蹈之中的生命身体(biological body)和数字身体(digital body)之间的分合纠葛的关系提供了切实的进路。

三、分离还是融合?:真实肉身及其虚拟"重影"(double)

当晚近的舞蹈日益全面进入数字化阶段之后,却反而日益激发出灵魂之力这个潜能,这真的是一个值得深思的现象。数字时代的舞蹈,确实呈现出极端的两极分化的趋势。一方面是徒有复魅之形、而全无灵魂之质的席卷全球的锐舞文化,但另一方面,在前卫乃至极端的舞蹈实验之中,却反倒是如阿尔托所畅想乃至狂想的那般,展现出不可遏制的周转于内与外的灵魂能量和精神体验。阿尔托和朗格都曾以舞蹈的原始魔法来嘲讽现代舞台表演的日益理性化和程式化的冰冷外表,但如今的事实却是,真正能够在数字时代得以实现复魅之场所绝非"舞池"而恰恰是"舞台"(stage)。原因其实也很明显,因为在舞厅中虽然也大量运用了数字技术的手段,由此也确实在舞者身上引发了强烈的神秘体验和彼此交感,但这个空间却并没有阿尔托意义上的那种"残酷"的氛围,也即通过将真实的冲突之力毫不掩饰地展现出来,进而刺痛主体进入一种极端的甚至终极的清醒:"它们[戏剧]作用于我们突然清醒的头脑…… 使我们身上沉睡着的一切冲突苏醒,而且使它们保持自己特有的力量。"①这样看来,锐舞派对上有的绝不是残酷,而恰恰是麻痹,因为其中没有真正的冲突,一切力量看似在震荡,但最终都被机械的节拍带入一种近乎静止的恒定均衡中;其中也没有彻底的清醒,而是在身体和生命的融合(混合?)之际,所有个体都失去了对自我的掌控(loss of ego②)。

① 《残酷戏剧》,第25页。
② Robin Sylvan, *Trance Formation: The Spiritual and Religious Dimensions of Global Rave Culture*, New York: Routledge, 2005, p. 74.

没错，舞蹈的境界或许正是放弃自控和自主，义无反顾地投入不可见的潜在力量的场域和洪流，但在其中被（暂时）悬置的充其量只是"我感""我能""我思"这样的主体性形态，而如"我动"及"我体验我之动"这个前反思的舞者—主体却始终是一个必要、必然的前提。

也正是这个我动之主体在伪复魅的舞厅之中消失不见，但却在真还魂的舞台之上得到极致实现。只不过，数字化舞台表演中的主体性又展现出与茜茨的现象学式主体三个深刻差异。首先，它不是以生命力为基础，而总是以数字化、虚拟化的技术为媒介和前提。其次，它不再以身体为核心，而更试图经由"虚拟身体"（virtual）这个重影来激发、释放灵魂的潜能。最后，它确实也试图在内与外之间形成流转和震荡，但却并不把均衡的形式和秩序作为要旨，而更试图将冲突之力带向极端和极致，因为"哪里是由单纯和秩序所统治，哪里就不可能有戏剧"①。一句话，若给数字化舞蹈一个本质界定，那正是**通过虚拟技术实现的灵魂之力得以流转震荡的残酷剧场**。下面就根据数字化舞蹈发展的大致发展线索，并结合三部典型作品稍加阐释。

根据迪克逊（Steve Dixon）对数字化表演（Digital Performance）所进行的全面细致的历史梳理，不妨将数字化舞蹈的发展历程概括为再现（representation）、裂变（rupture）和融合（convergence）。表面上看，这是一个数字技术不断由外至内的渗透、操控乃至改造的过程，一开始只是为人所用的工具，然后进一步化身为对人本身进行操控的内在操作，进而最终升级为塑造人际关系的制度和装置。如此看来，这断然不是一个令人乐观的、充满希望的进程。因而我们在这里所要做的，是试图在这个技术主导的进程之中去探寻那种根本性的抵抗和撕裂的内在力量，并由此为舞者之主体性的重建敞开别样的可能性。敞开这个裂口的关键点，正是裂变期所隐约呈现的"幽灵"与"重影"这个重要形态。

首先，当数字技术刚开始介入舞蹈表演时，它所起到的确乎只是"模拟"（simulation）的功效。模拟总是预设了原型和摹本之间的差异及等级关系，原型永远优于摹本，而摹本总是位于从属和辅助的地位。之所以需要摹本，只是因为我们想更好地理解原型，并进而反过来增强原型本身的力量。如早期的编舞软件《生命形式》（Life Forms）和它的原型舞者肯宁汉（Merce Cunningham）之间的

---

① 《残酷戏剧》，第 50 页。

关系正是如此,说到底,它只是对于后者的"补充和拓展"①而已,既不足以撼动舞者之肉身的中心地位,亦始终要以潜在但却客观的生命之力为根本原理。但此种初生的粗糙稚拙的模拟却反倒是无心插柳般地为重影之绽现撕开了第一个裂痕。从模拟能力和程度上来看,《生命形式》都是极为有限和低级的,它远远无法如今天的技术一般对舞者的身体进行全面细致的复制,更无法投影出一个近乎活灵活现的"虚拟身体",它展现出来的效果其实更接近一种抽象的线描(sketch)。也即,身体本身的厚度和深度近乎全然丧失,而仅留存为屏幕上的痕迹和轮廓。但正是这样一种对于舞者身体的数字抽象,引发了一系列不可预测的奇妙诡异的效果。说奇妙,那是因为这些线描的痕迹展现出另一种不同于肉身之舞的审美意味,比如更接近书法、绘画乃至动画的视觉形象。说诡异,那是因为此种抽象进而展现出两个截然相反的方向。从正向上来看,数字的抽象其实颇为符合朗格的论述,也即对生命运动的内在形式进行观念化的呈现。如此看来,虚拟身体和真实肉体是精确对应和彼此一致的,前者所抽象出来的恰是后者的本质特征。

但此种抽象还具有另一种"负向"的效应,不再是对应和一致,而反倒是冲突、离异、乃至撕裂。正是在这里,明显出现了重影之幽灵显像。如《捕魂》(Ghostcatching)这部引起争议的经典之作的标题就已经说明一切:"计算机能够从人的身体中抽取(extract)出本质,就像那个古老的信念……照片所捕获的是主体的一部分灵魂(soul)。"②这里,数字化抽象的操作发生了令人焦虑乃至忧惧的变化,它不再仅满足于对外形的模拟,甚至也不再是对本质的客观再现,正相反,它根本上是一种分离、分裂的操作,它将人最内在、最隐藏不可见的灵魂抽离出来,再投射到数字空间之中,甚至在舞台上与真实的肉体并置一处,协同表演。由此就会产生出一种极端诡异的体验,那正是舞者自己也一次次"回归的那个哲学问题:那到底是谁?(who is that really?)"③那真的是"我"吗?那为什么我在这里,他在那里?为什么内在的我还可以被外化,而且外化的那个我还可以与我相对,甚至展现出他自己的独特的生命运动?更"诡谲"(uncanny)的是,

---

①　Steve Dixon, *Digital Performance: A History of New Media in the Theater, Dance, Performance Art, and Installation*, Cambridge/London: The MIT Press, 2007, p. 185.

②　Ibid., p. 193.

③　Ibid.

为何那个外化的我与我自己并不全然相似,甚至展现出"陌异的,异世的(*un-worldly*)"①的氛围和气息?"虚拟身体既是(*is*)又非(*is not*)"②,而这恰恰正是它作为幽灵般"重影"的最根本特征。正如阿尔托所谓的"重影"亦绝非对应和一致的镜像,而更意在将不可见的冲突力量展现到残酷的极致。由此看来,《捕魂》堪称是对于《生命形式》这样的模拟软件的最大嘲弄和颠覆,因为这个"鬼影重重"的舞台之上,人的真实"生命"(life)和数字的虚拟"形式"(forms)之间或许表面上亦相安无事,但在某些无可避免的瞬间,总是爆裂出无法化解的张力、无法跨越的鸿沟,甚至无力弥合的创伤。更为可怕的是,那个数字的重影或许最终会让你自己感觉自愧不如甚至自惭形秽,因为它分离、抽取的是你身上更本质性的灵魂,而当魂飞魄散之际,那个在舞台上独木难支的你是否更自觉像是一具被掏空了的残躯?或许血肉之躯反倒越来越蜕变成数字灵魂的苍白重影?就此而言,在迪克逊所精准概括的数字重影(The Digital Double)的四个基本面向之中(第十一章),第四个[作为人类把玩的"傀儡(Manipulable Mannequin)"]反倒并不重要,更关键的正是从对应的"镜像"到分裂的"他我"(alter ego)再最终到精神/灵魂的诡谲"流溢"(Spiritual Emanation)这个三阶段的变本加厉的演进。

可以想见,数字化舞蹈的随后发展,正是试图以各种方式(技术、艺术乃至哲思,等等)来竭力"修补"肉身及其数字重影之间的裂痕。简言之,也即拉近彼此的距离,营造出越来越深入而"真实"的融合,让虚拟身体看起来越来越像真实的身体,更带有人的生命的气息,进而最大限度地遮蔽、消除那种诡异的陌异感和疏离感。但由此似乎又导向了另一个极端。确实,看似肉身与重影之间的连接、沟通和转换日益流畅③,但这并不意味着人与技术之间就达成了一种友爱与和谐,或者说技术已然被驯服,进而再度回归"工具"这个本该属于它的位置。实情或许恰恰相反。技术的操控作用并未被削弱,反而以一种"隐形"(invisibility)④的方式获得了近乎完美和极致的增强。最有效的操控,难道不正是以示弱和依附的面具,来掩饰暗中进行的深入渗透和全面捕获?实时模拟、动态捕捉、体感信号,等等,这些高精尖的数字技术在无比拉近身体及其数字重影

① *Digital Performance*, p. 195.
② Ibid., p. 195.
③ Ibid., p. 215.
④ Ibid., p. 205.

的距离的同时,是否暗地里也以"人工"(artificial)的方式从根本上取消了二者之间本该有的差异?"和而不同"才是理想的境界,相反,如果人—机的亲密关系的前提是抹杀二者的边界、进而彼此趋同乃至同一,这或许反倒是最令人忧虑之处。

由此才会出现苏珊·柯泽尔(Susan Kozel)这样既有前沿的技术眼光,但又深怀哲学忧思的舞蹈艺术家,试图在人—机日趋无痕流畅融合的第三个极端重提差异这个主题,并尝试再度撕裂出重影这个裂痕,由此为回归舞者—主体的灵魂体验敞开了一条截然不同的道路:这里的主体既非反思性的个体,亦非一般的生命运动,而指向了以共情为纽带的主体间性;这里的灵魂也不再是被抽离出真实肉身的数字幽灵,而更化作强烈而真实的内在体验,由此舞者才得以确证自身的主体性的"位置"(position)。这尤其体现于《遥感之梦》[*Telematic Dreaming*(1992)]这部最为人称道、最具有震撼力的作品之中。整部作品始终摇摆甚至震荡于对于分离和融合这截然相对的两极的深刻焦虑之中。标题已是明证。"telematic"这个远程互连的技术手段,本意当然是跨越时空的距离,来最终实现人与人的灵魂相通这个终极理想,但伴随着数字和互联网技术的日趋成熟和强势,我们真的离这个理想越来越近了吗?还是说它反倒越来越像是一个遥不可及的"梦幻"(dreaming)?技术实现的到底是亲密的融合,还是更为充满焦虑和苦痛的分离?在这部作品中,所有这些尖锐的问题以一种极具戏剧性和体验性的方式呈现出来,在这里,真实的肉体彼此分离,被安置于彼此互不可见的空间中,但以虚拟投影的方式相互"远程—互连"。这不正是我们这个时代的人际关系的真实写照?今天的我们,早已陌生于,甚至厌倦于真实身体的在场,而更习惯于面对屏幕上传输的虚拟的他者形象。而柯泽尔的系列表演的最为震撼人心之处也正在于此,她要质疑、挑战的恰恰是这种看似习以为常的人与人之间远距连接的流畅无痕的融合性技术网络。当她用各种"表演"的方式去触摸观众的虚拟身体之时,或者反过来当观众在触摸她的虚拟身体的同时,总会有一种强烈的刺痛般的体验在每个人的灵魂深处涌起,震荡。一开始,她的感受与日常生活无异,他人是友好的,技术是隐形的,一切都包裹在流畅光滑的表面[或界面(inter-face)]之下。但随之在她的肉体与灵魂之中相继发生了激烈的"疼痛(pain)"①。先是真实的肉体开始

---

① Susan Kozel, *Closer*: *Performance*, *Technologies*, *Phenomenology*, Cambridge & London: The MIT Press, 2007, p. 96.

抵抗。这并不只是出于表演所带来的疲劳和损伤,更是一种挥之不去的"错位"的感觉。真实的身体开始和虚拟的重影发生一种不可调和的冲突,并由此通过对后者的抵抗而不断回归、确证自身的真实在场。①但这还是苦痛体验的开始。随后发生的事件则更引发了她深重的灵魂震荡乃至崩溃,因为有的观众对于她的虚拟身体做出了令人发指乃至不齿的暴力举动。面对这些作用于虚拟身体的暴力,真实的自我又有何体验呢? 同样是带有着极为纠葛的双重性面向。一方面,她强烈感觉到自我的分裂,身体我在面对虚拟我之时所注定体验到的那种疏离乃至冷漠:毕竟,被施暴的只是虚拟的化身,而真实的身体得以隔岸观火,安然无恙。②但另一方面,即便这一切都不是"真实的",她却又同时体验到一种强度丝毫不减的灵魂深处的恐惧:"我不是真实在体验。但我体验到了什么。"③正是在这里,我们似乎领悟到了这部作品的真意所在,恰可以用柯泽尔重点援引的瓦尔泽(Randall Walser)的那句精辟之语来概括:"剧作家和电影导演都试图传递一种体验的观念(the idea of an experience),但空间塑造者(spacemaker)所传递的却是体验自身。"④数字时代的舞者或许正是这样的空间塑造者,她们看似得心应手地运用着最为高端的技术手段,但其实却竭力想在光滑的数字界面与残破沉重的肉身之间重新撕裂开一个不可弥合的间距和伤口,在其中方有灵魂的深度,体验的强度。真正的数字时代的舞者,正应该是在此种创伤中确证自身的主体。

结语:呼吸与疼痛,数字化舞蹈的共情体验

　　关于数字化表演作为灵魂相通的共情体验,柯泽尔后来亦有更为明确的思考和更为深入的探索。比如,在谈及另一部重要作品《低语》(Whisper[s])之时,她切中肯綮地直击共情这个要点:"那么,我们以何种方式得以在真实可感

---

① 转引自 *Digital Performance*, p. 217。
② *Closer*, p. 97.
③ 转引自 *Digital Performance*, p. 218。
④ 转引自 *Closer*, p. 93。

(tangible)与不可捉摸(intangible)、清晰表述与不可言传的阈限之处彼此互通?"①我们亦可或理应将这个问题推向比语言更大的技术沟通的网络,进一步追问,是否在互连网络的光滑流畅的表面/界定之下,还存在另一种沟通方式,它不可被单纯归结为技术或肉体的任何一极,而是震荡于这两极之间的那种不可言说亦难以感知、虽隐微如呼吸但却依然强烈如痛苦一般的灵魂体验。《低语》就是这样一部兼具艺术境界和思想深度的杰作,它通过安置在人体表面的感知元件,在人与人之间潜移默化地传递着看似最为内在而私密的体验。由此亦得以对前文的论述进行三重深入推进。

首先,当然是对主体性这个本文的关键问题所进行的回应。在朗格那里,体验的维度虽然已然提出,但却最终作为生命运动的客观形式的从属和附庸。在茜茨那里,体验的主体性维度经由现象学的"赋灵"(animation)的概念得以凸显,并切实展现为"我动"这个前反思的维度。而到了柯泽尔这里,她首先补充上了技术这个为前人所忽视的关键环节,进而将"潜在"(virtual)这个含混的概念明确落实于"虚拟"的技术平台之上,由此在身体和技术之间敞开了共情这个重要的主体间性的维度。

其次,从灵魂的体验角度来看,阿尔托,茜茨和柯泽尔亦多有相似之处,尤为近似的是都突出强调了呼吸和疼痛这两个基本形态。这或许并非偶然,因为呼吸是最为幽微但又生死攸关的肉身感受,而疼痛又是最为强烈的贯穿灵与肉的震荡,二者似乎足以作为流转于内外之间的舞蹈之魔力的鲜明体现。此外,呼吸与疼痛的那种回声(echo)共鸣的形态亦最能突破主导现代舞台的视觉和话语秩序,进而呈现出兼容"被动的承受(having)和主动的施与(giving)"②的共情体验的互通③。也唯有从体验这个角度出发,似乎才能真正对阿多诺的"被动性主题(passivity thesis)"④进行有效回应。

---

① *Closer*, p. 26.

② Ibid., p. 28.

③ 或许更应该将此种被动与主动交汇、或更准确说是由被动生主动的形态称作"自发性"(spontaneity),它不同于被动而盲动的大众(mass),亦不同于主动而反思的"人民"(people),而更指向诸众(multitude)所展现出的那种自组织(self-organizing)的生成流变的潜能,可参见 Joel Nickels 在 *The Poetry of the Possible*:*Spontaneity*,*Modernism and the Multitude*(University of Minnesota Press,2012)一书的"导言"部分的清晰阐述。

④ 阿多诺在名文《论流行音乐》("On Popular Music")中指出,流行音乐的听众说到底只是任由文化工业塑造和操控的被动消极的傀儡,全然失去了反思性、独立性和创造性——尤其可参见 *The Re-Enchantment of the West*(*Vol.1*),pp. 143—145.

最后,由此亦得以再度对以锐舞文化为典型"症候"的全球复魅潮流进行反思。当我们在标题中将复魅和共情对照起来,在行文中将舞池和舞台对立起来,似乎亦有失偏颇地忽略了一个关键要点,即作为一种主流的大众舞蹈的形式,锐舞本身也具有外和内两个方面,而且内在体验的维度似乎同样亦不可忽视。①那么,是否舞池本身的那种僵化机械的时空相位本就无法真正激发体验和共情呢?还是说,未来有可能重新引入实验舞蹈的手法,在舞池之中重新敞开另一种裂痕?无论怎样,我们总还是期待着,未来的数字时代的舞蹈能够再度召唤古老的魔法,在一个幽灵游荡的世界中重建灵魂之间的血脉相通。

①　尤其可参见 *Trance Formation*:*The Spiritual and Religious Dimensions of Global Rave Culture* 一书的第 3 章,其中列举了锐舞的灵魂体验的种种面向:巅峰体验(Peaks),狂喜(Ecstasy),连接,超越,冥想,能量场,着魔(possession),等等,不一而足。只不过,所有这些还停留于表面现象的描述,远未深入复魅文化的本质,遑论灵魂体验在当代舞蹈发展中的重要意义。

第九章　孤独:数字时代的心盲之舞

　　舞蹈之思,渐渐将我们带向时代的精神体验的最深处。然而,呼吸与疼痛的否定性体验固然魂牵梦绕,刻骨铭心,但多少总还是局限于舞者和观者的个体生命。究竟何以由此拓展至人与人之间的深刻共情,这仍然是一个悬而未决的问题。在这个部分的最后一章,我们就结合"公共人的衰落"这个历史背景及精神政治这个当下的议题,再度对数字时代的舞蹈进行一番深思。

　　在各种历史悠久的人类艺术创造之中,舞蹈显然跟身体有着最为密切而直接的关系。虽然不能说舞蹈的要旨就是以身体来对抗乃至消解精神,但确实,身体对于舞者来说既是创造的媒材和起点,同时更是核心和原理。精神、意境、神韵等所谓"更高"的维度,都只有在身体这个基准平面之上才得以显现、涌现乃至绽现。从这个意义上说,即便不谈及酒神精神、具身认知等具体的哲学概念及理论,即便只是纯然从"身体"和"运动"这两个舞蹈艺术的关键词出发,已然能够彰显舞蹈与哲学之间的深刻关系。此种"关系",更恰当地说理应是质疑、挑战乃至反证。从柏拉图(尤其是《斐多篇》)以来的"魂与身战"①的紧张关系,从笛卡尔(尤其是《第一哲学沉思录》)以来的"机器中的幽灵说"的恼人难题,所有这些都一次次将身心二元论推到哲学争论的风口浪尖。但令哲学家绞尽脑汁不得其解的难题,在舞者面前却从来都是一个无可置疑,甚至无需回应的自明的原理与事实。当身体起舞,当时空转动,心灵和精神也就自然而然地进入生成和流变的过程。在舞者的身上,在身体打开的力量场域,灵与肉之间的所有人为设定的鸿沟和间隔都涣然冰释,消隐无痕。灵与肉之统一,或许本来就不(仅仅)是一个"思"的问题,而更(应该)是一个"做"的问题。一句话,这个统一并不是苦思冥想的命题,而是创造和行动的产物、效果。

---

　　① ［古希腊]亚里士多德:《灵魂论及其他》,吴寿彭译,北京:商务印书馆1999年版,"译者绪言",第3页。

　　但灵与肉、心与身这个根本的问题,在舞蹈之中还体现出另一种颇为不同的面向,它不再仅指向源远流长的哲学思辨,而是直指当下,甚至直接触及当下现实中最令人焦虑乃至忧惧的精神状况。由此,舞蹈就进一步关涉个体与群体、自我与社会、私人与公共这一系列更为深刻的伦理乃至政治的问题。简言之,我们在本章中经由舞蹈来尝试探问的,不再是身心关系这个哲学问题,而是人及其精神这个政治的问题。面对这个问题,恰恰不能或不该以一种普泛的方式来处理,而理应直击现实的要点乃至"痛点"。正是基于这个考量,我们就以晚近以来影响巨大的韩炳哲的"精神政治学"(Psychopolitik)为出发点,简要澄清其理论内涵及内在困境,进而揭示,舞蹈何以能够作为阐释、回应乃至解决当下的精神政治难题的可能途径和有力契机。选取这个思路的基本缘由有二。首先,韩炳哲的理论中鲜明展现出来的现实性和批判性为下文的分析奠定了背景和基调。他不仅明确将"数字化"界定为现时代的精神政治的本质特征,更由此揭示出这样一种近乎邪恶的转变趋向:"精神政治正从被动监控向主动操控大步迈进,我们随之陷入更深层次的自由危机。现在,就连自由意志本身也被操控了。"①而如何以舞蹈为媒介,探寻重新激活自由意志的希望所在,亦正是本文的核心主题。这个主体性的根本维度,正是舞蹈和精神政治之间的最深刻联结。其次,韩炳哲给人的印象总是批判有力但解决不足。遍览其著作,"仪式化"(或更恰切说是"再—仪式化")似乎就是他给出的唯一的解脱之道了。只不过,仪式化这个思路虽然极为敏锐深刻地敞开了从肯定性的数字化操控向否定性的精神化超越的可能方向,但韩炳哲用来解说此种令自由重生、主体重建的精神超越的种种论据却不太令人信服。由此我们试图揭示仪式化的另一重向度,进而回答一个根本问题:当晚近以来的舞蹈亦日益陷入数字化和技术化的格局,当舞蹈中最为鲜活灵动的"身体意识"(bodily awareness)日渐转化为一种"心盲"(mindblindness)的荒诞境地,那么又何以能够在舞动的身体中重新发现心灵、重新激活心灵的自由? 舞者之肉身,到底是主体的终极坟墓,还是主体的重生之地? 这正是我们要回答的根本的精神政治的问题。

---

　　①　[德]韩炳哲:《精神政治学》,关玉红译,北京:中信出版集团 2019 年版,第 16 页。

一、现时代的精神政治：自恋与孤独

论及舞蹈与时代精神的关系，首先似乎有必要澄清一个区分，那就是舞蹈绝不仅仅是时代精神的"再现"或"隐喻"，而是"表现"甚至"诊断"（clinical）[①]之"症候"（symptom）。将舞蹈视作再现，则它和现实之间就是分离乃至对立的；将舞蹈视作表现，则它就是现实的一个不可分的部分，更为紧密地卷入、介入到现实的错综复杂的力量场域之中，甚而本身作为一种现实的力量得以影响乃至改变现有的力量格局。

确实，通常人们总是习惯于将舞蹈视作社会的精神状态的反映或再现，但这个惯常的立场背后预设的前提就是，舞蹈似乎不太可能具有首要或本原的地位，而充其量只能是从属、依附于先在的社会现实。由此可以进一步得出一个心照不宣的基本立场：舞蹈至多只能以艺术的手段去描摹现实，而根本谈不上去介入或改变现实，说到底，它作为一种艺术的类别，无法真正成为现实的"一部分"。舞蹈和现实之间的此种分隔，并不仅仅是主观的印象或观点，而是在当今（或严格说是 19 世纪以来）的剧场体制之中有着极为明显的印证。今天的舞蹈剧场至少存在着三重分隔。首先是**空间的分隔**，台上和台下之间总是存在着明显的空间边界，且总是以各种或明或暗的标记来提醒观众这个边界的存在。[②]由此也就进一步形成观众和舞者之间的分隔。这个分隔以空间分隔为前提，但会随之产生出更为根深蒂固的心理体验和判断立场。比如，虽然在观看的过程中也不乏沉浸出神的体验，但观众总还是会真切感受到自己作为"观看者"而非"表演者"的清醒地位，进而最终坚执艺术与现实之分这样一个默认的前提：舞台上的毕竟只是一场表演，那毕竟只是一个虚构的世界，我毕竟不是那个挥汗如雨、神情恍惚、全然忘我的舞者。

这三重分隔虽然在作为"现代人"的我们看来是如此自然而然，甚至天经地义，但若回归历史，却会发现它的背后隐藏的正是一个从 18 世纪以来的西方社

---

① *Deleuze: A Critical Reader*, edited by Paul Patton, Oxford: Blackwell Publishers, 1996, p.192.

② 当然，除了少数一些实验舞蹈的表演。但当我们考察舞蹈和社会现实之间的关系之时，当然应该首先关注主流的形态。

会的转型过程，不妨借用桑内特的那部名作的标题来概括，正是《公共人的衰落》。既然这本书对韩炳哲的精神政治及仪式理论有着重要影响，那么我们在这里也不妨结合舞蹈这个主题对其内涵稍加展开。在对历史线索进行细致剖析之际，桑内特虽然并未以舞蹈为重点案例，但他对"人间戏台"这个 18 世纪所主导的社会精神状况的剖析仍然体现出与舞蹈之间的极为密切的关系。简言之，人间戏台表达的就是这样"一个观念：角色扮演是表达性的，当人们在他们的角色中投入情感时，他们获得了一些当演员的能力"①。我们看到，这就显然与上述的现代剧场建制的三重分隔形成了鲜明对照。在这里，观众和演员之间没有分隔，每一个人从本质上说都是表演者。台上和台下之间没有分隔，观众不仅观看，同时也在真实的参与（而并不仅仅是心理上参与）。进而就导致一个最为根本的现象，即"人间"跟"戏台"之间也不存在分隔，当我们走进剧场，并不意味着就由此进入了现实生活之外的一个独立的、分离的虚构世界，正相反，剧场的内和外，都是个体之间共享互动的公共领域的真实组成部分："关于 18 世纪的公共领域……生活在它里面的是一些什么人？……他是一个演员，一个表演者。"②这一点在当时的舞蹈表演中就体现得尤为明显。德加的那一系列描摹芭蕾舞者的不朽画作恰为明证。虽然他创作的时间已经到了 19 世纪，但其实不必单纯纠结于编年次序这个表面的线索，而更应该关注公共领域这个核心主题。德加笔下的那些舞者，正体现出人间戏台的鲜明特征。首先，他描画的往往并不是舞台上的那些光鲜亮丽的芭蕾舞者，而是她们在台前幕后的那些更具"生活化"特征的场景③，或是休息，或是排练，甚至是百无聊赖地发呆，都无限地拉近了观众和舞者之间的距离，由此令观众产生了一种强烈的心理认同感：毕竟，她们也是跟我们一样的凡人，操心着日常的柴米油盐，沉浸在日常的喜怒哀乐之中。说到底，我们都是这一个、同一个世界之中的表演者。④

　　除此之外，德加还有一个鲜明凸显出世界与舞台之间融合感的手法，那正是对台上和台下的空间边界的明确消除。比如，桑内特以瓦格纳为例展现出 19 世

---

① ［美］理查德·桑内特：《公共人的衰落》，李继宏译，上海：上海译文出版社 2008 年版，第 44 页。
② 同上书，第 134 页。
③ 《世界名画家全集·德加》，何政广主编，石家庄：河北教育出版社 2008 年版，第 40 页。
④ 如《缀着花饰的舞者》（1877 年）（《世界名画家全集·德加》，第 55 页）这样的作品，更是将观者（可能是教练或嘉宾）与舞者之间的距离拉近到极致。观者手中的扇子虽然被染成浓重的黑色，却并未呈现出任何分隔的效应，反倒是更为浓烈地凸显出扑面而来的生活气息。

纪用来分离观众和舞台的"隔离措施"："他用一个毛皮和木头制成的屏风将交响乐团的演奏台围了起来。"①但这个"只闻其声,不见其形"的演奏台反而给观众营造出远离舞台的更为强烈的体验。反观德加,则正相反。在《歌剧院中的管弦乐团》这样的画作之中,乐手不仅位于前景的明显位置,占据了画幅的大半空间,而且,画面本身的那种消解纵深的技法和视效,更是进一步突出了乐池和舞台及其上的舞者之间近乎毫无间隔、彼此融合的人间戏台的鲜活氛围。然而,仔细品味德加的画作,却已然能够体会到一种公共领域逐渐萎缩、私人空间日渐膨胀的时代转变的体验。"德加的作品,几乎都脱不了表达一种属于旁观者的觉醒,一种冷眼对人生的看法。"②没错,他所描绘的或许仍然还是沿袭自 18 世纪的"世界如戏台"③的景象,但画家自己却已经越来越体验到一种 19 世纪的典型情态:作为一个个体,他有着内在的私人领域,它有着往往潜藏着的、难以言传的内在情感,所有这些都日渐将自我和世界、艺术和现实分隔开来。无论德加怎样自由穿行于台前和幕后,无论他怎样在画面上拉近着观众和舞者的距离,但在内心的深处,他和所有那些"孤独"的现代人一样,愈发感受到那种公共领域衰落之后的个体的疏离感。此种疏离感,在德加的其他画作之中呈现得尤为明显,尤其如《苦艾酒》这样的代表性作品。

在桑内特看来,此种疏离感尤其表现为"自恋"这种现代人的症状。之所以是症状,恰恰是因为"自恋具备了一种双重性:它既贪婪地迷恋着自我需要,又阻碍它们得到满足"④。因此,自恋的症结所在,并不仅仅是对那个疏离于公共领域之外的内在自我的迷恋,而更是对这个自我的不确定、迟疑,乃至焦虑。对于自恋的现代人来说,自我绝非一个明确的内在领域,也从未真正呈现出某种清晰可见的形态或本质,而始终是一个各种力量交织冲突的混沌场域。概言之,这个自我绝非是基础或中心,而恰恰是黑暗的深渊。当人面对自我的时候,涌现出的绝非自信和肯定,而恰恰是怀疑和否定。从莎士比亚的《哈姆雷特》一直到存在主义运动,现代人对内心自我的发现历程已经打上了这个否定性的鲜明烙印。⑤自恋,

---

① 《公共人的衰落》,第 268 页。
② 《世界名画家全集·德加》,第 79 页。
③ 《公共人的衰落》,第 137 页。
④ 同上书,第 9 页。
⑤ "solitude conjured up negative associations." (Edward Engelberg, *Solitude and Its Ambiguities in Modern Fiction*, New York: PALGRAVE, 2001, p. 2)

恰恰不是对自我的迷恋，而是对自我的不断叩问和拷问，"我到底是谁？""我到底想要什么？""这些所作所为、所言所行，真的是我自身的表达吗？"而之所以现代人深陷于自恋的陷阱和深渊之中难以自拔，其实背后同样有一个历史发展的过程，首先正是 19 世纪所"发明"的个体人格的概念及其"三种构成要素：情感和外表的统一、关于情感的自我意识和作为异常情况的自我表达"①。第一点所说的"统一"恰恰不是内与外的和谐，私人和公共的平衡②，而是内与外之间的极端撕裂及其产生的扭曲效应。一方面，外部的公共空间日益的同质化、符号化，个体的情感表达应该无时无刻都恪守普遍遵循的社会规范，不敢甚至不能越雷池一步。③由此，沉默④、谨言慎行、保持社交距离，这些都越来越变成现代公共领域中的典型现象。由此也就使得个体越来越把内心的感受体验封闭起来，无法顺畅自然的表达，甚至根本无从表达。⑤这就产生出一个极端悖谬的结果。不断被外部的冷漠世界拒斥和击退的个体，只能别无选择地一次次地被逼回自己的内心角落，但在其中他所深切体验到的恰恰不是温暖和在家，而是一种更为深重的焦虑、失落乃至错乱。然而，没有哪个自我能在封闭的黑暗城堡中存活，它只有在表达和外化的过程之中才能认识、实现和创造自身。因此，那个深陷自恋的症状和命运之中的现代自我，唯有以异常极端的方式，在偶发突发的情况之中才能真正在外部世界表达内心的情感。在 18 世纪的人间戏台之上，每个人的所想、所言、所行之间是顺畅转换，圆融无碍的；但在 19 世纪的冷漠城市之中，在那一张张虚伪做作的人格面具之下，每个自我都在竭力地掩藏着自身的真情实感，但同时又都在绝望地寻求着自我表达的"异常"机缘。正是因此，当公共领域日渐衰落（或严格说是日渐同质化）之际，自恋的个体之间就越来越倾向于在狭小的范围内，以隐秘幽微的方式竭力维系着一种"亲密关系"。⑥一个个孤独的人格原子，只能彼此抱团取暖，绝望地互相挤靠拥抱在一起，躲藏在亲密氛围的小小

---

① 《公共人的衰落》，第 247 页。

② 我们看到，平衡反倒是 18 世纪的典型特征：《公共人的衰落》，第 113 页。

③ "人们的公共自我是一种固定的、一成不变的礼貌与顺从，而真实的欲望在其后翻滚、扭曲。"（［英］奥利维娅·莱恩：《孤独的城市》，杨懿晶译，北京：北京联合出版公司 2017 年版，第 87 页。）

④ "作为自我怀疑的标志，沉默往坏处说是 19 世纪的行为学的矫正物。"（《公共人的衰落》，第 270 页）

⑤ "别理解我，别看透我，别分析我。别靠我太近，因为我不确定那里有什么，我不想去思考它。我不确定我是否喜欢自己。"（《孤独的城市》，第 58 页）

⑥ 《公共人的衰落》，第 327 页。

肥皂泡之中。但即便如此,人们仍然获得不了多少温暖和安全的感受,因为自我仍然不知道如何表达自己,仍然时刻面临着自我伤害和互相伤害的危险,甚至那个看似紧密包裹的肥皂泡也仍然、甚至必然会随时破裂解体,令自我再度暴露在无所庇护的公共空间。

这里我们看到,自恋式孤独的根本症结正在于它的"不可交流性"①。而其根源,恰恰在于自 19 世纪以来发生剧烈转向的公共空间,看起来在其中,日新月异、花样翻新的技术和媒介手段给人们提供了越来越丰富、多样、开放的表达和沟通的平台,但实质上却恰恰相反,它既从根本上拒斥、压制甚至封闭了自我表达自身的真实可能,进而也就以一种极端的方式阻碍甚至阻断了不同个体之间的真实的共情和共鸣。人越是孤独,就越是渴望表达;但表达越是无法实现和满足,越是受到打压和扭曲,反过来就越是加深了孤独与自恋。这就是现时代的精神状况的最深刻症结,由此也就是精神政治必须去直面的根本难题。

但在进一步从精神政治的角度探寻对治乃至对抗之道之前,在本小节的最后还是让我们再度回到舞蹈这个主题。与德加画笔下那些在人间戏台上沉浮的舞者形成对应,在晚近以来的艺术作品之中恰好亦有一部杰作能够彰显出现代人的那种自恋式孤独,那正是同样聚焦于芭蕾舞者的影片《黑天鹅》。看似这部影片与德加的手法相似,都是试图将舞台上光鲜亮丽的舞者重新带回到台下和幕后的真实场景之中,但它由此所展现出的精神状况确有天壤之别。面对德加笔下的舞者,我们总会涌现出一种莫名的切近感和认同感,会感觉到"我们"和"她们"之间并无多少阻隔和间距,甚至进而会觉得"她们过的也不过是像我们一样的平凡人生"。但面对娜塔莉·波特曼饰演的舞者,无论她怎样在镜头之下极尽演技地展现出平凡人的喜怒哀乐,但仍然无法弥合屏幕和舞台之上的演员/舞者与屏幕之外、舞台之下的观众之间的巨大鸿沟:"艺术家被迫扮演了一个补偿性的角色,在观众眼中,他是一个能够真正地表达自己的人,是一个自由的人。"②换言之,"她们毕竟和我们是不同的",她们是演员,我们是看客,她们是

---

① 《孤独的城市》,第 21 页。哈贝马斯也同样从城市空间的角度揭示了这个令人忧虑的转变趋势:"街区再也不能确保一个空间上受保障的私人领域,也无法为公共交流和交往创造出能够引导私人成为公众的自由空间。"([德]哈贝马斯:《公共领域的结构转型》,曹卫东等译,上海:学林出版社 1999 年版,第 186 页。)

② 《公共人的衰落》,第 244 页。

聚光灯下的明星，而我们只是含辛茹苦的凡人。说到底，只有她们有能力、有资格去演，而我们这帮子凡人就只能认命，在日常生活中不断压抑着真实的自我，循规蹈矩，谨小慎微，一场面红耳赤的争吵，一次"颜面尽失"的烂醉，似乎就已经堪称是"大逆不道"的异常表达了。

明星对我们的表达"无能"进行了补偿，舞台上的理想光芒骤然间照亮了日常生活的乏味与单调。但果真是这样吗？《黑天鹅》给我们带来的或许恰恰是另一种截然不同的启示。在另一些偶然、异常的瞬间，观众确实强烈体验到一种"我们"与"她们"之间的共情：无论她们是演员还是明星，但在内心深处，她们恰恰都跟我们一样是深陷自恋式孤独之中的现代灵魂。影片自始至终贯穿的那种自我质疑、自我追问，乃至自我冲突和自我抗争，似乎才是最为核心的主题。"黑天鹅"这个标题自然在戏剧中有着明确的指涉，但它又何尝不在展示着那种种叛逆的异常表达，它们撕裂着现代人格的伪装面具，瓦解着现代剧场的区隔建制，动摇着现代公共场域之中的同质化秩序。影片海报上的那张被撕裂的面孔恰是明证。身处现代剧场中的观众，虽然不再能体会到人间剧场中的那种内与外、私与公之间的平衡和谐的氛围，但却仍然能以扭曲异常的方式与台上的舞者引发深刻的共情。毕竟，她们跟我们一样，在面具之下都隐藏着一个挣扎彷徨的自我。毕竟，她们跟我们一样孤独，也跟我们一样渴望着"不可表达"之表达。由深深的孤独所生发的绝望的共情，正是我们思索现代舞台的一个真正起点，也是能够将现代舞蹈与精神政治关联在一起的明确纽带。

二、仪式化与具身化：重思舞蹈的精神政治

然而，究竟如何从否定性甚至创伤性的自恋进而转向肯定性、创造性的共情呢？这难道仅仅是一个美好但又空幻的梦想吗？在这个公共空间日益被社交网络和流媒体吞噬的时代，真的还有可能探寻真我，甚至彼此共鸣吗？《黑天鹅》的最后只给出了一个几分含混、几分灰暗的结局，那么，我们真的能够指望舞蹈成为直面当下的精神政治的激进力量吗？

面对当下的困境和迷局，无非存在着两种回应之道，一是朝向未来进行可能的变革，二是朝向过去释放被压抑乃至遗忘的潜能。在晚近的精神政治的研究

之中,朝向未来的方向似乎总是充满着悲观绝望的气息。既然公共空间变得越来越技术化和数字化,那么,要想在其中撕裂开差异乃至变异的可能性,几乎就是痴人说梦。比如,莱恩在《孤独的城市》中就描述了从安迪·沃霍尔开始的一次次最终皆失败的疗治、逃避、转化孤独的努力。只不过,沃霍尔跟他视作"太太"的磁带录音机之间还有几分亲密的感觉,但到了晚近的网络社会,个体不仅无力表达自己的孤独,甚至越来越忘记自己还有自我①,还有表达的需要和可能。人连自恋的焦虑都日渐消失,越来越化作空洞的、近乎透明的幽灵:"人们很难想起在那些网络化身的背后还存在着活生生的、有感情的个体。"②如果说这些描述还充满着一些忧郁和怅惘,那么韩炳哲的批判就堪称触目惊心了:"新自由主义精神政治以其意识工业摧毁了人的灵魂,使之无异于一部主动运转的机器。"③从自恋的个体沦落为"自动"的机器,绝对是精神政治所施加的变本加厉的恶果。

那么,面对朝向未来的灰暗前景,到底还存在着什么别的选择吗?韩炳哲给出的答案是从肯定性重新回归否定性。既然肯定性的未来就是将一切都"压扁、抹平",令一切都"毫不抵抗地融入资本、交际与信息的顺流之中"④,那么,单纯地"随波逐流"显然就是缴械投降,而似乎唯有重新唤醒断裂、伤痕、苦痛这些否定性的"经验"(Erfahrung)⑤才是留给我们的唯一可能。只不过,否定性在韩炳哲那里尚且具有两个不同的含义或阶段。一开始,它是一种极端的抵抗,唤醒麻木而自动的幽灵,重归自恋的苦痛挣扎。但只是从自动回归于自恋还很不够,势必还需要有一种更强的力量从自恋重新升华至更高的理想乃至解放的境界。这恰恰是他所谓的"精神政治学"中的"精神"的真正含义所在,而这个含义则明确指向黑格尔的精神概念。在《精神现象学》中,黑格尔就明确指出,"'精神'的概念已经出现在我们眼前。……这个绝对的实体是一种完满的自由,……把全部自我意识统一起来。**我即我们,我们即我**。"⑥韩炳哲也在近乎同样的意义上

---

① "是的,我们是自愿放弃了内心世界,甘于受数字化网络的奴役,任由它们穿透、照透、刺透我们。"([德]韩炳哲:《他者的消失》,吴琼译,北京:中信出版集团 2019 年版,第 51 页。)

② 《孤独的城市》,第 200 页。

③ 《精神政治学》,第 42 页。

④ [德]韩炳哲:《透明社会》,吴琼译,北京:中信出版集团 2019 年版,第 1 页。

⑤ 《精神政治学》,第 106 页。同样的说法还可见韩炳哲《美的救赎》,关玉红译,北京:中信出版集团 2019 年版,第 47 页。

⑥ 《精神现象学》,先刚译,北京:人民出版社 2013 年版,第 117 页。原文为黑体字。

强调了精神性的"整体性"和"整合性"。由此，他所谓的否定性的最终含义恰恰是从深陷自恋之中的自我意识转向整体性的精神，或简言之，是以"我们"来对"我"进行辩证式的否定。只不过，黑格尔最终是在哲学中找到了精神回归自身的最高阶段，但面对"大数据使精神完全枯萎"这样的困境乃至绝境，韩炳哲则显然更试图诉诸仪式化的艺术作为拯救的道路。

韩炳哲之所以倚重"仪式"这个概念，首先当然是受到桑内特的明显影响。① 在"人间戏台"般的公共仪式中，自恋的个体得以挣脱狭隘的内心领域，进而实现彼此之间的整体性的精神联结。只不过，韩炳哲后来专门写了一部以仪式为主题的著作，进而完全突破了18世纪这个历史阶段，也不仅局限于对社会现实的客观描述和分析，而是在黑格尔的精神哲学的意义上将仪式视作精神的否定性超越运动的根本动力本、本质性环节。精神何以拯救孤独自恋的个体？首先，它是理想的象征（symbolic）②；其次，它为人的生命提供了一个绵延（endurance）的深度和厚度③；最后，它看似机械的重复，但却由此令精神"深度专注"（deep attention）④，进而激发出差异和创造的潜能；最后，正是因此，仪式得以在个体之间实现真正的共鸣（resonance）⑤和共情。

进而，仪式的所有这些得以突破现代人的孤独症乃至新自由主义的精神政治的本质特征，最终皆可以回归一个根本性的向度，那正是"具身性"（embodiment）。他甚至将仪式的最终基础视作人与人之间的"**肉身维系**（*communal body*）"⑥。这无疑是具有深刻启示性的。但多少令人诧异的是，当他在《美的救赎》、尤其是《娱乐何为》等书中明确诉诸艺术的否定性经验（苦难、创伤、灾难，等等）来实现对精神理想的超越之时，却从未重点涉及舞蹈这个最具肉身性的艺术形态。既然如此，我们就不妨从他所忽视的要点出发，重新探寻舞蹈作为仪

① 尤其参见《透明社会》的"亲密社会"一章。实际上，桑内特的《公共人的衰落》几乎是韩炳哲的精神政治学的最为重要的思想来源。
② Byung-Chul Han, *The Disappearance of Rituals*: *A Topology of the Present*, translated by Daniel Steuer, Cambridge: Polity Press, 2020, p. 1.
③ Ibid., pp. 3—4.
④ Ibid., p. 8.
⑤ Ibid., p. 10.
⑥ Ibid., p. 11. 原文为斜体字。同样，桑内特的晚近著作《匠人》（李继宏译，上海译文出版社2015年版）也同样试图以具身性为要点重新反思从技术化、同质化的公共空间之中得以解脱的可能性。另外，黑格尔的"精神"概念本身就体现出的具身性的特征，尤其可参见 Michael N. Foster 的"The Origin and Character of Hegel's Concept of Geist"一文：Hegel's *Philosophy of Spirit*: *A Critical Guide*，第二章。

式化的"美的救赎"的希望所在。

　　谈论舞蹈和具身性的关系大有人在,且几乎已经是舞蹈理论和舞蹈哲学的基本范式。毕竟,离开肉身这个基础和本源又怎能真正谈论乃至理解舞蹈呢?但是,将具身性和仪式化联系在一起,进而打开精神性之超越这个向度的,晚近以来似乎唯有拉莫特在这个方向上进行了最为深刻持久的思考。在《我们为何起舞:身体生成的哲学》一书的第6章,她从两个方面阐释了仪式化对于理解、体验和创造舞蹈的关键作用。首先,舞蹈的仪式化理应向历史进行回溯。自原始社会开始,舞蹈的起源几乎就跟各种神秘的仪式、巫术和祭仪密切关联一起,除了群体治疗这个社会功用之外,原始的仪式化舞蹈显然已经具有鲜明的精神性。① 它以超越性的自然力和神力为媒介,最终实现的是人与人之间的灵魂震荡。但单纯从这个历史起源的视角来理解舞蹈的仪式化又显然不够,因为它无法真正直面乃至疗治当下的精神政治的顽疾。在一个世界日益去魅、灵魂日渐空洞的孤独自恋的时代,单纯复活那些古老的原始的舞蹈仪式真的能够再度激活(黑格尔和韩炳哲所意谓的)那种整体性、超越性的"精神"吗?难道不只是以一个空洞僵死的外壳来更为欲盖弥彰地掩饰灵魂和精神的匮乏吗?晚近以来的各种 New Age 流派,舞厅文化,锐舞派对(Rave Party)等等皆为明证。不可否认,单纯从形式上看,这些大众喜闻乐见的时髦消遣确实极具原始仪式的风貌,但姑且不论在那些随着机械电子节拍不断扭动的"原子化"身体之间是否真的有可能存在真实的精神共鸣,仅从《公共人的衰落》这个本文迄今为止的基本主题来看,这里已然体现出难以回避的困境。桑内特就曾提到,即便在19世纪末期,看似公与私的分裂已然是不可逆的趋势,但在欧洲的舞台之上仍不乏充满原始仪式感的表演,一次次刺激着日渐麻木退隐的个体灵魂。比如,1909年的俄罗斯芭蕾舞团在巴黎的一场表演就充溢着"原始的情感"② 和仪式化的精神能量。但这些偶尔的、局部的、阵发的仪式化舞蹈表演真的能够改变"公共人的衰落"这个主流的趋势吗?答案显然是否定的。因为当大幕落下,表演散场,那些"看得如痴如狂"的观众也将离席而去,而当他们"重新回到街头之后,哪有机会看见、

---

① Kimerer L. LaMothe, *Why We Dance: A Philosophy of Bodily Becoming*, New York: Columbia University Press, 2015, p. 140.

② 《公共人的衰落》,第246页。

更遑论亲自去实践这种表达的自由？"①一句话，表演和生活、台上和台下、公共与私人之间的分裂仍然存在，甚至在如此具有原始仪式感的舞蹈表演的刺激和反衬之下变得更为触目惊心。

既然不应该亦不可能简单照搬、复制原始舞蹈仪式的形式，那么看似就只存在另外一种可能性。那就是以舞蹈为契机，重新在日益数字化、技术化、同质化的公共空间之中激活个体的灵魂，进而营造灵魂间的共鸣。这正是拉莫特所谓的仪式化舞蹈的第二个基本含义。与原始社会的神秘仪式和18世纪的人间戏台相比，19世纪以来的现代公共空间里显然也充斥着各种各样的"仪式"，但那无非一张张空洞的面具，一次次机械重复的动作而已，既没有自我的真实表达，亦没有彼此的真切共情，有的只是循规蹈矩，按部就班。对这样一个在社会场域不断蔓延渗透的趋势，舞蹈又究竟能给出怎样的疗治之道呢？或许我们首先应该深思一下"舞蹈到底是什么"这个根本问题。首先，它不仅是身体的运动，它更是"我的身体"的运动，因而与主体性有着密不可分的关系。其次，它不仅是我的身体的运动，而且更是以身体为媒介，与周边的人群、社会，乃至自然等更大的环境关联在一起，由此展现出"生态性"（ecological）的意义。最后，它甚至不仅仅是身体的、物质的运动，而更涉及一个精神性的运动。②翩翩起舞的我，不断地在体验着、认识着我自己，但同时也在不断地改变着、重塑着我自己，进而不仅释放出身体层次的能量，更是绽放出精神提升的潜能。从感受到体验，从情感到思考（intellectual and spiritual③），舞蹈不仅增强着更高的精神力量，而且不断拓展着精神的范围和境界。由此拉莫特将舞蹈的本质概括为三个本质的相关方面："肉身性自我（bodily self）"，"转化（shift）性体验"，以及"精神性强度（attentive）"。④在第六章中，她就围绕着这三个要点深刻阐释了舞蹈的"再仪式化"的可能性乃至必然性。

首先，舞蹈是肉身性、物质性的运动。但这个物质性一面朝向自我，另一面朝向世界，它正是二者之间彼此连通、相互转化的本质性纽带。舞蹈所激活的绝非是自我的生命能量，而是同时将自我带向身与物化，乃至大化周流的贯穿宇宙

---

① 《公共人的衰落》，第247页。
② *Why We Dance*, p. 3.
③ Ibid., p. 144.
④ Ibid., p. 8.

的生命运动。正是在这个最为基础但也最为普遍的本体论的层次之上,舞蹈让我们重新找回了失落已久且濒临灭绝的自我与世界、个体与群体、公共与私人之间的连接纽带。当桑内特哀叹 18 世纪的内外相生、公私平衡的普遍秩序难以复归,当韩炳哲一厢情愿地诉诸黑格尔和伽达默尔式的至高的"美的救赎"之时,拉莫特这样的舞者暨思想者却给出了另外一个截然不同的解决之道和疗愈之途。真正切实的拯救,似乎不应该只是从现代公共生活中的面具"仪式"出发,一意孤行地向上攀援,而更应该首先向下,回归身体性和物质性这个本原,再一步步向上提升,从物质到身体,从身体到意识,再从意识到精神。当然,回归物质性基础的舞蹈,已经不能仅局限于一个艺术门类来理解,而理应拓展、深化为"万物皆舞"这个根本的本体论命题。巧夺天工的身体姿态是舞蹈,日常的举手投足亦是舞蹈,乃至自然界的花落花开、四季更迭,无时无刻不是舞蹈。只要有生命节奏和旋律的涌现、流转、激荡,那就是实实在在但又鲜活生动的舞蹈。所以,为何舞蹈是一种"生命的艺术"(a vital art)①? 那正是因为"一切重要的事情都陷入了身体变化的节奏中。(Everything that matters *is* enmeshed in a rhythm of bodily becoming)"②为何舞蹈能够激活乃至转化现代生活的僵死仪式? 那正是因为,(如韩炳哲甚至德勒兹所言)它在最为机械的物质性重复之中打开了生命的差异性生成和强度性能量。

舞蹈并不只能在物质性的重复之中营造差异,更是能够进一步实现自我的转化和精神的提升。舞蹈既是身体之"动",同时又是意识之"觉",精神之"悟"。首先,拉莫特在这里所言的"身体意识"不能太局限地加以理解。它虽然在一般意义上仅意味着伴随着身体活动的反思性意识,比如虽然往往不能形诸明确的语言或表述,但所有个体都始终有着对于自己的身体状态的或明或暗、或强或弱、或连续或间断的意识和知觉。但舞蹈的身体意识远远超越了这个单纯反思的层次,而更是激发意识进入转化的体验(transforming experience③)之中。道理很明显,身体意识是被身体运动激发的,而身体运动又最终汇通于生命的绵延流变。既然这个流变的本质形态不仅是机械的重复,而是状态的转变、阶段的转化,乃至强度的绽现、层次的跃迁,那么,它们所激发出来的意识状态也理应体现

---

① *Why We Dance*, p. 140.
② Ibid., p. 28. 原文为斜体字。下同。
③ Ibid., p. 159.

出相似的运动。意识并不仅仅是对当下状态的反思(self-awareness),也绝非仅呈现为一个连续的流动(stream),而是如舞动的肉身一般,时刻蕴含着创造性的潜能,总是有可能进入下一个全新的状态和阶段之中。它总是处于强度涨落的节奏韵律之中,不断激活自身,重新开始。方生方死,甚至死而后生。正是在这个意义上,舞蹈激活的身体意识在两个重要方面逆转了"公共人的衰落"这个主流趋势。一方面,它所唤醒、转化、提升的自我意识不再仅仅是那个躲藏在人格面具之下、不断被公共空间拒斥压制的混沌幽暗的内心角落,正相反,它伴身体而生,它随身体而动,它更因身体而变。它不再是城市空间中漂泊无根的孤独自我,而是落实于肉身这个基础之上;它不再是数字网络中游荡无形的透明幽灵,而是具有一种实实在在的自我创造的能量。由此,另一方面,它似乎就从根本上逆转了现代生活仪式的机械重复的同质化模式,进而唤回了仪式的最为古老但亦至为关键的特征,那正是韩炳哲突出强调的"过渡性仪式"(Rites of passage)。仪式并非仅是重复,而是在重复之中营造差异。恰如四季更迭一般,它总是要向着下一个状态,下一个阶段进行转化和过渡,跨越阈限(threshold),连贯韵律(rhythm),进而创造新生(produce)①。但在现代世界,究竟有何种力量得以真正复活仪式化的此种神髓呢? 当韩炳哲遍觅不得之际,舞蹈却给了我们最为直接、明确的启示乃至答案。舞蹈,正是在数字化的**"同一者的地狱"**(hell of same)②中制造差异和新生的根本性力量。

　　由此,针对仪式化这个关键要点,舞蹈的精神政治为引申乃至修正韩炳哲的精神政治理论给出了一个全然不同的方向。概言之,舞蹈作为仪式,其最本质的特征恰恰不是韩炳哲所说的"象征"(symbolic),而更是拉莫特所说的"创生"(generative)③。它并非直接指向更高的精神共同体,而是经由身体—物质—生命的贯穿性的"创生"力量进而实现自下至上的自我和精神的转变。在本节的最后,不妨重点结合邓肯(Isadora Duncan)的舞蹈创作来例示这个要点。拉莫特在稍早的《尼采的舞者》一书中尤为淋漓尽致地展现了在她的舞蹈之中的物质→身体→意识→精神的仪式化的生命韵律。确实,舞蹈在尼采的书写中既是一个关键的隐喻,又是一个核心的概念,但如何将舞蹈的哲思与邓肯[及玛莎·格

---

① *The Disappearance of Rituals*, p. 35.
② Ibid. 原文为斜体字。
③ *Why We Dance*, p. 151.

雷厄姆(Martha Graham)]的舞蹈实践有理有据地结合起来呢？单纯说她们读过尼采的著作并深受影响，这显然是不够的，必须找到一个切实的连接点，而"身体意识"恰好能够起到这样的作用。在尼采那里，舞蹈不仅是肉体生命自身的转化，更是由此激发反思性的意识的转化，进而最终实现朝向"自由精神(free spirit)"①的升华。这一个基本思路在邓肯的舞蹈创作理念中有着极为细致深刻的呈现。首先，她明确强调精神化的理想与身体之运动之间的密切关系，指出她孜孜以求的使命正是"通过人的身体的运动表达，来传递它自身的美与神圣的知识。"②因此，舞蹈的目的并非将一个至高无上的理想投射于，甚至灌输至身体中，而是恰恰相反，从身体这个基础出发，一步步地进行精神性的超越。拉莫特尤为精辟地将邓肯以身践行的这个创生性的生命之流("generative flow")的运动清晰概括为四个过程，恰好正是"自然"→"身体"→"觉醒的灵魂(awakened soul)"→精神的共通性韵律(rhythms)。③起始的第一步，正是回归最为普遍的物质自然的基本韵律，大地之舞是人的肉身之舞的真正本源，因此她将贯穿于万物之中的"波动"(wave movement)④作为她的舞蹈创作的终极灵感。对此当然不能进行表面性的理解。不能认为邓肯是用自己的身体的姿态和运动去"摹仿"外部的物质自然的种种运动，比如波动、流动、震荡，等等。因为这就不仅将物质自然和人的肉体分隔开来，也同样将物质性的身体和意识性体验分隔开来。实际上，邓肯所谓的波动首先是贯穿身心的协同运动，进而它的根本形态是"唤醒灵魂"而非单纯的身体的摹仿或意识的再现。简言之，物质的波动传递给身体，再进一步传递给意识，进而首先激发出舞者对于自身的鲜明强烈的在场性体验：是我在舞蹈，是我在这里舞蹈，是我在宇宙万物间的此时此地舞蹈，我是我自己，但同时又是万物中的一员。进而，此种在场性体验又进一步导向更为深刻的变化性，甚至变异性体验：是我自己在舞蹈，但我自己不是一个静止的点，也不是一个僵死的事物，我本身就是一个流动，一个过程，我可以，能够，必须向着"另一个运动"(another movement)⑤、向着全新的生命状态和时空维度变化。在这里我

---

① Kimerer L. LaMothe, *Nietzsche's Dancers: Isodora Duncan, Martha Graham, and the Revaluation of Christian Values*, New York: PALGRAVE MACMILLAN, 2006, p. 42.

② Ibid., p. 107.

③ Ibid., p. 116.

④ Ibid., p. 117.

⑤ Ibid., p. 115.

们清晰看到,在邓肯的精神化之舞的运动过程之中,"过渡性"(passage)这个仪式化特征才是关键的环节。固然,以身之舞汇入万物相通的生命之流中,这是她的一个鲜明起点,但如何将这个流动不断维系、贯穿下去,如何避免陷入僵局、困顿乃至绝境,想来才是她必须直面的最为根本性的难题。因此,状态之间的过渡,阶段之间的转换,乃至层次之间的跃变,或许才是她使用"波动"这个意象的要旨所在。波动,并不仅仅是一个连贯的流动过程,而同时也是一个充满着起伏跌宕的强度性过程。再强大的力量总会耗尽,再难以企及的高度亦总会下坠,因此,如何推动陷入低谷、弱势、凝滞的肉体生命重新开始,重新激发下一波震动的强度,这才是令邓肯这样的舞者和思者殚精竭虑的根本问题。①也正是因此,我们可以理解,唯有在强弱、动静、高低之间得以转换的"阈限/界槛"(Threshold)之处,身体的生成流变才能赋予自我意识以最强烈的激活/唤醒的力量,这不仅是反思性、在场性的体验,更是推动自我进入下一阶段的根本性的仪式化契机。由此,最终才能实现如古希腊的酒神祭仪那般的精神共通和共鸣:舞蹈,就是造就我们之为我们的精神化仪式。②

结语:孤独的时代何以起舞

然而,邓肯那与万物一起波动的曼妙舞姿固然令人心向往之,但面对现如今的这个数字化的透明社会,这个人人孤独自恋的"倦怠社会",它还能起到多少疗治的作用呢? 或者不妨问得直接一点,它真的还能激活那一张张冷漠面具之后的灵魂体验和精神境界吗?

首先还是回到身体意识这个要点。我们试图在拉莫特这样的思者和邓肯这样的舞者那里探寻的,正是如何将透明的自恋式自我落实于身体的生成流变。但问题恰恰在于,在今天,推动这个生成流动的根本力量还是贯穿万物的波动韵律吗? 进而,这个流变所激活的自我意识还具有"过渡性"和"超越(beyond)"③

---

① "转换的力量,即酒神式的力量,是能动行为的首要定义。"([法]吉尔·德勒兹:《尼采与哲学》,周颖、刘玉宇译,郑州:河南大学出版社2016年版,第93页。)

② *Nietzsche's Dancers*, p. 125.

③ Ibid., p. 109.

的精神性吗？遗憾的是,对于这两个根本性的追问,我们似乎都只能无奈地给出否定性的回答。首先,今天引导[更恰当的说法应该是鲍德里亚的"诱惑"(seduction)]身体去运动去变化的根本力量似乎早已不再跟自然或生命有任何关联,而是一边倒地倾向于消费社会的"编码规则"①,乃至不断循环往复、空洞自指的"符号"体系②。今天的身体还在运动,甚至运动得更为频繁;今天的身体还有意识,甚至比以往任何时代都更为关切自己;今天的身体还在探求,因为有那么多的欲望对象来引诱着它,有那么多的任务和目的在等待着它。但在这所有一切背后的推动力量唯有机械重复的社会仪式,进而在数字化的推波助澜之下无限细化为各种各样、五花八门的指标、量值、尺度。在人的身上的巨细无遗的一切,从容貌到体态,从曲线到腰围,甚至从卡路里到血糖,全都被纳入一个标准化的测量体系,最终皆被化作一个无穷尽的"算计/计算"的过程。如果说 19 世纪以来的公共空间掏空了人的灵魂,那么我们更可以说如今的象征交换的秩序进一步掏空了人的身体,让它不断、彻底,甚至不可逆地失去了自我运动、自我生成、自我体验乃至自我转化的根本性能力。身体不再是本原,而仅仅是一个符号,它自身没有意义,它没有能力赋予自身以意义,它没有可能为自身创造出新的意义,它只有在一个空洞循环的体系之中才能"被"赋予意义。深陷于符号体系中的身体当然仍然有意识,有体验,但那充其量是一种近乎病态的敏感乃至焦虑。身体今天根本不关心"我是谁?""我在哪里?",它只为一件事忧心忡忡,殚精竭虑,那就是"我是否达到了标准?""我是否符合了规范?""我的自拍获得了多少点赞?""我的身材是否符合健身的模板?""我是不是该加把劲,努努力,以便让我的身体变得更'像'是别人/每个人眼中的那个'美好'的样子?"……

　　一句话,今天的身体若还能起舞,那甚至已经不是面具之舞、幽灵之舞,而早已变成无比空洞的符号之舞。面具之下还有自我,幽灵之中还有生命的残迹,但符号之下有什么? 符号之中有什么? 无非皆为空无。不妨就借用自闭症研究中的一个经典术语来将此种病态之舞概括为"心盲"(mindblindness)。身体在不断起舞,无时无刻不在竭力重复着那些仪式化的舞蹈,通勤、旅游、饭局、健身、打

---

① [法]鲍德里亚:《消费社会》,刘成富、全志钢译,南京:南京大学出版社 2000 年版,第 143 页。
② [法]鲍德里亚:《象征交换与死亡》,车槿山译,南京:译林出版社 2012 年版,第 10 页。

赏、蹦迪、打坐、冥想，忙得不亦乐乎，但在所有这些造作的背后，身体却对"精神之物的存在一无所见"（blind to the existence of mental things）①。面对今天那一个个心盲的舞者，甚至谈论反思性的自我意识都是奢求，更何谈灵魂的觉醒，精神的拯救？邓肯若生在今天，还能有多少勇气去践行她的作为精神化宗教的舞蹈？在一个心盲的时代，或许我们更应该追问的一个至为根本基本的问题："如何去感受本己之身？"（What is it like to feel one's body as one's own?）②简言之，我的身体在何种意义上还是"我自己的"？我又经由何种仪式化的践行能够把我的身体体验为、创造为"我的"？

面对这个极端的问题，还是让我们再度回到韩炳哲给出的根本启示，那正是以否定性的苦难体验来对抗数字化时代的平滑美学："断裂的否定性是美的根本"③。只不过，我们不想如他那般复归于东方的仪式化审美中的瞬间之"妙悟"④，更想结合晚近的舞蹈实践中的两个重要概念来例示将身体再度撕裂于符号秩序之外的极端可能性：那正是"褶皱"（Folding）与"内触"（Inner Touch）。

褶皱是同样身兼舞者和思者的艾琳·曼宁（Erin Manning）从德勒兹那里所借取的一个重要概念。它在德勒兹的本文中当然有着复杂深奥的含义，但在曼宁的舞蹈之思中，则主要清晰呈现为连接和涌现（emergence）这两个特征："感知之中的褶皱，就是与正在成型的虚拟之力的共振一起运动。"⑤因而，连接首先指的是微观、流动、生成的分子层次上的虚拟之力之间的差异、开放、多元的关系，由此才能进一步展现从微观到宏观，从分子到克分子，从"虚拟"到"实在"的涌现运动。曼宁借用这个概念，主要是为了从根本上缓解技术和身体之间的紧张关系。这一点在"技术化舞蹈"（technologizing of dance）的晚近潮流中体现得尤为突出。技术化，总是预设着一种二元对立的鸿沟。要么，它是以技术的模型为先导和前提，对舞者的身体本身进行模拟、计算乃至"测绘"（mapping）和操控。⑥

---

① Simon Baron-Cohen, *Mindblindness*：*Essay on Autism and Theory of Mind*, Cambridge, Massachusetts：The MIT Press 1995, p. 1.

② Frédérique de Vignemont, *Mind the Body*：*An Exploration of Bodily Self-Awareness*, Oxford：Oxford University Press, 2018, p. 189.

③ 《美的救赎》，第61页。

④ ［德］韩炳哲：《娱乐何为》，关玉红译，北京：中信出版集团2019年版，第74页。

⑤ Erin Manning, *Relationscapes*：*Movement*，*Art*，*Philosophy*, Cambridge, Massachusetts：The MIT Press, 2009, p. 81.

⑥ Ibid., p. 62.

要么则相反,它是以人的生物肉体为核心,将技术仅仅作为附加和从属的"义肢"(prosthetically)①。曼宁为了突破这种人为划定的界限,主张用"技术生成"(technogenetic)来取代"技术化"这个更为通常的说法。技术生成,并不是以技术为前提、基础和原理来"生成"身体,正相反,它更强调技术本身作为一个连接差异多元之力的原初平面和基本介质,它的作用不再是强加一种模式、内置一种规则,甚至巨细无遗地进行渗透性的操控,而是作为一个开放的根茎式网络,引入更为多样的力量,并将它们维系在一种强度的关系之中,进而保持着不断生成变异的潜能。就此而言,技术不再是与身体对立的力量,而是让看似僵化、凝滞的身体不断回归于微观、潜在之变异能量的最为关键的"连接"过程,而身体只是在这个过程中"涌现"出来的变动不居的"效应"而已。

我们看到,曼宁的技术生成的舞蹈看似很好地化解了邓肯的波动本体论和数字时代的心盲之舞之间的尖锐冲突。一方面,技术的作用并非仅仅是同质化的限制、束缚乃至控制,相反,它往往也可以是释放差异化潜能的有力契机。因此,单纯将数字化、技术化的符号秩序与所谓本己、本真的肉身体验对立起来,显然是有些太过偏颇了。另一方面,技术之所以能够起到生成性的作用,正是因为它最终模糊、消弭了人的身体与周遭世界之间的边界,进而将身体本身纳入更大的力量场域之中。就此而言,曼宁的洞见是极富启示性的,因为它相当于将邓肯所畅想的身与物化的贯穿性的生命协奏纳入现时代的技术网络之中。这也是为何曼宁屡屡使用"纯粹的可塑性节奏"(pure plastic rhythm)②的基本缘由。

然而,技术生成这个创造性说法仍然具有两个明显的缺陷。首先,它虽然以技术为中介实现了身体运动的原初韵律,但却全然失去了邓肯所孜孜以求的那种向上的精神化的运动。在曼宁看来,身体在微观层面的种种开放性的力之连接运动不仅是本原,更是全部的一切。所谓的心灵和自我,只是由此产生的种种附随的产物和效果而已。"自我是事件"(I is an event)③,但那只是技术生成的事件,它完全失去了精神化的高度和深度,它的终极目的就是一次次再度回归于身体的基础层次。如果说"心随身动"就是技术生成之舞蹈的金科玉律,那么,它难道不是心盲之舞的另一种极端的,甚至病入膏肓的实现形态?它难道不恰

---

① ② *Relationscapes*, p. 63.
③ Ibid., p. 67.

恰放弃了否定性,蜕变为平滑美学的极致形态?

由此就涉及曼宁对"褶皱"这个概念之化用的第二个症结。当她将"连接"(relate)①视作褶皱的基本乃至唯一向度时,似乎忘记了在德勒兹的原初论述之中,它本来还有一个"分裂"的向度。②分裂并非再度回归二元对立,而是在彼此连接的差异要素和力量之中保持一种不可还原的差异性的张力,进而防止它们重新堕入同质化的网络或僵化的格局。这个分裂之间距,在晚近的舞蹈研究中尤其体现为对"内触"的深入关注。内触并不仅仅是一种内在的反思意识,而是在"心随身动"的心盲之中重新激活、唤醒"我感/我体验"的主体性深度。③这或许亦是精神化的重生契机。是否在这个方向上,才或许得以真正引入、回归东方的审美体验,比如当代日本实验舞蹈中的那种"冷触感"(cool touch)④,从而真的能够在技术化的符号仪式中重新激活"无实界的空隙"⑤吗?但那当然不会是孤独的灵魂之空,而是主体重生的精神化之空。或许,东方之舞的内触,将我们引向仪式化审美的另一个维度,它的关键词不再是"救赎",而是"精确、流变和空"⑥。

---

① *Relationscapes*, p. 64.

② [法]吉尔·德勒兹:《福柯 褶子》,于奇智、杨洁译,长沙:湖南文艺出版社2001年版,第192页。

③ *Touching and Being Touched：Kinesthesia and Empathy in Dance and Movement*, edited by Gabriele Brandstetter, Gerko Egert and Sabine Zubarik, Berlin/Boston：Walter de Gruyter, 2013, p. 115.

④ Ibid., p. 95.

⑤ [法]罗兰·巴特:《符号帝国》,汤明洁译,北京:中国人民大学出版社2018年版,第27页。这本书也是韩炳哲阐释其再仪式化的别样思路的重要来源之一。

⑥ 同上书,第52页。

第四部分

主　体

第十章 数字亲密:爱还是痛?

> 每当我在他脸上看到他的纯真,他的绝对的纯真时,他压根不知道自己给我造成了多大的伤痛……
>
> ——罗兰·巴特:《恋人絮语》

通过电影和舞蹈,我们一步步深入到对时代的精神体验和精神政治的洞察。那在这个部分中,就让我们再进行一些细致的考察,并尤其将重心置于精神症候这个关键的面向。我们将重点结合亲密、自恋、情感这三个要点展开论述。这个部分的行文方式与前面的章节有些不同,这三章的关系多少是并列的,凸显某种精神症候的特征及内在肌理,而不再有一种较为鲜明的向前推进的论证次序。

那就先从亲密关系开始。

一、数字亲密的三重面向和三种研究进路

数字亲密(digital intimacy)是一个晚近以来越发火热的学术话题。它指的是"晚期现代性"以来的一个重要的社会趋势,即"社交媒体在建构人际关系"的过程中正在起到越来越深广的作用和影响。①但初看起来,这实在只能算是一个司空见惯的社会现象,并没有多少值得深挖的哲学内涵抑或政治意味。当然这只是表面印象。实际上,在看似平淡的日常生活的表象之下去洞察和揭示令人困惑、焦虑乃至忧惧的难题和谜题,往往正是哲思的深意所在。数字亲密亦正是如此,它不仅标志着微观的日常生活与宏观的社会结构之间的密切勾连,而且更

---

① Deborah Chambers, *Social Media and Personal Relationships*: *Online Intimacies and Networked Friendship*, Basingstoke: Palgrave Macmillan, 2013, p. 1.

是由此深刻展现了人的生存在数字时代所发生的种种引人关注的鲜明变化。

首先，亲密关系远非晚近的现象，它几乎是伴随着整个人类社会发展的一个基本主题。也正是因此，要清楚界定它的明确内涵也并非易事，因为它既牵涉方方面面的因素，同时自身又不断地在发展和变化。但在复杂多变的表象之下，亲密关系总还是展现出一些基本的、稳定的特征①，比如它总是局限于很小范围（尤其是家庭和友谊）的人和人之间的密切关系，由此展现出私人领域和公共领域之间的清晰边界。又比如，它往往与更为高阶的认知能力没有太多关系，但却总是牵涉情感、感受、体验等更为具身性乃至肉身性的基础维度。虽然亲密关系看似总是私人的、感性的，但却不意味着它无力成为人的生存之中的关键和核心维度。正相反，它总是在看似幽微平淡之处将生存的基本面向紧密地交织在一起，进而凝聚成生活的节奏，谱写出人生的诗篇。不妨借用劳伦·贝伦特（Lauren Berlant）的精辟概括："亲密关系构筑着世界；它创造出种种空间，并由此僭越了别种关系所设定的位置。"②

此种交织尤其体现于哲学、伦理和政治的三重面向。首先，亲密关系根本上是一种"切己"的关系，它虽然展现为人在错综复杂的社会网络中的种种交际与行为，但最终指向的恰恰是每个人与其自身的最内在、最私密，也最不可言喻的关系。亲密关系处理得当，会赋予个体的生存以关键的积极能量；但反过来说，一旦迷失在亲情、友情、爱情的网络之中，那么就很可能导致自我的迷失、人生的困境。因此，亲密关系所关涉的第一个问题，正是"我是谁"这个基本的**哲学问题**。对于古往今来的哲学家来说，这或许理应是一个有待思辨和论证的难题。但对于沉浮于人间世的每一个活生生的个体来说，它首先是、始终是在亲密关系的纽带和网络之中不断地切身体悟。只有在与身边的最亲密的家人、友人、爱人的交往和互动的过程之中，我们才真正开始体验自我，发现自我，进而追问自我，塑造自我，甚至反省、质疑自我。

由此就涉及亲密关系的第二个面向，那正是**伦理**，也即"我和你""我和他"

---

① 以下三个特征来自 *Mediated Intimacies：Connectivities，Relationalities and Proximities*，edited by Rikke Andreasen，Michael Nebeling Petersen，Katherine Harrison and Tobias Raun，London and New York：Routledge，2018，pp. 3—4。

② Lauren Berlant，"Intimacy：A Special Issue"，in *Critical Inquiry*，Winter，1998，Vol. 24，No. 2，p. 282。

之间的关联。亲密关系，正是在人与人的切近关系之中发现和建构自我，但是，他人在亲密关系之中所起到的作用是极为多样而复杂的。他可以是镜像，反映出主体自身的欲望与意志。他也可以是力量，对主体的自我塑造起到积极的促进作用或负面的阻碍乃至破坏作用。①他更可以是命令，在日常生活的方方面面对主体的行为施加调节、引导乃至规范（normalization）。也正是因此，亲密关系并非总是以自我为中心的，他人的地位也并非只能是从属、辅助和边缘。或许正相反，亲密关系始终意味着多元力量的交织，多重中心的互映。在其中的每一个自我都在进行着持续的反思、协商、建构，但却似乎没有哪个自我足以最终占据中心和主导的优势位置。在这个意义上，亲密关系是一种名副其实的"主体间"的关系。

但伦理关系亦并非亲密关系的全部。无论是亲情、友情还是爱情，都要在一个更大的社会场域中实现和展开，这也就意味着，它一方面要与经济、政治、技术等其他社会子系统发生密切的互动，而另一方面，它也断然要受到普遍性的社会规则和制度的限制乃至控制。正是这里触及**政治这第三个面向**。亲密关系总是私密的、微观的、不稳定甚至不确定的，而这往往也就使得它在与宏观的社会秩序进行周旋乃至对峙的过程之中处于弱势和下风。确实，历史上不乏从亲密关系领域首先酝酿和发动的极端而激烈的变革，比如吉登斯在《亲密关系的变革》中重点提及的"浪漫之爱"和"性解放"。但实情是，社会制度反过来利用和操控亲密关系才是普遍的趋势、常见的现象。正是因此，我们意识到个体与群体、微观与宏观、私人与公共这一系列的二元对立早已不足以成为反思亲密关系的真正前提。换言之，亲密关系早已不是温暖的港湾和安全的堡垒，在各种力量和权力的渗透之下，它已然危若累卵，四面楚歌。如何在权力的操控之下捍卫亲密关系的"纯粹"②和自足，进而，如何在社会性的亲密"制度"（institute）之下挣脱出沦为"顺从主体"（compliant subject）的命运，这些不仅是摆在研究者面前的迫切的政治议题，更是与我们每个人息息相关的困境和焦虑。

---

①　"信任他人就是体验稳定的外在世界和完善自我认同感的源泉。这里生死攸关的，就是对'他人'的可靠性和统一性的'信念'。"（［英］吉登斯：《现代性与自我认同：现代晚期的自我与社会》，赵旭东、方文译，北京：生活·读书·新知三联书店1998年版，第57页。）

②　"我们可以引进'纯粹关系'这个术语来指称这种现象。…… 在此，一种社会关系的达成没有外在的原因，它只是因为个人可以从与另一个人的紧密联系中有所获"。（［英］吉登斯：《亲密关系的变革：现代社会中的性、爱和爱欲》，陈永国、汪民安等译，北京：社会科学文献出版社2001年版，第77页。）

进入数字时代之后，这些焦虑看似有所缓解，但却并未真正化解，反倒是以种种更为尖锐和敏感的方式刺痛着每个人的肉身与灵魂。是的，今天的手机和互联网让我们越来越轻而易举地找到朋友，建立和发展关系。亲密关系的领域正在展现出前所未有的深度和广度。善用社交媒介来安排、拓展乃至经营品类繁多而又花样翻新的亲密关系，这堪称是数字化生活的一大鲜明特征。但这些明显的变化乃至变革到底是积极还是消极的，是促进性的还是破坏性的？我们的朋友圈有了越来越多的朋友，但为何每个人还是那么的孤独？我们每天花上大把的时间来更新状态、点赞和回复，但为何每个人的内心深处还是如此的空虚？我们被社交软件和互动媒介越来越紧密地捆绑在一起，但为何每当想要找人倾诉之时，总会陷入举目无亲、四顾无友的窘境和绝境之中？以数字化为媒介和纽带的亲密关系，真的让我们找到了自我，直面了他人了吗？深陷于数字网络中的我们，到底是消极被动的顺从主体，还是足以有能力和资格将自己称作积极主动的"人生的主人"？这些追问绝非杞人忧天，因为晚近以来已经有越来越多的数字亲密的研究者开始从实证转向批判，质疑数字媒介是否真的能够建立和维系人与人之间的"本真的（genuine）纽带"，担心它最终所起到的作用几乎只能是负面和消极的作用，也即一步步蚕食着稳固的关系，破坏着安全的庇护，甚至最终将整个社会推向"去人化"（dehumanise）的境地。①

由此清晰展现出数字亲密研究的两个鲜明趋向：一正一反、一褒一贬。对此，彼得森（Michael Nebeling Petersen）等学者在重要文集《媒介化亲密》（*Mediated Intimacies*）中给出了极为准确的概括。②从正面来看，数字亲密无疑带来的是"**进步**"。肯定数字技术所产生的积极的推进和变革的作用，这理应是分析的起点。如果上来就对技术持一种偏激的悲观和批判的立场的话，那势必会让理论的话语游离于技术的发展之外，难以深入其细节，进而也难以真正揭示问题，摆脱困境。而说到数字亲密的积极作用，吉登斯在三十年前给出的判断至今仍颇为适用："亲密关系意味着对个人关系领域的大规模的民主化，其方式完全可同公共领域的民主相提并论。"③提到民主，人们脑海中首先浮现出的自然是平等、自由、公正这样的字眼。确实，数字化的技术和媒介极好地在亲密关系之中实现了

---

① *Social Media and Personal Relationships*, pp. 2—3.
② 以下三个要点的概括，得自 *Mediated Intimacies*, p. 6。
③ 《亲密关系的变革》，第 3 页。

人和人之间的平等沟通、自由选择、公平正义等今胜于昔的变革。但说到底,民主并不仅仅是一种政治制度,而是与每个个体的生存本身息息相关,因为它的核心原则正是"自治性",它"意味着个人自我反思和自我确定的能力"①。民主尊重每个人的自由选择的权力,但前提是每个人自身具有自我反思的能力,能够认识到自我之所是,自身之所欲。民主保障每个人自由公正地行使他的权力,但前提是有切实的程序和手段来实现此种保障之功用。从这两个重要的方面来看,数字化技术都起到了至关重要的作用。数字亲密,堪称是名副其实的"自治性"关系。

但也正是在这里,同样暴露出数字亲密的负面效应,不妨用**"控制"**来概括。道理很明显,数字技术在给个体提供自治性的手段的同时,也在很大程度上削弱,乃至剥夺了其"自我反思"的能力和"自我确定"的权力。很多持此种激进批判立场的学者指出,数字亲密看似是以每个个体为前提和中心,但实则相反,它更意在将个体作为施加规范化作用的对象,进而通过种种奖惩的手段对个体的行为施加全面深入的调控。②简言之,技术绝非中性而透明的手段,并不只是为人所用的工具,正相反,它在运作的过程中时时处处都在对人进行着深刻的影响乃至改造。在数字亲密的关系之中,你"觉得"自己是主人和主宰,但实际上,你只是在规则限定的范围之内来行使自由,你只能在规范允许的条件之下进行自我的塑造。在数字的交际网络中,没有人真的是他自己,也没有人真的能成为他自己,每个人都在争先恐后地成为那个理想中的社交达人,以期获得更多的点赞,更大的流量。如此看来,数字亲密绝非、也绝不可能是主体的自治,它所实现的最终只能是技术的控制。

进步还是控制? 自治还是傀儡? 数字亲密的研究似乎陷入左右为难的境地之中举步维艰。由此,有另一派理论家提供了第三种选择,因为其鲜明的德勒兹主义的背景,不妨将其概括为**"生成"**。生成,更强调一种在时间性的流变过程中展开的差异要素的张力和交织。"这样,亲密就变成了一种理解人的主体性与技术之间关联的方式;亲密发生于身体和技术的交织之处,在其中主体进行生成和塑形(becomes and takes form)。"③但此种生成的立场又何以超越进步和控

① 《亲密关系的变革》,第238页。

② *Mediated Intimacies*, p. 4.

③ Ibid., p. 6.

制的两难呢？我们已经发现，这个两难的症结所在正是对主体性的截然相对的理解。从进步的立场看，数字亲密无疑巩固了主体性的基础和前提，为主体性的实现和维系提供了切实的保障。但若从控制的立场看则正相反，数字亲密从根本上否定了主体性的可能，因为所谓的主体只是技术塑造的产物，只是规范调控的对象，根本谈不上是主体，或者说充其量只能说是阿甘本所谓的"被生产"出来的傀儡式主体。①而生成的理论则显然在这针锋相对的两极之间实现了一种斡旋，达到了一种平衡。一方面，它肯定技术的决定性作用，由此强调主体性是结果而非起点。在这一点上，它与控制这一派的立场是一致的。但另一方面，它又并不认为技术对人所施加的仅仅是单向度的规范和调控，而是将人与技术、身体与媒介皆纳入一个开放流变的生成网络之中。在生成的运动之中，没有哪一方最终能够成为主导和中心，它们都仅仅是不断变换位置、转换功能的"动元"（actant）而已。主体性并非幻象，但也绝非指向一个内在的核心、封闭的堡垒；正相反，它的边界是流动的，它的形态是变动的，一句话，它就是德勒兹（和加塔利）在《千高原》中所着力阐释的那个"游牧的主体"（nomad subject）。

但生成虽然颇为巧妙而机智地化解了进步与控制之间的张力，却似乎导向了另外一个更为棘手的难题。说到底，生成从根本上改变了亲密关系的任何一种以往的界定，这就既令其面目全非，同时又让它的存在的可能性和必要性遭到了前所未有的质疑和挑战。如果亲密关系不再局限于人和人之间的"狭隘"范围，而是拓展到人与技术，甚至人与非人（non-human）的庞大而庞杂的网络，那么它在何种意义上还是一种亲密关系呢？没错，它确实一种"密"（close）的关系，但"亲"之体验和情感又从何谈起呢？更为致命的是，虽然生成性理论极力倡导人与技术之间共生与共变（co-becoming），但说到底，人在这场生成性运动中注定只是一个参与者甚至旁观者，因为其背后的推动力量和维系机制最终不还是技术？人，最终只是被动地陷入了与技术的亲密关系中，而当他越来越亲近技术之时，他也就越来越疏远了自己。当他越来越疏远自己之时，又何以亲近他人呢？当你对着屏幕呼朋唤友之时，心间涌起的还是真情实感、真心实意的亲密体验吗？毕竟，你所面对的只能是、始终是文本、图像与声音，那么你那些所谓的

---

① Giorgio Agamben, *What is an Apparatus?*, translated by David Kishik and Stefan Pedatella, Stanford: Stanford University Press, 2009, p. 4.

情感和体验又在何种意义上不是模拟的效应，人工的产物？生成性亲密，难道不是一个更大的幻象、更深的危机？

二、重读吉登斯：数字亲密到底是进步还是控制？

　　既然进步、控制和生成这三重进路的争锋之焦点就在于主体性，那不妨再度回归《亲密关系的变革》这部奠基性的经典，来进一步探索其中未竟的深意。

　　主体性向来是吉登斯的理论要点，将反思性的自我认同作为晚期现代性的一个核心特征①，这也是他不断重申的主旨。既然如此，如何将自我这微观一极与社会那宏观一极真正切实地关联在一起，就成为他必须澄清的要点。而本来就贯通私人领域和公共领域的亲密关系，也就很自然地为吉登斯提供了这样一个必要的关联环节。因此他在《现代性与自我认同》的开篇就明确指出，"在地方性和全球性互动之间的一极代表着我所谓的'亲密关系的转型'"②。当然，在这本书中，吉登斯已经展现了自我认同的诸多基本面向，比如身体、语言、时间性、叙事，等等；但在《亲密关系的变革》之中，他对自我认同的论述却展现出更为深刻的哲学意味。这首先体现于第二章集中进行对福柯的《性经验史》的批判性反思。在他看来，《性经验史》中的疏漏主要有三。第一点就直接触及福柯的理论要害，那正是主体性这个棘手的问题："在福柯的理论中，活跃的力量只是权力、话语和身体。权力在福柯的著作中以一种神秘的方式活动，而作为人类主体积极取得的成就的历史却罕见存在。"③简言之，福柯花费了大量笔墨描述了权力对主体进行压抑或生产的各种单向度的影响和作用，但是，人难道仅仅是任由权力摆布的棋子和傀儡吗？人何以在各种权力机制之中展现出自身的主动力量和主体性的地位？④

　　但细究《性经验史》的文本，我们便会发现吉登斯的这个批判实在有失偏

---

①　"现代性的反思性已经延伸到自我的核心部位"（《现代性与自我认同》，第 35 页）。
②　同上书，第 6 页。
③　《亲密关系的变革》，第 32—33 页。
④　这其实也是福柯自己明确关注的一个主题，可参见 "Le sujet et le pouvoir"，in Michel Foucault, *Dits et écrits IV*，Paris：Gallimard，1994，p. 223，pp. 227—228。

颇。比如,在《性经验史》第一卷第四章中,福柯在全面批判压抑假说的基础上进一步界定"用战略关系来取代法律模式"①的权力分析进路,这虽然洞见卓然,但主体性的问题仍然是有待回应的根本难题。变换的只是权力运作的方式,但主体的那种被操控的地位没有任何的变化。正是因此,在第二卷的开篇,福柯直面了主体性这个主题,并明确指出,他的核心任务就是要阐释"个体如何把自己塑造成道德主体的历史,即如何确立与发展各种与自我的关系、反思自我、通过自我认识、考察、分析自我从而改变自我的历史"②。后文大量关于快感、养生、性爱的论述可以说都是对此种"自我的关系"的生动描绘,而且确实都展现出颇具亲密关系的特征,并尤其在第三卷中转向了"自我的关切"这个核心主题。

不过,虽然吉登斯对《性经验史》中的主体性理论有些断章取义,但他随后的两点批判却显然更为有力,即便提不上对福柯进行修正,但至少足以作为两个重要的补充。首先,《性经验史》的文本中虽然充满了对性与爱的各种描述和论述,但确实没有关注"浪漫之爱"这个位于亲密关系的近现代转型处的关键要点。其次,福柯还是太过倚重对话语和文本的阐释,而忽略了各种技术因素对亲密关系所起到的决定性影响。所谓的"自我技术"其实并非真正的技术,而仅仅是用来比拟、描摹各种精妙复杂的自我关系。相比之下,吉登斯的研究就更为实证,比如他对各种避孕技术、心理治疗技术的关注皆为明证。那就让我们聚焦于浪漫之爱和亲密技术这两个福柯明显忽视的要点深入论述,并尤其围绕主体性这个核心要点。

要想真正理解浪漫之爱的真谛,势必要在爱的历史中对其进行清晰定位。吉登斯将这个转变过程凝练概括为从"贞洁"到"激情"再到"浪漫"这三个重要的阶段。首先,贞洁和激情是相关又相对的两极,因而"在婚姻的'贞洁'性关系与婚外关系的放纵激情之间作出清楚的区分"③,这理应是审视爱的近现代转变的起点。婚姻的契约对两性关系进行了明确的限定和制约,由此与僭越而迷狂的激情之爱形成了鲜明的对比。但浪漫之爱又不能简单等同或还原为激情之

---

① [法]米歇尔·福柯:《性经验史(第一卷):认知的意志》,佘碧平译,上海人民出版社2016年版,第86页。
② [法]米歇尔·福柯:《性经验史(第二卷):快感的享用》,佘碧平译,上海人民出版社2016年版,第24页。
③ 《亲密关系的变革》,第52页。

爱。这不单是基于历史发展的事实，而是因为两者之间存在着诸多本质上的差异。首先，激情之爱是骤发的，偶然的，不稳定的，并尤其对卷入其中的个体造成了破坏性的影响："它将个体从生活世界连根拔起"①。而浪漫之爱则截然不同，它绝非是激情般的自我失控，反倒是导向极为清楚明白的自我反思和自我掌控。若说激情的本性是"迷狂"，那么浪漫的旨归恰恰是"自由"②。在激情之中，人是不可能成为主人和主体的，而最终只会沦为激情的奴隶和傀儡。唯有在浪漫之爱中，彼此相爱的人才能在精妙而复杂的自我反思、自我关切甚至自我改变的践行之中实现主体性的自由。

　　其次，从时间性的角度看，浪漫亦与激情截然相对。激情总是偶发的、不期而至的激烈事件，它打断了日常生活的连续步调，中断了自我反思的连贯轨迹。身陷激情的人，总是觉得自己一下子被抛到了生活之外，卷进了无法自控的漩涡。但浪漫则显然不同："它成为一种控制未来的潜在捷径，对于那些为浪漫之爱所支配了生活的人们而言，它还是一种（从根本上）保障心理安全的形式。"③也就是说，浪漫之爱的时间肯定不能等同于平淡而重复的日常生活，但它所展现的各种情感的强度并未真正导致中断，而是以一种朝向未来的筹划来贯穿起内在的时间线索。浪漫之爱，就是自由地成为自己的主人，就是以爱为纽带重塑主体性的形态。既然如此，它显然要求对卷入其中的主体对自己的言与行进行清醒的反思、清晰的规划、清楚的控制，尽可能地排除各种偶然因素的干扰。正是因此，"海枯石烂""天长地久"，是浪漫的宣言；"三生三世，十里桃花"，是浪漫的写照。

　　由此就涉及浪漫之爱的第三个特征，那正是"超验性……的特殊信念和理想"："因为它假设了一种心灵的交流，一种在性格上修复着灵魂的交会。"④这种理想当然并非柏拉图式爱情，因为浪漫之爱与肉体和性之间有着更为错综复杂的密切关系。但浪漫不同于激情之处确实在于，它不仅满足于在骤发的男欢女爱之中获得虽极致但毕竟昙花一现的片刻快感，而试图以精神的交流和融汇来实现和维系那种更为持久而稳固的情感纽带。借用该书第四章的标题来概括，

---

① 《亲密关系的变革》，第 51 页。
② 同上书，第 53 页。
③ 同上书，第 55 页。
④ 同上书，第 60 页。

正可以由此说,浪漫之爱是"纯粹的",因为它尽可能地摆脱了一切世俗的利益和束缚;浪漫之爱又确是一种"承诺"(commitment),它是灵魂之间的超越时空的牢固纽带,由此既是对自我的承诺,同时又是对爱人的承诺。**自我的反思、未来的筹划、灵魂的融汇**,这三个本质特征联手将浪漫之爱的主体性推向了极致与高潮。

但读到这里,用心的读者显然会反躬自问,甚至反唇相讥:即便吉登斯的论证言之凿凿,但反观今天的爱与亲密,哪还有一星半点浪漫的影子?吉登斯当然也意识到了浪漫之爱在晚近以来的蜕变乃至衰落,并颇为敏锐地给出了两个诊断,一是浪漫之爱转变为"合流之爱"(confluent love)①,二是自治转变成上瘾。这里,吉登斯虽然自己仍然坚持"进步"这个基本立场,但显然已经极具启示性地打开了"控制"这个批判性反思的方向。合流之爱,听起来颇有几分近似作为浪漫之极致的灵魂融汇,但实则截然相反,因为它全然违背了浪漫之爱的上述三个基本特征。首先,合流之爱的宗旨绝非导向自我反思,而恰恰是"日渐增长的**制度反射性**(institutional reflexivity)的产物"②。浪漫之爱的起点是个体探寻自我的欲求,终点则是不同灵魂之间的激荡和融汇。但合流之爱则相反,它的起点是制度施加的各种规范,而终点则是由此产生出来的一个个甚至一批批合乎规范的自我。用"合流"这个词来形容此种趋势就很生动,一个个自我就好似一个个微小的水滴和支脉,最终都合并入主流之中。浪漫背后的推力始终是自我的反思,而合流背后的推力则向来是制度的需求。

其次,由此,合流之爱的**时间性**亦体现出与浪漫之爱的明显差异,"它是积极主动但又偶然飘忽的爱"③。正因为它背后的动力是制度而非自我,这也就会导致一个明显的恶果,即当一个个"被合流"的自我在主流之中不断被卷携着向前之时,这虽然也明确展现出朝向未来的趋势,但这个未来只是制度引导的结果,它作用于每个个体,但从根本上来看又跟每个自我毫无关联。那并不是自我筹划出来的未来,他们只是被卷进其中而已。而在规范化的一遍遍引导之下,自我也就慢慢地丧失了自我反思的动力、自我控制的能力,渐渐看不到别样的可

---

① 中译本作"融汇之爱",但因为我们之前已经将浪漫之爱的第三个特征界定为灵魂之"融汇",这里就不再使用这个译法了。而且,"confluent"在吉登斯的文本之中显然带有贬义或至少是有待批判的特征,因此本文选择了"合流"这个中性但偏贬义的译法。

②③ 《亲密关系的变革》,第81页。

能，而"反射性"地就将合流的未来当作自己的未来。浪漫之爱中的自我，虽然也往往对未来充满着不安和焦虑，但在那一次次情感的冒险之中，还是有力量将命运掌控在自己的手中。但合流之爱中的自我就没这么幸运了，他被推向一个与他无关的未来，在这个难以根除的被动性的前提之下，他总是"变得十分脆弱"①。他的自我被掏空，无法掌控和反思自己，而只能是无所遮蔽、无所庇护地暴露在强大的规范化力量面前，因此自我怀疑，自我否定，甚至自怨自艾，这些都是合流之爱的典型的自我体验。"我真的在爱吗？""这是我想要的爱吗？"甚至"爱到底是什么？"……被合流的自我时刻陷入无可化解、无从挣脱的困惑和彷徨之中。

由此也就能够理解合流之爱会更倾向于肉体的激情而非灵魂的融汇。这也是它不同于浪漫之爱的第三个基本特征。既然合流绝非自我的欲求，亦非灵魂的渴望，那么，也许在肉体之中寻求昙花一现但却强烈鲜明的满足就成为唯一的安慰。但这种安慰同样也是虚幻而脆弱的，它既没有稳定的基础，亦没有持久的可能，一切都只是徒劳的努力，绝望的挣扎。而且更致命的是，制度性的规范力量甚至早已渗透到肉欲的深处，不仅令不同的自我进行合流，而且一具具被欲望煎熬的肉身也都越发"亲密"地合流起来，"通过大量的性知识、性建议与性训练而被反射性地组构起来"②。可以说，在合流的时代，性技术空前的发达，这正是为了在肉体的最细微的深处去操控自我，令其在生命的每一个细节之处都尽心尽力地达到规范的标准，达致那个"理想形象"的自我。

正是因此，合流之中的自我确乎可以被描述为十足的"为爱上瘾"的状态。吉登斯随后花费了一章的篇幅来论述合流之爱与上瘾之间的密切关系，也足见他确实是将其视作晚期现代性的爱之衰变的终极症状。上瘾是合流的结果，但又将合流的负面效应推向无以复加的境地。合流的自我还是有可能被浪漫拯救，但上瘾的自我则几乎全无疗治之可能，最终只能是自暴自弃："上瘾是对自我的放弃，……丧失自我后来被羞愧感和悔恨感代替。"③由此，上瘾之爱就几乎构成了浪漫之爱的截然对立面。浪漫之爱是自治，上瘾之爱是自弃；浪漫之爱

---

① 《亲密关系的变革》，第82页。
② 同上书，第83页。
③ 同上书，第97页。

是朝向未来的筹划,上瘾之爱是深陷当下的循环("瘾是不能进入未来的"①);浪漫之爱最终追求灵魂的融汇,而上瘾之爱甚至连肉体的激情都体验不到,而唯有一遍遍重复着空虚、空洞、空茫的行为。从浪漫蜕变为合流,再从合流衰变为上瘾,现代性的自我到底还有何种可能用爱来拯救自己?甚至还有何种资格来谈论爱这个永恒的话题?

三、为数字亲密辩护:关系性自我与人际关系的网络

吉登斯的这部经典至今读来仍然振聋发聩,这不仅是因为他鲜明启示出从进步到控制的理论视角的转换,而且合流和上瘾这两大症状亦足以用来剖析当下的数字亲密的爱与痛。

但在展开批判之先,不妨让我们先审视一番与吉登斯截然不同的积极肯定的立场,对照之下方能彰显对立双方各自的优点和弱势。而这个对照的核心焦点仍然还是在于自我和主体性,很多对数字媒介和数字亲密持相对乐观立场的学者也从此处入手展开辩证与辩护。道理很明显,吉登斯之所以对合流之爱忧心忡忡,正是因为他在其中清醒看出了自我的失去自治的噩运。但也正是在这里,难道我们不也同样可以且理应向他发问:为何自我一定要自治?自我真的能自治吗?为何自我一定要牢牢以自己为中心展开生活的场域,而不能一开始就仅将自己当作庞大的社会网络中的一个微小而变动的结点?为何自我一定要心心念念地将自己抓在手中,而不是一开始就抱着一种向世界敞开胸怀的态度,随大大小小的潮流而动,不断地逾越边界,重塑自己?或许,数字亲密中的自我,远非吉登斯口诛笔伐的那般不堪,他之所以认为合流的自我是衰退的形式,是否意味他早已默认、预设了一种"本真的"自我形态?说到底,难道浪漫之爱不也同样是一种值得质疑乃至批判的意识形态吗?它难道不也只是伴随着资本主义社会的兴起而诞生的某一个特定时期的历史产物吗?

一句话,浪漫之爱的自我或许并不构成对合流之爱的自我的有力批判,正相反,伴随着数字媒介的兴起,我们恰恰应该用另一种全新的自我形态来取而代

---

① 《亲密关系的变革》,第100页。

之。那不妨就用肯尼思·格根（Kenneth J. Gergen）的那个重要概念来概括，即"关系性的自我"。在近作《社会建构的邀请》第四章之中，他通过与传统的三种自我理论之间的辨析而凸显出自我的关系性内涵。格根虽然有些令人意外地全然未提及吉登斯的自我认同的理论，但后者恰好可以在他的理论框架中被定位于"拟剧论"和"文化心理学"之间。拟剧论的代表人物是戈夫曼（Goffman），而他显然是吉登斯的重要理论来源。由此，拟剧论的内在症结也同样体现于吉登斯的论述之中："接受这一观点意味着对他人和自我的深刻怀疑，这是对爱、对感恩或亲情产生的普遍不信任和怀疑。"①自我总是要在复杂多变的社会场域和时空情境中面对他人表演自己，甚至可以说，你表演到什么样的程度，也就将自我实现到什么程度。这本来是自然而然的事情，无可厚非。但拟剧论挥之不去的迷执恰恰在于，它总是偏执地认定在那一张张变动不居的表演面具之下，总还是潜藏着一个所谓真实的自我，由此显现与遮蔽、在场与不在场的二元关系就成为拟剧论的心照不宣的理论预设。正是因此，表演中的自我无论怎样自信和自然，总会落入难以根除的自我怀疑的困境之中："这真的是我自己吗？""我怎样才能表演出真实的自我？"甚至"真实的自我到底在哪里？"我们看到，这恰好也是吉登斯着力阐释的从浪漫之爱向合流之爱进行蜕变的隐藏线索。浪漫之爱是不同的自我向着彼此的敞开，是自我向着他人的表达，但即便这种表达如何的真实而自然，仍然不可排除这样一种可能性，即表达出来的自我和进行表达的自我会发生不一致乃至对立冲突。自我表达的前提是自我的自治，但自治的自我总会怀疑表达出来的自我是否与真实的自我相一致。由是观之，其实自我怀疑、自我否定并非仅仅是合流之我的产物，正相反，在浪漫之爱的自治性自我的内部，其实早已深深地撕裂出自我怀疑这个裂痕。浪漫之爱，本就是自治和自弃之间的矛盾合体。

那么，面对这样一个矛盾，本就存在着两种选择，要么是坚持捍卫自治的立场，坚执自我有一个不能完全被外化的内在核心；要么就是反之，彻底选择自弃的道路，将自我"合流"进庞大的人际关系和社会关系的网络之中。吉登斯当然意在坚持前一种立场，他虽然不会将自我在笛卡尔的意义上视作"我思"式的实

① ［美］肯尼思·格根：《社会建构的邀请》，杨莉萍译，上海教育出版社2020年版，第114页。

体,但自我完整、时间连续和概念性理解这三个自我认同的基本特征①皆鲜明体现出他对自我的中心性、基础性和内在性的偏执。但令人颇为疑惑的是,他用来建构自我认同的关键手段却恰恰是"叙事"这个令自我最难掌控的要素。没错,自我反思的一个重要方式就是"持续地吸纳发生在外部世界中的事件,把它们纳入关涉自我的、正在进行的'故事'之中"②,但问题恰恰在于,自我显然是故事的主角,但他又究竟有何种能力乃至底气将自己始终确立为故事的"作者"? 再进一步追问,即便自我真的是作者,那他又何以有能力成为合格的、权威的"解释者"呢? 文化心理学的代表人物布鲁纳(Jerome Bruner)不就明确指出:"事实上,我们自己的生活状态——在我们脑海中被反复修改着的自传草稿——只有通过我们文化系统的说明或解释才能被自己和他人理解。"③说得直白一些,你既不是你人生自传的作者,而至多只能是参与性的"修改者"甚至"编撰者";更有甚之,你连解释权也无法牢牢掌控在自己手中,你是谁,你的人生到底有何意义,都有待你置身其中的社会系统来给出"权威性"的"说明或解释"。

既然如此,我们不妨就索性全然放弃自治性自我的迷执,而全身心地拥抱关系性自我的当下和未来。按照格根的提示,这就需要我们首先放弃"核心自我"(core self)这个颇具"误导性"的迷执,将自我化作复数("我们"),进而将复数的自我化作社会系统和人际网络之中变动不居的"自我—位置"(I positions)④。然而,格根这一番论述固然深刻入理,也足以向吉登斯对合流式自我的批判发出强有力的挑战,但仍然存在一个明显的缺憾,那正是对数字媒介的忽视。遍览他的几部论述关系性自我的代表作,鲜有涉及数字媒介和亲密关系之处。这实在令人大惑不解。在当今的世界,真正主导着自我的建构和叙事的难道不恰恰是数字媒介? 铺展开无数的复数而多元的自我位置的社交网络难道不恰恰是数字亲密的网络?

但如此关注关系性自我的格根当然不会错失这样一个要点。实际上,虽然它从未是其论著的主题,但在研究数字媒介和亲密关系的早期重要合集《永久联系》(Perpetual Contact)之中,格根亦贡献了一篇专文深入探讨了数字网络对

---

① 《现代性与自我认同》,第 59—61 页。
② 同上书,第 60 页。
③ 转引自《社会建构的邀请》,第 116 页。
④ 同上书,第 131 页。

自我和人际关系建构的深刻影响。遗憾的是，他所揭示的种种影响主要都是负面的、消极的，这或许也间接说明了，他为何不愿在代表作中对数字亲密进行集中处理。这篇论文的标题《不在场之在场的挑战》(The challenge of absent presence)本身就蕴含深意。"不在场之在场"，这多少是在嘲弄拟剧论所迷执的那种在场与不在场的二元性。从关系性自我的角度看，在场与不在场之间却便仍然展现为外与内、显与隐的关系，但这两极之间却并不存在主与从、中心与边缘的等级关系，也不存在可清晰厘定的边界。正相反，真正的关系性自我始终都游戏于在场与不在场之间，在两极的渗透、交织、转化的过程之中不断编织、重塑自我。我的肉身坐在电脑前面，但我的精神却游荡于不在场的虚拟网络之间，甚至进而分裂为众多化身(avatars)穿行于不同的虚拟空间。但我迷失了吗？我异化了吗？我真的四分五裂，难以自主了吗？似乎并没有，似乎从来没有。不妨戏拟休谟的那句名言：自我，无非就是一束关系，甚至一束束的关系。在关系的背后，没有核心；在面具的背后，还是面具。

看似格根准备对数字媒介进行一番欢呼和赞颂了，但实情却恰恰相反。在他看来，自我确实是关系性的，但并非所有的关系都是积极的，都是建构性的。数字关系或许恰恰就是一种本质上负面的、破坏性的关系。说到底，数字关系不仅破坏了自我的建构，而且破坏了自我之间的亲密。因此，格根随即笔锋一转，开始历数不在场之在场的数字网络的"罪行"。这主要集中体现于两点。首先，关系有两种，垂直(vertical)和水平(horizontal)，数字网络恰好是水平关系的极致体现。我们发现，这个区分又恰好与吉登斯在浪漫之爱和合流之爱间的区分形成了完美呼应，甚至连表述方式都有异曲同工之妙。格根指出，垂直关系"要求的是投入与专注、努力、承诺(commitment)与牺牲"①，这显然正是浪漫之爱的典型特征。而水平关系则正相反，它不向高处超越，也不往深处沉潜，而只是在各种数字媒介所编织的"无尽迷宫"之中进行着不知所向，亦不知所终的游荡。格根更是进一步将数字媒介的水平关系的罪证概括为四个主要方面：破坏了"面对面的共同体"，瓦解了"自我的连贯和中心化的意义"，消解了"深度的关系"和"道德的担当"，进而将人生的意义"从实在的环境之中连根拔起"②。

---

① *Perpetual Contact*: *Mobile Communication*, *Private Talk*, *Public Performance*, edited by James E. Katz and Mark A. Aakhus, Cambridge and New York: Cambridge University Press, 2004, p. 233.

② Ibid., p. 236.

　　单从这四点来看,数字关系几乎已经堪称"罪孽深重"了,而格根还是意犹未尽,更进一步点出了其第二个更为致命的缺陷。垂直和水平,主要描摹的是关系的静态,那么还理应从动态的角度对关系再进行区分,那正是"内生"(endogenous)和"外入"(exogenous)①。内生即是以既有的关系为起点和中心,然后向外拓展,在这个过程中,原有的关系并未遭到破坏,反而得到了增强。但外入则正相反,它无视既有关系的特性,而只是强行从外部施加条件、限制和规范,甚至深入原有关系的内部,进而对其进行全面的替换和改造。不妨对比电话和手机这两种看似家族相似、实则截然相悖的媒介形态。电话显然是内生的,因为它是既有的"面对面"的人际关系的拓展;而手机则正相反,它首先以水平的网络取代了垂直的高度和深度,进而用一整套数字化的规则和规范来对原有的自我关系和人际关系进行深入全面的"外入"式改造。②固然,手机在建构关系性自我、编织在场和不在场的互动网络中亦起到着前所未有的功用,但从本质上来看,它的此种功用绝对是弊大于利。

　　或许是为了形成主题上的承接,同一文集中紧随格根之后还收录了鲁尔(James B. Rule)的立场极为接近的论文,进一步深化了对数字亲密的批判性反思。首先,鲁尔借用埃吕勒(Jacques Ellul)的理论从技术哲学的角度补充阐释了内生与外入这个基本区分。他指出,传统技术与人的关系最终是积极的、正向的,也即,技术最终满足的是人的需求,实现的是人的欲望。虽然在这个过程之中,它们也往往会激发出人身上的新的欲望,但新欲望仍然是基于人自身所既有、固有的力量。但晚近兴起的数字技术和媒介则正相反,它们对人的欲望所施加的根本上是转化性、替代性、改造性的影响和作用。不妨用一个生动的形象来比拟这新旧两种技术形态与人之间的关系。在传统技术面前,人是"提问者",而技术则致力于回答人所提出的各种难题。但如今,数字技术却摇身一变变成"提问者",而且还环环相扣地不断向人抛出着无穷无尽的有待回答的难题。在技术面前,人如今蜕变成一个殚精竭虑、死命追赶的"回答者",他根本无从理解问题的意义,甚至以无从把握问题背后的演进逻辑,但在数字技术的规范化的作用之下,他却"反射性"地将所有这些承担为自己的问题,自己真正关切的问题。

---

① *Perpetual Contact*, p. 237.

② Ibid., p. 239.

这亦是整部文集的标题中"永久联系"这个表述的深刻但又尖锐的含义：人被绑定于技术的永久联系（contact）或许正恰似一种单方面的、不容撕毁的永恒契约（contract），人永远只能屈居为契约的参与者和履行者，而根本无力成为平等的合作者，遑论质疑、修正乃至解除契约。

四、探索第三条进路：数字亲密的"潜在"（virtual）之力

我们的本意是想借用格根的关系性自我的理论来为数字亲密关系进行辩护，但结果却适得其反。不无讽刺的是，大力倡导对核心自我进行消解的格根，在对数字亲密进行批判的时候却有意无意地使用了"连贯和中心化的自我"这样很有吉登斯意味的概念。那么，问题到底出在哪里呢？关系性自我或许仍然还是一个值得捍卫或至少值得深思的立场，但这个工作的前提显然需要我们对数字媒介有着更为深入细致的考察。单纯从传统媒介和技术的角度对当下进行批判，显然不够，诚如本文开篇所示，更应该深入数字亲密之中，展现其中的错综复杂的力量纠葛。

那就先从拜厄姆（Nancy K. Baym）的《交往在云端：数字时代的人际关系》（*Personal Connections in the Digital Age*）入手。该书从批判开始，但随后逐渐深入揭示了数字媒介对人际关系建构的积极潜能，这就颇为符合本小节的目的。此外，它尤其以自我的建构为一个论述的中心，这也颇为契合主体性这个我们迄今为止所围绕的核心。从批判的精度、广度和力度来看，拜厄姆完全不逊于之前的任何一位代表性学者，而且要点皆颇为趋同。比如，她开篇就深刻提出了数字化人际关系的三个关键的难题甚至困境。首先当然是自我："我们何以既在场又不在场？如果自我不在身体之中，它将是什么样子？"①这当然明显呼应着格根提出的关系性自我的那种"不在场之在场"的鲜明特征。其次，自我的困惑进一步引申出政治的难题，那正是控制与自由。看似数字媒介让每个自我越来越获得对自身的自主控制（autonomy），但悖论在于，其前提恰恰是主体所不能自控地与媒介技术签订的单方面的"永久联系"。由此也就导致第三个难题，那正是

---

① Nancy K. Baym, *Personal Connections in the Digital Age*, Cambridge：Polity Press, 2010, p. 3.

私人和公共的边界的模糊乃至瓦解。技术不断渗透到私人领域,施加着转化和改造的影响,到了最后,甚至连自我的最私密和内在的孤独都蜕变为技术所操控的产物和效应。[1]

　　这几重批判我们都耳熟能详,但拜厄姆并未止步于此。相反,她随即列出了数字化人际关系的七个核心概念,由此试图通过深入而细致的实证性描述来揭示、激活其中尚且存在的积极的潜能。全书第五章聚焦于自我和数字亲密,颇有启示。她开宗明义地指出,之前的种种对于数字化人际关系的指摘皆存在一个共同的偏见,那就是仅将其视作所谓"本真的关系"(authentic connection)的蜕变、扭曲乃至遮蔽,而没有看到,它所塑造的是新的自我,新的关系,新的未来。那么,它到底又"新"在哪里呢? 到底在哪些方面展现出传统的人际关系所无法实现的优势和长处? 拜厄姆随后列举出的几个要点皆颇有说明力和说服力,而且尤其能展现出数字亲密的进步性变革。首先,她敏锐地指出,作为不在场之在场,网络中的人际交往虽然看似抽离了肉身和实在的根基,甚至游离于"真实的"人和自我之外,但它并不只是虚无缥缈的数字仙境。正相反,它通过虚拟的不在场的网络空间,恰恰意在回避、缓和、化解面对面的人际交往中的种种尴尬、焦虑乃至危险。屏幕隔开了人与人的距离,但这并不只是疏远,反倒是为卷入关系之中的不同个体留出了更宽的缓冲空间,更多的选择可能,更游刃有余的即兴创造。在现实生活中,当你直面一个活生生的他者时,此种切近和迫近的关系总会多少让你心生某种难以摆脱的压力乃至紧张,萨特对他人目光的论述[2]、阿布拉莫维奇的著名行为艺术作品《艺术家在场》("The Artist is present")皆为明证。但数字化的关系就很好地解决了这方面的问题。

　　其次,数字化关系由此可以在很大程度上消除面对面交往之中的盲目和偶然的特征。在数字交际的平台之上,看似每个人都时刻面临着大量随时涌现的未知的际遇,但其实这些都只是背景噪声。庞大的基数往往并不会造成迷惘和错乱,正相反,它为我们寻找同道提供了更丰富的可能,也为我们提供了更为切实可行的发展、规划、维系良好的亲密关系的有效手段。你一天在网上能够邂逅的好友,可能比你在线下一年的机会加起来还要多。大数量保证了大的成功率,

---

[1]　*Personal Connections in the Digital Age*, p. 5.

[2]　"他人的注视使我在我的在世的存在之外,没于一个同时是自己又不是自己的世界的存在中。"([法]萨特:《存在与虚无》,陈宣良等译,北京:生活·读书·新知三联书店 2007 年第 3 版,第 329 页。)

同样,迅捷实时的数字连接也加固了亲密关系的"亲密性"。在以往的年代,朋友的离别总是一件令人撕心裂肺的事件,但是,如"海内存知己,天涯若比邻"这般美好的愿景,在今天的数字网络之中却是唾手可得的现实。反过来说,如若你想真正、彻底地斩断一段数字亲密的关系,反倒变成了难上加难的事情。你即便屏蔽、拉黑了好友,但还是主动被动地、有意无意间在包围着你的信息海洋中发现他/她的明显踪迹。恋爱容易分手难,这或许恰是数字亲密时代的一个令人玩味的特征。

第三,数字化关系并未削弱了人际表达的丰富性,而反倒是极大拓展了它的几乎不可穷尽的可能性。之前很多研究者指摘数字媒介的一个根本症结,就在于它主要还是以文字和图像为主导[1],由此就失去了面对面的交往之中的更为丰富的要素,比如表情、姿态,甚至触感和气味,等等。但实情或许恰恰相反。不妨追根究底地追问一句:人际交往的真正目的到底是什么? 或者说,交往的真正内容到底是什么? 答案似乎并不复杂,那正是意义的交流,情感的共鸣,乃至思想的碰撞。诸多身体性的特征当然也是重要的,但那至多只是基础和手段,我们彼此之间面对面的注视,最终是为了理解对面那个鲜活的心灵想要表达出来的意思、情感和思想。由此看来,那些身体性、物理性的特征反倒往往构成了人际交往的限制乃至束缚。比如,你根本无法随心所欲地改变自己的形象。再比如,有多少时候,你发现根本找不到合适的表情和姿态来表达自己内心真实的想法和情感。所有这些限制在数字化空间中皆荡然无存。数字化的手段,正是以"不在场"的自由极大地突破了"在场"的重重束缚,让亲密关系变得更为深入、丰富而回味无穷。不妨想想你可以在微信上用多少不同的方式来说出"我爱你"这句话。

如此看来,数字亲密更为自由,更为丰富,也更加宽容。它最大限度地挣脱了世俗的利益,以及现实之中的人与人之间的种种隔膜乃至鸿沟(年龄、性别、地位甚至单纯的颜值)。它并没有让人与人之间彼此疏远,反倒是越发亲密。由此拜厄姆甚至总结说,数字亲密才能真正实现浪漫之爱所憧憬的那种"纯粹关系"[2]。但果真如此吗? 数字亲密真的那么"纯粹"吗? 或许并不是。这尤其体现于"诚实性"(honesty)这个每每被用来批判数字化关系的关键要点。没错,

---

[1]　Margaret Gibson and Clarissa Carden, *Living and Dying in a Virtual World*, Cham: Palgrave Macmillan, 2018, p. 5.

[2]　*Personal Connections in the Digital Age*, 104.

你可以在网上随心所欲、无所束缚,甚至无所忌惮地捏脸、换装乃至变性,但在这些不断变换的化身之下是否还有一个"真我"呢? 或者至少,在这些看似五花八门、千差万别的化身之间是否还存在着某种内在的连贯性得以被归属于一个"我"呢? 还是说,这些化身都是我,又都不是我,这本来就无所谓。因为更重要的本来就并非我"曾经是"、"已经是"的样子,而是"我还能变成什么样子"。对于数字化自我来说,下一个我,另外一个我,不同的我,才是主体性之真意。

但即便这里暂时先不对这个主体性的要点发动质疑,至少在无尽变换的数字我之中存在着一个根本的难点,足以挑战拜厄姆所辩护的数字亲密的"纯粹性"。确实,数字亲密可以如浪漫之爱那般实现精神的高度、体验的深度,甚至关系的持久度,但它唯一无法真正实现的似乎正是"承诺"这个至关重要的环节。当你和爱人面对面,彼此注视,甚至深情相拥之时,你不会怀疑他/她的真诚,你更不会怀疑你自己给出的承诺。但在数字空间之中,那可是两回事了。当你们两人手指飞舞,妙语珠玑,图文并茂之时,想必每个人心中都始终会有一种挥之不去的狐疑:"他/她说的是真的吗?""她/他真的爱我吗?"而且更为棘手的难题还在于,你到底有什么办法能够"检验"和"测试"对方的真诚呢("Testing out honest self-disclosure"[1])? 似乎别无他法,唯有发出更多的文字,抛出更多的表情包。一句话,你只能用数字来验证数字,只能用信息来核查信息。这既是无奈,又颇有几分凄凉。面对这个难题和困境,拜厄姆自己显然也是束手无策,也只能反复抛出"真我"来对质化身,用线下的在场来对线上的不在场进行纠偏。也正是诚实性这个难题让一众数字亲密的拥趸往往只能不无沮丧地承认,所谓的线上的亲密,实际上绝大多数还是来自"**已经预先存在的线下关系**(*preexisting offline relationships*)"[2]。

但拜厄姆在有意无意间带出的一个启示却打开了不同的方向,尤其是引向了生成这第三条道路。在第五章的最后,她对数字自我的真诚性给出了两个虽非相悖,但却方向相反的解释。一方面,她指出,数字自我并非随心所欲的"虚构",在种种化身和面具的背后,总是表现出"真实自我"的那种将自身进行"理想化"提升的倾向。[3]现实中的我总是不完美的,有着各种各样难以克服和修正

---

① *Personal Connections in the Digital Age*, p. 116.
② *Social Media and Personal Relationships*, p. 16. 原文为斜体字。
③ *Personal Connections in the Digital Age*, p. 118.

的缺陷，但在网络上的化身之中，我却完全有可能、有理由将自身塑造成心目中的那个完美形象。这个方向显然仍然趋向于浪漫之爱的精神理想。但另一方面，拜厄姆又指出，虚构的化身并非毫无根据的捏造，而恰恰是"善用"技术手段来对自身进行"微小的策略化处理"（minor strategic manipulations）①。这些处理可以趋向于更高的精神理想，也可以相反，深入自我背后的种种"潜在的"深处。"minor"这个词提醒我们拜厄姆暗示的极有可能是后一个方向。我之所以要在网上变换各种化身，如果不是仅仅出于无聊、谨慎乃至欺诈，如果这背后真的有什么严肃的原因的话，那么，它可能并不只是朝向一种理想化的形象，而同样有可能意在敞开在现实的自我自身尚且潜藏着的，有待实现、敞开和释放的各种错综复杂的微观力量。现实的（actual）自我，本来就不是一个固定的中心和明确的基础，正相反，它总是各种潜在的（virtual）力量生成的宏观效应和结果，也注定将伴随着潜在力量的格局变化、强度涨落的结域—解域的运动而再次、一次次进入生成。这里我们清楚看到，现实的我和潜在的我之间彼此渗透、交织、转化的关系，恰好可以用德勒兹（与加塔利）的"潜在性"的理论进行完美恰切的解释，由此亦打开了超越进步和控制的二元对立的第三条研究进路。

当然，拜厄姆在文中充其量只是暗示了这个线索，虽然她多次使用了"潜能"（potential）这个词，但既没有明确援引德勒兹的相关理论，更没有花费笔墨在这个方向上进行推进。真正明确从潜在性的方向推进数字亲密研究的，当然是麦格洛滕（Shaka McGlotten）。在研究数字亲密的专著之中，他甚至在标题中就将"数字亲密"直接转换成了"潜在亲密"（virtual intimacies）。他此举有双重意味。一方面是提醒我们，亲密关系作为一种由来已久的基本人际关系，其实向来已经蕴含着实在和潜在、可见与不可见，甚至在场与不在场这双重交织的维度。但另一方面，他更是明确将亲密关系的潜在性与数字媒介的发展中的顽疾关联在一起。与拜厄姆的论证策略一致，麦格洛滕在导言之中也是以批判性的悲观语调开篇，但随即用德勒兹的潜在性概念来打开更为积极乐观的方向。这其实也恰恰呼应着"virtual"这个词的两个密切相关的含义，即"虚拟"和"潜在"。从虚拟的角度看，它更多地与数字亲密的技术本性结合在一起，并尤其展现出值得质疑和批判的面向。针对"虚拟的亲密"，麦格洛滕的指责堪称不留情面，认

---

① *Personal Connections in the Digital Age*, p. 117.

为它只是"失败了的亲密关系,由此中断了良善生活之流",最终它只是"真实生活的苍白模拟甚或丑陋的衰败(ugly corruptions)"①。

但仅一页之后,他随即转向了"潜在"这另一个更为积极而乐观的方面。他坦承,在德勒兹的潜在性理论的启示之下,他至少发现了病入膏肓的虚拟亲密的双重积极变革的可能性。首先,"潜在性并非与真实相对立;潜在性指向着内在性(immanence)、能力与潜能;其次,我之所以强调亲密关系已然是潜在的,正是因为它经由情感体验(affective experience)而显现出来。"②显然,内在性和情感体验是两个要点。

先说内在性。上面援引的拜厄姆的那段话恰好提示我们,亲密关系具有超越性和内在性两个面向,也即,既可以是朝向灵魂融汇的精神理想,亦同样可以回归关系内部的多元而差异的力量博弈。麦格洛滕所谓的内在性显然明确指涉这后一个方向。而具体落实于数字亲密的领域,内在性又展现出两个相关的面向,一是僭越(transgression),二是流变(variation)。僭越对抗的恰恰是数字技术施加的规范化操作,但此种对抗并非采取外部的视角,而是试图从技术形态自身的内部去释放出解域和逃逸的潜能。之所以之前学者们总是陷入进步和控制的两难之中难以自拔,那正是因为错误判断了数字技术的作用,将其仅仅作为外在施加的限制和控制,进而与"本真的""纯粹的"亲密关系的领域(比如浪漫之爱)对立起来,分隔开来。此种"异化"理论背后的逻辑其实非常直白甚至浅白:在数字技术以前,亲密关系虽然也存在着种种缺陷,但根本上还是维持着自己的独立和自足;但数字技术侵入之后,一切都变质了,一切都衰败了,本真的关系变成了虚情假意的游戏,精神的理想变成了肉欲横流的享乐,未来的筹划变成了明码标价的商品。

但若从麦格洛滕着力阐释的内在性的角度来看,此种立场显然是错误的。首先,技术的作用并非只是影响、操控乃至侵犯,正相反,唯有凭借数字技术的手段,原来潜藏在亲密关系之中的种种"内在性"的力量才得以被激活,被展开,被创造。数字技术并不只是一部强大而邪恶的捕获装置,其实更是一个"内在性的平面",在其上,亲密关系才真正得以释放和实现自身的种种源源不竭、不可

① Shaka McGlotten, *Virtual Intimacies: Media, Affect, and Queer Sociality*, Albany: State University of New York Press, 2013, p. 7.

② Ibid., p. 8.

遏制的差异性潜能。那么,又怎样如何解释合流之爱、上瘾之爱这些欲盖弥彰的时代乱象呢?道理亦很简单,那不是因为技术犯了错,而只是因为原来具有创造性的技术变得越来越僵化和固化,无法再起到激活潜能的作用。但要解决这个困境,恰恰不能从技术之外去祈求超越性的拯救力量,而只能是再次、一次次回到技术本身,将其带入生成和流变。技术本就是一个差异力量的聚合体,一个异质性要素离合聚散的内在性平面,那么,不断突破自己的既有的边界和僵化的结构,再度进入解域和生成,这本来就是它的固有趋势。借用麦格洛滕的精准概括,"修复(recuperate)潜在性之中所固有的拓展性可能(expansive possibilities)"①,这就是内在性的真意。在更为晚近的研究文集《数字亲密:公众与社会媒介》中,显然是生成这第三条途径占据了主导地位,"越轨与僭越"(excesses and transgression)明确成为数字亲密的变革性政治(transformative politics)的核心词汇。②

结语:亲密关系,爱还是痛?

　　但僭越与流变并非麦格洛滕为代表的生成性亲密关系的全部。实际上,他的这部著作本就兼容理论与实践,理论方面自然以德勒兹的潜在概念为本,但实践方面则深入而生动地描绘了从性到电子游戏等诸多社会生活领域的亲密状况,并尤其突出了"情感体验"这第二个重要维度。如果说生成是技术的解域之力,是技术不断突破自身的束缚而不断释放潜能的过程,那么情感体验则更为鲜明地涉及主体性这个本文的要点。

　　之所以要在数字亲密的研究中细致刻画个人的体验,这既是亲密关系的独特属性使然,但又多少展现出超脱德勒兹主义之外的可能性。生成性的游牧主体固然得以克服关系性主体的种种弊病,用生生不息地从潜在到实在的流变运动来回应真诚性这个难题,但它同样有固有而明显的症结。创造性的、内在性的生命,确实理应为主体性的一个本质性维度,但自古希腊以来所强调的自我反思、自我控制甚至自我改变仍然不失为另一个关键特征。仅仅沉迷于流变而没

---

　　①　*Virtual Intimacies*, p. 9.

　　②　*Digital Intimate*:*Publics and Social Media*, edited by Amy Shields Dobson, Brady Robards and Nicholas Carah, Cham:Palgrave Macmillan, 2018, pp. 14—15.

有自控,仅仅醉心于创造而从不反思,似乎都不能成为主体的完整、完善的形态。由此,在全文的最后,我们似乎又有必要重提主体之"自治"这个吉登斯的原初理念。即便我们不再认同浪漫之爱的空洞的意识形态①,但并不意味着就一定要同时放弃自治这个主体性的立场。

那么,如何在数字的网络和数据的云端重新探寻自治之根基呢? 情感体验绝对是一个重要的入口。但不再是被技术所规范、被市场所引导、被意识形态所塑造的种种所谓积极的、"肯定的"(affirmative)的情感,而恰恰应该转向其反面,在否定性的体验之中敞开对抗与逃逸的可能性。很多学者都提到过这一个要点,但明确将"苦痛"(suffering)这种极致性的否定体验作为核心来重思、重申亲密关系的,似乎无人能出伊娃·伊洛斯(Eva Illouz)之右。她的三本代表作几乎就是从不确定性到脆弱性再到苦痛性的逐步加剧的情感体验的历程。在 2007年问世的《冷亲密》(Cold Intimacies)一书中,她虽然也大量涉及了情感话题,但对数字亲密的论述主要还是集中于批判。她列举的数字亲密的四大症结中,后三点(知识先行、意识形态、市场导向)与吉登斯和贝伦特等人的批判性立场并无二致,而第一点则鲜明突出了主体性这个维度,也即数字亲密堪称前所未有地"加剧了(sharpen)自我的独一无二的体验(one's sense of uniqueness)"②。正是"sharpen"这个词带给读者深刻的触动。确实,数字亲密改变着自我的形态和人际的关系,用拜厄姆的话来说,它不断在塑造着"新的自我,新的关系",但数字自我到底又新在哪里呢? 体验或许正是一个要点。数字媒介带给每一个人前所未有的自我体验,那早已不再是浪漫之理想,亦非激情之欲望,更非合流之瘾性,而是一种自我与自身的否定性的体验。这不是自我确证,但也不能等同于自我怀疑乃至否弃。正相反,此种否定性体验的起点是主体的那种极端被动性的感受:有越来越多、越来越强的力量正在渗透我,支配我,把我推离自己的位置,将我卷入主流的漩涡,令我越来越失去对自身的控制和自治。因此,自我否定不同于自我怀疑,后者见证的是主体的瘫痪和无力,并从根本上瓦解了进一步行动的决心和勇气;但前者则正相反,它虽然深陷被动性的困境,但却对自身有着强烈

---

① Lauren Berlant, *The Female Complaint*: *The Unfinished Business of Sentimentality in American Culture*, Durham and London: Duke University Press, 2008, p. 15.

② Eva Illouz, *Cold Intimacies*: *The Making of Emotional Capitalism*, Cambridge: Polity Press, 2007, p. 78.

而鲜明的体验，由此反而更为明确地确证了自身的存在，进而得以激发出更为坚定有力的行动的契机。"我不知道我是谁"，这是自我怀疑者的口头禅；"我不能再这样下去了"，这是自我否定者的宣言。

由此在后续的《拯救现代人的灵魂》（*Saving Modern Soul*）一书中，她再度明确强调了"反思性的强烈形式"[1]，更是将"脆弱性的感受"（sense of vulnerability）[2]界定为现代社会的亲密关系的根本维度之一。然而，脆弱性仍然不足以成为描绘否定性的亲密体验的恰切语汇，因为其中还是弥漫着浓重的自我怀疑的气息。或许正是因此，在名作《爱，为什么痛》（*Why Love Hurts*）之中，她明确地转向苦痛这个核心的否定性体验，甚至将其视作爱之体验的近现代转化的核心枢纽。与前现代的三种爱的形态（贵族、基督教、浪漫）相比，现代爱情和亲密关系所缺失的最为重要的维度恰恰是"爱之苦痛"（love sufferings）。她不无尖锐地指出，伴随着"医学话语"而兴起的现代性的自我文化几乎是有史以来唯一对苦痛之体验进行无视和否定的传统。[3]在往昔，爱总是与痛相伴相随，甚至可以说，痛才是爱的极致和巅峰的体验；但如今，痛不仅与爱鲜明对立，更是成为一个有待被治疗的"病"，必须被根除的"恶"。"活着不是为了痛苦"，这显然是现代爱情的至理名言。既然如此，重新激活否定性的体验，再度回归爱之苦痛的传统，是否能够成为拯救数字化主体的可行途径？面对吉登斯在三十年前向我们提出的自治性主体这个难题，或许伊洛斯对于爱之苦痛的深刻论述切实展现出了一条可行的回应之道，一条有别于进步、控制、生成这三种经典立场的前行之道。

---

[1]　Eva Illouz, *Saving Modern Soul: Therapy, Emotions, and the Culture of Self-Help*, Berkeley: University of California Press, 2008, p. 122.

[2]　Ibid., p. 126.

[3]　Eva Illouz, *Why Love Hurts: A Sociological Explanation*, Cambridge: Polity Press, 2012, p. 129.

第十一章　数字自恋:偶像及其复像

"你就是我的孤独。"①

　　眼前被他投射为他的理想的形象,即为他在儿童期所失去的自恋的替代者,当时他就是他自己的理想。

　　　　　　　　　　　　　　　　　　　　　——弗洛伊德:《论自恋》

　　以虚拟偶像团 A-Soul 为主角打造的视觉小说类游戏《枝江畔之梦》中有一句发人深省的台词:"她们是真实的,我才是虚拟的。"如果不把这句话当成戏言,而是认真对待的话,确实能体会到其中明显呈现出的"我"与"虚拟偶像"之间的那种既亲密又不无焦虑的纠结关系。之所以纠结,是因为其中鲜明展现出一正一反截然相对的双重意味。首先,从正面上说,之所以虚拟偶像比鲜活肉体的我们"更真实",几乎只有一个根本的原因,她们是自我的理想化投射。虽然没有真实的肉体,但她们却有着可朽的人类本身难以企及的那种近乎完美的理想光环。从这一点上看,虚拟偶像与人类历史上层出不穷的各种偶像(贤哲、上帝、英雄、明星,等等)是颇为一致的,作为"膜拜的对象"(object of worship)②,他们/她们都具有从可见的形象向不可见的价值和意义进行提升的超越性运动。从这个角度看,偶像不仅向来都是虚拟的,甚至可以说虚拟性是偶像最重要的一个本质规定性。

　　但反过来说,诚如对偶像问题有深切反思的培根所言,偶像同时也还暴露出

---

　　①　这个标题化用自莎乐美(Salomé)向里尔克的著名表白:"You alone are real to me。"(转引自 Kaja Silverman, *Flesh of My Flesh*, Stanford: Stanford University Press, 2009, p. 27。)

　　②　Hiroshi Aoyagi, *Islands of Eight Million Smiles: Idol Performance and Symbolic Production in Contemporary Japan*, Cambridge (Massachusetts): Harvard University Press, 2005, p. 31.

一种十足的贬义，即不再是人类的完美理想，反倒是蜕变成扭曲、错乱的幽灵鬼魅。①它们或许看似"完美"，但在这个伪装的面具背后隐藏的，不再是对精神的提升和引导，而是对欲望的勾引和诱惑。在膜拜理想性偶像的过程中，自我得到了升华，精神得到了净化；但在为诱惑性偶像神魂颠倒的过程中，自我越来越失去了自控，精神也日渐滑向肉体和欲望的深渊。这亦神亦魔的双重面向合在一起，才是偶像的真相和全貌。当我们把 A-Soul 这样的虚拟偶像当成"永远的神"，这背后的心态往往是积极向上的，"那正是我努力的方向，她们就是我的人生榜样！"但反过来，当你把她们当成是令你魂牵梦绕、茶饭不思的"绯闻女友"之时，你反倒会觉得越来越空虚和焦虑。为伊消得人憔悴。她们虽然召之即来挥之即去，可以整日整夜陪伴你，但你却仍然魂不守舍，怅然若失，因为你不知道她们是谁，正如你也从来不清楚自己是谁。

　　然而，不无遗憾的是，本文的着眼点恰恰不是偶像的理想光芒，而是诱惑之鬼魅。做此选择的理由有二。一方面，单从理想性象征的角度看，不大可能突出虚拟偶像的独特本性。她们的虚拟性并非仅仅指向无形的精神性理念或价值，而是源自数字技术和媒介的深入发展的实实在在的产物。而一旦技术成为偶像制造中的主要因素，那么它就会影响乃至改变偶像与自我之间的种种传统的关系形态。对此必须进行具体细致的考察，本章后面选取的以初音未来为代表的"合成人声"（digital voice）就是一个切实可行的入口。另一方面，本章的立场，乃至笔者一向的立场，都是对数字技术持一种比较尖锐的批判立场。由此，在这里我们也更着眼于其种种负面效应，尤其意在剖析那种诱惑之力对数字时代的主体性建构所起到的破坏性影响。当然，批判仅仅是起点，它的真正作用理应是在认清现实的前提之下进一步导向积极的建构和希望。因此，精神分析的理论话语就构成本章的另外一条引线，诚如雪莉·特克尔（Sherry Turkle）所言，在一个人工智能和数字技术日趋主导的时代，"精神分析的文化"看似过时，但实则能够为我们再度打开一个别样的洞察自我、剖析人心的深刻途径。②

---

　　①　转引自 *Islands of Eight Million Smiles*, p. 31。

　　②　Sherry Turkle, *The Second Self*: *Computers and the Human Spirit*, Cambridge（Massachusetts）：The MIT Press, 2005, p. 298.

一、数字自恋及其双重面向

虚拟偶像的这种既超越又亲密、既升华又诱惑的双重面向,恰好可以用一个精神分析的概念来恰切概括,那正是自恋(Narcissism)。

首先,就从奥维德的《变形记》中的神话原型来看,此种双重性已经体现得极为明显。借用马里奥·雅各比(Mario Jacoby)的深刻解读,这个神话本身就包含着三个逐步递进的阶段①,先是对理想形象的追求和迷恋,其次是真相被揭穿的那个近乎残酷的时刻②,最终自然是由此导致的彻底绝望的心境及难以避免的悲剧性的结局:死亡。我们发现,虚拟偶像的最深刻症结,其实早已明白清楚地铭写在这段原初的文本中。如果她们仅仅是完美的神,那本不会有任何的困惑和疑难。但麻烦恰恰在于,她们不只是超越的彼岸,理想的原型,同时亦是跟你整日耳鬓厮磨、无比亲密的伙伴。正是这种无限拉近乃至消弭的距离为数字时代的虚拟偶像崇拜埋下了重大隐患。正如奥维德笔下的纳克索斯,今天的粉丝也迟早会遭遇那个真相揭穿的残酷时刻:我以为我膜拜的是神,但我爱的其实只是自己。因为,那个所谓的偶像不是跟我如此的相像,甚至活脱脱就是我自己的逼真镜像?!但更棘手的还在后面。洞察真相的纳克索斯选择以极端的手法终结自己的悲剧,但那个结局既是"死亡",但同时又是"变形",它是旧我之死,又是新我之生。可悲的是,在今天的粉丝身上,恰恰少了"变形"这关键一环,由此他们难以毅然决然地进入下一个阶段,而始终在超越与亲密、去远与拉近的两极间不断震荡,时而确信时而狐疑,时而自爱时而自艾,折腾不已,永无安生。在这个过程之中,自我不断被削弱,甚至面临解体,但始终找不到一个牢靠的支点和起点得以焕然新生。在鬼魅偶像的诱惑之下,自我也越来越蜕变为空虚缥缈的幽灵。

关于数字时代的自恋迷局,没有人说得比特克尔更为直接而透彻。早在处

---

① Mario Jacoby, *Individuation and Narcissism: The Psychology of the Self in Jung and Kohut*, London and New York: Routledge, 1990, pp. 11—12.

② "啊,原来他就是我呀!我明白了,原来他就是我的影子。我爱的是我自己,我自己引起爱情,自己折磨自己。"([古罗马]奥维德:《变形记》,杨周翰译,北京:人民文学出版社1984年版,第42页。)

女作《第二自我：计算机与人类精神》(*The Second Self*：*Computers and the Human Spirit*)之中,她就明确将时代的特征界定为"一种自恋的文化"①,并随后重点援引精神分析大师科胡特(Heinz Kohut)的"自体对象"(self-object)的理论来诊断其症结,也即不断将他者化作自己的镜像,甚至内化成自我的"部分"乃至"零部件"(spare parts)②。在这个意义上,自恋当然不是自信,但同样也不是自爱。自信和自爱都是自我对于自身的肯定③,他知道自己是谁,也知道自己的力量所在。虽然这或许往往也会滑向"妄自尊大"的负面一极,但它的积极肯定的正面形象正是福柯着力论述的"自我关切"(care for self)。但自恋则正相反。它远非自我肯定和关切,而是自我怀疑和动摇:"拥有这种个性的人需要源源不断的外界支持来进行自我确认。"④但这正是因为他没有能力进行自省和自控。他的自我绝非固若金汤的堡垒,而是一个不确定的空洞乃至黑洞,越投射就越脆弱,越内化就越空虚。

特克尔这一番敏锐诊断又可以引申出三点深入思考。首先,自恋文化虽非数字时代的发明,但它确实伴随着互联网和数字媒体的兴盛而获得了变本加厉的激增。比如,腾格和坎贝尔在《自恋时代》中就全面透析了自恋文化兴起的"四重因",其中"媒体文化所宣扬的肤浅的明星效应"和"互联网"就是两个彼此勾结的罪魁祸首。⑤道理倒也显白,既然自恋文化本质上就是用各种"虚假""伪造"和"冒牌"的外表泡沫来遮蔽、扭曲甚至取代真正的自我关切⑥,那么,所有这些泡沫确实在网络和媒体之中会得到前所未有的、近乎难以遏制的"病毒性"扩散。还有什么能比网络上不断变换的自我面具更能有效遮蔽真实的自我关切?还有什么能比聚光灯下的浮华而空洞的明星效应更能从根本上扼杀真正的自我追求?

其次,虽然自恋跟数字看似有着"水乳交融"的密切联姻,但特克尔的论述

---

①　*The Second Self*, p. 279.

②　Ibid., p. 296.

③　比如,可参见亚里士多德对"自爱"的论述:《尼各马可伦理学》,廖申白译注,北京:商务印书馆2017年版,第291页。

④　[美]雪莉·特克尔:《群体性孤独》,周逵、刘菁荆译,杭州:浙江人民出版社2014年版,第190页。

⑤　[美]简·M.腾格、W.基斯·坎贝尔:《自恋时代:现代人,你为何这么爱自己?》,付金涛译,南昌:江西人民出版社2017年版,第2页。

⑥　同上书,第11页。

并不止于此。她在《第二自我》和《群体性孤独》之中的阐释显然打开了数字自恋不同于以前的自恋神话和自恋文化的最重要特征,那正是有心灵和生命的人类与无心灵亦无生命的机器之间的关系。①在以往,自恋的自体对象总是活生生的人,而媒体和网络一开始也只是作为手段和工具来加剧人和人之间的自恋泡沫。但随着赛博格和后人类趋势的不断深化,自体对象开始逐步、大规模地转变为机器人乃至虚拟偶像,而人与人的关系反倒是变成从数字自恋中挣脱而出、重返本真的重要途径。②究其缘由,无非有二。一方面,机器和数字客体确实能够满足自恋者那欲壑难填的内心空洞,以及种种匪夷所思的扭曲的心理需求。机器本身就是由"部分"和"零件"所构成,可以任由自恋者随意拆分和组装。同样,虚拟偶像也不具有活人的那些"缺陷",不会厌倦,无病无灾,可以尽心尽力地为自恋的主人服务。另一方面,伴随着数字自恋的发展,人与数字对象之间的关系也开始发生了戏剧性的关系,后者不再是任由人类摆布的工具,而是"进化"成与人类极为相似和亲近的有着真情实感甚至"真实生命"的活生生的存在。非但人与非人之间的界限正在被模糊甚至被抹除,更有甚者,作为数字世界的"原住民",新世代的孩子不仅将机器人和数字对象视作自己的同类和伙伴,而且更是将它们尊奉为值得仿效的原型和值得膜拜的偶像。虚拟偶像的诞生,似乎正是以这样一个转化过程为直接的背景。而其实质,恰可以用《第二自我》中的那句名言来概括,"把你自己设想为一部机器"(Thinking of Yourself as a Machine)。这也正是本章开头所引用的《枝江畔之梦》中的那句台词的真实含义。

第三,特克尔虽然以在数字时代复兴精神分析为己任,但她对自恋这个重要的精神分析资源的传承和吸取却显然不够。自体对象虽然是科胡特的一个重要创发,但也只是对弗洛伊德的原初理论的一个可能方向的引申而已。实际上,除了他所关注的自我理想这一方面之外,在弗洛伊德的文本之中还潜藏着自恋的另外一个面向,那正是自体爱恋。③可以说,自我理想和自体爱恋恰好构成了弗

---

① *The Second Self*, p. 280.

② 比如特克尔主张的"重启交谈",再比如《自恋时代》中所倡导的"重建亲密关系"的种种方式,等等。

③ 注意弗洛伊德原本的说法是"自体性爱"(autoerotism),但在本文中,我们将其转用为"自体爱恋"(auto-philia),也即并非仅将其视作自我发展的一个初期的、原始的阶段,也不仅将其背后的动力归于盲目的力比多运动,而是意在最终将其理解为从理想性自我向原始自我所进行的"退行"运动,详见本文最后一节。

洛伊德的自恋理论的彼此相对相应的两极。但特克尔的阐述恰好错失了这两极之间的张力。她对自恋文化的批判，主要还是着眼于自我理想这一极，尤其是数字对象成为主流的自体对象之后所引发的种种自恋症状。但她或许没有意识到，在弗洛伊德勾勒的原初版图之中，本来就隐含着以返归自体爱恋来疗治自恋顽症的关键启示。既然如此，那么对于她为自恋文化所开出的药方之疗效，我们也就理当打上一个问号。有鉴于此，下文就试图基于特克尔的启示进行三步推进，先是澄清自恋及其两极关系，接着分别从自我理想和自体爱恋的角度分别对日本的偶像文化进行解析，并最后聚焦于虚拟偶像及合成人声这两个要点。

那就先从弗洛伊德的《论自恋》这篇奠基性文本开始。即便其复杂和晦涩早已为世人所熟知，但至少其中关于自恋的著名定义还是至为清晰明白的："自恋并非一种性倒错，而是一种出于自我保存本能（instinct of self-preservation）的利己性（或称为利己主义）（egoism）的力比多补充物，一定程度的自恋可以正当地归属于每一个生命体。"①这里明显有两个要点。首先，自恋不一定是病态，而是人的生命和精神成长过程中的一个必经阶段。其次，自恋并不只是力比多的盲目运动，而恰恰是自我（ego）得以形成的一个最初的阶段甚至动力。这背后的原因也很明显。力比多本来就有外与内两个不同的方向，如果它能够在内外之间自由顺畅的流转，似乎就根本没有任何自我诞生和介入的必要乃至可能。遗憾的是，实情正相反，力比多之所以会自外返内，往往是出于遭受外部的阻碍和打压的苦痛体验。②由此可见，自恋一开始确实是带有着疾病特征的创伤体验，因为受到外部挫折而汇流的力比多显然会在内部造成纷扰和震荡。正是因此，"自我必须被发展出来。然而，自体性爱的本能打从一开始就存在，因此，为了产生自我，必定有某种东西———一种新的精神活动———被加到了自体性爱上"③。概言之，自我正是对盲动的力比多进行调控的精神性装置，而自恋则是自我得以诞生的原初"战场"。在自我的调控之下，力比多现在开始有了更为明确而积极的方向，那正是"理想自我"（ideal ego）。这亦是弗洛伊德这篇文本中得到的最为重要的结论。借用巴郎热（Willy Baranger）的精辟概括，正可以说

---

① ［英］约瑟夫·桑德勒、［美］埃塞尔·S.珀森、［英］彼得·冯纳吉：《弗洛伊德的〈论自恋〉：一篇导论》，陈小燕译，北京：化学工业出版社 2021 年版，第 17—18 页。

② 同上书，第 25 页。

③ 同上书，第 20 页。

"自恋的核心不是自我,而是超我或自我理想,并会为它做出调整,这是唯一真正值得称赞的"①。

二、虚拟偶像的第一重面向:理想自我

　　然而,《论自恋》及随后衍生出来的各种精神分析的探讨都存在一个明显缺漏,那就是无暇甚至无意在具体的社会情境和文化背景之下去展开对自恋的深入考察。精神分析的绝大多数案例都还停留在家庭之内、病患身上,由此也就低估甚至削弱了自恋这个概念对于理解晚近数字社会的深刻启示。特克尔等人的开创性研究已经指明了方向,接下去就不妨聚焦于日本偶像文化来分别揭示理想自我和自体爱恋这两个维度的异同分合。

　　在《八百万笑容之岛》这部全面研究日本偶像文化的经典之作中,青柳宽(Hiroshi Aoyagi)开篇就对"偶像"(aidoru)给出了极具启示性的界定:"偶像就是经过营销机构(promotion agency)包装并贩售的青少年的典范/楷模(role models)。"②这个精辟定义中包含了偶像之思的三个要点,一是偶像的典范形象,当然明确指向了理想自我这个旨归;二是商业化包装,作为塑造理想自我的重要手段和方式,这亦是精神分析的自恋理论的一个盲点;三是"青春期"(adolescence)这个从童年通往成年的人生关键阶段的重要意义。三点合在一起,尤其彰显出偶像文化对于深思和重思自恋问题的重要意义。

　　理想性典范在塑造自我的过程中的关键作用,在精神分析的各种文本中早已有汗牛充栋的论述。但落实于日本偶像文化的语境之中,我们发现了一个鲜明而突出的特征,即自我的塑造从根本上是以商业为平台,但又密切融合了宗教的仪式和艺术的表现这两个重要的维度。商业—宗教—艺术的三位一体,正是其本质要义。进一步说,只有将艺术的感性吸引力和宗教的精神凝聚力聚合在一起,商业的"包装和贩售"才能起到良好甚至惊人的效果。先从感性的方面说。偶像一定首先要对青少年具有强烈的、难以抗拒的吸引力,并以他们喜闻乐

---

① 《论自恋:一篇导论》,第116页。
② *Islands of Eight Million Smiles*,"Acknowledgements",p. ix.

见的艺术手法来不断吸引他们参与其中，从被动到主动地用理想的模板来塑造自己。但细究日本偶像的发展史，不难发现其中包含着一个明显但却被默认的悖论，那就是超越性和亲密性的诡异合体。偶像是理想，是典范，这当然意味着她是难以企及的，是必须经过艰辛长期的努力才能接近的人生巅峰。但日本偶像却往往首先体现出截然相反的面向，即他们看上去都是如此的平凡，就像是"邻家的女孩和男孩"①。但这个平凡恰恰是面具甚至假象，因为在其背后隐藏的正是被精心包装起来的"性感诱惑"②。正是这种平凡的甚至触手可及的性感在粉丝和偶像之间确立起一种温情脉脉但又彼此挑逗的亲密性关系。但显然，过于亲密是危险的，会威胁到偶像本身所理应具有的理想地位。由此就引出了偶像包装中的一个最核心要点，那就是"纯真"（pure，innocent）③。无论她看起来跟你怎样的相似，无论她的顾盼生情中跟你如何的亲密，但"纯真"这个底限总是时刻在提醒你，她最终是不食人间烟火的神明，她根本是高高在上的理想。

不过，单靠感性的吸引力是远远不够的，要想在青少年心目中成功塑造理想自我的形象，还需要借助更高的精神趋力。宗教仪式的功用由此充分展现出来。即便当今的偶像崇拜与传统的宗教仪式之间存在着诸多明显的相似，还是展现出不可忽视的两个独特性。一方面，它并非贯穿人生始终的日常修习，而是聚焦于青春期这个独特的阶段，这就尤其将成人礼这个过渡和转化的重要仪式（ritual of passage）与社会秩序的维系和塑造紧密关联在一起。④另一方面，正是由此它体现出与传统仪式之间的最根本差异，仍然涉及超越性和亲密性这个悖论性的扭结。在传统仪式中，神明总是高高在上的，多少带有几分不可被冒犯的威严和肃穆。但偶像崇拜则显然不同，理想形象不仅时刻展现出感性的吸引和诱惑，更是屈尊乃至"降格"地为粉丝的自我表现和表演留出了极为开放的空间。但此种表面上的开放性仍然是假象，只不过其背后隐藏的不只是商业的利益，而是权力的操控。青柳宽一针见血地指出，看似"主体"（subject）在自由而尽情地表现自我，但实际上他最终只是"从属"（subject）于种种权力操控的

---

① *Islands of Eight Million Smiles*, p. 16.

② Ibid., p. 18.

③ Ibid., p. 33.

④ Ibid., pp. 60—63.

框架。①

艺术—宗教—商业的合体,最终建造起看似密不透风甚至牢不可破的"自我的牢狱"(prison of self)②。那又何从挣脱? 向哪里逃逸? 遍览青柳宽全书,在尖锐透辟的批判之下,始终流露出一种沮丧乃至悲观的气息,或许也是因为他无从为偶像文化的这个自由与控制的悖论给出有效的回应乃至疗治。更令人焦虑的是,当日本的偶像文化发展至虚拟偶像这个晚近的形态之后,这个悖论非但没有得到任何的缓解,反倒是在数字媒介和网络社会中愈发扩散和加剧。其实,虚拟偶像就是一个矛盾的合体。借用布莱克(Daniel Black)的精辟阐释,虚拟同时包含着间距、转译和控制这三个相关的维度。首先,虚拟偶像的鲜明特征正在于它得以"脱离任何对于活生生的表演者的指涉(reference)"③。当然,不可否认有一些虚拟偶像确实以真人偶像为原型,但无论从本性还是发展趋势上来看,真正的虚拟偶像确实完全可以且应当脱离真实、现实的根基而独立自存。虚拟不再作为现实的摹仿物和衍生品,而是进一步演变为数字存在物的自足的规定性和基础,这才是界定和理解虚拟偶像的真正起点。

与此同时,虚拟偶像又不能全然挣脱一切现实的束缚,自由无羁地进入纯粹的数字时空。道理很简单,虚拟的存在虽然可以独立自存,但偶像却绝非如此,因为它一定要在与膜拜者和粉丝的关系之中才能真正界定自身。正是因此,当虚拟和偶像合在一起之时,矛盾就产生了。虚拟要求彻底否定现实的规定性,但偶像又反过来要求对那些肉身存在的粉丝产生出感性的吸引力和精神的号召力。我们看到,这同样是超越性和亲密性这一对矛盾的晚近产生的激化形式。单从虚拟的角度看,超越性得到无以复加的提升,因为数字的存在物确实在最大程度上能够挣脱各种尘世和现实的束缚,甚至由此进入无病无灾、无生无死的永恒而极乐的数字天国。但反过来说,偶像文化对亲密性的要求又无时无处不对这个超越性的理想境界进行各种阻挠。无论虚拟偶像是怎样的一个光滑无痕、轻飘空灵的数字精灵,但一旦她落入凡间,与粉丝亲密互动,就必然要"变换"出各种肉身和感性的面貌。由此就触及虚拟偶像的第二个规定性,"虚拟偶像是

---

① *Islands of Eight Million Smiles*, p. 27.

② Ibid., p. 81.

③ *Idols and Celebrity in Japanese Media Culture*, edited by Patrick W. Galbraith and Jason G. Karlin, Basingstoke: Palgrave MacMillan, 2012, p. 209.

对于女性身体的数字转译（digital translation），由此她的价值就在于能够捕获某些女性特质，并舍弃另一些，由此得以将这些特质替换成与她的数字格式相匹配的新特质"①。转译，正是在真实肉身和数字身体之间的连接、转换和过渡。但虚拟偶像的数字转译并非对现实和虚拟的双重肯定和认同，而是显然包含着一种重心的明确转移，也即用虚拟的数字身体全面"替换"真实的肉身，最终令后者全然进入数字天国，获得"升华"和"救赎"。

正是在这里，虚拟偶像与粉丝的亲密性关系开始发生了实质性的、但又令人忧惧的转变。这恰恰涉及控制这第三个重要环节。在之前的真人偶像的年代，偶像虽然有着明显的居高临下的地位，但粉丝也同样不是全然唯唯诺诺的傀儡。借用拜厄姆的说法，伴随着互联网和数字媒体的兴盛与蔓延，偶像和明星也越来越主动被动地走下神坛，更为频繁而深入地开始与粉丝的亲密互动。一句话，今天的偶像所从事的更像是"情感劳动"甚至"关系性劳动"（relational labor）。②经营复杂的亲密关系网，如今变成偶像养成的重要修炼。你自己到底是谁，你的"真实自我"到底是什么样子，这些并非关键要素，最重要的是粉丝希望你变成什么样子，演成、活成什么样子。但反过来说，偶像自己也是有着真实肉身、真情实感的生命，因此她势必也会想尽办法，甚至拼尽全力地在这场名与利的博弈乃至赌博中维系自己的本真性（"Being Real"）。③也正是这种错综复杂的关系令偶像和粉丝皆无法成为绝对的主导，掌控绝对的霸权。

但这个相对均衡的状态却在虚拟偶像的时代被彻底打破。悖谬的是，初看起来，虚拟偶像的出现无疑是将更高的自主权交到了粉丝手中。④真人偶像无论在你面前表现出怎样的亲密，但她跟你之间毕竟还是有一条红线不容被跨越，而且她也不可能一天二十四小时甚至全年无休地尽心尽力陪伴着你。然而所有这一切的看似"非分之想"，对于虚拟偶像来说却是自然而然甚至理所当然。她可以出现在任何时间、任何地点，可以用任何令你满意的方式出现，甚至可以一直待在你的身边不离不弃。但一切真的那么美好吗？显然不是，也不可能。这背

① *Idols and Celebrity in Japanese Media Culture*, p. 218.

② Nancy K. Baym, *Playing to the Crowd：Musicians，Audiences，and the Intimate Work of Connection*, New York：New York University Press, 2018, pp. 17—18.

③ *Playing to the Crowd*, pp. 173—174.

④ *Idols and Celebrity in Japanese Media Culture*, p. 220.

后暗地里（甚至明面上）进行的是一种更为深入全面的控制。在真人偶像的时代，感性诱惑和宗教仪式最终都是为了市场和营销的目的服务。即便如此，仍然还有从被不断"资本化"和"商品化"的自我牢笼中挣脱出来的可能性，再度借用拜厄姆的精辟之语，这毕竟还是一场每个人都在争取本真性的赌博。但到了虚拟偶像的时代，连肉身这个本真性的最后堡垒亦已宣告失守，那还何谈抵抗和逃逸。当粉丝和虚拟偶像亲密无间、随心所欲地互动之时，看似他逐渐获得了绝对的掌控，成为了绝对的主人，真正的主体。但在这背后呢？却是真实肉身不断、彻底被数字化"转译"的过程，这显然是一种更强的控制，更深的绝境。这亦再度印证了特克尔那先知般的预言，当数字对象越来越上升为独立自足的对象时，真实的肉身也就越来越深陷入自恋的困境中难以自拔。被虚拟偶像无限量、全方面尽情填喂的自我，甚至连脆弱性和不确定性都快体验不到，而是日渐落入数字天国中成为"逍遥洒脱"、无痛无伤的空幻幽影。

三、数字化噪音（digital voice）：从本真性到生成性

然而，当肉身不断被彻底全面地转译到数字宇宙中之际，在其中也必然同时会激发出抵抗和创生之力。那么，肉身中最难以被数字化的力量到底何在呢？从作为文化工业的虚拟偶像的角度来看，那肯定是人声（voice）。面容可以作假，姿态可以伪装，但声音却不会说谎。人声，作为自我的本真性的最后底线，也一次次在互联网的发展过程之中得到确证。网络交流之中对语音的恐惧乃至禁忌恰为明证。[①]

布莱克亦持同样的立场，并明确指出，"人声及其痕迹（traces）从来都不能被轻易地消费"[②]，那是因为，即便在不断被抽离根基的数字痕迹之中，肉身仍然以深度和厚度进行着顽抗。人声的这种"不可言喻"（ineffable）的特征，向来是媒介研究的一个出发点和要点。比如，杨（Miriama Yong）在《歌唱电子身体》（*Singing the Body Electric*）这部深入反思人声和技术之关联的作品之中，开篇就援引了从巴

---

① Tom Boellstorff, *Coming of Age in Second Life*: *Anthropologist Explores the Virtually Human*, Princeton and Oxford: Princeton University Press, 2008, pp. 113—114.

② *Idols and Celebrity in Japanese Media Culture*, p. 210.

特到希翁的诸多闻名论断,来突出强调人声的"肉身、实在的层次"(Visceral,physical level)对语言和意义的抗拒。①这当然是一个毋庸置疑的现象,但问题在于,数字的体系不同于语言的系统,二者虽然都可以被归结为符号—象征系统的不同类型(或先后承继的不同发展阶段),但它们彼此间的一个最根本差异恰恰在于,语言系统的根本目的是表达意义(signification),而数字系统的基本功用则恰恰是去除意义的根基②,回归于纯粹的代码和数据的体系。由此进一步可以说,语言的旨归在于人与人之间的沟通交流(communication),但数字系统却显然并非以此为最终目的,它甚至没有任何外在的目的,而仅仅只是以"自我相关"(self-reference)的方式建立和实现的"操作"(operation)系统。从这个意义上来说,数字系统甚至要比语言更为接近索绪尔在《普通语言学教程》中所构想的符号学体系(sémiologie③),因为它更能独立于物质基础和时空情境之外,更适合作为规则和制度,更能够形成自足封闭的系统。

但如若这个对比能够成立的话,那么,人声与语言之间的反差乃至对立就很成问题了。显然,人声之所以能够作为幽灵不断纠缠着语言,之所以能够作为深度和外部不断侵犯着表意的系统,那正是因为语言作为一个具有鲜明历史性、社会性和民族性的存在,始终无法从根本上斩断与人声之间的肉身性脐带。巴特就曾援引克里斯蒂娃的说法明确指出,语言的意义空间最终还是要"孕生自"(germinate from)人声的物质性之源。④但数字系统则正相反,在它面前,人声从来都不是本源和基础,甚至根本上都不具有任何的特殊性,因为它跟万事万物一样,都是有待、必将被数据化的"素材"而已。⑤既然如此,那么想在人声之中去探寻抵抗数字化大潮的反作用力,这多少近乎痴人说梦。在其文章的最后,布莱克就不无沮丧地指出,人声早已不再是自我之本真性的最终堡垒,而是日渐沦为全面数字化的文化工业的下一个重要的"剥削"(harvest)的对象,甚至可说是终极的对象。一方面,失去人声这个本真性的底限,人的身上确实再无别物得以对数

---

① Mariama Young, *Singing the Body Electric*:*The Human Voice and Sound Technology*, Surrey:Ashgate Publishing Limited, 2015, pp. 1—3.

② "数字必然超越(transcend)其自身之存在的前提。它必然超越其自我异化这个事实。"(Alexander R. Galloway, *Laruelle*:*Against the Digital*, Minneapolis:University of Minnesota Press, 2014, p. 63)

③ [瑞士]索绪尔:《普通语言学教程》,高名凯译,北京:商务印书馆 1980 年版,第 38 页。

④ Roland Barthes, *Image Music Text*, p. 182.

⑤ 借用舍恩伯格和库克耶的精辟概括,"世间万物的数据化"就是大数据时代的核心特征(《大数据时代》,盛杨燕、周涛译,杭州:浙江人民出版社 2013 年版,第 123 页)。

字化转译构成抵制阻碍。另一方面,数字化对人声之物质性和肉身性的抽离堪称深入骨髓。就拿初音未来这个虚拟偶像的早期原型来说,本来她的声音虽然是虚拟的,但毕竟还是与真人明星之间有着直接明确的关联。但随着声音采样和合成技术的发展,尤其是 Vocaloid 这个催生初音未来的重要软件的升级换代,与真实人声之间的维系也就越来越薄弱、微弱,甚至变得若有若无,可有可无。①既然任何真实的人声,甚至万物的任何声音都可以被数字采样、存储、处理、重组,那还有什么必要一定要执迷于所谓的原型和本真呢?②一句话,数字化的嗓音,就是"根本无需肉身"的"纯数据"(pure date)。③数字即自足,虚拟更逼真。

对于数字技术的发展来说,这固然是看似难以逆转的大势所趋,但对于真实的人声来说,则不啻一场空前的劫难。数字化的人声早已失去它的一切人性的本质。若化用巴特在名文《嗓音的颗粒》(*The Grain of the Voice*)中的说法,数字化的人声之中只有离散的单位(discreet units),而根本没有留存着厚度和温度的"颗粒"。同样,贯穿数字单位背后的唯有冷冰冰的算法,而从来不是也不可能是充满灵性和韵致的"气息"(*pneuma*)。甚至不妨进一步说,在聆听虚拟偶像的数字化歌喉之时,粉丝感受和体验到的确乎只能是"诱惑"(seduce)而绝非"愉悦"(jouissance)。④诱惑就是算法施加的单向度的操控,它的目的就是对人进行全面的转译;但愉悦则正相反,它的目的在于激活生命,提升精神。聆听数字的人声,我们只会不由自主、难以挣脱地陷入自恋的牢笼之中;但聆听真实的人声,却可以不断引导自己去进行切身而本真的自我关切。由此看来,数字合成的人声,虚拟舞台上的歌声,几乎是将真人偶像文化中的自恋症进一步推向了万劫不复之境。

但很多同样研究数字人声的学者对这个激烈批判的立场却不以为然,尼克·普莱尔(Nick Prior)就是这个技术乐观派的重要代表。他首先就质疑了在本真人声和数字人声之间所人为划定的那种二元对立,并将其归结为关于人与技术之关系的所谓"强悍立场(*hard version*)"⑤。此种批判性立场的要旨在于,

---

①   *Idols and Celebrity in Japanese Media Culture*, p. 223.

②   "机器化的人声本质上就是一个无原型的复本(a copy devoid of its original)"(*Singing the Body Electric*, p. 77)。

③   Nick Prior, *Popular Music, Digital Technology and Society*, London: Sage Publications, 2018, pp. 119—120.

④   Roland Barthes, *Image Music Text*, translated by Stephen Heath, London: Fontana Press, 1977, p. 183.

⑤   *Popular Music, Digital Technology and Society*, p. 5. 原文为斜体字。

仅仅将技术视作人所使用的工具,并由此将技术的作用仅归结为"外部性的",即要么是辅助和拓展,要么是干扰、阻碍乃至破坏。正是因此,人面对技术的时候始终要保持警惕,不能任由外部侵犯内部、边缘僭越中心。一旦技术与人的本真生命之间形成太过亲密的连接,一旦人们开始舍本逐末地将技术从手段上升为目的,最终的结果肯定是令人担忧的,技术本身也将逐步滑向"作假和腐化"(falsifying and corrupting)的深渊。①基于德勒兹主义的两个基本概念,普莱尔对强悍立场进行了有理有据的两种回应和反驳。首先,要想反驳人与技术之间的内与外、中心与边缘的对立关系,必须直抵其默认的一个本体论的前提,那正是有生命的人类和无生机的机器之间的不容被跨越的鸿沟。②但根据德勒兹的生命主义的基本立场,这恰恰是对生命本身的狭隘化理解。生命并非局限于人类本身,甚至也远非仅存在于有机物之中,而是内在于、遍在于万物之中的"生成"(becoming)运动。就此看来,技术和媒介不仅本身就是有生命的,甚至正是在生命之生成和流变这个基本的本体论层次上,它们与人之间形成了密不可分的连接而非二元对立的区隔。不妨借用肯布尔和齐林斯卡(Sarah Kember and Joanna Zylinska)的那部名作的标题:当我们基于新媒体的角度来重新审视生命之时,就会心悦诚服地认同这样一个结论,"媒介化本身就是一个生命过程(Mediation as a Vital Process)"。

其次,一旦在生命这个基础层上逾越了人与技术的边界,那么同时也就进一步引向对人和技术本身的重新界定和反省。这就涉及第二个德勒兹式的重要概念,即"聚合体"(assemblage)。无论是人还是技术,其实本身都"是异质性要素的聚合:它们是能动的、涌现的(emergent)、开放的、杂交的(hybrid)"③。由此看来,所谓本真性的嗓音和人声这种说法不仅是一种狭隘的偏见,更是误解。人声从来不是纯粹的,也从来没有一个保持恒定的本质与核心。在与各种异质性要素的互渗、编织、转化的持续生成运动之中,它的未知潜能不断被释放,它的新鲜形态才会层出不穷。在这个意义上,善用、善待技术的人就不会仅将其贬抑为"作假与腐化",而是将其视作激活和释放人的潜能的重要的乃至关键的力量。

---

① *Popular Music*, *Digital Technology and Society*, p. 7.

② [法]贝尔纳·斯蒂格勒:《技术与时间:爱比米修斯的过失》,裴程译,南京:译林出版社 2000 年版,"导论",第1—2页。

③ *Popular Music*, *Digital Technology and Society*, p. 20.

人与技术向来是、始终是亲密无间的关系,而且只有在这种相互归属的亲密关系之中,人才真正成之为人,技术也才是名副其实的技术。

基于生成和聚合这两个全新的视角,很有必要修正上文对于数字化人声所得出的相对悲观的立场。首先,人声向来已经是"合成的"了,技术正是此种合成作用的一个关键要素,而数字化则是此种合成作用的晚近形态。其次,数字化合成的人声——数字的聚合体并非一种对所谓真实肉身施加的抽离化、贫乏化、资本化的编码。正相反,当数字技术介入人声的生成运动中时,反而不断突破了其固有、固化的种种形态和边界,释放出更加未知多变、新鲜刺激的能量。就拿语音合成软件 Vocoder 的早期发展来看,那种听上去冷冰冰的机器感十足的嗓音确实有几分"去人化"(dehumanization)的异化氛围,但此种"去—"的解构式操作并不仅仅是削弱和否定,而是增强和拓展。它所"去"的只是日益中心化、本质化的人类的故步自封甚至作茧自缚的固有形象而已,而实际上,它更意在敞开更为丰富而多元的异质性的要素和维度,比如 Vocoder 运动之中的黑人文化。①同样,初音未来和洛天依这样的数字化人声也并不只是对活生生的肉身和嗓音强行施加的戕害和破坏,而反倒是更为恰切而生动地实现了人声所本来就固有的多元性(multivocality)②。

但这还不是普莱尔式的生成性媒介论的全部。如 Vocoder 和 Vocaloid 这样的软件说到底还主要是对人声的数字化处理这一个维度,但如果人与技术之间真的那么亲密无间,那么反过来看,人也理应对技术产生出种种积极能动的反馈和作用。再度借用特克尔的说法,也就是人不再只是将自己构想为机器,而是同时也将机器构想为自己。但这当然不能等同于将机器视作自体对象的自恋症状,道理很明显,自恋的前提是自我和对象/他人之间的紧张关系,甚至是自我在受到外界创伤之际所进行的本能性自保。但生成论则正相反,它本来就强调自我的生成本性,又将其进一步落实于、纳入自我与他者共同生成的聚合体之中。正是因此,人的机器化和机器的人化实在就是一体之两面,差异性要素的互渗和转化,本来就是聚合体的常态。因此,既有"自动调谐"(auto-tune)的技术手段所实现的人声的数字化[早期杰作是雪儿(Cher)的 1998 年的单曲"Believe"],但反过

---

① *Popular Music, Digital Technology and Society*, pp. 129—130.
② Ibid., p. 133.

来说,亦有"节奏口技"(beatboxing)这样的用人声来模拟数字的戏剧性手法。①

结语:从自我理想重归自体爱恋?

但一个棘手的难题也正隐现在这里。对比之下就不难看出,在自动调谐之中才真正实现了人声与数字的(相对)完美的融合,但这个融合的效应在节奏口技那里却并不存在,从未发生。口技只是对数字节拍的人声模仿,而作为模仿者,人声似乎再度落入了理想和现实间的二元对立。数字是人声的理想形态,而肉体的声音似乎注定只能是疲于奔命的模仿者和追随者。这样一来,看似我们上文的思路又陷入僵局之中。从真人偶像到虚拟偶像,再从虚拟嗓音到生成性的人声,我们本以为可以由此挣脱理想性自我这个技术化和资本化的牢笼,但最终还是再度深陷其中。

不过,即便节奏口技这样的人化机器的手法并不足以服人,但在人之机器化的种种手法中,却本来已经隐含着某种否定性的契机。汉森和丹尼尔森在《数字签名》(Digital Signatures)一书中对坎耶·维斯特(Kanye West)的名曲"迷失在世界之中(Lost in the World)"的探讨就极具启示。这段数字化人声的采样一方面当然呈现出所谓"去人化"的生成论的意趣,但诚如这首歌的标题所示,它同样还鲜明展现出与生成、流变、聚合正相反的另外一种趋向,那正是否定、断裂、"疏离和内隐(aloof or introverted)"②。如果说生成论是人经由与技术的亲密关系而不断增强、扩展、丰富的肯定性运动,那么 West 这首歌里面的体验或许正相反,它揭示出的反倒是所有亲密关系都注定、理应具有的另外一重否定性的面向,即越亲密反而越孤独。只不过,这里的孤独不再是自恋的后遗症,是理想性自我和自体对象所留下的欲壑难填的真空;正相反,此种孤独具有鲜明的积极能动的含义,因为它时刻提醒我们,亲密并非全然丧失自我、随着不断蔓延的数字人际网络而持续地生成和游牧,它还理应具有否定性的"自我关切",反身,切己,自持。即便这不再是对本真性的迷执,但至少仍然是在被动性的创伤之下所

① *Popular Music*, *Digital Technology and Society*, p. 141.

② Ragnhild Brøvig-Hanssen and Anne Danielsen, *Digital Signatures*: *The Impact of Digitization on Popular Music Sound*, Cambridge (Massachusetts): The MIT Press, 2016, p. 124.

激发出的强烈的主体性的体验。West 歌中的"迷失"正表达出此种否定性体验的双重面向。一是人在与技术的亲密关系之中所始终隐约、阵痛般地体会到的自我位置的飘摇，自我力量的流失。二是人在与他人之间日益密切的数字关系之中所心心念念的那种对于"真诚性"（honesty）①的渴求。在那经由数字调谐的嗓音之中，我们所听到的或许既非理想性的形象，亦非聚合性的能量，而是一个个孤独灵魂的落寞而绝望的呻吟。

此种由否定性、创伤性的孤独所激发的真实共情（sympathy）在自体爱恋这弗洛伊德的自恋理论的另一个脉络之中似乎得到了更为深刻的理论支持。这个概念往往体现于"大洋般的"感受（oceanic feeling）之中，最初是源自弗洛伊德和罗曼·罗兰之间的通信，并由此激发了后者对宗教进行一种"发生学（genetic）的解释"，也即将其视作从"成熟的自我感觉"向那种"与整个外部世界结为一体"的"原始自我"所进行的退行（regression）和"回缩"。②正是因此，将其称作"原始自恋"并不恰切，因为它要弥合的恰恰是自我和对象之间的边界，它要挣脱的恰恰是理想性自我的掌控。也许可以由此将其恰如其分地唤作"自体爱恋"，因为它确实是在大洋般的万物连接的数字网络之中重新开始关爱自己。在精神分析的后续发展之中，此种自爱又展现出宗教与艺术之合体这个鲜明趋向。在《吾身之肉》（*Flesh of My Flesh*）之中，西尔弗曼（Kaja Silverman）就追溯了"大洋般感受"的思想史和文化史的深厚复杂的背景，并尤其凸显其连通"有限性"（finitude）之孤独与"整体性"（Whole）之融汇的强烈而独特的审美体验。③而凭借一己之力开创自体心理学的科胡特，亦在早年的论文中明确将此种"退行至原始自我状态"的运动视作音乐聆听体验的本质。④所有这些都是我们进一步从自体爱恋的角度深思、重思虚拟偶像与数字人声的宝贵资源。当我们聆听偶像之际，也在聆听自我的孤独。这不是空洞的自恋，而是创伤性的自爱。或许这才是走出数字自恋之牢笼的一条可行的路径。

---

① ［美］南希·K·拜厄姆：《交往在云端：数字时代的人际关系》，董晨宇、唐悦哲译，北京：中国人民大学出版社 2020 年版，尤其第五章"自我呈现"这一小节。

② ［奥］西格蒙德·弗洛伊德：《文明及其不满》，严志军、张沫译，杭州：浙江文艺出版社 2019 年版，第 9 页，第 13 页。

③ *Flesh of My Flesh*, p. 4.

④ *The Search of the Self*: *Selected Writings of Heinz Kohut*: *1950—1978*（Vol.1），edited by Paul H. Ornstein, London：Karnac, 2011, p. 157.

第十二章　数字情感：情感设计，情感计算与情感操控

关于"电子游戏（本章中的游戏皆指电子游戏）到底算不算艺术"这个问题，想来如今大家可以达成一致的肯定性意见。但是，"电子游戏的艺术性到底何在"这个问题，估计就会引发持续的争论乃至纷争了。要想回答这个棘手的问题，将游戏与传统的、既有的艺术形式进行对比，显然是一个可选甚至首选的方法。然而，一经比照，便立刻暴露出作为"艺术"之游戏的劣势。文学、绘画、音乐等艺术门类中，堪称伟大乃至不朽之作层出不穷，而反观游戏，又有哪一部具体的作品能够跻身经典和伟大行列呢？有哪部游戏能够媲美《红楼梦》《乡愁》和《第五交响曲》？对这个尖锐的质疑，乐观派会回答说，游戏从兴起到兴盛也不过短短几十年的时间，它目前的艺术性虽然还难以与历史上的伟大作品相比肩，但未来绝对可期。强硬派则会回应说，为何一定要将游戏与别种艺术相比呢？游戏自有其独立而内在的评判标准，由此说来，《只狼》就是经典而伟大的，即便此种伟大完全不能以现行的、通行的艺术标准来衡量。

但这两种常见的立场显然皆不足为凭，因为就在游戏产业的内部，很多优秀的设计师都已经对"游戏的艺术性何在"给出了明确的答案，那正是情感。比如，早在1984年出版的开山之作《电脑游戏设计的艺术》（ *The Art of Computer Game Design* ）一书中，克里斯·克劳福德（Chris Crawford）就明确指出，"电脑游戏之所以是一种艺术形式，正是因为它呈现给玩家以激发情感（stimulate emotion）的幻想体验"[①]。同样，"情感设计"（Emotioneering）的创始人大卫·弗里曼（David Freeman）在《游戏情感设计》的开篇亦真诚表示："我个人想在游戏

[①] 转引自 Roberto Dillon, *On the Way to Fun：An Emotion-Based Approach to Successful Game Design* , Natick：A.K. Peters，2010，第 xv 页。

中增加情感的最大动机……是因为,我是艺术家,增加情感是我的天职。"①由此不妨说,游戏之游戏性固然有着多样且自足的标准,但游戏之艺术性却显然存在着一个普遍而共通的标准,那正是"情感的深度"。不能感人至深的游戏,不能激荡情感的游戏,即便它做得再好玩,再复杂和烧脑,也完全够不上"艺术性"这个根本标准和理想诉求。本章为了对游戏中的情感进行反思,首先试图概括出西方历史上研究情感的两条彼此对立的进路,也即实证的科学和 pathos 的美学,随后再进一步揭示修辞学这第三个进路,由此在海德格尔的生存论诠释学和近来兴起的情感设计这两个皆深受(尤其是亚里士多德)修辞学影响的趋向之间对情感性游戏(affective gaming)的现状及未来进行深思。

一、科学与美学之间的情感研究

关于情感的定义,历来争辩不已,难成共识。既然如此,那不妨转换思路,首先不去贸然定义"何为情感",而是辨析"如何研究情感"。在《情感的隐秘历史》(*The Secret History of Emotion*)一书的开篇,丹尼尔·格罗斯(Daniel M. Gross)就清晰给出了贯穿西方历史的情感研究的两条看似泾渭分明的路向,那正是科学与修辞学。②前者的代表是笛卡尔,他最终将激情(passion)定位于身体这部复杂精巧的机器之内,进而细致描绘其种种具体的功能和成因(cause)。后者的创始人当属亚里士多德,他在《修辞学》中就明确界定:"情感包括所有使人改变看法另作判断的情绪。"③这里,即便情感仍然要与人的生理机制关联在一起,但其真正的本性却显然来自"社会生活"和认知力量。④这两种研究路向之间的对立是颇为明显的,基于科学的、实证研究的视角,人类的情感就是一个具有相当程度的普遍性、共通性的现象;但若反之,从修辞学、社会性的角度出发,那么不同民族和文化之中的情感现象显然更展现出不可还原的多元性、特殊性和变化性。

---

① [美]大卫·弗里曼:《游戏情感设计》,邱仲潘译,北京希望电子出版社 2005 年版,第 10 页。

② Daniel M. Gross, *The Secret History of Emotion*: *From Aristotle's* Rhetoric *to Modern Brain Science*, Chicago and London: The University of Chicago Press, 2006, pp. 1—2.

③ 《罗念生全集》第 1 卷,上海人民出版社 2015 年版,第 202 页。

④ David Konstan, *The Emotions of the Ancient Greeks*: *Studies in Aristotle and Classical Literature*, Toronto: University of Toronto Press, 2006, pp. 27—28.

　　格罗斯的这个比较虽然深具启示,但他显然忽视了另外一个情感研究的关键维度,那正是美学。且不说情感体验往往和审美活动密切关联,就单从西方历史的发展脉络来看,在修辞学这条久被遗忘的线索在 20 世纪初重获新生之前,科学和美学之间的纷争才向来是情感研究中的核心与焦点。甚至不妨说,之所以海德格尔、德里达、格罗斯等人要再度唤醒修辞学的传统,除了来自尼采的关键性影响之外①,另一个相当重要的初衷或许正是要对科学与美学之争这个古老的情感难题进行全新的回应。然而,令人颇为意外的是,在格罗斯的书中,几乎只有一处提及了这个要点。在那里他总结道,当情感日渐被科学化之后,"灵魂"则日益被驱逐至"非物质的、不朽的和神性的"领域。②但被驱逐至神秘和神性领域的绝不只有灵魂,同时更有情感体验的另外一个重要维度,即审美体验。艺术激发的情感,既然无法被客观地观察、测量、比较、归纳,显然就只能被排斥在有理有据的科学研究之外,蜕变为虚无缥缈乃至玄奥莫测的灵性之物、神性之维。可以说,从笛卡尔的《灵魂的激情》开始,西方的情感研究几乎一边倒地走向了科学化、实证化的道路,达尔文的《人和动物之中的情感表达》(*The Expression of Emotions in Man and Animals*)和达马西奥(Damasio)的《感受发生的一切》(*The Feeling of What Happens*)就堪称是其中的两个高光时刻。情感,不仅更为紧密地与大脑机制关联在一起,而且从根本上被视作人类的生命进化史中的一个重要动力。

　　但即便如此,并不意味美学这条线索就从此销声匿迹。可以说,它在浪漫主义那里重启了全新的发展动力,并由此一直延续到 20 世纪的艺术史和艺术哲学的研究之中。这条线索的源头仍然是古希腊,尤其涉及 *pathos*(复数形式为 *pathê*)这个古老词汇的原初含义。根据大卫·康斯坦(David Konstan)的词源学研究,*pathos* 这个词最初源自 *paskhô*,其本意正是"苦痛"(suffer)或"体验"(experience)。③虽然这个古希腊词亦有泛指之意,但其主要的、根本的含义还是强调"降临在某人身上"的情感,因而"往往带有一个事故(accident)或不幸(misfortune)的否定性含义,……一种 *pathos* 因而就是对于一个冲击性的事件或

────────────

① *Heidegger and Rhetoric*, edited by Daniel M. Gross and Ansgar Kemmann, Albany: State University of New York Press, 2005, p. 2.
② *The Secret History of Emotion*, p. 28.
③ *The Emotions of the Ancient Greeks*, p. 3.

环境所做出的反应"①。从这个词源之中,我们至少得以读出 *pathos* 的三重基本含义。首先是被动。情感虽然也不乏主动生发的情形,但最终往往是来自外部力量和环境的无法预测和控制的影响。其次是偶然,这就涉及情感与外力之间的关系。此种关系从根本上说是偶然的,也就意味着,情感本质上是一个发生的事件,因而无法全然被纳入既有的、共通的规律和模式之中。既然如此,那么科学的实证性解释在面对情感事件时显然是无效的,因为它的因果作用的模式最终只会将情感还原为可知、可测、可控的"事实",而全然丧失了未知、开放、变动的事件之潜能。可以说,事实与事件、实在与潜在、可见与不可见这一系列二元性的对照不仅凸显出科学和美学这两个不同视角之间的分歧,更是为此种分歧提供了一个深刻的学理上的阐释和说明。

由此也就涉及 *pathos* 的第三个根本特征,那正是强度(intensity)。②此种强度亦绝非科学意义上的可测量、可计算的强度(比如温度、速度,等等),而是意在从根本上揭示出内在的情感与外部的世界之间的力量的交织、纷争乃至互渗和转化。若基于这个基本视角,那么一方面,不能仅将情感视作人的内心世界的隐秘之物,而应该将其置入更为广阔的社会和文化场域,视其为"环境之物"(ecological being);另一方面,力总是不断运动,变化乃至转换的,情感之力亦同样如此,它虽然始自被动,但伴随着运动之展开和强度的涨落,它总有可能从被动转化为主动,从依附转化为主导。这后一个要点才是 *pathos* 在近现代西方美学的发展和变革之中所展现出的最为关键的特征。

对这个要点,罗伯特·布奇(Robert Buch)在《真实之激情》(*The Pathos of the Real*)一书中给出了极为清晰明确的概括。他首先将 *pathos* 的双重面向分别界定为"激情"(passion)和"苦痛"两个形态。③激情是主动的,它表明"对于一个事业"的积极主动且持之以恒的介入和投入;而苦痛则正相反,它首先展现为外力的偶然的、不可控的冲击,以及在人身上引发的剧烈的、被动性的"遭受"之体验。那么,这两个看似彼此相对、相互抵牾的方面又如何统一在同一个 *pathos* 之

---

① *The Emotions of the Ancient Greeks*, p. 4.

② 关于情感状态的强度性和"非广延性",尤其可参见柏格森:《物质与记忆》,姚晶晶译,合肥:安徽人民出版社 2013 年版,第 43—44 页。值得注意的是,柏格森同样将被动承受的痛苦视作情感的初始状态,并将从被动向主动的转化视作情感的基本运动规律。

③ Robert Buch, *The Pathos of the Real: On the Aesthetics of Violence in the Twentieth Century*, Baltimore: The Johns Hopkins University Press, 2010, p. 3.

中呢？强度的涨落、力量的转化显然是一个根本机制，从被动的遭受和承受转向主动的承担与确证（asserting oneself①）断然是一个本质原理。但这样的说法还是稍显空洞，因此布奇随后重点论及了 *pathos* 的转化之力在近现代历史之中的两个有所异同的鲜明体现。首先是席勒在《论激情》（The Pathetic）一文开篇的经典论断。他一开始便肯定了苦痛之体验在艺术的创作和欣赏之中的普遍存在，但随即提醒我们，不应仅局限甚至沉迷于其中，而看不到艺术本身的更高目的。与愉悦相比，苦痛虽然往往会带来更为强烈而刻骨铭心的审美体验，但它并非艺术的全部，甚至也全然无法代表艺术的归宿。苦痛之被动而负面的体验，起初只是意在激发人身上的更强的情感能量，进而建立起观者与作品之间的更为密切的纽带，但最终意在由此通往更高的"超越感性"（super-sensuous）的精神目的和理想，进而经由被动的体验来确证主体自身的更高的自由，不仅是理性思考的自由，而且更是行动和选择的自由。②

如果说在席勒这里，*pathos* 从被动向主动的转化仍然还多少预设着感性与理性、情感与精神，乃至服从与自由之间的种种难以化解的二元对立，那么，到了瓦尔堡（Aby Warburg）这位以 *pathos* 体验为核心的艺术史家那里，力量的冲突和互渗就展现出更为复杂多变且充满戏剧性的形态。这一点尤其集中体现于 *pathosformel* 这个他苦心孤诣地创制的核心概念之中。借用于贝尔曼（Georges Didi-Huberman）的概括，这个看似晦涩深奥的概念说到底无非揭示出普遍运作于艺术的创作、欣赏与流传之中的**"双重机制（*double régime*）"**，也即震荡于"思想与事物"之间的"辩证能量"："激情对（avec）程式，力量对图式（graphique），简言之，**即力（force）对形**（forme），一个主体的时间性对一个客体的空间性……"③这个解说看似颇有几分尼采的意味，因为它所强调的力量与形式之间的"双重机制"颇为近似《悲剧的诞生》中的酒神与日神之间的既对立又互渗和转化的"辩证"关系。力量与形式，并非彼此分裂的两个存在的领域，也并没有高下分明的等级关系，说到底，它们只是标示着一与多、静与动这两个彼此相对相应的趋势和极点，而在这两极之

---

① *The Pathos of the Real*, p. 20.

② Friedrich Schiller, *Essays Aesthetical and Philosophical*, London：George Bell and Sons, 1910, pp. 142—143.

③ Georges Didi-Huberman, *L'image survivante*, Paris：Les Éditions de Minuit, 2002, p. 198. 原文为斜体字。

间展开的则是不断变动、错综复杂的力量的场域和光谱。这也是为何于贝尔曼在这里用"avec"这个法文词，它不仅有"对"之意味，更具有"和"之关系。

但瓦尔堡和尼采之间的切近并非仅止于力量与形式之间的兼具"对"与"和"的辩证机制，而是涉及对 pathos 之根本原理的理解，那正是从被动到主动，从承受到承担，从傀儡到主体的转化关系。在尼采那里，永恒轮回这个核心思想的根本要旨正在于首先承受"轮回"和"重复"这个人生的最深重"苦痛"，再进一步以强力意志将其转化为主动而肯定的快乐。①借用海德格尔的概括："为什么轮回思想就是最高的肯定呢？因为它还把极端的否定、毁灭和否定当作存在者固有的成分来加以肯定。"②对于瓦尔堡来说同样如此。他看似强调了主动和被动之间的"极性化"的关系，但实际上，一方面，这两极之间并非单纯是对立冲突、彼此分裂的关系，而是充满着力量的交织和转化；另一方面，从初始和基本的状态上来说，主动和被动这两种力量之间并非均等和平衡的，占据主导的往往是被动遭受的力量，因而在激情程式之中真正保留、延续下去的"记忆痕迹"从根本上说绝非肯定性的快乐和愉悦，而几乎总是否定性的苦痛、创伤和恐惧。但图像和艺术作品又不单是苦痛能量的储存器，更是酝酿器和转换器，它的最重要作用正是化被动为主动，首先抵抗着苦痛和恐惧之力的压倒性优势，进而在被动与主动之间获得艰难的、"不稳定的那种平衡"③，再进而向着更高的"升华与精神化的行为"④进行转变。贡布里希概括得美妙："同一个图像都似乎充满了冲突的与矛盾的力量，…… 在一个方面意味着'解放'，在另一个方面则意味着'退化'。"⑤但其实退化与解放实为一体之两面，退化的是被动的苦痛之力，而解放的则是主动的精神之力。这正是 pathos 的美学特征的实质所在。

二、Pathos 之修辞：从生存论诠释学到情感化设计

进入 20 世纪之后，围绕 pathos 所展开的科学与美学之争、事实与事件之辩

---

① ［德］马丁·海德格尔：《尼采》（上），孙周兴译，北京：商务印书馆 2002 年版，第 261—262 页。
② 同上书，第 272 页。
③ ［英］贡布里希：《瓦尔堡思想传记》，李本正译，北京：商务印书馆 2020 年版，第 320 页。
④ 同上书，第 370 页。
⑤ 同上书，第 419 页。

又进一步分化成两个截然对立的方向。也许并非巧合,这两个方向皆源自对亚里士多德开创的修辞学传统的再诠释和新发展。一个方向是纯哲学的,主要体现于海德格尔在《亚里士多德哲学中的基本概念》中对 *pathos* 的生存论阐释。另一个方向是纯艺术的,主要体现于晚近以来从情感化设计到情感设计的潮流之中所探索和实践的"情感生物学"。本节先大致概述海德格尔的论述要旨,进而以此来对情感设计日益陷入情感操控这个令人焦虑的趋势进行批判性反思乃至纠偏。

首先,海德格尔之所以要重提修辞学这个传统,一个根本的契机正是要重思"言说"(Sprechen)在日常生活之中的根本性的地位,他甚至由此重新界定了"逻各斯"这个古希腊哲学的根本概念:"每一种言说,尤其对于古希腊人而言,要么是一种对某人或与他人言说,要么是一种与自己或对自己言说。言说是在确定的此在中(im konkreten Dasein)。"①正是因此,修辞学对于此在的生存来说就具有至关重要的意义,它不仅有助于此在的自我表达、自我理解,更由此得以经由言辞这个纽带将人与人密切关联在一起。言说并不只是生存的手段,更是生活的形式和艺术。由此海德格尔明确总结道:"修辞学无非具体的此在的解释,是此在本身的解释学。"②但仅这样断言还不够,因为诚如言辞既可以敞开存在,又往往得以遮蔽存在,同样,对于此在本身的修辞学式的解释也肯定具有正反两个面向。这也正是柏拉图与亚里士多德之争的焦点所在。在《高尔吉亚篇》之中,柏拉图指责智者滥用修辞术来灌输意见而非启示真理,但在这里及别处,他亦或明或暗地指出另一种相反的可能,即修辞学完全可以作为揭示绝对真理的一条重要道路,进而修辞术亦可以和辩证法协调起来。③反观亚里士多德亦如此,他虽然肯定了修辞术在公共的政治生活中的积极作用,但在诸多文本中,其负面的作用亦屡见不鲜。

那么,修辞学的这两个面向,敞开与遮蔽,善用与滥用的区分标准到底何在呢? 从柏拉图和亚里士多德的角度来看其实很清楚,最终的衡量标准显然在于

---

① 〔德〕马丁·海德格尔:《亚里士多德哲学的基本概念》,黄瑞成译,北京:华夏出版社 2014 年版,第 19 页。同时参考英译本:Martin Heidegger, *Basic Concepts of Aristotelian Philosophy*, translated by Robert D. Metcalf and Mark B. Tanzer, Bloomington & Indianapolis:Indiana University Press, 2009。这里,英译本将"konkreten"译作"具体"(concrete),显然更为接近原文之意。

② 同上书,第 119 页。

③ George Kennedy, *The Art of Persuasion in Greece*, Princeton:Princeton University Press, 1963, p. 16.

超越性的真理。但在一个日渐去魅和世俗化的世界之中,既然超越性真理的立场无从捍卫,那么,又如何从内在于生活世界的视角去重新定位言说和修辞的地位?①在日常的言说之中,到底还有没有一个内在的标准得以区分沉沦与本真之修辞? 海德格尔对这个根本问题给出了明确的回答,要点仍然在于 *pathos* 之中。围绕 *pathos* 的论述显然成为他全书后半部分的一个要点。在他初次尝试概括出的 *pathos* 的"三个基本含义"之中,无论是"可变性""遭受"(Leiden)还是"激情"②,无疑皆与我们上节给出的事件性、被动性和强度性这三个基本特征明显呼应。但他在后文进一步引出的 *pathos* 的"四种普遍含义"之中,至少还凸显出三个值得关注的要点。

首先,*pathos* 既始于一种被动的遭遇,但同时又得以由此实现一种从被动向主动的转变:"我碰到了某事、我发生了某事,但我并没有被毁掉,相反,我自己因此才进入了本真的状态即可能性。"③在此种转化的过程之中,最关键的环节正是此在对于自身的主体性体验:"自我—时—时—如此—感受"④。是我在承受、在遭受,进而,当我体验到这个打击的力量之时,我反而转化为主动承担、见证乃至反思和行动的主体。正是这个主体性的维度,堪称是海德尔对 *pathos* 传统的一个首要的推进。

其次,这个主体性的体验又绝非单纯是反思性和精神性的,正相反,它始终要跟身体性这个维度密切关联在一起。由此海德格尔进一步界定道,"*pathos* 作为人的此在在其全部身体性的在—此—世—存在中的被消耗"⑤。这里又涉及两个关键词。第一个是"全部",也即情感并不仅仅是身体的局部震荡,也并不只发自身体某个器官的特定功能,而是作用于、震荡于整个身体之中,由此得以成为人的生命状态的基调,并进而标志着生命状态发生根本性转变的契机。第二个则是"Mitgenommenwerden"这个德文词,汉译作"被消耗"似稍有不妥,因为它似乎仅指示身体在种种外部力量的作用和打击之下不断发生疲惫、疾病、衰老

---

① 我们这里所谓的内在性真理显然更接近努斯鲍姆结合古希腊的"治疗论证"所倡导的"伦理真理",因为它同样"不是独立于人类所深切渴望、需要和(在某个层次上)欲求的东西而存在"([美]玛莎·努斯鲍姆:《欲望的治疗》,徐向东、陈玮译,北京大学出版社 2018 年版,第 22 页)。

② 《亚里士多德哲学的基本概念》,第 184—185 页。

③ 同上书,第 219 页。

④ 同上书,第 218 页。

⑤ 同上书,第 220 页。

等"消耗"式的变化。但这显然并非海德格尔的本意。英译本作"the Being-Taken"似乎更为恰切,因为它生动展现出此在经由身体这个纽带被偶然地、被动地卷入世界之中的根本方式。

最后,虽然情感体验最终要回归主体对自身的自觉和自证,但这并非意味着它总是局限于主体自身的内部。正相反,伴随着身体在世界之中的被动卷入,*pathos* 也必定在人与人之间不断地流转和震荡,海德格尔在此借用亚里士多德的一段原文来精辟概括:"所有 *pathos* 是拥有这些 *pathos* 的人共同的 *pathos*"①。不过,此在并非由此就身不由己地卷入到情感的洪流之中,进而逐渐失去了对于自身的主体性体验。恰恰相反,在日常的言说之中,在自我言说并彼此言说的过程之中,情感并不只是在身体之间盲目而混沌的震荡,而是意图通过言说—情感—身体的协同作用最终实现"说服"(persuasion)这个根本目的。这也是修辞学得以作为生存论诠释学的一个根本原因。说服,并非仅仅别有用心的灌输乃至诓骗,而是借助 *pathos* 之力来对他人的生存施加作用,促其改变。但这种改变又是双重的。一方面,它在改变他人的同时也在改变说服者自身,因而是一种同时进行的双向交互的改变。另一方面,他人一开始确实是被动地接收说服,但随之在 *pathos* 的推动之下,亦会开始向主动进行转化,进而"说服自己"开始承担起自身的存在,进而打开事件性的潜能:"我把他们自己变成了致力于实现某个已作出的决定的人,我这样改变他们的目的是:让他们自己成为说服者。"②

主体性、身体性和说服力这三个要点,正是海德格尔对 *pathos* 理论的重要推进,他由此突破了艺术和美学的传统狭域,将其深化为生存论的普遍原理。但也正是这三个要点之上,它与"情感化设计"(Emotional Design 或 Design for Emotion③)这另一个修辞学潮流之间形成了鲜明反差,后者虽然已经开始逐步偏离生存论修辞学这个极具启示的立场,但在其理论和实践之中,仍然还竭力保有着其零星的灵感和火花。

---

① 《亚里士多德哲学的基本概念》,第 221 页。

② 同上书,第 294 页。

③ 严格来说,这两个说法还是有一定差别的。前者来自唐纳德·A.诺曼,主要将情感要素视作成功的设计之中的一个重要环节,甚至"也许比实用的要素更为关键"(《情感化设计》,何笑梅、欧秋杏译,北京:中信出版社 2015 年版,第 VIII 页)。后者则来自 Trevor van Gorp 和 Edie Adams,更强调情感与人格(personality)之间的关系(*Design for Emotion*, Waltham: Elsevier, 2012, p. 6)。显然,若说前者更侧重产品设计,那么后者则更侧重主体之体验。

首先,商品与情感之间的关系,甚至广义上的物作为承载、传播、创生情感的媒介,这些在20世纪下半叶以来的设计理论之中早已是一个热点,不必赘述。但通观各种带有批判性反思的研究,每每都鲜明触及真实与虚假、敞开与遮蔽这个情感修辞学的棘手难题。商品之中所明码标价的情感到底是真情实感,还是虚情假意? 商品对你所实施的各种或明或暗的情感影响到底最终是意在让你找到真我,体验自身,还是反之让你丧失自我,日渐沉沦? 进而,商品以情感为纽带建立起来的人与人之间的关系最终导向的是每个此在的自我说服,还是所有个体越来越难以自拔地卷入其中的欲望洪流? 我们看到,海德格尔以 *pathos* 为核心建立起来的生存论修辞学远未过时,反倒是在消费社会的情感化设计这个艺术场域中产生出尤为强烈的相关性和批判性。

对于情感"失真"的警惕和批判,在设计理论之中亦早已成为一个焦点。比如,在《恋物》这部代表性文集的开篇,路易丝·珀布里克(Louise Purbrick)就不无困惑地追问道,"此类情感显示了商品世界的局限性。如果一件物品能够产生情感,那么在市场中虚假承诺的人类幻想实际上或许是真实的:童话可以成真"①。童话是假的,这路人皆知,它用尽了情感的修辞,最终只是为了让你执迷不悟地沉沦于那个商品和象征的世界。但难道童话不会有被拆穿的那一刻? 难道我们注定只能一辈子都是懵懂无知的孩童? 或许并不令人意外的是,诸位论者在文集中给出的解答多与海德格尔的 *pathos* 修辞学有异曲同工之妙,但又确实在具体的情感化设计的语境中展现出比单纯的哲学思辨更为丰富的细节,更为生动的感染力,更为灵活多变的解决方式。首先就是身体性这个要点。在海德格尔那里,身体是 *pathos* 的整体性震荡,是偶然地卷入世界的遭遇性事件。而在珀布里克看来同样如此。她之所以试图以礼物的交换来对抗商品的逻辑,也正是因为前者往往能产生"对身体的真实冲击;它能改变一个人的外表,使他哭泣。在一件礼物面前,一个人可能会(感动到)破碎"②,这无疑正是 *pathos* 迸发的瞬间。在这个被动遭遇的礼物—事件面前,看似美轮美奂的童话世界开始土崩瓦解,强大的情感冲击力让人直面自身和真我,而由此所建立起来的"情感共

---

① [英]安娜·莫兰、索查·奥布里安编:《恋物:情感、设计与物质文化》,赵成清、鲁凯译,南京:江苏凤凰美术出版社2020年版,第15页。

② 同上书,第24页。

同体"①也正是维系人与人之间的真实共在的有力纽带。有时，情感力量的冲击远非如此直接而强烈，但却同样能够激发出 *pathos* 式的感动力。比如，在弗朗索瓦·杜普蕾的作品《孵化》之中②，看似那个被包裹、悬挂于绒线套里的蛋既可爱又温暖，充满着童话般的甜美气息，但仔细体察之下，却会顿然间暴露出庇护和窒息、关爱与溺爱之间的难以化解的矛盾和冲突。这同样得以拆穿爱之完美幻象，进而令人深思爱之真意。

　　但无论情感化设计中的 *pathos* 修辞采用何种形式，是直接的冲击还是含蓄的反讽，是瞬间的强度还是缠绵的暧昧，它们最终都要回归主体性之体验这个根本要旨。克里斯蒂娜·爱德华兹（Christina Edwards）对数码摄影的批判性反思其实普遍适用于情感化设计，即"体验"更胜过"记录"。③一件具有情感化价值和效力的成功设计，注定会展现出持久而复杂的情感"深度"。它既能够激发主体自身的丰富而多元的情感体验，又能够凝聚成鲜活的记忆，持续赋予自我以绵延的情感生命。情感化设计的鼻祖诺曼就将"自我感觉"（feelings of self）和"唤醒记忆"视作两个最为关键的标准："真实稳定的情感需要时间去挖掘：它们来自持续的互动……起重要作用的是互动的过程、人与物的联系，以及它们所唤起的记忆。"④或许正是因此，他谈到情感操控之时才会如此的云淡风轻，因为只要守住主体性体验这个底限，所谓的"操控"至多只是有几分狡黠的心理游戏而已，而根本无从最终剿灭 *pathos* 之生存论修辞。

三、作为情感计算与情感设计的电子游戏

　　但随着产品设计全面转向数字媒介和平台，情感化设计的乐观和淡定也越来越面临着根本性的挑战乃至颠覆。如今的情感化设计正在全面转向情感设计（Emotioneering⑤），但遗憾的是，后者根本不是前者的深化和发展，反倒是在身体

---

① 《恋物》，第 25 页。
② 同上书，第 35 页，图 2.3。
③ 同上书，第 155 页。
④ 《情感化设计》，第 32 页。
⑤ 最早由大卫·弗里曼所创造的概念，主要强调以互动性和沉浸性为手段来营造电子游戏中的"情感深度与广度"（《游戏情感设计》，第 5 页）。

性、主体性和说服力这三个基本方面皆构成了对前者的根本性逆转。如果说情感化设计仍然试图在铺天盖地的消费社会之中勉力维持 *pathos* 之修辞，那么情感设计则正相反，它几乎彻底否定了 *pathos* 的三个本质特征，将被动转化为操控，将事件还原为事实，将强度扭曲为诱惑。电子游戏作为情感设计的典型而极致的形态，自然也就理当成为下文分析的核心。

首先就是身体性这个要点。游戏的情感设计之所以能够对 *pathos* 构成根本否定，正在于它以一种近乎扭曲和悖论的方式"实现"了亚里士多德的修辞学原理。情感设计的技术前提正是情感计算（affective computing），其目的正是为了更灵活、全面、精确地模拟人类的情感。但计算机及其数字系统为何一定要模拟人类情感呢？它的最主要功用难道不恰恰是要实现比人类的思维更为精准快速的计算和判断，而情感不是往往对此构成障碍乃至破坏？情感计算首先要破除的正是这个将情感与理性彼此对立的狭隘又陈旧的观点，进而强调"情感在理性决断的过程中起到本质性作用"①。情感与判断彼此联结，这个基本前提确实看似与亚里士多德的原初构想颇为吻合，而且又显然更进一步，因为它更是基于大脑皮层（主要负责思考）和边缘系统（主要负责情感体验）之间的耦合机制（"cortical-limbic links"②）为情感与理性之结合提供了一个切实的科学上的论据。

但问题也恰恰出在大脑机制这个全新的生理—身体的基础之上。诚如努斯鲍姆的概述，"按照亚里士多德的观点，情感并不总是正确的，……但是，在经过教育后，情感不仅作为动机力量而对有美德的行动来说是本质的，同样也对真理和价值有所认识"③。显然，在这里，情感虽然与理性密切相关，但它必然要经过理性的"教育"，进而才能真正成为促进理性思考的积极动机。但在情感计算之中则恰恰相反，情感与理性之耦合这个原理最终并非指向理性思考本身，也并非意在为主体性奠定一个坚实的基础，而是反之想将理性思考本身明确还原至身体的生理结构和大脑的神经机制。这一点在达马西奥那里体现得尤为明显。在《感受发生的一切》之中，他曾提出著名的三层次模式，进而将情感（e-motion）主要归于无意识的生理机制，将感受（feeling）归于大脑对于身体的映射

---

① Rosalind Picard, *Affective Computing*, The MIT Press, 2000, "Preface", x.

② *Affective Computing*, p. 37.

③ 《欲望的治疗》，第 96 页。

（mapping），两者联结起来为较高层次的意识状态奠定了明确的物质基础。①显然，这个模型看似是想如亚里士多德那般将"情感整合入理性和决策和过程之中"②，但实质却是将高阶的思考与意识还原为低阶的生物和生理机制，由此切实建立起一门"意识的生物学"③。概言之，如果说亚里士多德的修辞学试图将情感整合于理性，那么情感计算则正相反，它试图将思考还原为情感，并最终将情感还原为生理。当然，作为一种前沿的脑神经科学的理论，此种解释本无可厚非。而且，如果能够根据德勒兹（和加塔利）的"根茎"（rhizome）模型将大脑和身体进一步描绘为一个开放而动态的系统，这也确实是对人类思考的一种全新的具有变革意义的理解。④但情感计算的根本目的却并不在此，而更在于从基础的、无意识的生理系统出发，进而对人类的情感体验和感受进行精准的计算和预测，由此施加全面的调节和掌控。它绝非意在激活思考，而是试图以尤为彻底而全面的方式来限定、规范思考。它并非意在找到思考之创生的真正本源和动力，而是试图将思考封闭于一个有限而明确的计算系统之中。

　　这一点在游戏的情感设计之中几乎达到了无以复加的地步。其极致体现正是基维康加斯（J. Matias Kivikangas）等人提出的"评价的情感通道模型"（Affect Channel Model of Evaluation，ACME）。初看起来，情感性游戏（affective gaming）的初衷恰恰是试图为一个冰冷的数字和程序系统提供一个"审美的动机"⑤，进而让玩家获得更为丰富而生动的情感体验，以及更为灵活自由的互动体验。这听上去颇与情感化设计有几分相似，但其实二者的根本前提恰恰相反。在诺曼的情感化设计之中，本能、行为和反思这三个层次之间虽然也具有明显的自下至上的等级，但三者之间并不存在明显的还原或决定的关系，正相反，"情感的不同层次上的冲突在设计中比较常见，实际的产品会引起一连串的冲突。"⑥这也说明三者之间最终是多元而开放的互动关系。但游戏中的情感计算则正相反，

① Antonio R. Damasio, *The Feeling of What Happens*, New York：Harcourt & Company, 1999, p. 37.

② Ibid., p. 41.

③ Ibid., p. 40.

④ Gilles Deleuze & Félix Guattari, *Qu'est-ce que la philosophie?*, Paris：Les Éditions de Minuit, 1991, pp. 197—198.

⑤ *Emotions in Games：Theory and Praxis*, edited by Kostas Karpouzis and Georgios N. Yannakakis, Cham：Springer, 2016, p. 4.

⑥ 《情感化设计》，第24页。

它首先明确限定了最为基础的情感通道,再通过它们彼此之间的排列组合来实现对玩家情感的模拟、预测、调控。更高层次的行为和反思,最终都得以在这些基本通道的物质基础之上得到说明和限定。基维康加斯说得明白:"因此,情感通道正是神经模块(neural modules)的具体模式,它们遵循着某种适应功能,以此来实现适合的行为。"①不同的模块组合成模式,模式再实现功能,功能再导向行为,环环相扣,最终构成为一部精致而精确的情感驱动的生理—神经的机器。

那么,基础的通道有哪些呢? 这要看你将人类在漫长的生命化史中所发展出来的生存本能区分为多少种基本的类型。但数量的多少增减还只是次要的,更重要的任务在于将复杂、流变、开放的情感运动明确限定为一些功能分化的基本模块。比如,按照生物本能的不同类型和需求,情感通道大致可以相应地分化为贪婪、关爱、恶心(disgust)、沮丧、害怕、愤怒、反射(reflex)等不同的形式②,而这些形式又可以相当灵活多变地聚散分合于两个紧迫度有着鲜明差异的主要动机之下:更为紧迫的动机被界定为"生存"(survival),而较为放松、没有多少生存压力的状态则相应被界定为"探索"(exploration)。③我们看到,这几乎也是绝大多数游戏普遍而基本的情感状态。在游玩的过程中,我们要么是为了自己的幸存而激烈地厮杀,要么就是在开放的世界之中漫无目的地放飞自我。但在这两个普遍的基本动机之下,汇聚起来的情感通道却完全可能多样而多变的。比如,在残酷的搏杀之中,玩家的情感可能是出于贪婪(夺取宝藏),也可能是关爱(保护自己的群体),亦可能是害怕(面对未知,不妨杀出血路),等等。而且这些看似冲突对立的通道之间更可以彼此组合,以反差的方式来营造出极为复杂而戏剧性的效果。游戏中的空间也酷似生命进化的空间,因而,后者之中的基本的情感通道及其组合方式也完全可以映射于前者之中,这里并没有、也不需要多少哲学的反思或审美的体验,因为玩家在游戏的荒野和真实的荒野之中所做的都只有同一件事情,那正是"努力活下去"。

ACME 的基本模型在游戏的情感设计中几乎是最为普遍默认的前提和践行的原则。这或许也是游戏与别种艺术之间的一个根本区别。设计师很少会说他

---

① *Emotions in Games*, p. 25.

② Ibid., pp. 27—28.

③ Ibid., p. 30.

表达了什么样的情感,而更会关注游戏要在玩家身上激发出什么样的情感。同样,他也不会将情感理解为神秘莫测的体验,而更倾向于用明确的模块和图式来对其结构、功能和操作进行明确限定。毕竟,游戏中的情感设计更致力于实现的是情感的生物学,而绝非情感的艺术。在另一本研究游戏情感设计的代表作《追求快乐》(*On the Way to Fun*)中,这一要点更是得到了旗帜鲜明的肯定。作者在开篇就毫不迟疑地指出,游戏之中的情感设计必须以"最基本的情感"(basic emotions)为前提和基础,而它们无疑就是本能性的情感。这样的情感又体现出明确的限定性和决定性,比如,它们总是自动的、不可抗拒的、必然发生的,又比如,它们是人类普遍共有的、无法被更改的,无需任何的训练和思考的介入就能发挥和实现,等等。[①]而比 ACME 更为彻底的是,该书中所提出的 MDA 模型(规则+玩法+情感)更明确地将基本情感限定为六种,但却将基本动机进一步细化为"生存、攻击、保护、收集和繁衍"这五种。限定了基本的模块及其功能、关系、规则,接下来留给设计师的工作就是不断地排列组合而已。通观书中细致展开的一个个具体案例,我们肯定会觉得,与其将设计师比作一个匠心独运的艺术家,似乎更适合将其归类为一个头脑清楚、操作娴熟的工程师。书中的案例大多是看似极为简单而单纯的复古之作,但这似乎也正是为了印证游戏情感设计的一个根本预设,即再复杂的游戏,再多变的情感,也都完全可以在一套最基本的情感算法的基础上被推演出来。就拿《吃豆人》(Pac-Man)这个家喻户晓的经典之作来说[②],它的根本动机至为单纯,那当然就是"活下去,别被吃掉",它的玩法也极为简明,那几乎只有两个,一个是"吃",一个是"逃"。但它所动用和激发的情感模块和通道则至少有四个,分别是"愤怒""收集""复仇""竞争"(如果是玩家对战的话)。当然,在不同的玩家身上,这个简单的动机还可以进一步激发出多样而多变的情感,但从设计的角度来看,这四个通道之间的排列组合已经足够营造充足的戏份了。

　　行文至此,情感设计与 *pathos* 的美学和修辞学之间的根本差异已经一目了然。*Pathos* 是偶然的事件,游戏则是预先计算和限定的设计。*Pathos* 是被动承受的苦痛,而游戏则是主动追求的快乐。*Pathos* 是彼此激荡的强度,而游戏则是

---

① *On the Way to Fun*, p. 4.

② Ibid., pp. 48—50.

规则之下的互动。更进一步说，*pathos* 最终意在激发主体自身的转化性、变革性的思考与行动，而情感设计则又相反，它一次次试图将玩家带回到生存竞争的本能模式之中。*Pathos* 是波动起伏的力量场域，而游戏则是分工明确、角色鲜明的生物聚落。由此亦不妨总结说，情感设计之所以最终背离了亚里士多德修辞学的初衷，或许亦正是因为在 logos-pathos-ethos 的三元关系之中，它有意无意地错失了 *pathos* 这个关键的环节，进而将 *logos* 简化为算法，将 *ethos* 还原为本能，由此最终在二者的联结中实现了一种情感的生物学，而非 *pathos* 的修辞学。在游戏之中也有审美，但那不过是基本情感的排列组合；在游戏之中也有修辞，但那只是情感设计所实现的情感操控，而似乎并没有多少从被动向主动的转化运动。

结语：游戏何以说服

与很多非玩家甚或玩家的成见正相反，电子游戏并不缺乏情感，正相反，游戏中有着种类和细节都极为丰富的情感形态。同样，游戏也绝不缺乏感动，它与玩家之间的情感互动甚至要远超别种艺术的形式。进而，游戏更不缺乏对情感的反思和研究，对情感计算的着力倚重和倾力执行就是它的一大优势。然而，游戏唯独缺少的恰恰是 *pathos* 这个情感发展史和理论史上的一条重要脉络，这也就使得它始终在艺术与科学之间举步维艰，在虚情假意的商业设计和真情实感的艺术表达之间摇摆不定。

要弥补这一个先天的缺陷，大致有两个不同的进路。第一重进路可借鉴实验电影中的一个术语，即"拓展性游戏（ex-game）"。也即，不再固守情感计算和设计的决定论和限定性框架，也不再迷执情感生物学这个还原论的前提，而是尽可能地将游戏与外部的各种领域之间进行开放而异质性的连接。借鉴更为广泛的对于 *pathos* 的人文研究成果，汲取别种艺术类型中对于 *pathos* 的探索，这样或许才能真正敞开游戏的未来可能。但其实不只是未来，因为早在弗里曼初创"游戏情感设计"这个术语和系统之时，他已然在那部同名的经典作中启示出了种种"ex-"式的多样可能。虽然他的阐释或许最终还是难逃情感计算的窠臼，比如用来建构 NPC 的角色特质的菱形图就不妨被视作 ACME 和 MDA 的前身和雏形①；但他在书中确实大量吸取和借鉴了社会学、人类学等人文科学的方法和素材。尤为关键的是，他更是从别的艺术领域（尤其是电影）采纳了异常丰富的建构情感深度的方式。实际上，情感深度这个说法就颇具启示，这不仅是因为它为"好玩"（interesting）这个常见的水平轴增加了一个纵深，而且并非将这个纵深单纯理解为神经—生理学的物质基础，而是展现出诸多与电影这个情感性媒介极为切近的面向。叙事的深度、角色的深度，甚至文化的深度、时空的深度都交织在一起，已经让游戏超越了单纯的计算和设计的范域。书中有很多篇章在电影和游戏之间进行了深度的对比（比如第 25 章中的《卧虎藏龙》），皆灵感迭出。此外，弗里曼尤其将痛苦（Emotional pain）视作游戏的情感深度的最隐藏核心②，这也体现出与 pathos 之间的切近之处。

另外一条进路就并非拓展，而是恪守游戏本身的领域，甚至严格遵循情感计算和设计的基本原理。但即便如此，仍然有可能重新激活游戏的修辞学潜能，那或许不再体现出 pathos 的力度，但仍然可以具有一定程度的说服效力。游戏的说服力修辞，亦可以从正反两个方面来理解。从正面上来说，电子游戏不仅极为符合福格（B. J. Fogg）所提出的"说服力技术"（persuasive technology）的诸多特征，甚至因为其所独有而强大的情感设计而足以成为说服力技术的典范甚至极致。福格所总结出的技术说服力的几个基本特征③，在游戏情感之中都得到了登峰造极的体现。比如，首先，一部优秀的游戏作品，它对玩家的情感陪伴确实会极为持久且不断加深。其次，与游戏中的人物的情感互动也确实可以有效回避面对面社交中的种种困境和窘境。第三，游戏所能够利用的情感模式是极为多样的，所能够处理的情感信息也是极为大量的，这些都让它几乎比别的任何一种媒介和艺术形态都更"懂"，甚至更"体贴"玩家的心理。最后，正是因此，游戏的情感显然感染力更强，传播力更广，也更不受时空范围的束缚。但福格随后点出的说服力的负面效应也同样为游戏敲响了警钟。一个棘手的难题正在于，到底如何区分说服与胁迫（coercion），甚至说服与欺骗（deception）？④第一个区分似乎很明显，因为毕竟说服从来不会动用强制的力量，但后面一个就颇为含混

---

① 《游戏情感设计》，第 34 页。
② 同上书，第 44—48 页。
③ B. J. Fogg, *Persuasive Technology*, Amsterdam：Morgan Kaufmann Publishers, 2003, p. 7.
④ Ibid., p. 15.

了。福格自己也认识到这一点，但最终还是强调指出，要想与欺骗划清边界，那么说服就必须坚守"真诚性（sincerity）"这个底限。作为情感计算的先驱者之一，皮卡德（Rosalind Picard）在发出对情感操控（manipulation）的警示之言的时候，也同样将真诚性作为一个重要的解毒剂。真诚，即相信自己所言为真，并以此来说服和感动别人。但若未来的游戏真的能够以此标准来衡量和审视自己所善用和滥用的情感设计，那么，这显然也在一步步重新回归亚里士多德的修辞学的原初灵感。

第五部分

真　实

第十三章　虚构：深度伪造与电影之真

前面一个部分，具体围绕三个典型的精神症候对当下的数字时代进行了细致描述和剖析。亲密、自恋与情感，这三个章节虽然彼此独立，相互平行，但其实仍然还是有着至少一个共通的主题，那就是真诚或真实。数字亲密之中，最令人困惑而纠结的恰恰是网络社交之中的各种欺骗和伪装。在数字自恋之中，不仅偶像越来越蜕变成背后晦暗不明的数字面具，而且每个自我自身也日渐陷入迷失和彷徨的境地。情感设计和情感计算试图从情感这个较为基本的人性要素入手，对上述现象进行深刻剖析。一旦沦为设计、计算乃至操控的对象，情感本身的真实性也注定大打折扣，变成一个可以明码标价、市场流通的数字商品。

那么，数字时代，到底怎样求真？到底什么才是真实？这些问题由此就成为我们全书最终必须直面的问题。在这个部分，再度回归本书的三个基本关注点，即技术、影像与舞蹈，由此对上述的难题尝试性地进行回应。

那还是先从技术入手。看看如今的数字技术在伪造方面已经达到怎样的匪夷所思，甚至令人惊骇的地步。伴随着人工智能和影像合成技术的近乎畸变式的进化，"深度伪造"（Deepfake）近年来如魔瓶中释放出来的妖孽一般骤然降临世间，并不断制造着一轮又一轮的躁动和困扰。根据妮娜·叙克（Nina Schick）的界定，深度伪造指的就是"一种'合成媒介'（synthetic media），代表媒介内容（包括图片、声音和影像）受到操控，或完全由人工智能创造"①。这就引发了极其令人不安的后果。首先是"客观性"之丧失。如果影像合成可以全然由人工智能任意杜撰和捏造，甚至随心所欲制造出全无现实根据的信息内容，那么这不啻对所有以客观性为宗旨的行业和制度的致命打击。如果新闻报道可以空穴来风，如果法庭判据可以任意虚构，如果政治家的发言都可以全由影像自动生成，那么，不仅这些行业本身岌岌可危，甚至支撑人类社会和文明的种种根本价值也

---

① ［美］妮娜·叙克：《深度造假》，林晓钦译，台北：拾青文化出版社 2020 年版，第 14 页。

注定将面临灭顶之灾。此种焦虑在近两年的影视和游戏作品之中也日渐成为焦点和主题。比如,在英剧《真相捕捉》(The Capture)之中,一个无辜的军人被各种深度伪造的合成影像玩弄于掌股之中,一步步被推向崩溃的边缘。再比如,在世嘉公司出品的游戏《审判之眼:湮灭的记忆》之中,同一个人同时出现在两个地方,并都留下了肉眼乃至技术都无法分辨的视频证据。在东京地铁的站台上,他是一个咸猪手的猥琐大叔,但与此同时,在横滨的一处废弃的仓库中,他却犯下了令人发指的血淋淋的杀人罪行。那么,到底哪一个才是真实的? 两段深度伪造的视频由此撼动着整个司法体系的脆弱根基。

面对这些焦虑乃至恐惧,业界和学界之中存在着两种截然相反的回应立场。反面的批判立场的代表自然是叙克,她甚至创制了一个触目惊心的概念"信息末世"(infocalypse)来深刻揭示深度伪造带来的毁灭性效应:"我将信息末世定义为:目前绝大多数人所处的信息生态系统,危险程度日渐增加,可信性却愈来愈低。"[1]如此看来,用"末世"这个看似耸人听闻的说法其实并不为过,因为这恰恰是整个人类都在卷入其中、难以逃脱的一场巨大耗竭。与此相对,正面的声音虽然有些微弱,但仍然有着坚实的学理根据。在《深度伪造:对其潜能、风险及政治调控的一项现实性评估》一书的最后,卡尔波卡斯和卡尔波金(Ignas Kalpokas & Julija Kalpokiene)这两位作者就明确援引了德勒兹至布拉伊多蒂的后人类主义理论,进而点出了深度伪造的两个积极的向度,即它既是人类、算法和数据之间的前所未有的至为紧密之连接,而同时又由此借助数字技术的力量不断激发出影像本身的那种生生不息的创造性潜能。没错,深度伪造是"被扭曲的"(distorted)的影像,但"可被扭曲"(distortable)难道不也同样是影像自身的生成流变之潜能的鲜明体现?[2]那么,数字影像的未来,到底是肯定的、积极的、生成性的"虚构之力",还是正相反,是否定的、操控性的、毁灭性的"末世浩劫"? 本文就将沿着这两个追问的方向逐步推进,梳理从德勒兹的时间—影像,到皮斯特斯的神经—影像,再到本雅明的辩证影像的内在理路,最终意在回答一个根本的问题:数字时代,影像何为?

---

[1] 《深度造假》,第 17 页。

[2] Ignas Kalpokas & Julija Kalpokiene, *Deepfakes: A Realistic Assessment of Potentials, Risks, and Policy gelationon*, Cham: Springer, 2022, pp. 82—83.

一、假作真时真亦假:电影作为"想象之真实"

我们看到,上述这一正一反两个立场之间的争锋之焦点,恰恰就在于"虚构"(fiction)和"虚假"(false)之别。二者之间虽然多有交叠,但还是存在着一个明显的区分,如果说虚假导致的是真相的遮蔽、扭曲乃至否定,那么虚构则正相反,它反倒是以迂回间接的方式更为丰富生动、深刻透彻地呈现着真相本身。如果我们真的想要在数字时代找到一个足以对抗深度造假的力量,影像本身蕴藏的虚构之力显然是一个重要的备选项。

关于艺术的虚构之力,及其与真相(Truth)和真实(reality)之间的本质性关联,古往今来已有大量论述。在人类的艺术和文化的长河之中,虚构几乎向来是一个重要的创造性力量。艺术的创造,从来都不满足于客观而机械地"再现"真实,而是已经将种种人为"杜撰"的内容添加至看似客观的再现之中。电影亦如此。虽然就类型而言,电影中向来存在着虚构与非虚构(non-fiction)的二元分化,甚至在电影史的发端,就已经存在着卢米埃尔兄弟的"纪实"影片和梅里埃的"吸引力"电影之间的明显分别,但其实落实于电影的制作之中,纪实和虚构之间的对立远非如此显豁。纪实影片和纪录片中也缺少不了虚构的成分。当你用摄影机面对一个现实的场景之时,讲述一个故事之际,肯定已经添加进了很多主观的想象和虚构的成分。诚如美国人类学家娜塔莉·泽蒙·戴维斯(Natalie Zemon Davis)在研究 16 世纪的赦罪书时所敏锐指出的,哪怕是面对一个亲眼所见的罪行现场,每个人的叙事中都难免存在着众多"添油加醋"的成分。虚构,始终是纪实的一个不可或缺的部分。由此戴维斯指出,"虚构"并不能等同于"捏造"或"造假",从词根上来说,"*fingere*"更有"构成"(forming)、"塑造"(shaping)和"定型"(molding)之意,因而"虚构的修饰并不必然使叙述变得虚假;它也可以使叙述栩栩如生,或带来道德上的真相"①。平铺直叙往往会让现实本身索然无味,这时,适当适度的虚构反倒能让现实显得更为丰满、鲜活,也由此让叙事更具有感染力和说服力。罗兰·巴特曾有一篇脍炙人口的小文,其中就提出

---

① [美]娜塔莉·泽蒙·戴维斯:《档案中的虚构:16 世纪法国的赦罪故事及故事的讲述者》,饶佳荣等译,北京:北京大学出版社 2015 年版,第 4—5 页。

了一个极具启示性的概念"真实性效应"(The Reality Effect)。在他看来,真实性既非现成的标准,也不是颠扑不破的真理,相反,它本身就是一个需要不断被创制出来的"效应"。但此种效应亦绝非只基于语言自身的作用,而最终还是要指向"一个对象及其表达之间的纯粹相遇(pure encounter)"①。那些在文本中看似琐碎的、与现实无干的细节描写,反而能够突破种种现有的陈规和框架,让语言一步步走向对象的深处。

但有人肯定会反驳说,这一点似乎仅适用于纪实类影片,而完全无法类推于至今仍在电影作品中占据主流的虚构影片。有多少人走进影院是为了见证真实呢? 绝大多数人还是为了在烦忙的现实人生之外去寻找一点虚构的快感吧? 事实上,影史上的大部分影片,即便是有着真实的要素(真实的演员,真实的场景,甚至真实的社会和历史背景,等等),但却从未将真实性作为旨归与标准。挣脱现实的束缚,否定真实的依据,在屏幕之上尽情展现虚构之力,显然才是它们的真正追求。那么,就这些虚构类电影而言,谈论虚构与真实之交织、亦真亦假的互渗又有何意义呢? 它们完全就是虚构的,而且几乎从未将真实性视为尺度。甚至不妨说,正是因为它们是虚构的,才能制造出异彩纷呈的审美效应。

这个立场当然有着理论与历史的依据,但将虚构和真实如此截然二分的做法最终导致的并非是对电影所独有的创造力量的增强,而恰恰是严重的削弱。要说明这一点,首先就要澄清电影之虚构的双重含义,即内容上的虚构和本体上的虚构。内容上的虚构,指的正是上面这种常见的观点,即电影的本质无非讲述一个虚构的故事,以此来博取观众的笑声和眼泪,体悟和感动。但其实电影之虚构远非只有这一个方面。从闵斯特伯格(Hugo Münsterberg)到埃德加·莫兰(Edgar Morin)再到约瑟夫·安德森(Joseph D. Anderson),电影理论中的"认知革命"②这条脉络已然启示出本体之虚构这另一个至关重要的面向。为何是本体呢? 因为它不仅涉及影片的内容乃至制作,而是深入到电影的媒介性和物质性的层次,广泛探讨电影与世界,电影与人心、人脑之间的复杂而密切的连接。那何为本体之虚构呢? 当属莫兰在名作《电影,或想象的人》中说得最为透彻。

---

① Roland Barthes, "The Reality Effect", in *An Anthology of Criticism and Theory: 1900—2000*, edited by Dorothy J. Hale, Malden: Blackwell Publishing, 2006, p. 234.

② Joseph D. Anderson, *The Reality of Illusion: An Ecological Approach to Cognitive Film Theory*, Carbondale and Edwardsville: Southern Illinois University Press, 1996, p. 8.

在总括性的最后一章中,他首先就明示一个要点,即电影看似是一部冰冷的机器,但这部机器的目的既不只是为了娱乐人类,亦不只是客观再现和记录外部的现实,而是为了模拟人类的心灵活动。影像与心灵、电影机器与人类肉身之间的互映乃至互诠才是电影的真实本质。

但棘手的难题在于,电影到底何以模拟人心呢? 在何种意义上,我们能说两者之间共享"相似的本性"(same nature)①呢? 那正在于"想象"这个要点。人心对外部世界的感知总是现实与想象之交织互渗,我们在感知的同时,也在回忆,在幻想,在虚构。电影亦复如是,屏幕上那些随时空流转的影像虽然从内容上来说虚幻不实,但从本体上来说却又极为真实,因为它们真实地呈现出人心与现实之间互动互渗的形态与机制。②在电影诞生之前,文学、音乐、绘画等艺术类型固然也在发挥着想象力之种种能为,但人心之运作机制却始终潜隐在文字、音符和图像之背后。唯有在电影之中,所有这些潜藏的机制才首次变得可见,可察,甚至由此可以被实验,被调节,被改造。也难怪莫兰会得出结论说,"电影之构造,正是基于它与我们全部精神活动(total psyche)之间的相似性"③。正是这一点真正阐释和奠定了电影之真实性所在。没错,你尽可以说电影就是一部造梦的机器,屏幕上展现的也无非只是一个近乎神话乃至魔幻(magic)的世界,但所有这些"非现实"的虚构内容却最终皆指向真实性的本体之根。④投射在屏幕上的,并不只是虚构的故事,更是人心的构造。由此不妨说,现实就是一场幻觉(illusion)⑤,但这并非说人心可以恣意妄为地对现实进行幻想和捏造,而是指示了一个本体论的真相,即想象并不只是人心运作的方式,而是内在于现实中的运作法则。唯有经由虚构和想象的维度,现实才得以展现为、生成为、变化为现实。

然而,莫兰的这一番论述固然洞见卓然,但至少面临着一个极为致命的质疑。从虚构的内容到虚构的本体,是否多少也就意味着一种过于武断甚至草率的还原论的立场? 是否所有电影理论最终都理应归结为、还原为以认知为中心的电影心理学的研究? 难道导演在构思、酝酿、拍摄一部影片之时所做的也无非

① Edgar Morin, *The Cinema, or The Imaginary Man*, translated by Lorraine Mortimer, Minneapolis: University of Minnesota Press, 2005, p. 201.

② Ibid., p. 206.

③ Ibid., p. 203.

④ Ibid., p. 208.

⑤ Ibid., p. 225.

就是一项对人心、人脑所进行的科学实验的工作？那么电影作为一门艺术的独特性又何在,难道它所苦心孤诣地营造出的种种审美效应最终都不得不从具身、物质层次的心理和生理的规律来解释？此种对电影的虚构之力的还原论阐释难道不同样是对电影之积极创造力的一种削弱乃至贬低？单纯着眼于《电影,或想象的人》的文本和论证,似乎很难不生发出这些相当致命的质疑。实际上,莫兰的这套想象和现实交织互渗的本体论学说本应该重点援引柏格森的形象本体论(尤其是《物质与记忆》)为基本的哲学前提,但令人费解的是,柏格森仅在全书中闪现了一次,便彻底销声匿迹,由此也就让电影作为"想象之真实"这个结论变得越发可疑。

我们在这里针对还原论提出的质疑亦并非一厢情愿,在"认知革命"的后续发展之中,这个还原论的倾向显现得尤为突出。比如,在《幻觉之真实性》这部认知主义电影理论的代表作之中,安德森开篇就明确将真假之辩奉为电影理论的首要议题:"为何一部电影看起来如此真实？但为什么那些轮辐却在向后运动呢?"[1]电影看似是对真实世界的再现,但在屏幕上所呈现出来的影像世界之中,却时时处处暴露出无可弥合甚至欲盖弥彰的虚构之裂痕。那么,到底真与假,现实与幻象,哪个才是电影之旨归？而在历数了之前的种种经典电影理论的缺陷之后,安德森对这个核心难题所做出的全新回应看似与莫兰并无二致,因为他同样是在人心与现实交织互渗的认知活动的层次上找到了根本性的阐释和说明。但他随后的进一步推进则全然导向了近乎还原论的立场。显然受到了当时已日渐主流的认知科学和心灵哲学的决定性影响,安德森对在莫兰那里尚显得含混和思辨的电影认知的机制进行了极为明确的功能主义的解释:"观众可以被视作一部标准的生物学意义上的声音/影像的处理器(processor)。"[2]

从这个关键论断又可以引申出三个重要的思考。首先,假设这个在心灵与计算机之间的功能主义式的类比能够成立,那么也就意味着电影理论可以暂且搁置"心灵"这个颇为含混的概念,而代之以对人的大脑机制的更为明确、实证性的研究。这个从心之想象到脑之构造的转变,在莫兰那里还只是暗示,但到了安德森这里就上升为根本的原理。其次,对大脑机制的研究也并非只是将其视

---

① *The Reality of Illusion*, p. 1. 原文为黑体字。
② Ibid., p. 12.

作人这部生物构造的计算机的中央处理器,而是应该将其拓展为一种环境式的(ecological)认知机制。在这个意义上,安德森借用了吉布森(J. J. Gibson)的环境认知理论,不再仅将大脑视作一个对外界的信息进行接收和处理的计算枢纽,而是将其置于内与外、人与世界之间的开放连接的网络之中,进而展现为一种分布式的认知活动。①最后,若如此看来,大脑的构造就最终和人类种群的进化历史明确关联在一起,并从中才能获得最终的解释。大脑为何要想象? 人类为何一定要发明种种虚构的手法去面对现实? 所有这些都要归结为人类在漫长而残酷的生存竞争中所掌获的策略和技能。②

　　然而,如果这一番认知主义的阐释真的能够成立,它的危险就不止是将电影理论还原为心理学和实证科学那么简单了,因为它最终所危及乃至颠覆的恰恰是人的主体性这个根本立场。如果电影的虚构无非大脑的机制,那么认知心理学无疑会成为电影产业的无往而不利的法宝。只要掌握了大脑的构造,电影就可以得心应手,甚至随心所欲地对人心施加影响和掌控,并由此轻而易举地赚取可观的票房。认知科学与电影工业的联手,几乎就是认知主义电影理论的最自然的推进,最有力的实现。我们看到,若沿着这个方向再执迷不悟地推进下去,那么,虚假之捏造取代虚构之创造就是一个必然的趋势,甚至无可逃避的噩运。深度伪造,恰恰是这场梦魇的极为逼真的操演。如果为利益和资本所驱动的电影机器本可以无所顾忌地操控人心乃至玩弄人脑,那又何须费劲以艺术之力和哲学之思去一次次艰难地返回想象之真实这个本体之源呢? 如果造假、捏造就是最为轻而易举的吸金引流的捷径,那还有哪个导演会费尽周章、"不切实际"地试图一次次激活虚构之力这个创造之本呢? 认知主义最终沦为深度伪造,这已不仅是一个理论上的可能,而是在每个人的眼前一步步变为残酷的现实。

二、从真假之辩到真假莫辨:时间—影像作为"虚构之力"

　　但这个安德森供认不讳的结论,却多少违背了莫兰的初衷。当莫兰提出想

---

①　*The Reality of Illusion*, p. 22.

②　Ibid., p. 24.

象之真实这个基本原理的时候，本是想经由电影这部影像和认知的机器来最大限度地洞察人心，进而激发人心本有的那种源源不竭的想象和创造的潜能。简言之，在莫兰那里，人心之自由及其捍卫的主体性原则才是最终的旨归，这显然与安德森式的认知理论大相径庭。

其实，莫兰的立场亦并非特例，在闵斯特伯格的《电影：一项心理学研究》（*The Photoplay：A Psychological Study*）这部堪称历史上"首部严肃认真的电影理论著作"①之中，已蕴含对于认知主义的还原论立场的有力回击。看似这部书的标题就带有浓厚的认知主义色彩，但实则恰恰对安德森式的立场提出了两个极为重要的批判。首先，虽未明言，但闵斯特伯格显然借用了叔本华在《作为意志和表象的世界》中的论证，进而指出科学对因果规律的研究充其量只能描述现象界的法则，而只有内心的直觉体验才能真正洞察物自身的真实。②这也就提示我们，对于电影的认知机制的研究，远非只有实证科学这一条路可走。正相反，内心的体验也是极为关键的一个面向。因此，要想探问电影的虚构之力，进而深究电影所实现的心灵和世界之间的相通，就不能仅停留在种种科学可以实证性研究的心理和生理的因果机制，而是要深入到体验的深处，在更为幽微和潜在的本体层面去实现二者之间的真正交互。

当然，因为缺乏进一步的哲学理论上的有力支撑，闵斯特伯格始终在思辨的哲学和实证的科学之间摇摆不定。但他由此提出的另外一个要点足以引导我们展开下文的论证，那正是"注意力"（attention）和"诱导力"（suggestion）这一个根本的区分。与安德森截然不同，闵斯特伯格虽然也将知觉视作起点，但却仅将其视作一个触发心灵活动的被动而基础的层次，并由此转而更为突出注意力这个主动的精神能力。③而注意力这个闵斯特伯格的"主导概念"其实更为接近莫兰的论述，因为它更密切地与记忆、想象这些心灵的积极主动的创造性力量关联在一起。④但电影之中吸引和激发注意力的并非只有心灵的内在活动，往往还有来自外部的电影机器和装置那一边的暗示、诱导、操控。这样一来，心灵也就在注

---

① *Hugo Münsterberg on Film：The Photoplay，A Psychological Study and Other Writings*，edited by Allan Langdale，New York and London：Routledge，2002，p .2.

② Ibid.，pp. 11—12.

③ Ibid.，p. 17.

④ Ibid.，p. 18.

意和诱导、主动和被动、内在和外在、自由和控制之间不断撕扯，竭力地挣扎着维系着艰难的平衡。有鉴于此，闵斯特伯格完全有理由对电影工业的未来充满忧思：它最终实现的到底是人类之自由想象，还是正相反，正逐步滑向对于人类主体施加的前所未有的"精神污染"（psychical infection）①？

　　我们看到，真与假、虚构与现实这个电影的"核心悖论"②经由闵斯特伯格的阐释更深化为、聚焦于控制与自由之张力这个主体性难题。实际上，这也是我们将在大脑电影的非认知主义的后续发展之中所发现的最为关键的动向，也正是由此出发，才得以从虚构之力出发对深度伪造进行一个积极有力的回应。这条脉络，简要概括起来正是从德勒兹的时间—影像到皮斯特斯（Patricia Pisters）的神经—影像。那就不妨先从《电影2》中关于"虚假之强力"的篇章入手。

　　初看起来，德勒兹的整个两卷本《电影》系列进行的工作都与认知主义有明显的相似性，这也是为何皮斯特斯在《神经—影像》一书中亦明确地将二者关联在一起。但仔细辨析之下，德勒兹对思维和大脑的思考又确实在很大程度上超越了认知主义的狭域。这主要体现于两个重要的方面。首先，想象与现实之间的密切交织亦是他的一个明确出发点，他甚至将时间—晶体这个全书的核心概念就明确界定为"一个现实（actuelle）影像和它的虚拟（virtuelle）影像的聚合，以及这两种不同影像之间的不可辨识性（l'indiscernabilité）"③。这看起来与莫兰的基本原则极为契合，但实际上却有一个哲学前提上的明显深化。在莫兰那里，想象和现实之间究竟何以共通，其基础和纽带究竟何在，始终是一个悬而未决的问题。他使用的各种说法，如"镜像""参与"，甚至"半是想象，半是现实"，等等，都显得模糊不清，缺乏说服力。但反观德勒兹则显然不同，因为他明确引入了柏格森在《物质与记忆》中的影像理论来补充上了这个至关重要的本体论前提。无论是心灵之中的想象，还是屏幕之上的影像，最终都要回归形象（image）的创生和流变，也最终都要遵循着绵延的时间性及由此衍生出来的诸多基本原理（强度性、多元性、差异性，等等）。

　　这也让德勒兹的思考成为了莫兰式的哲学思辨和安德森式的实证研究之间

①　*Hugo Münsterberg on Film*, p. 25.
②　*The Reality of Illusion*, p.1.
③　Gilles Deleuze, *Cinéma 2：l'image-temps*, Paris：Les Éditions de Minuit, 1985, pp. 166—167.

的纽带,正如在《物质与记忆》之中,影像的运动既连通着心灵与世界、记忆与物质,同时又鲜明地落实于知觉、身体、大脑这些基础层次。所以《电影2》在"虚假的强力"这章中确立起想象与现实之不可辨识性这个基本原理之后,后续的篇章随即分别围绕思维和大脑这两个焦点来展开,这也是顺理成章的思路。初看起来,德勒兹对思维和大脑的诸多阐释也确与安德森所着力阐发的环境式认知有诸多相似乃至趋同之处。普洛特威(John Protevi)将德勒兹在《电影》系列和《什么是哲学?》中提出的大脑模型概括为四个方面,即"动态""差异""聚合"与"非人"(inhuman)①,似乎都与分布式、网络化、生成性的环境式认知相当接近。甚至也不妨就将安德森的认知主义模型就生动概括为《什么是哲学?》之中所集中提出的根茎式的大脑模型。实际上,当德勒兹做出"任何东西都可以充当银幕……任何东西都可以替代胶片"②这样看似大胆但却极端的论断之时,其实也无非是在最为广大的环境认知的范域之内为电影所实现的心—脑—世界之间的连接提供一个切实可行的本体论上说明。

但即便如此,德勒兹关于虚假强力和大脑电影的理论又确实体现出一个不同于安德森、但却多少返归于闵斯特伯格的鲜明要点,那正是内在的直觉(intuition)。同样,有了柏格森的哲学作为坚实的后盾,他得以克服闵斯特伯格那里的种种含混性,由此对内在的体验和直觉给出极为清晰明确的界定。这个界定实际上早自《柏格森主义》这部标志德勒兹思想的重要发端的作品之中就已然清晰呈现。在那里,他开篇就将直觉视作柏格森向来所秉承的基本方法。③那么,这个方法与哲学史之中那些闻名的直觉方法又有何根本区别? 首先,与康德不同,它并不想为感性经验寻找一个先天的形式上的前提,而恰恰想深入到"真实经验"(l'expérience réelle)④之中,去揭示其创造和生成的基本逻辑。同样,它也不同于胡塞尔式的现象学直观,因为它虽然也切近真实经验之源,但却无意展现其统一性的结构和本质性的原理,而反倒是试图敞开其中的那些差异

---

① John Protevi, "One More Next Step: Deleuze and Brain, Body and Affect in Contemporary Cognitive Science", in *Revisiting Normativity with Deleuze*, edited by Rosi Braidotti and Patricia Pisters, London: Bloomsbury, 2012, pp. 25—26.

② *Cinéma 2: l'image-temps*, p. 280.

③ Gilles Deleuze, *Le bergonsime*, Paris: PUF, 2004, p. 1.

④ Ibid., p. 13.

的方向、流变的运动、分化衍生的方向。①柏格森的直观方法之所"观",正是内在于真实经验之中的"多""异"与"变"。由此才能理解德勒兹作出的那个根本断言:"唯有直觉才能分辨真与假。"②这正是因为,判定真伪的标准既非来自先天的预设,更不能固化为一劳永逸的标准,而是要伴随着真实经验的流变而不断地去考量,去建构,去验证。什么是"真"? 无非是最能推进和拓展"多""异""变"的能动积极的力量,反之,"假"就是那些阻碍生成和流变的同一化、中心化、僵固化的被动而否定的力量。

这些看似晦涩抽象的哲学阐释却确实为《电影 2》中的相关理论提供了两个最为关键的理论支撑。首先,虽然德勒兹在文本中所使用的是"假"(faux)这个法语词,但实际上却更为切近从闵斯特伯格至安德森的认知主义传统中的本体虚构这个根本理念。时间—晶体和大脑电影所意在实现的,绝不只是在真实与虚假之间划定一条清晰的边界,并由此对电影作品进行"纪实/虚构"的二元性分类。实际上,它们最终指向的恰恰是真假莫辨的那个本体论的源头,在那里所涌现的,唯有影像自身的多元性和差异性的生成流变。简言之,真与假之区分仅仅是衍生出来的效果,虚构和现实之交织才是真正的力量之源。那么,又究竟经由何种基本的方法得以回归、洞察这个源头呢? 这就涉及直觉这第二个关键点了。直觉之引入,既呼应了闵斯特伯格那里极具启示的内与外之区分,进而用内在的体验来对抗外部的机器和装置的操控,更重要的是,它又突破了单纯的认知心理学的狭域,与影像创生的本体之源直接相通。对真假莫辨的虚构之力进行内在直觉,这就是德勒兹的大脑电影所提出的根本原理。

三、从肯定到否定,从神经影像到辩证影像

但是,虚构之力真的足以抵抗深度伪造这个数字妖魔吗? 似乎存在着两条不同的回应路线。一条是肯定性的路线,核心概念自然是神经—影像这个承接时间—影像的最为重要的后续发展。但与这条如今已相当主流的路线正相反,

---

① *Le bergonsime*, p. 3.

② Ibid., p. 11.

在本雅明(尤其在《拱廊街计划》中提出)的辩证影像之中,我们似乎又洞察到另一种颇具否定意味的思路。

那就先从皮斯特斯(Patricia Pisters)的《神经—影像》这部著作入手。全书虽然主要是基于认知科学和脑神经科学的前沿发展对德勒兹的大脑电影学说的坚实推进,但也仍然凸显出一些新鲜的要点。就虚构之力这个概念而言,她固然亦围绕"造假者"这个《电影2》中的重要概念来展开论述,但在第二章的开始,她就明确提及了控制与自由这个闵斯特伯格式的影像政治学的难题。①然而,她随后对《电影:一项心理学研究》一书的集中探讨却又暴露出引人深思的疑点,因为她花费了大段的篇幅深入阐发了"注意力"这个心灵的主动能力,却反而对"诱惑力"这个与之相对的外部施加的控制力只字未提。②也正是在这里,体现出从德勒兹到皮斯特斯这一条理论脉络的明显症结,即他们显然过于突出强调心灵以虚构的方式所展现出的积极主动的创造潜能,而似乎对此种潜能所日益遭遇、逐渐深陷的被动而否定的困境估计不足。将这种过于乐观的思路推到底,或许反而会导致对现实之严酷性的有意无意的忽视乃至遮蔽。比如,在重点围绕两部以魔术为主题的电影[《魔术师》(The Illusionist)和《致命魔术》(The Prestige)]所展开的对电影机器之致幻力所进行的深入探讨中,皮斯特斯几乎一边倒地强调了前沿的影像技术对人心和人脑所产生的积极能动的促进和激发作用,比如,它得以让大脑突破既有的框架,看到更丰富的影像之可能③,它甚至可以不断形成全新的大脑回路④,由此不断激发大脑本身的种种差异性的生成流变。

当然,这个积极乐观的立场背后也还需要扎实的哲学论证,所以皮斯特斯随即在后续的第五章中再进一步,集中深入探讨了一个根本难题,即在神经—影像之致幻力近乎登峰造极的时代,人作为主体又何以为自己、向自己确证真实之"信念"。前文已述,在德勒兹那里,真与假之区分并未被抹除或削弱,而是通过返归虚构与现实彼此莫辨的影像之源的方式获得了前所未有的增强。只不过,

---

① Patricia Pisters, *The Neuro-Image: A Deleuzian Film-Philosophy of Digital Screen Culture*, Stanford: Stanford University Press, 2012, p. 74.

② Ibid., pp. 87—88.

③ Ibid., p. 79.

④ Ibid., p. 96.

真不再只是一个静态的尺度,而是一个动态的过程,不再只是一个形式上和制度上的规范,而是一个源自差异的力量场域的发生运动。这也是为何皮斯特斯会使用"信念之级度"(degrees of belief)这个精辟说法的深刻缘由。真是分级度的,这并非意味着真就是一个相对的尺度,而是提醒我们要深入到真之信念背后的种种错综复杂的力量关系。同样,真是有级度的,这并不是让我们放弃真之追求,随波逐流,"怎么都行",而反倒是提醒世人,真理是一个需要付诸努力和践行不断去建构、去探寻甚至去抗争才能获致的成果。真信念之级度激发了对真之不懈追求,而此种追求又不断激活了人心和人脑的积极主动的创造性。[①]皮斯特斯随后从理论和作品这两个角度对这个基本原理进行了拓展性的阐释。首先,从理论上看,她以休谟为引线实质上引回了柏格森的内在直觉这个重要主题,从而既为信念之级度这个说法提供了哲学上的依据,又重新为德勒兹补充上了《电影2》中的影像本体论和《柏格森主义》中的直觉方法论之间相互连贯的这条重要线索。

随后,她又将理论进一步带入对具体的影视作品的分析之中,并尤其将《迷失》这部开创性的剧集视作影像的虚假之力和大脑的信念级度之间积极的彼此激发的典型范例。"迷失"这个看似消极被动的困境在皮斯特斯的视角之下反而展现出两个极具主动性意味的转变。第一个自然是科学与信念之辩。[②]闵斯特伯格早已批判性地指出,科学无从洞察物本身的真相,但在行文之中,他却每每深陷心理科学式的实证方法之中难觅出路。而皮斯特斯则显然没有这样的烦扰,在柏格森和德勒兹的影像本体论的加持之下,她可以直抵一个根本结论:科学与信念既非对立,信念也绝不只是通往科学知识的一个初步的起点和初级的阶段;正相反,信念才是真正的本源,科学只是派生的结果,因为唯有经由信念之级度化、强度化的生成运动,人心和人脑才得以一次次突破陈规和束缚,返归差异性、多元性的影像之源。剧集中多次在关键场景中出现的约翰(John)和杰克(Jack)之间的激烈交锋恰是明证。

第二个转变则是最终对心灵之自由而主动能力的不断肯定。固然,伴随着数字技术和人工智能的发展,人的主体性地位似乎越来越深陷"迷失"的境地。

---

① *The Neuro-Image*, p. 158.

② Ibid., pp. 169—170.

但在皮斯特斯看来,这或许只是暂时性的忧患,因为最终数字影像和技术媒介给人类带来的注定是力量的增强,自由的进化。诚如她在第五章最后所言:"然而,我们仍然可以从满溢(overflow)的数据之中进行自由选择。"①不过,如此对于自由的执着信念,到底又有何依据? 基于柏格森和德勒兹的影像本体论,心灵的自由最终还是有着极为坚实的哲学论据,毕竟,那个庞大的记忆和想象交织的潜在基础既是时间得以不断绵延的动力,同时也为我们在每个当下所实行的选择和行动明确提供了本体论上的前提。但到了神经—影像时代,当我们从身体、知觉再到大脑和记忆都全面陷入算法化和数字化的天罗地网之中,在人心和人脑之中又究竟有何种主动的力量得以对影像机器的诱惑力进行反击,进而捍卫主体性之自由?《迷失》中的那些主人公之所以能够一次次从迷失的被动的困境中清醒过来,挣脱出来,正是因为他们每每还可以从回忆这个创造之源中去汲取动力。但在深度伪造的信息末世,你回忆起来的可能完全是虚假的过去,甚至你连区分真假记忆的能力都不再拥有,那又谈何清醒,何来抗争? 神经—影像的时代,难道不正是人类的终极迷失的末世?

既然如此,或许从德勒兹至皮斯特斯的肯定性立场转向否定性的思路不失为一个可取的选择,只不过,这里的否定性不是影像技术从外部施加给人的否定性,而是人基于捍卫主体性之迫切需要而对所有那些控制和束缚所发出的否定之呼声。这个呼声,我们恰好在格雷格·兰伯特(Gregg Lambert)重点论述德勒兹的虚构之力的专著中找到了清晰的回应。在第9章中,虽然前面一半的篇幅仍然在复述《电影2》中的相关段落,但对《广岛之恋》的具体分析却顿然间打开了一个极具否定性的方向。影片开篇的那几段简单但却斩钉截铁的对话就彰显此种意味。当女主角强调说她"看见了一切(everything)","知道了一切"之时,男主角却毫不迟疑地回答,"你什么也没看见(nothing)","你什么也不知道"。②但这样一种否定又并不仅仅是固执的拒绝乃至心灰意冷的冷漠,也并不只是在刻意遮蔽或扭曲真实,而是意图首先用否定的方式来引导对方深入真相。由此,《广岛之恋》中的这个"拒绝者"就与《电影2》中的"造假者"鲜明有别。造假者首先拒斥真与假的截然二分,进而试图回归更为本源的虚构之力。但拒绝者则

---

① *The Neuro-Image*, p. 185.
② 转引自 Gregg Lambert, *The Non-Philosophy of Gilles Deleuze*, London: Continuum, 2002, p. 98。

相反,他一开始就将所有那些"眼见为实"的现象皆斥责为"假",进而促迫着对方自己去见证到底什么才是"真"。其次,二者对"真"的本性的理解也截然相悖。造假者眼中的真是在差异的系列和级度之中不断震荡和展开的强度,越是"多""变""异"的力量就越是趋向于真。但拒绝者又正相反,他一开始就立场鲜明地强调真本身是从不显现的,甚至"无法通达的"①,因而真正通往真相的道路首先绝不是肯定性地不断推进生成流变,而恰恰是否定性地中断一切显现的方向和可能的运动,进而在这个近乎"悬停"的时刻,在这个否定性趋向于极限的边界之处令真相之"真实"之力而非"虚构"之力得以极致的展现。从造假者到拒绝者,从肯定到否定,从生成到断裂,从虚构之力到真实之力,兰伯特为我们极为清晰地启示出这个转变的方向。然而颇令人遗憾的是,他本应该由此就转向更具有否定性意味的那些思想大师的资源,而不是在后文中随即再度引入德勒兹的肯定性的生命主义来削弱这一番论述的力度。

既然如此,那不妨让我们带着他给出的启示转向本雅明的辩证影像这个重要概念,进一步探寻否定性这条思路的深刻内涵。选择辩证影像作为转换的枢纽,主要基于三个要点。第一,"辩证"作为基本的方法和视角特别能够展现否定性的独特向度;第二,影像这个要点又尤其能够聚焦于数字时代的影像这个核心议题;第三,本雅明由此深刻阐释的时间和真理的关系最终似乎颇有力度和深度地回应了本文的那个根本追问,即数字影像是否还有潜能和可能去对抗真相丧失、主体性崩溃的信息末世? 那接下来就让我们逐层推进。

首先,或许确如很多研究者所言,辩证影像这个概念固然足以被视作《拱廊街计划》这部本雅明的终极之作的"奠基石",但对于它的内涵,却似乎很难建立起一种连贯自治的解释。②但通过与别的思想家之间的比照,仍然还是能够凸显出它的相对完整全面的特征。先说"辩证"这个向度,那肯定要在黑格尔和本雅明之间进行必要的辨析。大致说来,两者关注的对象不同,黑格尔研究的是概念的辩证逻辑,而本雅明更着眼于影像自身的时间性逻辑。由此,黑格尔最终意在揭示精神运动的本质性的必然规律,但本雅明则正相反,他试图展现瞬间性的历史事件的那种不可还原,甚至无可解说的偶然性。这就最终涉及二者在历史观

---

① *The Non-Philosophy of Gilles Deleuze*, p. 99.

② Max Pensky, "Method and time: Benjamin's dialectical images", in *The Cambridge Companion to Walter Benjamin*, edited by David S. Ferris, Cambridge University Press, 2004, pp. 177—178.

上的根本分歧。在黑格尔看来，精神的历史必然趋向于一个明确的目的，那正是精神对于自身的直接而完备的观念性的理解。但在本雅明看来正相反，历史背后是否存在着必然性的规律，这个必然性的进程是否导向着某种精神的终极目的，所有这些问题都无关紧要。至为重要的反倒恰恰是以影像为媒介来中断甚至撕裂连续性的历史进程，进而在这个断裂的悬停（arrest①）瞬间让终极的、绝对的真理得以显现在偶然而又具体的事件之中。本雅明一语中的："奠基性的概念不是进步（progress），而是实现（actualization）。"②实现什么？绝对超越于人类历史之上的真理。如何实现？经由碎片化、多元化、差异性的影像星丛，及其内在的不可被"扬弃式"综合，而只能在不同的极点间不断震荡的张力（polarization）。③

潘斯基（Max Pensky）概括得恰切，本雅明笔下的历史不是精神的进化史，而是灾变（catastrophe）的历史，甚至是地狱般（Hell）的历史。④但若仅仅从时间的连续和断裂，历史之必然和偶然这样的角度来进行阐释，又有失空泛。实际上，本雅明对于历史的地狱般面向的论述有着更为鲜明的指向，那正是对于现代性时间本身的釜底抽薪的批判。根据莫斯（Susan Buck-Moss）的关键性提示，本雅明那段论及"地狱时间"的重要引文至少引申出三个要点。首先，现代性时间看似日新月异地求新求变，向着未来不断进步，但实际上，在那一次次向前涌动的浪潮背后，却只有"撒旦式的贪欲"⑤，也即那种无比空洞的重复之冲动。为什么要创新？不知道。向着什么目的创新？不知道。新与旧之间根本差异又是什么？也不知道。在看似生生不息、创造不已的现代性进程的背后，实际上正是无根基（groudless），无理由，无意义的无底空洞。⑥

由此也就能够理解，为何本雅明要将"时尚的形而上学"以及"商品拜物教"视作自己的核心批判对象，因为这些都正是资本主义社会的"地狱般时间"的鲜

---

① 转引自 Eli Friedlander, *Walter Benjamin：A Philosophical Portrait*, Cambridge, Massachusetts：Harvard University Press, 2012, p. 43。

② Walter Benjamin, *The Arcades Project*, translated by Howard Eiland and Kevin McLaughlin, Cambridge, Massachusetts：The Belknap Press of Harvard University Press, 1999, p. 460.

③ *Walter Benjamin：A Philosophical Portrait*, p. 68.

④ *The Cambridge Companion to Walter Benjamin*, edited by David S. Ferris, Cambridge University Press, 2004, p. 192.

⑤ 转引自 Susan Buck-Morss, *The Dialectics of Seeing：Walter Benjamin and the Arcades Project*, Cambridge, Massachusetts：The MIT Press, 1989, p. 97。

⑥ 本雅明亦明确将地狱的形态比作"无底之深渊（the bottomless depth）"：转引自 *The Dialectics of Seeing：Walter Benjamin and the Arcades Project*, p. 186。

明而极致的体现。①这正是第二个要点。但若仅将辩证影像局限于对资本主义社会的批判,则又显得过于狭隘。正如马克思的历史唯物主义的方法,虽然是从对当下现实的批判入手,但最终意在达到对于人类社会发展规律的整体性反思和洞察,本雅明亦如此,辩证影像也同样是一种对于人类历史的终极反思。这也就涉及"地狱"这个意象的第三层往往为人忽视的含义,那正是地狱与天堂的两极对峙。虽然本雅明自己未曾明言,但他用来对抗现代性的空洞的时间深渊的方式,既非黑格尔式的精神的辩证运动,亦非马克思式的生产力和生产方式的辩证运动,而是具有鲜明的神学意味的朝向无限超越的绝对真理的辩证运动。

当然亦不能仅从神学的角度来理解这里所谓的绝对真理,因为本雅明更关注的远非宣扬某种宗教的信条,而是深入资本主义社会的影像媒介的细节和深处,去探寻那种绝对真理得以乍显、绽现在其中的时间性方式。②说到底,也正是要用绝对否定、彻底断裂的"真"去对抗现代性的那种绝对空洞、无限重复的"假"。由此就涉及"影像"这第二个关键词。弗雷德兰德(Eli Friedlander)提醒我们,诚如《拱廊街计划》的文本所明示(N2a,3),本雅明所谓的影像指的绝非是各种"可见的"视觉媒介,而是"可读"的语言。③确实,包含着层层深意的语言或许要比过于直白的视觉图像更适合作为绝对真理的显现之媒介。但基于当下的数字影像的现实状况,以及本雅明自己的思想发展,却有必要对这个看似言之凿凿的结论进行一些质疑。一方面,当今的数字时代的语言也正在发生着面目全非的变化,那些有着历史的厚度和意义的深度的民族语言正在日渐瓦解,彼此融合,并逐步汇入到网络和算法掌控的全面数字化的格局。语言的背后,唯有无限重复操作的"程序"(program)④,它更是现代性的地狱时间的极致体现,早已彻底失去了朝向绝对真理的任何可能性。

那么,另一方面,从数字化语言转向数字化影像是否得以敞开另一种"转译"和"呈现"(manifestation)真理的关键道路? 虽然同样有可能最终难逃数字

① *The Dialectics of Seeing*：*Walter Benjamin and the Arcades Project*, pp. 97—98.

② 或用本雅明喜用的一个术语来说,也就是绝对的真理如何"转译"(translation)为具体的影像和语言:*Walter Benjamin*：*A Philosophical Portrait*, p. 18。

③ Eli Friedlander, "The Meaning of the Contingent：Walter Benjamin's Dialectical Image", in *Boundary 2* (2008) 35 (3), p. 2.

④ Vilém Flusser, *Towards a Philosophy of Photography*, translated by Anthony Mathews, London：Reaktion Books, 2000, p. 17.

化的装置,但与语言相比,影像更展现出三个优势力量,一是更为感性和具象的力量,二是因为兼容各种媒介、紧密连接时空而更体现出星丛般的张力,三是由此得以更为有效而切实地导向断裂性的、悬停式的否定之力。实际上,本雅明心目中的足以作为辩证影像的语言也绝不只是文字符号或书写文本,而是"图像化思考",或者近乎超现实主义式的"三维"的、"图像化书写"(picture writing)。①甚至他在概括《拱廊街计划》的基本创作手法的时候也将其明确概括为"文学的蒙太奇。我只呈现,不言说"②。此种蒙太奇恰恰是图像化语言的鲜明呈现。只不过,对于辩证影像的蒙太奇,也一直存在着一种根深蒂固的误解,即总是试图将其重新拉回到时间—影像至神经—影像的肯定性脉络中,而全然忽视了真和否定性这些本雅明每每突出强调的要点。比如,在茨沃罗(Uros Cvoro)对索科洛夫的名作《俄罗斯方舟》(Russian Ark)的阐释之中,他几乎不假思索地就将其中的辩证影像的形态理解为《电影2》中那种不断并置交织、生成流变的时间晶体的形象。③此种误解在近来的电影学论著中并不罕见。但若基于本雅明的本意,至少可以对此种德勒兹式的误读进行双重纠偏。首先,蒙太奇式、星丛状的"并置"并非仅仅意在聚合异质性要素或衍生差异性系列,而是要令所有这些要素和碎片从既定的背景和体系之中挣脱而出,进而更为深刻而极端地展示它们之间那不可并存的张力,难以弥合的裂痕。再度借用莫斯的概括,正可说本雅明的辩证蒙太奇既是"建构性"的汇聚,更是指向着批判性的摧毁(destructive, critical④)。其次,正是经由此种断裂和否定,辩证影像才得以最终呈现绝对真理,才得以用绝对的否定来对抗绝对空洞的地狱时间。真理这个本雅明毕生追求的向度,显然不同于德勒兹毕生迷恋的生命创造。实际上,本雅明就明确指出,真正的辩证影像所激活的体验,正是从生命指向观念(idea)⑤。只不过,这里的观念并不仅仅是抽象的概念,也不是任何超越的目的或理念,而是那种一次次经由绝对断裂和否定的事件所绽现、所转译的真理。

---

① Jaeho Kang, *Walter Benjamin and the Media*: *The Spectacle of Modernity*, Cambridge: Polity Press, 2014, p. 160.

② *The Arcades Project*, p. 460.

③ Uros Cvoro, "Dialectical image today", in *Continuum*: *Journal of Media & Cultural Studies*, 22:1, pp. 93—94.

④ *The Dialectics of Seeing*: *Walter Benjamin and the Arcades Project*, p. 77.

⑤ 转引自 *Walter Benjamin*: *A Philosophical Portrait*, p. 23。

结语:数字时代,影像何为?

　　至此我们已经清楚辨析了从时间—影像、神经—影像再到辩证影像的转变思路,也努力试图呈现从肯定向否定进行转变的可能性和必要性。但在全文的最后,仍有两个难题亟待回应:到底辩证影像敞开是何种真理? 在数字的时代,在深度伪造的信息末世,数字影像又究竟凭借何种方法得以通向真理?

　　对于第一个问题,不妨做出直接的回答:本雅明的真理也许没有具体的内容,但仍然是、始终是一种极为具体甚至具象的运动;它即便没有给出明确的规定和命令,但仍然足以激发有效的,甚至极端的抵抗与行动。其实,诚如诸多学者注意到的,本雅明的真理观固然错综复杂,但往往仍然指向一个核心界定,那正是"存在本身的非意向性状态"(an intentionless state of being)①,或更直接地说是"意向性之死亡"②。这就意味着,不能任由主观的臆断、判断等去任意地操控、设定真理,而最终必须让真理自行敞开和呈现。换言之,真理总是可遇不可求的,它总是人的主动探求与真理的自身呈现之间的极端偶然性的邂逅乃至撞击。这一要点亦直接触及了深度伪造的根本症结所在,那正是将数字技术所本可以激活的影像本体的虚构之力日益僭取、扭曲为人为操控的弄虚作假,由此牟取各种或明或暗的利益。但是,在一个日渐全面陷入信息末日的时代,让渡人的主观意向,进而让真理自行呈现,这难道不是天方夜谭? 确实很艰难,但并非不可能。由此我们就想到本雅明提出的另一个极具启示的概念,那正是"游戏空间"(*Spielraum*)③。他心目中的游戏之范式当然不会是今天的电子游戏,而且如果他真的有所体验,还极为可能将其贬为地狱时间的一种典型。但我们确实不妨在影游融合的大趋势之下将敞开游戏空间视作未来数字电影的一种实现辩证潜能的可能性。只不过,这并非单纯意味着两个主流的数字娱乐工业之间的产业、平台,甚至内容或用户的融合,而是试图以此来唤醒电影本身的那种追求真理,见证真理的能力。同样,这也并非单纯意味着简单返归电影的那种"记录"

---

　　① 转引自 *Walter Benjamin: A Philosophical Portrait*, p. 13。
　　② Ibid., p. 244.
　　③ *Walter Benjamin and the Media*, p. 193.

"再现"真理的能力,而是要从根本上回归影像的本体,以辩证蒙太奇的方式来营造出一片真理呈现的力量场域,在其中,心灵与实在得以交织,心灵与心灵得以共鸣。

在这样一种共情体验的影像游戏的空间,交织的是何种力量,共鸣的又是何种体验? 这就最终回归到本雅明关于辩证影像的那段最重要的界定(《拱廊街计划》N2 a, 3),其中除了界定出了其时间性的三个面向("线性时间的断裂""意义背景的瓦解""终极的拯救"①),最后的关键词恰好落脚于"觉醒"(awakening)②。觉醒到底是何种体验? 那断然不可能是时间—影像和神经—影像所不断激活的肯定性的生命快感,而几乎只能是源自断裂和否定的创伤性的苦痛体验。在一个深度伪造的时代,真相和真理似乎正在远离我们而去。但在辩证影像的游戏空间,所有个体的心灵仍然得以在创痛的共情中艰难地守候和等待那绝对真理骤然降临的悬停时刻。莫斯曾将辩证影像的四极和人类行动的四极进行了图表式的对照,极具游戏空间的风貌。③而令心灵觉醒的希望影像(wish image)所对应的就恰好是游戏这一极。只不过,这不仅是娱乐的游戏,也不单纯是生命的游戏,而恰恰是无尽的耐心的等待(patience)。在辩证影像之中,我们等待着真理的降临。在游戏空间之中,我们体验着彼此的苦痛。

---

① 取自潘斯基(Max Pensky)的精辟概括:*The Cambridge Companion to Walter Benjamin*, p. 192。

② *The Arcades Project*, p. 462.

③ *The Dialectics of Seeing*:*Walter Benjamin and the Arcades Project*, pp. 211—213, 图表 D 和 E。

第十四章　触感:真实电影与阿彼察邦

　　前面一章的最后,本雅明关于辩证影像的思辨无疑给我们带来了深刻的启示。但他遗留下来的问题仍然极为明显,因为我们总可以进一步的追问,在本雅明的意义上,到底何为真理? 怎样实现真理? 哲人当然不会给我们直接的回答,但会给出各种线索和暗示。既然如此,本章就不妨进行另外一种尝试,从思辨转向影像,从晦涩玄奥的哲思转向更为具体实证的电影作品和电影史的考察。我们将从"触感"这个与真实密切相关的维度入手,逐步转向对世界电影和真实电影的反思。

　　"触感电影"(Haptic cinema)近年来在国际电影理论研究界越来越成为一个热议的主题。这首先当然体现在日益增长的论著数量上,但究其缘由,还是因为这个主题从根本上"触动"了与电影的本质密切相关的三个基本问题。首先是电影与感觉这个虽然基础但却关键的维度。电影说到底是一部视觉的机器,还是说它有能力触及和激发人的整个身体的感知活动,甚至整个精神的体验力量?其次是关于电影本体的深入思考。在一个全面转向数字化的后电影的时代,电影日益化作流转于各种屏幕之上的信息和代码,那么,它真的还能对人的肉身乃至现实世界产生实实在在的触动吗? 由此看来,触感就并不只是一个边缘性的问题、拓展性的向度,而是关涉到对于电影这个重要媒介之物质性的重新反思和界定。最后,除了触之感觉、触之本体之外,触感电影最终还涉及一个根本的旨归性的追问,即是否能够再度以电影为媒介、纽带和平台,进而重建起人与人之间的亲密但又不失间距之触? 电影,或许并不只是一个感知的对象,亦远非局限于作为纯视听影像,而是理应在更为广大的社会和世界之中发挥出它独有的凝聚、缔造共同体的深远作用?

　　进而,我们发现这三个触感的维度和面向,其实皆指向着"电影之真实(verité)"这个贯穿电影史发展的追求乃至迷执。当电影和触感联结在一起的时候,似乎总隐含着一个根本的诉求,那就是意在探寻一种在表面的种种现象背后的与真实的更为直接、深层、紧密的维系。那么,究竟何为电影之真实呢？是因为它真实地再现了外部的现实？还是因为它真实地表现了导演的心境？或是因为它作为一种真实的力量运作于世界之中？或许都是,但似乎又皆不尽然。关于这个问题,托马斯·埃尔塞瑟(Thomas Elsaesser)所倡导的影史演变的线索颇值得借鉴。他指出,在晚近的世界电影的潮流之中(主要体现在亚非拉所谓第三世界的导演身上),明显出现了"新现实主义"(neorealism)的回归这个耐人寻味的趋向。①只不过,这里的"现实"已然改换了含义,既不同于欧洲艺术电影的诉求,亦有别于好莱坞商业大片的范式,而是展现出现实与梦幻交织、真实与虚假莫辨的谜样特征。在其中,真实不再是原型、基础和本源,而是呈现为一个"深渊"(abyss)②。影像,亦不再只是真实的见证,而是成为一个错综复杂的迷宫,由此触动观众对自身、对世界进行深刻的反思、怀疑乃至批判。我们就将带着埃尔塞瑟的这个重要启示,重点以阿彼察邦的三部代表作为例,试图揭示从真实之"触"到真实之"欲"再到真实之"思"的进阶,进而在世界电影这个重要的语境之下呈现出触感电影的丰富而暧昧的深意。

一、连续主义:触感电影之迷执

触感,无论是在电影艺术的领域之中,还是在人的日常生活的方方面面中,都是一种极为复杂和多样的现象。为了不迷失于细节之中,理应首先对其进行本质上的概括理解。劳拉·麦克马洪(Laura McMahon)在近作《电影与接触》(*Cinema and Contact*)中结合当代欧陆思想的发展线索所提出的"切近"(proximity)与"分离"(separation)这一对范畴就颇为恰切。③触感,既是连接,但往往同时又是远离。我们伸出双手去触摸爱人和亲人,也每每总是因为害怕或不愿失去。因而,失去、分离、间隔,这些否定性的裂痕和创伤其实早就深深地打入了细

---

① Lucia Nagib & Cecilia Mello, *Realism and the Audiovisual Media*, New York: Palgrave Macmillan, 2009, p. 3.

② Ibid., p. 11.

③ Laura McMahon, *Cinema and Contact*, London and New York: Routledge, 2012, p. 2.

致入微的触感体验之中。然而，反观历史上的哲思，却始终皆倾向于从"融合、在场、连续"①这些肯定性的特征入手对触感进行本质界定，只有到了法国哲学家让-吕克·南希（Jean-Luc Nancy）那里，否定性的样态才清晰凸显。在深入研究南希的触感哲学的名作《触感，让-吕克·南希》一书中，德里达就明确将德勒兹（与加塔利）的触感（haptique）概念与南希进行截然对照，并由此将前者明确为"连续主义"（un continuisme）②的立场。确实，无论怎样对触感的功用进行描绘和界定，接近真实、拉近距离、弥合差异，这些似乎始终是触觉的最为根本的效力。也或许正是因此，触觉才构成了对于视觉的中心和主导地位的最为有力的冲击。要看清一个事物，首要的前提正是与之保持一段必要的间距；与此相反，要触摸一个对象，则必须首先就要与它亲密无间的交织、缠绕在一起。

　　由此也就可以理解，从梅洛-庞蒂的肉身现象学，到德勒兹和加塔利的"触感空间"，再到伊利格瑞（Irigaray）的女性主义，触感在当代法国思想之中总是一次次成为颠覆视觉秩序的有力契机。在《触之感》（*The Senses of Touch*）这部总括性的著作之中，马克·佩特森（Mark Paterson）不仅开宗明义地强调应该回归触觉的"原初地位"（primacy），更是随之明确从肯定性和连续性的角度将触觉的本质特征概括为"亲密，确证（reassuring）和接近（proximal）"这三点。③在后文展开的关于触感的思想、文化、技术等诸多方面的梳理综述之中，这个立场亦是一以贯之。甚至在提及技术所实现的种种触觉增强效应之时，他最终也还是将其概括为"远程在场"与"共同在场"（copresence）④。甚至哪怕在明确提及梅洛-庞蒂的"间隙"（hiatus）、南希的"离异"（alterity）这样显然更带有否定性含义的概念之时，他也只是轻描淡写地带过⑤，最终还是将所有这些启示皆归结为"共同—体验"（feeling-with）的肯定性和连续性立场。

　　这一立场在当代的电影研究之中亦同样是主流和主导。比如，在玛蒂娜·伯涅特（Martine Beugnet）的《电影与感觉》这部名作之作中，虽然开篇以索布切克（Vivian Sobchack）和劳拉·马克斯（Luara Marks）的现象学引入，但全书随后

---

① *Cinema and Contact*, p. 8.
② Jacques Derrida, *Le toucher*, *Jean-Luc Nancy*, Paris：Galilée, 2000, pp. 143—144.
③ Mark Paterson, *The Senses of Touch*, London and New York：Routledge, 2007, pp. 1—2.
④ Ibid., p. 127.
⑤ Ibid., pp. 161—164.

的大部分篇幅却是以德勒兹的诸多基本概念为唯一参考。这尤其体现于全书标题中的两个关键词,即"感觉"和"僭越"(transgression)。感觉并非仅指向对于电影的物质性和具身性的研究,而更是明确呼应着德勒兹的《感觉的逻辑》这一经典的标题。在该书中,感觉至少呈现出微观性、生成性、强度性、流变性等诸多特征,并尤其展现出去人类中心乃至去主体化的极端立场。这些也都是伯涅特对电影之"感觉的逻辑"进行深入阐释的根本出发点。首先,她反复强调了电影之感觉的那种微观性的"分子式"的运动,这不仅突破了人自身感觉的种种既定、固定的层次、等级和结构,更是由此从根本上"僭越"了人和影像、观者和屏幕之间的边界划分,在强度性的生成流变的过程之中,无论是人的感觉,还是影像的运动,甚至包括时空和情动(affect),等等,皆不断汇流在一起,形成一个个变动不居、差异开放的"聚合体"(assemblage)①。伯涅特在书中作为重点案例大量谈到的各种肉体的特写,往往皆意在突出那些生成—微观,生成—分子,甚至生成—怪物的独特形态,而这些与德勒兹在《感觉的逻辑》中倾注笔墨所抒写的培根的那些诡异的图像又是何等近似。

其次,正是因此,细观伯涅特全书的论证,往往展现出一种过于矫揉造作的处理。比如"僭越"这个当代法国哲学的重要语汇,在其原本的巴塔耶和福柯的语境之中本来包含着极为鲜明的否定性和断裂性的含义,但在伯涅特这里,就几乎不假思索地与德勒兹的肯定性、连续性的生成逻辑等同在一起。同样,巴塔耶的"无形"(formless)这个概念在全书中屡次出现,但也未经任何辨析就与《千高原》中的平滑、开放的触感空间视为同类。②这些误解乃至偏见无非都一次次反衬出德勒兹的连续主义这个默认的前提。或许正是因此,在稍后出版的更为集中论述触感电影的著作《触摸之眼》(The Tactile Eye)之中,珍妮弗·巴克(Jennifer M. Barker)更为明确地回归于梅洛-庞蒂的经典现象学立场,并由此试图对德勒兹式的触感逻辑进行纠偏。但这些尝试显然并不成功。一方面,虽然在哲学立场上存在着鲜明差别,但至少就触感这个问题而言,梅洛-庞蒂那些核心概念["交互性""可逆性""互连""交织(chiasm)"等等③]所展现出的连续性的预设几乎与德勒兹毫无二致。另一方面,巴克试图用观者之肉身与电影之肉

---

① Martine Beugnet, *Cinema and Sensation*, Southern Illinois University Press, 2007, p. 150.

② Ibid., pp. 116—117.

③ Jennifer Barker, *The Tactile Eye*, Berkeley: University of California Press, 2009, pp. 18—19.

身之间的彼此"摹仿、共情"①的相似性关系来解释人与影像之间的亲密接触，但其解释力、洞察力和开放性又似乎远不及德勒兹本人所畅言的触感逻辑。

但即便如此，巴克全书至少有一个要点切实体现出与德勒兹之间的鲜明对峙，那正是主体性。她在开篇就清楚区分了电影之触感中所牵涉的"三种不同类型的身体"：作为观者的"我们"（us）的身体，作为角色的"他们"（them）的身体，以及作为电影自身的"它"（it）的身体。②若仅局限于屏幕之上的"他们"和屏幕之后的"它"，则德勒兹式的连续主义的触感逻辑显然颇有说服力，因为影像运动的一个根本的趋势，也正是要突破既有的感觉、媒介乃至时空的边界，将越来越丰富、多元的要素融合起来，形成为日益庞大的电影机器。然而，一旦我们将思考的重心转向"我们"自身，那么，否定和断裂的契机也便开始清晰浮现。没错，影像不断地在触动我们、渗透我们，甚至转化、改变我们，令我们一次次进入全新的生成运动。但我们自身却不只是日益与数字流、影像流不断交织互渗的生命流，而同时也是、也注定是具有反思和体验的一个个主体。在加速而去的数字—生命的洪流之中，有人会感受到"创造式进化"的生命强度和快感，但也注定会有人会感受到生命自身的脆弱性（vulnerability）③，以及生命暴露在种种外力面前的那种创伤和苦痛的体验。如果说快感式主体是德勒兹式的触感逻辑的一个必然产物，那么，脆弱而苦痛的主体却也是触感电影所塑造的另一个不可忽视的主体性向度。这一点在巴克的书中至少有两个关键体现。首先是她重点援引的德鲁·莱德（Drew Leder）的"缺席之身体"（absent body）的理论，其中所凸显出的"回撤"（recessive），"内向"（inward），"潜隐"（dys-appearance）等特征，都恰好和德勒兹式的生生不息、流变不已的"迷狂式"（ecstatic）身体之间形成了"断裂"与"连续"之间的鲜明反差。④其次，此种反差尤其鲜明体现于巴克全书重点论及的两部代表性的电影作品。如果说在彼得·叶慈（Peter Yates）1968年的《布利特》（*Bullitt*）之中，不仅屏幕中的主角之身体与高速飞驰的汽车日渐合体，而且在高速的影像流的卷携之下，电影之"它"的肉身与观众之"我们"的肉

---

① *The Tactile Eye*, p. 81.
② Ibid., pp. 4—7.
③ Ibid., p. 56.
④ Ibid., pp. 126—128.

身之间的边界也日渐模糊乃至瓦解、融汇;①但反观《广岛之恋》则正相反,屏幕上的彼此交织缠绕、亲密无间的肉身却并未让作为观者的我们也同样进入到迷狂的快感之中,而反倒是不断制造出影像与我们之间的无法弥合的裂痕和创伤。那种面对他人之巨大苦痛所产生的深深刺痛,也一次次地令每个人都同时体验到自己生命最深处的那种挥之不去的脆弱与危险。列维纳斯说得真切:"(手的)摸索揭示出身体的这一位置,身体同时既被整合入存在之中又栖居于其间隙之中。"②

二、真实之触:从触感电影到世界电影

我们看到,从感觉之触,到影像之触,再到主体之触,德勒兹式的连续主义预设也一步步面临着严重的危机和挑战,开始展现出难以弥合的否定和断裂之动机。这个动机在新近出版的两本触感电影的专著中同时成为主题,也或许多少显现出电影研究的最新动向。

在稍早出版的《电影与接触》一书中,作者麦克马洪开篇就借助德里达的文本凸显南希式的分离之触与种种连续主义之间的根本差异。在切近之中保持回撤(withdrawal),在连接之中保持分离,这个主导动机在南希的哲学中始终是一个贯穿性的线索,其意义和作用远非仅限于触感这一个具体的方面。但若聚焦于电影研究,那么这个复杂深奥的哲学背景就应该被淡化和暂时搁置,进而深入细致地描述不同导演及其作品之中的分离之触的意味深长的形态。麦克马洪极具洞察地选取了布列松、杜拉斯和克莱尔·德尼(Claire Denis)这三位代表性导演,并重点展示了碎片化、拒斥与侵害这三种典型的分离和断裂的形态。

首先,碎片化是布列松喜用善用的一种手法,他的主要目的或许只是用来对抗、拒斥对于场景的整体性"再现"(Representation)③,但细究起来,又呈现出空间和时间的两种不同意蕴。从空间上来看,碎片化的身体不再聚焦于一个完整

---

① *The Tactile Eye*, p. 110.
② 列维纳斯:《总体与无限》,朱刚译,北京:北京大学出版社 2016 年版,第 151 页。
③ 转引自 *Cinema and Contact*, p. 41。

的人体乃至人格,而是不断裂变,分散到整个的屏幕空间,由此将其戏剧化地转化为影像自由、开放流动的皮肤式的表面。①这一效应显然更接近《千高原》中的触感空间,它瓦解了身体与空间的既定结构和边界,让微观的碎片形成一种更具有穿透力和渗透性的切近之触。不过,当我们转向另一个维度时间时,分离的特征就凸显。麦克马洪尤为敏锐地指出了"接触"与"偶然"在词源上的相通,进而揭示出偶然性这个关键的时间性向度。偶然性,从根本上就意味着"脆弱性、暴露(expeausition)和有限性"②,这些要点尤其在《穆谢特》和《驴子巴达萨》两部电影中体现得淋漓尽致。人是具身的存在,但身体既是人在世界之中得以定位的"锚点",但同时又是暴露在各种外部、未知的力量面前的脆弱表面。正是此种挥之不去的脆弱性才一次次确证着人的生存本身的有限和偶然。

　　接下来,在杜拉斯和德尼那里,此种脆弱性又以近乎相反的方式呈现出来。杜拉斯式的触感是冷漠的、疏离的、拒斥的,它的本质形态恰可以用南希着力论述过的那句名言来概括,那正是"抚慰我,但别触碰我(*Noli me tangerte*)"③。这或许是因为,所有那些以切近、连接、交织、融汇为诉求的"触碰",往往总会给相互触摸的个体带来更大的暴力和伤害,它危及每个人的内心与外界之间的边界,从而导致主体性的瓦解和丧失。由此,在杜拉斯的影像之中,"拒斥"(refusal)往往是典型的触感方式。"融合是不可能的",触感之中总是包含着"不可跨越的鸿沟"④,这些都是杜拉斯所一遍遍抒写的抚慰但却不触碰的影像诗意。

　　但此种往往笼罩在忧郁迷茫气息中的诗意之触,到了德尼那里却不断转化为更为直接的暴力和侵害。这当然不止于《入侵》(*L'Intrus*)这样的标题,或《此恨绵绵无绝期》(*Trouble Every Day*)这样作品中几乎毫不遮掩的暴力影像。在麦克马洪看来,德尼的分离之触至少还展现出两重深意。一方面,诚如"expeausition"这个生造的法文词所示,皮肤(peau)并不仅仅暴露在外部,而且更是一个任由侵害、肢解、破坏的脆弱乃至残破的表面⑤,而当此种暴力不断升

---

①　*Cinema and Contact*, p. 45.

②　Ibid., p. 67.

③　Ibid., p. 86.

④　Ibid., pp. 92—93.

⑤　Ibid., p. 133.

级、趋向于极致之时,它就不断掏空着生命(dried out)①,甚至令其陷入死亡的深渊。这也是为何在德尼的影像之中,充满异域色彩,甚至鬼气森森的葬礼往往会成为主题,那也实在是因为,在她的镜头之下,身体绝不只是一个抒写碎片化和疏离化之诗意的表面,而是一个生死纷争乃至彼此残杀的战场。也正是因此,德尼对主体之触的理解反而要比布列松和杜拉斯来得更为真实、透彻和深重。借用南希对影片《入侵》的精彩评析,"'我在受苦'意味着存在着两个'我',他们彼此陌异(但却相互触摸),……既分离又接触,既是一又是多"②。然而,在苦痛中分裂又接触的,远不只是屏幕上的人物,而同时也必然触及影像与观众之间的关系。这其实也是麦克马洪全书开篇就点出的要旨:真正的电影之触,绝非仅止于"屏幕之上"(touch on-screeen),而是注定要震荡于"观者与影片之间"③。一句话,感官之触、媒介之触,这些都只是前提和准备,主体之触才是触感电影的最终诉求。

但恰恰正是这个理应被突出的主体性之维度,在《电影与接触》之中却往往退居边缘。在麦克马洪的分析中,我们所见到的仍然大多是围绕情节、人物、场景、叙事等展开的细致阐释,却鲜有对于观者体验的深入剖析。即便到了《脆弱不安的亲密》(Precarious Intimacies)这部2020年出版的最新的触感电影论著之中,"观众之缺席"这个令人遗憾的现象仍然未有实质性的改变。虽然两位作者显然意在拓展和深化电影之触的那种既接近又分离、既亲密又拒斥的"脆弱不安"的面貌,并由此将触感电影的深意从审美带向政治,进而以电影为纽带来探索一个更为公正的未来,更有凝聚力(solidarity)的共同体,④但通观全书,大多数时候仍然是在讲述屏幕之上的故事,至于这些故事如何真正触动观者之心,进而重塑观者之主体性,几乎未给出任何进一步的启示和线索。

这是否意味着触感电影由此陷入到难以突破的瓶颈呢?对于这个困境,看似有两个相对的解决方案。要么,就索性对所谓的主观体验持一种根本的悬置乃至否弃的立场。毕竟,体验不仅是因人而异的,而且往往带有很大程度的私人性和含混性,它似乎不太适合作为理论研究的恰当对象。电影之触,本身就应该

---

① *Cinema and Contact*, p. 126.

② Ibid., p. 139.

③ Ibid., p. 3.

④ Maria Stehle & Beverly Weber, *Precarious Intimacies*, Chicago: Northwestern University Press, 2020, p. 21.

体现出普遍的本质和模式,依托于主观多变的体验,又怎能对此给出有理有据的解释呢? 要么则相反,我们可以暂且接受主观体验作为研究的对象,但并非仅将其局限于内在和私人的领域,而是从一种普遍或客观的视角对其进行研究,比如电影心理学、观众社会学等视角。但这样一种客观的、"第三人称"的理论建构是否由此亦错失了体验之为体验的最为关键的"第一人称的""现象式(phenomenal)"的内容呢?

　　面对这个主观与客观之间的两难抉择,单纯的诉诸理论思辨显然于事无补,还是应该回归活生生的电影史和具体的电影作品。而本文开端处所重点援引的埃尔塞瑟的作为"真实电影"的世界电影的思路由此体现出深刻的启示。下面我们就将围绕"真实"和"欲望"这两个要点来尝试对电影之触尤其是主体之触这个面向给出自己的回应和诠释。之所以选择世界电影,诚如埃尔塞瑟所言,是因为其中探索的真实既非主观亦非客观,由此颇为恰切地在上述的两难困境之外找到了第三条可行之途。而之所以选择泰国新电影尤其是阿彼察邦的作品,正是因为其中对欲望的复杂深入的探索亦恰好为主体之触给出了一个可能迄今为止最深刻的解释:到底电影如何触动人心? 在影像和观者之间既连接又分离的力量到底为何? 那或许既非只是主观的体验,亦非客观的知识所能概括和总结,而是一种生死之间的"正念"(mindfulness),它展现出南希式的分离之触的错综复杂的形态,从碎片化、疏离化再到破坏之力,不一而足,但却又基于"无常"(impermanence)—"苦痛"(suffering)—"无我"(without self)的三元关系对分离之根源作出了极为深刻的阐释。此外,尤为重要的是,阿彼察邦式的正念影像既呼应着埃尔塞瑟所谓的作为深渊的真实这个启示性说法,同时又基于电影的创作和体验对此进行了极为深入的引申和创发。

　　那就先从真实电影这个要点开始。将世界电影的晚近潮流概括为真实电影,这也并非埃尔塞瑟的一己之见。实际上,很多学者持相似的立场,但他们对何谓真实所给出的阐释却又有所不同。比如,在文集 Screening Nature 之中,安娜特·皮克(Anat Pick)虽然认同真实电影之复兴这个说法,但她的解释却最终倾向于德勒兹式的生命主义和连续主义。确实,在世界电影尤其是东南亚新电影的前沿发展之中,真实性往往跟自然环境密切关联在一起。那么,如何理解电影和自然之间的内在关系呢? 皮克概括出的世界的三种形态就颇有启示。第一种是主流的环保纪录片(比如 BBC)的世界图景,在自然界的那些温情脉脉的面纱之下,既掩藏着人类中心式的自负自大的投射,又同时以视觉中心的方式建构起一个整全的图景(totalising vision①)。这就既遮蔽了自然本身的真实呈现,同时又削弱乃至丧失了电影本身的触感之潜能。第二种世界尤其展现于(比如)赫佐格式的实验纪录片,它虽然拆穿了环保主义的总体性幻象,但人与自然之间的分离、陌异乃至冲突对抗似乎又滑向了矫枉过正的另一个极端。由此,第三种世界作为补救和疗治也就孕育而生,其中更为突出强调的是梅洛-庞蒂式的人与自然的交织互渗(entanglement②),甚至是德勒兹式的人与万物之间的共同生成。

这第三种世界似乎在阿彼察邦的电影中展现得尤为生动鲜活,或许正是因此,在 Screening Nature 整部文集中,有两篇论文聚焦于阿彼察邦的作品,且都充溢着各种德勒兹式的重点概念。比如,在 May Adadol Ingawanji 深入研讨《能召唤前世的波米叔叔》的论文中,她对影片的那种独特触感的解释正是基于德勒兹的生成理论。整部影片在开端和结末之处都是无影像的黑屏,屏幕之中之后所无尽流淌的浓稠到化不开的热带丛林的声音不断触摸、抚慰着观众的肉体和心灵,顿然间将所有人带入神秘、诡异但又温存的自然的深处。在这个人与万物共生、交织的第三种世界之中,生成、转变(transition)、变形(metamorphosis)③显然是最触动观众的生命运动的形态。在其中,不仅人在生成—动物,人在生成—幽灵,甚至所有人都不断在生死之间自如而自在地穿梭往复。整部影片自始至终不断流淌着的水的形象显然正是此种持续的生成流变的最为诗意盎然的写照。落寞的公主在水中与神女交媾,进而重新激活了青春与生命之欲。同样,波米叔叔一行人也是在幽暗阴森的山洞的深处探查到纤细的水流,还有其中游动的微小的鱼群,这也无疑为他将死的生命赋予了重生的光明与渴望。自然既是家园,亦是母体,更是生死转换的宏大场域。

哪怕是丛林这个形象所蕴含着的政治意味,在这篇论文之中似乎也带上了很浓重的德勒兹主义的色彩。比如,丛林并不只是万物共生流变的生命场域,它同时也是那些试图挣脱定居模式和中心化的政治权力的游牧民所心心念念的"逃逸"之所。④简言之,丛林既是人类的他者,同时也是国家的他者。对后一个

---

① Anat Pick & Guinevere Narraway, *Screening Nature*, New York: Berghahn Books, 2013, p. 26.
② Ibid., p. 2.
③ Ibid., p. 94.
④ Ibid., pp. 95—96.

要点,当然最早在詹姆士·斯科特的一系列名作中得到明确阐释。而在他的那些关于"自愿走入野蛮"①的边缘族群的历史叙事背后,《千高原》中的游牧理论几乎就是最为重要的理论参照。②此种在逃逸中不断生成的生存方式,也确实可以用来诠释波米叔叔一家人的心路历程。刚到农场的时候,阿珍心里充满着拒斥,她觉得在这个蛮荒之地充斥的,唯有非法劳工、幽灵和怪物。但随后的一系列事件却从根本上改变了她的观念,让她最终在自我放逐和逃逸的过程之中找到了完美的乌托邦和世外桃源。也正是因此,Ingawanji 最终将幽灵这个影片中的核心意象进行了德勒兹而非德里达式的解释,那正是"不合时宜,但却无物萦绕,一种搁浅的时间性(a stranded temporality)"③。对于德里达,幽灵是"萦绕之物",它是绝对的他者,来自绝对的外部,作为绝对的断裂和否定。当幽灵回返之际,所带来的唯有时间的脱节和错乱。④但德勒兹式的幽灵则正相反,它并非来自陌异的外部和别处,而只是打开了潜在于生命之中的差异的维度、流变的运动而已。同样,它的时间性也不是脱节的,而是"搁浅",因为它没有清晰的轨迹,也没有明确的方向,而只是将越来越差异、多元、开放的维度交织在一起,形成为越来越具有"容贯性"(consistance)的聚合体。《能召唤前世的波米叔叔》确乎更展现出德勒兹式的无萦绕的幽灵气息。尤其是开头的那个著名的场景,当人类,幽灵(阿珍的妹妹)和怪物(阿珍的儿子)共进晚餐之际,刚开始确有几分紧张乃至恐慌,但随即转化为其乐融融的家庭团圆的美好氛围。在影片之中,时有或明或暗的政治隐喻,但那些大多只是挂在墙上的布景,播放在电视屏幕上的苍白影像,与丛林之中的充实而丰盈的生命形成了鲜明的对比。但诚如 Ingawanji 在全文最后所深刻点出的,影片之中实际上还隐含着另外一种更为深切的政治关怀,那正是试图以持续生成和万物共生的方式来推动极端而激进的社会变革。在这个"乌托邦冲动"⑤的背后所蕴藏的,显然是德勒兹式的生命主义的哲学前提。

---

① 詹姆士·斯科特:《逃避统治的艺术》,王晓毅译,北京:生活·读书·新知三联书店 2016 年版,第 3 页。
② 同上书,第 34 页。
③ *Screening Nature*, p. 97.
④ 德里达:《马克思的幽灵》,何一译,中国人民大学出版社 2008 年版,第 9 页。
⑤ *Screening Nature*, p. 107.

三、真实之触：一个德里达式的幽灵

然而，在阿彼察邦的影像之中，不也同样也存在着分离之触这另一种否定性的意味？在《能召唤前世的波米叔叔》之中，不是既有万物共生的生命快感，但同时又有生离死别的分离之痛，比如波米和妻子的亡灵绝望相拥的那个撕心裂肺的场景不恰为明证？更关键的一点还在于，仅从皮克的连续主义的第三种世界出发，又如何能够对"作为深渊的真实"这个埃尔塞瑟的重要启示给出相应的阐释和说明呢？在影像对人心的触动之中，到底既连接又分离的力量何在？在无尽空洞的深渊之上，又究竟是何种欲望得以维系着生死之间的正念？既然埃尔塞瑟主要基于欧美的"谜电影"（puzzle film）所做的解释很难服人[1]，那我们就不妨再度深入返归泰国电影和阿彼察邦。

实际上，在阿彼察邦的电影之中实实在在游荡着另一种德里达式的幽灵，而且它并不只是皮克等人所畅想的哲学思辨，而反倒是更接近真相，既是导演的生命之真，同时又是他的作品之真。这首先就涉及如何对阿彼察邦在当代的泰国新电影的潮流之中进行定位。若借用很多学者都能认同的说法（而且导演自己似乎也不反对），那正是所谓的"边缘性"（marginality）[2]。而且，此种边缘性又并非只是被动遭受的结果，而是导演自己的主动的追求，甚至视作自身的艺术精神。那么，又究竟该如何恰切理解此种边缘性呢？或许并非仅在于他来自伊桑（Issan）这个偏僻地方的身份，也绝不仅限于他远走异国他乡学习电影的经历，而似乎更在于他主动地与泰国的主流电影所保持的那种分离之间距。

回顾整个 20 世纪，其实泰国的电影发展史相当的丰富且充满生机[3]，但多少令人遗憾的是，直到世纪之交，以韦西·沙赞那庭（Wisit Sasanatieng）导演的《老虎头上结情疤》（*Tears of the Black Tiger*）在戛纳电影节的公映这一重要事件为标志，泰国电影才真正开始产生国际性的影响。但即便如此，泰国电影界对此

---

① *Realism and the Audiovisual Media*, p. 10.

② May Adadol Ingawanji & Richard Lowell MacDonald, "Blissfully whose?", *New Cinemas*, Vol.4, No. 1, 2006, p. 47.

③ Rachel Harrison："Amazing Thai Film", *Asian Affairs*, 2005, 36(3), p. 323.

种国际性的接受、评价乃至理解都一直存在着较大的分歧。很多人都不留情面地指出，这无非是迎合"西方想象"的所谓"泰好玩"（Amazing Thailand）式的标签化的呈现、广告式的宣传。比如导演由拉特·史帕克（Yuthlert Sippapak）就抱怨道，"我们看了太多的好莱坞电影"，由此也就遗忘了一个重要的事实，"我们内心深处都有一颗泰魂（inner heart of a Thai）"①。那什么又是真正的泰魂呢？很多学者对阿彼察邦的概括就具有代表性，那正是将"美国的前卫电影"、欧洲的艺术电影传统与泰国的本土文化的细节有机结合在一起。②概言之，真正的泰魂不应该只是迎合西方口味的"国际性"，而是真正源自泰国文化的自主表达的"世界主义"（cosmopolitanism）③。但以阿彼察邦为代表的泰国新生代导演的真正贡献难道就仅在于用世界性的前卫的电影语言"包装"了一下泰国本土的文化内容？这样一种世界主义真的比"泰好玩"式的文化售卖高明多少吗？

这就让我们再度深思阿彼察邦主动探求的边缘性到底是何种意味？此种边缘性又为何不止是故步自封，而是能够切实产生出世界性和国际性的影响？对此，玛丽·安思丽（Mary J. Ainslie）的《战后泰国电影》一文或许给出了迄今为止最令人信服的阐释。她首先指出，泰国电影的所谓边缘性，既不是现成的标签，更不是矫揉造作的姿态，而其实正是游荡于泰国影史乃至历史之中的实实在在的幽灵，直到今天还不断还魂于新电影的运动之中。实际上，在二战之后，泰国本土电影本有过将近二十年的所谓"黄金期"，也往往被人称作"16 毫米时代"④。虽然今天已经被人视作经典的风格，但在当时，这些 16 毫米的默片却至少呈现出三个与主流保持距离的边缘特征。一是地理位置的边缘，游离于曼谷城市中心之外；二是观众身份之边缘，大多是底层的百姓和劳工。由此也就导致第三点，或许也是最为引人关注的电影风格之边缘，它既是不同风格的杂糅⑤，同时又强调突出吸引力电影式的感官的刺激和享受，由此试图在大众身上激发出具有强烈的公共性、情感参与特征的近乎"狂欢节"式的氛围。⑥安思丽随后便明确以阿彼察邦为例，进而指出在泰国新电影浪潮之中所游荡的正是 15 毫米之

①　转引自"Amazing Thai Film"，p. 329。
②　"Blissfully whose?"，p. 45.
③　Ibid.，p. 43.
④　Mary J. Ainsile，"Post-War Thai Cinema"，*Film International*，Vol.15，Issue 2，2017，p. 6.
⑤　Ibid.，p. 8.
⑥　Ibid.，p. 11.

魂,它边缘,"卑贱"(abject)①,"低俗",但它才是实实在在地一次次被主流历史遗忘和压制的力量,又一次次地以幽灵的形态骤然间降临,攫住了当下的现实,震慑着文化的精神。

但对于此种幽灵之魂,仅如安思丽那般从表面上进行比较又显得不够深入,理应再度回归真实电影这个要点进行考量。确实,阿彼察邦的电影大多以那些游离于主流之外的边缘人为刻画的重点,但他真正所孜孜以求的电影的真实绝非仅止于此,而是试图以电影为媒介去一次次激活、触动泰国的历史和文化之中的德里达式的幽灵,进而又实实在在地去触动当下的现实和人心。关于幽灵的否定性、断裂性、创伤式的形态,还是德里达在《马克思的幽灵》中说得最为透彻:"纠缠(lasten)也就是负重、压迫、强加、借贷、指控、指定、命令。而且生命力越强,那幽灵或他人就越重,它的课税就越高。而那生者就越应当对此负责。对死者负责。"②因此,幽灵绝非苍白空洞的阴影,亦非仅为无迹可寻的游魂,而是源自生命的最深处、对生命自身施加的重力和责任。它不再如德勒兹式的生命主义那般以肯定性的方式一次次返归创造性的本源,而是以一种极端否定的方式呈现,它中断了生命的连续运动,打断了历史的连续进程,甚至阻碍了精神的连续反思,进而令生命本身直面那个幽灵式的过去,那个突然闯入、令时间脱节的幽灵,那个它早已遗忘、看不清辨不明的过去。对过去负责任,而非只是朝向未来进行创造,这正是德里达式的"纠缠式"幽灵和德勒兹式的"搁浅"式幽灵之间的最根本差异。

借用精研幽灵文化的埃弗里·戈登(Avery F. Gordon)的概括,幽灵并不只是"不可见"或"不可言喻"(ineffable)的,而是"具有一种真实的在场(real presence),它要求讨回公道,并召唤关注"③。此种幽灵的真实,或许才是阿彼察邦式的电影之真实。而此种真实在《幻梦墓园》之中体现得尤为清晰而深切。士兵们接连莫名其妙地陷入昏睡之中,人们用尽任何办法,无论是古老的招魂术,还是现代的医学,最终皆无计可施。直到两位女神骤然现身,才道出了其中的真相,原来医院所在之地是一片古老的墓园,其中游荡着千年的恩怨和鬼魂。但这并不只是神话,也不是任何隐喻或象征的说法,而是实实在在的力量,因为它顿

---

① "Post-War Thai Cinema", p. 15.
② 《马克思的幽灵》,第110页。原文为着重号。
③ Avery F. Gordon, *Ghostly Matters*, "Introduction", University of Minnesota Press, 2008, p. xvi.

然间攫住了一个个活生生的生命,让他们莫名地醒来又睡去,偶然地出生又入死。影片最后那睁眼见鬼的阿珍,又与《记忆》之中那睁眼做梦的埃尔南何等相似。但所有那些似真似幻、梦醒交织的场景,那些头顶旋转的风扇叶片,病人枕边变幻的灯光,甚至在黑夜中如此清晰浮现的幽影,这些都并不只是德勒兹式的生成之力,而是德里达式的幽灵回返。我们之所以看不清真幻,辨不明真伪,并非因为现实如生命一般不断地生生不息的流变,由此不断地模糊着边界,聚合着差异,而是因为现实如幽灵那般骤然地、偶然地、诡异莫测地中断,由此我们只能如阿珍和埃尔南那般一次次被抛入目瞪口呆、哑口无言的境地之中。悟入否定性、幽灵性的"空",而并不只是看清肯定性、生命性的"变",这或许才是阿彼察邦影片之中的真实之触,亦由此才得以对埃尔塞瑟仅暗示但却无从说明的真实的那种无根基的"深渊"之貌给出最为恰切的阐释与展现。

结语:生死之间的正念

但幽灵并非只有一种,它注定始终是复数的。在泰国历史和文化的语境中,它就呈现出错综复杂的形态,它可以是《幻梦墓园》中吞噬、操控梦境的亡魂,也可以是詹姆士·斯科特笔下的无政府主义的历史幽灵,抑或艾伦·克利马(Alan Klima)用沉重笔触抒写的黑色五月的大屠杀的暴力幽灵,甚或安思丽以考古学的方式所挖掘的 16 毫米默片的影史幽灵,等等,所有都注定将在泰国新电影与世界电影的未来发展之中一次次触动否定性的契机。在《幽灵之欲》(*Ghostly Desires*)一书中,阿尼卡·富尔曼(Arnika Fuhrmann)就全面梳理了泰国电影与前卫艺术中游荡的种种幽灵形态,颇有可观之处。而在我们全文的最后,不妨结合这些新兴的前沿研究,对触感电影的诸多要点进行总结和概括。

首先,是富尔曼所点出的"佛教式忧郁"(Buddhist melancholia)这个主题[1],它不仅足以作为"当代泰国电影"的一个典型概括,更是得以对世界电影的那种触动人心之否定性和空性做出极为恰切的解释。佛教本身博大精深,但琼·斯坦博(Joan Stambaugh)所凝练概括出的"轮回即涅槃"和"无常—苦痛—无我"的

---

[1]　Arnika Fuhrmann, *Ghostly Desires*, Duke University Press, 2016, p. 10.

三元关系却始终在泰国电影之中成为一个潜在的理论背景。与基督教在人间和天国之间的截然二分不同，佛教认为涅槃和拯救恰恰始终是发生于生死轮回的进程之中，而非其外。对无常的领悟，由此生发的苦痛之体验，以及最终达致的无我的境界，正是在轮回之中实现涅槃的基本途径。①但直接将佛教的义理嫁接在泰国电影之上并不明智，因此如富尔曼那般将其转化为更与影像和叙事密切相关的欲望之忧郁这个主题就颇为可行。面对无常的世界、流转的欲望、脆弱的生命，佛教式忧郁恰恰要从根本上破除对于欲望之持存、时间之线性、自我之实体的种种迷执，并最终导向对于时间之脱节和失序（anachronism）②的根本性领悟。由此看来，阿彼察邦的电影所典型例示的世界电影的那种幽灵式的空性，其实最终正是对内在于时间本身之中的否定性和断裂性的根本性洞察。电影之触，最终触及的是时间本身的空性，这才是影像本身的真实所在。

其次，时间性这个要点也提示我们重新反思麦克马洪所具体展示的分离之触的种种手法。布列松的碎片化，杜拉斯的疏离化，德尼的侵害之暴力，其实都可以在阿彼察邦的电影之中找到呼应的实现，但又确实在佛教式忧郁的点化之下展现出前所未有的真实深度。比如，碎片化就不再只是在屏幕、观者之间自由流动的感知、情动与欲望，而更应该如《幻梦墓园》那般深深触及真与假、真与幻之间交织又分离的边界。同样，分离之触所产生的"别触碰我"式的拒斥，最终也必然要源自德里达式的否定性幽灵对于当下的现实和心灵所带来的沉重的冲击与碰撞。正是在历史和当下之间的否定性的时间失序的裂痕，才一次次在观者的心灵中触动、触发那种让生命深陷于有限性、脆弱性之苦痛。

最后，所有这些要点最终皆归于主体性这个本文所关注的核心主题。诚如卡萨尼蒂（J. L. Cassaniti）所概括的，正念（mindfulness）源自对于时间性的洞察，归于对于自我的顿悟。③触感电影也同样如此。在研究"黑色五月"这场令泰国人民刻骨铭心的大屠杀的历史著作之中，艾伦·克利马尤其展现了种种正念之图像和影像在触动人心、触发行动、触及真实的过程之中的积极作用。在某种意义上来说，阿彼察邦所代表的世界电影的潮流恰可以视作此种正念影像所展现的真幻交织的剧场。它揭穿了无常的面具，它撕开了时间的裂痕，但最终不是让

---

① Joan Stambaugh, *Impermanence Is Buddha-nature*, University of Hawaii Press, 2016, pp. 1—2.

② *Ghostly Desires*, p. 21.

③ Julia L. Cassaniti, *Remembering the Present*, Cornell University Press, 2018, pp. 17—18.

人消极怠惰,无所作为,而是要在一个日益深陷"扁平化拟像"(flattened simula-cra)①的后电影时代,重新激活幽灵式的真实在场,并由此带来自我与世界的激烈变革,也正是在这个否定和断裂的深渊之处,人心之间才能触动最为真实的共鸣和共情(empathy)。②

　　克利马全书有一段在现象学和佛教的意识理论之间的精彩对比,其中极为深刻地触及那个柏格森对于电影与意识之关系的经典"偏见"。在《创造进化论》的最后一章,柏格森曾批评说电影的那种人为制造的断裂性影像无从真正揭示意识本身的连续性绵延的真相。但若从佛教式忧郁的角度看则正相反,绵延才是假象,而断裂才是正念,因而或许电影要比所谓真实的意识体验更为接近真实之本相。③而他所重点援引的案例,正是在《幻梦墓园》中也屡屡出现的电风扇的旋转叶片,在看似连贯流畅的运动的假象背后,正是无常和无我的终极真实。④我们也完全有理由相信和期待,在世界电影的未来潮流中,它们还将一次次以影像之力去触动人心,去触碰真实。这或许才是世界电影真正的"世界主义"的神髓所在。

---

①　Alan Klima, *The Funeral Casino*, Princeton University Press, 2002, p. 190.

②　Ibid., p. 287.

③　Ibid., p. 216.

④　Ibid., p. 213.

第十五章　重量：数字时代的三重"坠落"

　　阿彼察邦的电影带给了我们关于生死之间的正念与真实的深切体悟。然而，并非只有在少数的电影导演那里才会有如此真切的影像之触，在很多别的艺术和文化领域之中，真实之触感和重量都愈发成为一个鲜明的诉求。舞蹈同样如此。本书的第三部分已经对数字时代的舞蹈进行了方方面面的阐释，也由此阐发了其中展现出来的种种时代的精神症候，尤其是复魅和孤独。在本章中，我们将直面舞蹈之中的一个或许最为根本的问题来展开思辨，探问真实，那就是身体之重。

　　这是一个越发"失重"的时代。对此，向来专注于"身体之重"的舞者似乎有着最为深切的体会。在极富思想张力的近作《如何坠落》(How to Land)之中，美国著名舞蹈家、舞蹈理论家奥尔布莱特(Ann Cooper Albright)就点出了这个时代中典型的双重失重的窘迫局面。

　　一方面，我们身处的显然是日趋全面数字化、网络化的世界，我们的肉身越来越脱离物理空间的束缚，进而越来越深地卷入虚拟世界。同样，人际关系也好，信息流转也好，也日益将重心从物理、地理转向看似"虚无缥缈"的云端。由此，奥尔布莱特不留情面地批判了数字时代之失重的三个顽疾。一是用"二维"的界面(网页、屏幕)取代了真实空间和肉身存在的那个三维的"深度"。[1]二是昼夜无眠、全年无休的网络让人们难以自拔地陷入持续在线的"上瘾"状态。[2]你可以放下手机，关了电脑，但这样你就变得极度空虚，甚至无事可做。说得再极端一点，即便你身在网络之外，但心已然彻底被网络俘获。人类生活的重心，正

---

　　[1]　Ann Cooper Albright, *How to Land : Finding Ground in an Unstable World*, New York : Oxford University Press, 2019, p. 5.

　　[2]　Ibid., p. 7.

不可逆转地从现实全面转向虚拟。三是人的心理感受乃至精神体验所发生的深刻变革。最明显的是对运动和速度的感受和体验。没错，你尽可以手指翻飞，在屏幕里面跳跃、飞翔、冲撞、坠落，做出各种在物理空间无法实现的匪夷所思的身体"运动"，但与此同时，你的真实肉身却瘫倒在沙发上一动不动，逐渐丧失了运动的能力乃至运动的"意愿"。

正是在这里，出现了另一重不同意味的失重状态。深度的缺失和自弃式的上瘾，往往反倒会让人陷入一种不能自已的亢奋状态之中，快乐不休，娱乐至死。但真实身体和虚拟身体之间的反差乃至对撞就不同，它总是难以避免地会带来难以化解的焦虑和迷惘。若再度借用奥尔布莱特的精准概括，那正是"迷失方向"（disorientation）。此种迷失，不仅源自人对自身和世界的日益失控，而且更是由此将人抛入一种更为叵测难料的"不安全"（insecurity）的境地。①看似这是一个日益崩坏的世界，目之所及无非弥漫在各个领域的没落、陷落，乃至堕落，这也是她这本著作标题的显明用意。但悖谬的是，荒诞的是，这样一种扩散而遍在的"坠落"却并没有让人重新感受到多少"沉重"，无论是物理之重、身体之重，还是真实之重。这无非因为，这样一种坠落最终趋向和复归的，远非坚实的基础抑或充盈的本源，而恰恰是极度空虚而混沌的深渊。正是因此，此种坠落堪称世界的终极失重，它抽离了所有根基，抹除了所有界限，碾平了所有差异和深度，将整个世界全面而彻底地卷进那个巨大的数字漩涡。②它美其名曰"元宇宙"，但难道不更接近一个无比幽深黑暗的数字深渊？

一、舞蹈重归物理之重（physical weight）

但面对着双重失重的困境，舞者不仅有着切身的体会，更是能够由此激发出前所未有的勇气和决心，以诗思兼备的力量和智慧在一个失重的时代重新唤醒世界的重量。沿着奥尔布莱特的文本脉络，我们大致领悟到舞者激活的三种抵抗数字深渊的重量。

---

① *How to Land*, p.11.

② 借用尼古拉斯·卡尔的那句名言，正可以说"所有数字化的东西都将汇合"（《数字乌托邦》，姜忠伟译，北京：中信出版社 2018 年版，第 78 页）。

第一种最为直接而明显,就是物理之重。这首先指真实肉身的重量,但又不止于此,因为身体在空间闪展腾挪,由此必然与光、气、声等错综复杂的空间要素和维度交织在一起。身体和空间既互动又共变。由此我们将这第一种重量称作物理之重,而非单纯局限于身体之重。身体只有在空间才能真正实现、创造、维系乃至体悟自身独有的重量。

正是因此,物理之重就很自然地成为疗治"失重"之顽疾的极为方便但又颇为有效的良方。"感受自身的重量",培养"具身在世"(embodied in the world)的体验,进而以身体为纽带重建人与人之间的共鸣与共情①,这些都是我们得以逃离数字深渊的方便法门。身体确实为日益无根而漂泊的人生提供了切实而亲近的基础和支撑。深陷虚拟网络的巨大漩涡中的我们,只要还能真实感受到脚踩在大地之上的坚实感觉,就总还是心安的,在家的。但仅仅是在大地之上依靠身体之重和物理之重来行走、行动和起居还远远不够。面对吞噬、席卷一切的数字宇宙,还需要另一种更为极端而强力的重量来进行对抗乃至顽抗。那或许正是"坠落"此种极端的运动形式。身体在空间的坠落,当然出于各种各样的原因和缘由,有意与无意,必然和偶然往往交织在一起。②但无论怎样,只要人的身体还能坠落,还想坠落,那就至少还为自己留存了一线对抗失重的希望。

作为对物理之重进行最为诗意的抒写和创造的艺术形式,舞蹈显然不止于为一个失重的世界开出药方,而是能够发挥拯救之效、变革之力。下面不妨综合诸家之言,将舞蹈的物理之重概括为"失控""悬置"(suspension)和"韧性"(resilience)这三个基本特征,或更准确说是三个大致先后承接和展开的阶段。

首先当然是**失控**。何为坠落?借用艾克斯顿的经典概括,那正是"失去平衡",放弃自控,"听任重力摆布"③。简言之,坠落的起点绝对不是主动和自控,而恰恰是甘心成为一个消极被动的傀儡。坠落由此带有强烈而鲜明的"命运"的含义,它总是在提醒我们,身体是在空间中的,因而无论你怎样试图对自己的身体进行主动的掌控、创意的操控,但最终还是无法忤逆乃至抗衡重力这个铁定而冷酷的法则。你尽可以高高跃起,但总会再度落下。你可以做出种种反重力

---

① *How to Land*, p. 8.
② 不妨参见艾克斯顿(Christopher Eccleston)在 *Embodied*: *The Psychology of Physical Sensation* (Oxford: Oxford University Press, 2016)第二章中的详尽论述。
③ Ibid., p. 10.

的高难舞姿，但最终还是会不无沮丧地意识到，真正掌控你的身体的绝不只是你自己的自由意志，而是那个难以撼动的重力的深井。甚至可以说，对重力的敬畏，是所有舞蹈的真正起点，也是物理之重的至高原理。

但物理之重又并非只是被动承受的命运，而同样亦内含着从被动转向主动的契机。这个契机，在奥尔布莱特看来，正是**"悬置"**这第二个基本特征。她首先明确指出，所有的坠落从初始状态来看都是"创伤性的"（traumatic）①，因为它暴露的是不可控的外力在人的身体上留下的伤口，是人自身的那种难以自制的根本困境。但这却至多只能说是舞蹈的起点，而远非全部。这也是为何我们用"敬畏"这个说法，而非单纯的"恐惧"。不妨就此对比舞者和常人之间的一个明显差别。常人总是对偶然、骤然发生的坠落充满焦虑和恐惧，因为那会对身体造成程度不一的破坏和伤害。但舞者则不同，他坦然地接受"身体注定会坠落"这个不可抗拒的命运，但同时又欣然地善用重力法则来进行种种诗意的创造，由此敞开身体和空间的种种潜在的力量、差异的维度。之所以如此，正是因为在诸多艺术形式中，几乎唯有舞蹈才能在看似牢不可破的过去和未来的物理性因果连接之中撕裂开一个悬置的"当下"。②常人面对重力，从来不敢越雷池一步，他的举手投足都相当严格地遵循物理世界的法则和步调，以此来避免各种不必要的危险和伤害。但舞者则正相反，他总是能够在再度落入重力掌控之前，竭尽全力地拉出一个时空的"间距"，并在其中淋漓尽致地展现出巧夺天工的舞姿。在这个悬置的间距之处，过去已经发生，但未来尚未到来，物理因果之环并未闭合，由此舞者得以暂时挣脱重力的掌控，突破日常的身体姿态的束缚，尽心竭力地抒写自由洒脱的诗意。

奥尔布莱特随后借用帕克斯顿（Steve Paxton）的"幽微之舞"（small dance）来描摹此种悬置之诗意。幽微之舞，从根本上专注于潜隐的、多维的（multidimensionality）、微观的（minute）运动和感知。③潜隐，是因为舞蹈并非仅拘泥于可见的身体之姿和空间之形，而是展现其背后所酝酿、贯穿、流动的不可见能量。多维，是因为贯注身体和空间的无形能量本身就具有发散性和差异性，它不仅将各种不同的力量和维度连接在一起，更是由此向着未知多变的未来进行敞开。

---

① ② *How to Land*, p. 19.
③ Ibid., p. 25, p. 30.

所有这一切都要求技巧高超的舞者专注于每一个微观的细节,在指尖,在足下,每一次呼吸,每一下肢体的开合,都理应尽力推进能量的顺畅流转,不陷入僵局,也不落入俗套。幽微之舞,既是身和心的连接,又是人与时空的交汇。

由此就涉及**"韧性"**这个舞蹈的物理之重的第三个基本特征,因为正是在这里,舞者再度获得掌控,真正化被动为主动,将自身以艺术的方式塑造为一个自由而自制(autonomy)的主体。①奥尔布莱特说得妙,精湛的舞者并不想"对抗"(against)重力,而更意在"化"(with)重力为己所用,将控制自己的力量转化为提升、增强、重塑自身的力量。一句话,那正是化"限制"为"灵感"。但肉身之舞之所以能够展现出此种转化、转变之功力,根源正在于其本身固有的"韧性"。"韧性",简单说就是"复原之能力"②。我们之所以将"resilience"译为"韧性"而非"弹性",也正是因为奥尔布莱特在这两个基本含义之间进行了明确区分。③韧性强调的是身体化被动为主动,进而在种种限制性的外力和法则面前重申、重塑自身的主体性的力量。但弹性则相反,它反而突出的是数字时代的典型症候,即在光滑无痕的数字流之中,任何的创伤、断裂和否定都仅仅是暂时的,可以且理应被迅速高效地修复和缝合,进而再度汇合流入生生不息、无限编织的虚拟网络。显然,韧性和弹性在奥尔布莱特这里呈现出一正一反的鲜明对照。韧性是坚持自身的力量,进而在一次次的当下的悬置中令生命激活,令主体重生。与此相反,弹性则显然是自弃的举动,因为无论是被动的创伤还是弹性的愈合,其实都无需动用任何主动的能力和意愿,而仅需随波逐流地配合、迎合就好。

身体的此种韧性之重,也每每是舞者孜孜以求的艺术境界。韧性,即化消极的抵抗为主动的创造,它在舞蹈中的最鲜明体现正是在坠落之中保持平衡这个**"技近乎道"的境界**。幽微打开了时空悬置的幽微间隙,这个间隙虽然长短不一,快慢皆宜,全视舞者自身的技艺和造化所定,但无论怎样他们还是会无可逆转地再度落入重力的掌控。由此也就需要韧性来维系舞蹈的内在节奏,从一次悬置跃向下一次,并在这一次次的悬置之间维系着被动和主动交错、飞升与坠落更替的流变过程。不能在一次悬置之中耗尽身体的韧性,但也不应在一次次的悬置之间形成太过生硬而突兀的断裂。艾克斯顿重点援引的舞者露娜(Luna)

---

① *How to Land*, p. 100.

② Ibid., p. 14.

③ Ibid., pp. 140—141.

的案例就颇能彰显韧性之重的平衡之美。在访谈之中,露娜精辟点出了平衡的三个进阶的要点。①先是"挣扎"(fight),也即运用技巧和力量与重力相周旋、相抗衡,在努力不跌落的前提之下再尽可能实现出美轮美奂的舞姿。这就导向了第二个阶段,即"生长"(grow)。仅仅保持平衡,这只是舞蹈的起点甚至底限,真正的艺术创造理应以经由挣扎所赢得的暂时平衡为支点,进一步"生长"出身体和时空的种种创造性潜能。随后的第三个阶段正是"运动":"因为舞蹈就是运动,运动绝非静态,因为我们无法始终保持平衡。"②涌现的能量总会衰竭,生长而成的舞姿总会瓦解,因而,真正的舞蹈之"道"既非挣扎着不跌落,亦非竭力保持着一个完美永恒的瞬间,而恰恰是要在一次次的强度的涨与落、舞姿的生长与枯竭的节奏中去维系一种动态的平衡,从一个悬置的瞬间到下一个,从一个生成的舞姿到另一个。舞蹈的物理之重,也正是这样一种从失控到悬置再到韧性的不断流转,方生方死的运动。

二、从物理之重到体验之重

然而,用这样一种动态平衡的境界来衡量和评鉴晚近以来的舞蹈,似乎又有几分不太恰切。因为严格说来,这或许更为接近舞蹈的古典理想。说它古典,并非过时和老旧之意,而只意在指出,它多少仅能作为舞蹈的正统和规范。它充其量只是一个基准的坐标系,而并不能十分准确深入地勾画出晚近以来的舞蹈之重的激烈变革。

这一点,众多学者都有论及。而奥尔布莱特重点提及的吉尔平(Heidi Gilpin)对威廉·福赛斯(William Forsythe)的先锋芭蕾舞的阐释就颇有可观之处,因为她尤其聚焦于重力和坠落这个本文关注的核心主题。在《偏离重力》(Aberrations of gravity)这篇文章的伊始,她虽然结合亲身经历将坠落的运动与创伤明确关联在一起,但她随后的解释则与奥尔布莱特和艾克斯顿皆有所不同。对于吉尔平而言,创伤的根源并不仅是身体的失去自控,也不能单纯归结为来自外部

---

① *Embodied*, pp. 17—18.
② Ibid., p. 18.

的限制、阻碍和破坏的力量,而更应指向那种更具有创造性能量的原初之"缺席"(absence)与"空"(void)。①限制性的力量起到的是否定性的作用,它不断削弱、瓦解乃至剥夺着身体固有的力量,由此身体必然在起而抗争之际不断挣扎着去赢得主动权和主导力。但创造性之空则正相反,它或许也是来自一次刻骨铭心的创伤性经历,但当它一次次不期而至地返归之际,却从来不会机械僵化地"重复"自身,而总是能够激发出差异性的潜能,打开"不同的视角,别样的视野,别样的运动"②。位于原初之处的,绝非既定的力量和铁定的法则,而是在重复与差异的延异运动中不断被创造性、生成性地进行填补乃至"替补"(但绝非"修补")的"空"。

由此,吉尔平对悬置和韧性的理解也体现出截然的不同,甚至可以说她全然修正了这两个物理之重的基本范畴。奥尔布莱特所谓的悬置是夹在过去和未来之间的当下,是在一次次的飞升和坠落之中所实现的动态平衡,因而她更为强调的是从失控到自控,从被动到主动的那个"建构"和"形塑"(figuration)的过程。吉尔平则相反,虽然也认同坠落的创伤本性,进而亦将其视作中断性的空隙,不过她关注的恰好是"从在场到缺席""从塑形到离形(desfiguration)"③这个反向的过程。但严格说来,二人的关注并未形成尖锐的冲突,反倒构成了完美的互补。塑形是前半段的力量增强的过程,而离形则相应地是后半段的力量减弱的过程。塑形是主体对自身的掌控,而离形则标志着主体逐渐失控,进而再度进入下一次的流变运动。在塑形之中起主导作用的确实是韧性和平衡,但在离形之中发挥关键作用的则恰恰是遗忘、消逝(disappearance)乃至死亡这些带有鲜明否定性的力量。只不过,此种否定并非单纯意在限制和打压,而更试图以一种暂时"蛰伏"的姿态来期待、激发下一次更为汹涌猛烈的爆发。

塑形和离形、韧性和消逝虽然看似对立实则互补,不过在以拉班为代表的古典/经典的理论和表演体系之中,前一个方面却明显对后一个方面形成了遮蔽乃至压制。平衡就是唯一的极致追求,而离形和消逝则被不断排斥到边缘和次要的位置。但离开了这另一极、另一半的激活和刺激,古典的平衡体系也就越来越

---

① *William Forsythe and the Practice of Choreography*: *It Starts From Any Point*, edited by Steven Spier, London and New York: Routledge, 2011, p. 113.

② Ibid., p. 115.

③ Ibid., p. 116.

失去活力，变得僵化和保守。这样一来，动态平衡的那种不断流转的内在节奏也就愈发蜕变成一种不再制造差异，而只进行机械重复的乏味模式。吉尔平由此比较了拉班和福赛斯的两种鲜明反差的处理重力之手法，如果说前者是竭力将一切差异吸纳、同化于重复的模式之中，那么后者则正相反，它更试图在一次次的创伤性的重复之际释放出差异性的创造力。

不妨对此种差异稍加详述。拉班的核心概念是"动作空间"（kinesphere），它以重力为垂直的主轴，以身体为固定的中心点，以平衡和稳定为最终的目的。①动作空间并非没有偶然、变异和偏离，但却最终得以将所有这些差异性的要素和维度皆控制在有限的、可容许（可容忍）的范围之内。而福赛斯的先锋芭蕾的剧场则正相反，借用吉尔平的精准概括，他对拉班范式的"肢解"（dismantling）和"炸裂"（exploding）至少击中了三个要害。一是取消身体的固定点，转而强调，身体或空间之中的任何一点皆可为中心，但绝非固定的、基础性的中心，而总是不断迁移流变的中心。由此，固定的点化作了流变之线，稳定平衡的空间之形亦化作了不断编织和重织的网络之态。二是不再将重力仅简化、还原为与地面垂直之线，进而将重力本身亦释放为多方向、多维度、多形态的开放运动。②三是指向了舞者意在追求的不同的艺术效果和境界。如果说拉班的动作空间向往的是"和谐，节制，平衡"的"高贵"而"肃穆"的古典理想③，那么福赛斯则正相反，他试图以极端的实验手法来实现的是"失败和眩晕"（vertigo），是"震颤"（vibration）和"失位"（dislocation）。④

我们看到，福赛斯对拉班的反叛，也同样可转用于我们对于奥尔布莱特的批判性反思之中。尽管奥尔布莱特试图以舞蹈之重来对抗数字时代之失重，而她对物理之重的阐释也颇为别开生面，但她心目中的舞蹈原型和理想或许仍然还是古典的。这也是她在书中为何一再偏好使用"优雅地坠落"（falling with grace）这个说法的原因。当然，以古典美的理想来批判乃至痛斥当下的没落和堕落，这向来是一个屡试不爽的手法。但我们却不拟跟随奥尔布莱特选择这条捷径，而更想基于福赛斯的启示来尝试打开体验之重这另外一个维度。

---

① *William Forsythe and the Practice of Choreography*, p. 119.

② 关于"差异性重力（differential gravity）"的深刻阐发，亦可重点参考 Greg Lynn 的 *Folds*, *Bodies & Blobs*: *Collected Essays* 第六章。

③ ［波］塔塔尔凯维奇：《西方六大美学观念史》，刘文潭译，上海：上海译文出版社 2006 年版，第 188 页。

④ *William Forsythe and the Practice of Choreography*, pp. 120, 122, 123.

关于体验,在奥尔布莱特的文本中其实有明确提示。在第一章"坠落"的后半部分,坠落的运动已经跟主体的感受和体验密切关联在一起,由此在整章的最后,她进一步给出了坠落体验的基本特征,那正是"悬置怀疑"(suspension of disbelief)①。悬置是时空的间隙,在其中身体得以打开幽微之潜能,建构和重建优雅之平衡,由此就会激发相应的心灵体验。当身体开始挣脱重力规律的束缚、实现主体的自由之际,心灵也同时得以从各种预设的成见乃至偏见中抽身而出,开始以更为自由开放的方式畅想未来的可能。由此"悬置怀疑"这个文艺作品中常见的手法在此处呈现出两个相反相成的含义,一方面是信以为真,即"真的"开始相信自己能够挣脱大地自由飞翔;另一方面,这样一种信念又并非盲目,因为它只是一个暂时的方便手段,其真正目的更意在让心灵在悬置的那一刻真实、充分地体验到本己的自由。

此种身心相关所塑造的自由体验,在奥尔布莱特的文本之中虽多有暗示,但显然并未得到坚实的理论支撑。反之,在她非常倚重的舞蹈训练法 Body-Mind Centering(BMC,身心平衡)之中,尤其是在哈特莱(Linda Hartley)的相关论著之中,这个体验的维度得到了深刻的阐发。在《身体运动的智慧》一书中,哈莱特开篇就点出了 BMC 背后的真正理论灵感,那正是《周易》中的"复"的概念。"复"位居第二十四卦,按照陈鼓应和赵建伟先生的解释,它"兼含'反'与'返'二义"②。这当然明显体现出否定之否定的辩证运动,但其实也与上面提及的坠落之悬置的两个互补的方面颇为契合。塑形之平衡显然是"反",即"反"用、逆用重力来为身心的跃升提供灵感和动力。与此相对,消逝之离形则显然是"返",因为它体现的是形之瓦解,力之穷竭,由此身心都再度回归空的起点和本源,积蓄力量,酝酿下一次的飞翔起舞。因此,正如"'复'既是运动转化,又是循环再生"③,而不断由"反"及"返"的坠落之舞也正是在一个个的悬置瞬间之中抒写内在贯穿的生死交织的节奏。这亦正是哈莱特对 BMC 进行阐发的起点,那种"遍在于我们之中的止息和重生(rest and renewal)的循环节奏"④。

此种遍在的循环节奏的最根本功用正是揭示那些看似对立的两极之间的

---

① *How to Land*, p. 47.

②③ 《周易今注今译》,陈鼓应、赵建伟注译,北京:商务印书馆 2005 年版,第 227 页。

④ Linda Hartley, *Wisdom of the Body Moving: An Introduction to Body-Mind Centering*, Berkeley: North Atlantic Books, 1994, "Introduction", p. xx.

"复"的关系，尤其涉及重建身与心之间的关联。在哈特莱看来，这也是晚近以来的舞蹈创作的一个重要理念。①那么，如何重建身心之联络呢？ 一个基本的原理正是二者之间的力的贯通，能量的流通，由此得以打通彼此的边界和隔膜，进而将看似分立的两极带入密切的互动、互渗、转化的复杂幽微的运动之中。BMC的重要代表科恩（Bonnie Bainbridge Cohen）曾对此有过很多诗意的论述，有一段至为精彩，其中她通过风过留痕的形象生动抒写了平衡体验这个重要向度。风正可以与心灵相比拟。风是无形的，心灵也是不可见的。但风穿行于万物之中，以隐藏的方式发挥种种重要的功用。心灵也是一样，它看似是"机器中的幽灵"，但其实是人的各种行动背后的真正主宰。风虽不可见，但它在沙中留下的痕迹却可见，由此可以反观它的运作；心灵亦如此，它隐藏在身体之中、之后，但却时刻在身体之中显现出自己的运动过程。②BMC 的要旨既然是身心的交织互渗，那自然不可单纯偏重任何一方，理应以身来带动心，以心来感受身。身动同时也是心动。

　　只不过，哈特莱这一番融汇东西文化的论述虽充满洞见，但仍然存在着一个明显的缺陷，即还是太过倾向于平衡的古典理想，而忽视了消逝这另一种"返"的运动。在 BMC 中当然也有"返"的维度，但与拉班的动作空间相当一致，它的返归仍然未脱古典美风范的三个基本特征：一是连贯的流动，并没有真正的断裂；二是身心的整合（a single integrated entity），并没有差异的张力；三是由此最终实现的是和谐与平衡的形式与秩序。③显然，即便在 BMC 中，身心关联的感受体验是一个核心要点，但它至多还只是揭示出此种体验的一个向度和方面而已。若依循本文的思路，似乎可以说，此种身心平衡的体验并没有真正展现出"重"的特征，而反倒是如古典理想那般更为倾向于向着日神般的光芒璀璨的境界进行超越。④这即便不是一种轻浮和空洞之轻，但亦是一种空灵之轻、梦境之轻、理想之轻，它忽视了在坠落体验之中本该具有的"重"的意味和意韵。

　　真正从离形和消逝之"返"的角度来展现体验之重的舞者亦颇有人在，而向

① *Wisdom of the Body Moving*, "Introduction", p. xxiii.
② Ibid., p. xxiv.
③ Ibid., pp. xxviii—xxxi.
④ ［德］弗里德里希·尼采：《悲剧的诞生》，孙周兴等译，上海：上海人民出版社 2018 年版，第27—28 页。

来以深邃颖悟著称的福瑞丽(Sondra Horton Fraleigh)显然是其中翘楚。在《舞动的身份》(*Dancing Identity*)一书中,她创发了"Descen-dance(坠舞)"①这个极具启示的概念来描摹和界说离形之返,由此对离形而消逝的"坠落之舞"与平衡而古典的"超越之舞"(Transcen-dance)进行了明确的区分比照。②超越之舞是上升的,坠落之舞是下降的。前者的上升不断展现出"反"的趋向,身体"反抗"重力,进而精神"反抗"身体,最终是理想"反抗"现实。而后者的下降则正相反,不断展现出"返"的运动,返归身体,返归差异,甚至返归"疯狂和恐惧"。借用尼采在《悲剧的诞生》中的一对核心范畴,二者之间正是日神与酒神,清醒与迷醉,甚至光明与幽暗的反差。福瑞丽进一步指出,超越之舞的古典理想指向的是"高处和至善",因此,下沉和坠落的重力往往就成为舞者的最大敌人。③此种古典美的极致当然是芭蕾,而芭蕾正是以单一支点来对抗重力,进而托起整个身体向着光芒之高处的超越式飞翔。对比之下,那么坠落之舞的极致或许就是舞踏了,因为它执意在幽暗混沌的深渊之中下坠,并由此让舞者和观者都陷入一种难以挣脱的恐惧和迷狂之中。

　　超越和坠落的根本对立自然也清晰呈现于体验这个重要维度之中。福瑞丽自己在文中虽然每每用"overflow"(溢流)这个说法来形容身体僭越边界的差异性运动,但它同时亦兼涉精神。实际上,她提示我们,今天仅与身体相关的"soma"这个词根在古希腊语中本来就是兼涉身心,作为"被自我体验到的身体"(the body as experienced by the self)④。既然如此,那么坠落之舞的体验之"重"又何以鲜明区别于超越之舞的"轻"呢?福瑞丽的文本给出了两个要点,其实皆与舞踏密切相关。首先是自我的多重裂变。⑤超越之舞的理想是身心的汇聚,是整合、连贯与平衡,而如舞踏这般的坠落之舞则正相反,身体在溢流,空间在碎裂,自我亦分化作多元的形态,如暗影和幽灵一般游荡于舞台的各个角落。在超越之舞中,身心的边界虽然被逾越,但却始终指向自我这个中心,进而不同的自

---

　　① 　这个词直译是"后裔",但 Fraleigh 显然并非着重此意,而是更强调其词根"descen"的"坠落,下降"之意,故而才在"descen"和"dance"之间故意设置了连字符。参见她对词源的解释:Sondra Horton Fraleigh, *Dancing Identity*:*Metaphysics in Motion*, Pittsburgh:University of Pittsburgh Press, 2004, p. 153。

　　② 　Ibid., p. 185.

　　③ 　Ibid., p. 154.

　　④ 　Ibid., p. 128.

　　⑤ 　Ibid., p. 125.

我彼此融汇，最终朝向精神这个超越的理想。而坠落之舞则正相反，身的僭越同时引发的是自我的离心运动，不同的自我之间虽然也在不断地互渗交织，但却从未真正朝着一个明确的中心或理想进行汇聚。

当然可以在阿尔托的意义上将坠落之舞中不断裂变的自我幽影理解为"剧场之复像（double）"，也即从有形的、可见的剧场时空之中去释放出那些幽微、流变的力量。①但仔细展玩福瑞丽的文本，却总会发现，她的要点并非仅在身体之力这一边，而更在于心灵的体验。由此她在谈及舞踏中的多重自我之时仍然明确强调，在幽暗混沌的舞台上，舞者其实并未彻底失控，任由自己被黑暗吞噬。正相反，自我的裂变是舞者自己的"有意为之（consciously）"②。但显然，这种"有意"的心灵体验并未指向高阶的反思，也从未设定一个中心的自我，而反倒是在身体的坠落之际同时体验到心灵的坠落之重。这不是清醒之轻，而是迷狂之重。但迷狂不是自我的失控，反倒是另一种意味上的更强的自我控制，只不过，那不是自我对自身的坚执和迷执，而更是一种深深的自我怀疑和自我否定，由此不断激发出转化自我、变革自我的断裂性之力。她明确指出："不确定性（uncertainty）在于舞者每日自觉进行的探索。"③或许觉得言不尽意，她随后用诗句来展现此种不确定性的自我体验，而其中就直接将"不确定之潜能"（indeterminate potency）与"真正的虚空"（real vacuum）关联在一起。这无疑鲜明体现出离形和消逝的那种返归于原初之"空"的根本动力。只不过，在吉尔平和福赛斯那里，原初之空更多还是指向身体和空间的差异性运动，但在福瑞丽这里，这个坠落之舞者一次次返归的空更是心灵之空，是自我之空。这是另一种极具东方意味的"观复"之体验。

结语：真实之重，抑或轻？

然而，从超越之舞到坠落之舞，从悬置到消逝，主体的形态固然发生了戏剧

---

① 尤其参见"残酷剧团（第一次宣言）"：［法］安托南·阿尔托：《残酷戏剧》，桂裕芳译，北京：商务印书馆 2015 年版，第 93—94 页。

② *Dancing Identity*, p. 124.

③ Ibid., p. 142.

性的根本变化,但裂变之自我真的就要比平衡自控之自我更能对抗数字时代蔓延而遍在的失重状态吗? 古典美的理想固然显得空洞而"迂腐",但时刻挣扎在自我怀疑甚至自我否定之中的迷乱分裂之自我又究竟能展现出何种抵抗和变革之力呢?

对这些根本性的质疑,坠落之舞不仅看似无法给出令人信服的回应,甚至还会堕入另一种更深的绝境,即它根本不是抵抗,而只是终极的顺从乃至自弃。坠落之舞的那些要点,离形之身、分化之我、碎裂之时空,固然体现出另一种由"反"及"返"之复的运动,但用心的读者和观者总会发出一个自然而然的质疑:这些听上去言之凿凿的剧场的复像,究竟是如何实现的呢? 究竟有何种切实的方法和手段真的能够展现坠落之舞的意境呢? 不妨还是与超越之舞相比。拉班的动作空间固然存在着种种明显的症结,但它毕竟有着极为明确、细致而系统的方法,舞者也对自己能做什么、该做什么心知肚明。这些都是有效而称手的工具,能够让舞者得心应手地达到预期的艺术效果。但反观坠落之舞,似乎一切都陷入游移、迷乱的不确定的境遇。舞者进入时空,就像是顿然间被抛进一个幽暗的迷宫,唯有等待着所有叵测的偶然力量来邂逅自己,遭遇自己,甚至毁灭自己。或许在起点之处,舞者对自身还有着相对清晰的体验和自省,但随着时空的铺开,他总会越来越失控和迷失。

更棘手的是,所谓的分裂自我,几乎总是一种想象的产物,而从不可能在舞台的时空真实地实现。即便是令阿尔托如此着迷的巴厘岛戏剧,令福瑞丽如此迷狂的日本舞踏,在舞台上也从未真正呈现过任何的复像、幽灵和鬼魅。自我从未真正分裂,时空从未真正碎裂,所有那些坠落之舞的"效应"最终都只是舞者和观者的一厢情愿的想象而已。事实上,在舞台上,什么都没有发生。但如果移步至今天的数字时代,情形却真的发生了一百八十度的逆转。因为这些人为的想象在技术和媒介的加持之下正在一件件地变成现实,实实在在的现实。道理很简单。我们确实无法拉着自己的头发飞离大地,但却可以乘坐飞机在空中漫游,视重力的束缚为无物。我们确实无法在自己的肉身上制造出一个幽灵复像,但却可以轻而易举地在网络和电子游戏里制造出层出不穷的自我的"分身"(avatar)。我在这里,但我同时也在很多其他地方,这不是文学的虚构、剧场的想象,这就是在我们身边每时每刻都在发生的现实。①全拜技术所赐,坠落之舞的

---

① [美]南希·K.拜厄姆:《交往在云端:数字时代的人际关系》,第119—120页。

那些天马行空的想象早已成为司空见惯的把戏。

但若如此想来,坠落之舞的变革之力就更加会令人生疑。虽然福瑞丽等人在构想坠落之舞的时候从未将数字技术纳入考量,但他们没有料到的是,本来想在失重的数字空间探寻支点的坠落之舞,最后反倒成为后者的盟友乃至"帮凶"。在名作《真实剧场》中,马丁(Carol Martin)就对数字媒体时代的所谓剧场之真实进行了有力的质疑。她虽然并未聚焦于舞蹈,但却完全可以将其思考引申到这个主题,进而提出一个根本性的追问:究竟什么是舞蹈之中的真实? 数字时代的舞蹈还能唤醒真实吗? 轻飘飘的网络云端不断将我们连根拔起,抽离了肉身和大地,但重新学会或优雅或迷狂的坠落真的就能重"反/返"真实的根基吗? 从超越之舞的平衡到坠落之舞的消逝,舞者苦心孤诣所构想出来的一个个策略最后皆再度纷纷落入技术的掌控。悬置怀疑? 那不就是网络社会所擅长的模糊虚拟和现实的惯常伎俩?①用自控的平衡来对抗,甚至逆用重力? 这些在极限运动甚至大型游乐项目之中不早就变成不甚新鲜的刺激和娱乐②? 再进一步思考,当晚近的舞蹈和剧场本身就越来越虚拟化和数字化之时,若再度用肉身之重、物理之重来进行顽抗,不仅无效,甚至荒诞。甚至马丁自己就不无失望地指出,数字时代,根本没有"真实本身"(the truth),而只有各种各样的真实(a truth),甚至各种各样围绕真实展开的往往彼此抵牾的叙事。③真实,不再是理想,也不再是重量,而越发变成一场与数字空间同样轻浮而空洞的游戏。

但我们却并不想就此放弃。一线生机似乎在体验之重中闪现,那正是自我怀疑这个重要的契机。既然悬置怀疑早已成为虚拟现实的常规技术,那么,是否可以通过"悬置自我"来撕裂开另一种别样的维度呢? 福瑞丽在舞踏中已经深刻体悟到此种可能性。而在承接马丁对真实剧场进行后续思考的著作之中,史蒂芬森(Jenn Stephenson)就极为敏锐地突出了这个要点。他之所以使用《不安全》(Insecurity)这个令人回味的标题,也正是为了提示我们,在过去和未来之间的悬置之处所发生的,或许并不只是自控和自省,亦不只是自弃和迷失,而更是一种刻骨铭心的"怀疑",一种颠覆了所有安全性前提和预设的自我怀疑。怀疑

---

① Carol Martin, *Theatre of the Real*, Basingstoke: Palgrave MacMillan, 2013, p. 14.
② *Embodied*, p. 11.
③ *Theatre of the Real*, p. 12.

将我们推向了不安全的境地,甚至将我们抛进了一种极度的危险之中。[1]它由此与坠落之舞发生了双重深刻关联。首先,它提醒我们,所谓的"复"本身就包含着无法根除、无可预测的危险("上六。迷复,凶,有灾眚。"[2]),因而,"反""返""凶"这三个维度本应构成坠落之舞的观复体验的基本环节。

其次,它同时提示出坠落之舞得以对抗数字之轻的一个有效手段,既不是以虚拟的方式增加现实,也不是以分化的方式来增殖自我,而是反之选择一条"极简主义"或更准确地说是"为道日损,损之又损"的道路,这正是"消逝"的真意所在。在真实剧场的真正奠基之作《未标记》(Unmarked)之中,斐兰(Peggy Phelan)恰恰是以菲斯塔(Angelika Festa)的动人心魄的舞蹈作品《无名之舞》(Untitled Dance, 1987)为案例深入剖析了舞蹈、剧场与真实之间的错综复杂的关系。[3]在其中,生死之循环,悬置之身体,乃至真实肉身和屏幕影像之交织,等等,皆明显展现出坠落之舞的意味。而整部作品中最具有怀疑意味的手法正是被蒙起的舞者自己的双眼。这里用遮蔽斩断了目光的接触,用否定阻隔了信息的流转。那么,此种"为道日损"的极端手段用意何在呢?那无非用一种刺痛的方式警示我们,在数字时代,真相并非唾手可得的玩物,也绝非口口相传的谈资,而注定是要经历一场充满怀疑和苦痛的心路历程。这就正如电影中的"凹陷"(effet en creux)手法[4],以突然的静默和消声来制造出巨大的情感体验。这或许正是坠落之舞所能真正带给我们的希望。最后,不妨借用丽贝卡·索尼尔(Rebecca Solnit)那本名作的标题,让我们"一起坠落"(Falling together),这或许才能真正令"异乎寻常的共同体在灾难中崛起"。[5]

---

[1] Jenn Stephenson, *Insecurity: Perils and Products of Theatres of the Real*, Toronto: University of Toronto Press, 2019, p. 17.

[2] 《周易今注今译》,第 226 页。

[3] Peggy Phelan, *Unmarked: The Politics of Performance*, London and New York: Routledge, 1993, pp. 152—160.

[4] [法]米歇尔·希翁:《声音》,张艾弓译,北京:北京大学出版社 2013 年版,第 303—304 页。

[5] Rebecca Solnit, *A Paradise Built in Hell: The Extraordinary Community That Arise in Disaster*, New York: Viking, 2009.

结语　脆弱的算法

——最底限真理,根茎式分类与否定性思考

在《词与物》的开篇,福柯曾谈到"某部中国百科全书"给他带来的一阵大笑。然而,这笑声中并非仅洋溢着喜剧性的快感,仿佛来自对某种异域文化的猎奇;同时,在其中还激荡着某种深切的哲学式质疑。这个分类为何如此可笑? 那无非是因为,"使得这种相遇成为可能的那个共同空间本身已经被破坏了"①。无论它看上去如何的荒诞不经,但仍然在背后存在过一个共通性的标准、场域乃至框架,维系着分类的普遍运作。只不过,这个共同空间如今早已过时、陌生、难解。

伴着福柯的笑声回到我们所置身其中的 AI 和数字时代,不禁会油然而生近似的质疑与深思。当我们每天在搜索引擎上输入关键词之时,当我们在购物网站上浏览商品之时,当我们顺手把关注的问题抛给 ChatGPT 等待回答之时,又何从判断这些分类、标准、事实的可信度和可靠性呢? 网络和人工智能所提供的那些看似"不言自明"甚至"天经地义"的标准到底是坚实的基础、稳固的框架,还是脆弱的、摇摇欲坠的沙堡? 而当我们一旦真正探入到其背后的算法建构的共通性场域之时,是否也会如福柯那般爆发出喜忧参半、体验与思索并生的大笑呢? 网络时代,到底建构起"场所和名称之'共有(commun)'"②的根本力量又究竟何在呢?

一、作为压迫与霸权的算法

实际上,在 AI 研究界,此种福柯式的探问和质疑近年来不断涌现,甚至每每成为热点。在名作《技术之外》(*Atlas of AI*)中,凯特·克劳福德(Kate Crawford)

---

① ［法］米歇尔·福柯:《词与物》(修订译本),莫伟民译,上海三联书店 2016 年版,"前言",第 2 页。
② 同上书,"前言",第 5 页。

就进行了一项与福柯极为近似的工作。只不过,她的做法并不仅限于"人文科学的考古学",而更接近于数据分类的政治学。①如果说人文科学根本上还旨在为人类的认知提供一个共通的框架,那么数据分类的运作早已突破了单纯的知识乃至技术的领域,而展现出极为鲜明的政治含义,因为它最终"将一个几乎无限复杂和多变的世界,固定为一个由被谨慎分类的数据点组成的分类体系,这个过程包含了内生性的政治、文化与社会选择"②。分类的操作、搜索的路径、普遍运作的算法,在这些看似中立而客观的技术手段背后,其实总是充斥着各种或明或暗的偏见、歧视、错误,甚至仇恨。由此,对 AI 的思考,不可脱离政治性这个关键的背景。

那么,如何从政治哲学的角度对 AI 进行深刻反思呢? 在新近出版的《人工智能政治哲学》中,马克·考科尔伯格(Mark Coeckelbergh)开篇就明确强调,"人工智能彻头彻尾都具有政治性"③。那么,如何对政治性这个如此关键的要点展开思考呢? 他给出的思路似乎又难以令人信服。他看似只是将政治哲学的一些经典理论套用到当下的技术现象及难题之中,在很大程度上未对 AI 技术本身进行具体深入的考察。理论与实际之间的失衡,似乎也是目前的 AI 政治哲学的一个突出弊病。经典理论及其晚近发展确实值得作为必要和必备的参考背景,但更值得关注的,似乎是 AI 发展本身所不断展现出的新动向,暴露出的新问题。技术,或许并非只是理论研究的对象,而同样可以作为层出不穷的"问题",来不断地启发、引导甚至修正理论。

就此而言,克劳福德所提出的"导航图"(Atlas)的考察法就颇值得借鉴。她首先就开宗明义地强调:"人工智能既是具身的,也是物质的,是由自然资源、燃料、人力、基础设施、物流、历史和分类构成的。"④对这样一个复杂、多样而多变的聚合体,似乎理应采取一种全新的研究进路。单纯只偏重其中的某一个(些)面向都不再充分,而是要深入到这些差异性要素彼此"缠结"(entangle)的形态与方式。导航图,既是对于空间方位的宏观图景,同时又能展现出各种动态涌现

---

① [美]凯特·克劳福德:《技术之外:社会联结中的人工智能》,丁宁、李红澄、方伟译,中国原子能出版社,中国科技出版社 2024 年版,第 112 页。

② 同上书,第 120 页。

③ [奥地利]马克·考科尔伯格:《人工智能政治学》,徐钢译,上海人民出版社 2024 年版,第 6 页。原文为斜体字。

④ 《技术之外》,第 8 页。

的细节,给穿行于时空之中的旅人提供切实可行的线索与引导。然而,正是在这里,体现出导航图本身的两个并不算兼容,甚至有点彼此矛盾的面向。一方面,导航图所展现的是某种先在的、既定的、整体性的时空框架,物质基础,路径通道,它们虽然也不乏含混与变动之处,但很大程度上会对时空中的旅人起到决定性、限定性的作用。但另一方面,作为异质性要素的聚合,导航图又具有别样的不同用法:旅人并非只是将其视作既定框架,而是试图在其中探寻到各种松动的缺口,矛盾的路径,撕开的裂痕,乃至诡异的迷宫。借用德勒兹和加塔利的名作《千高原》中的两个经典形象,亦不妨分别将这两个面向分别称作"树状的"和"根茎式"的导航图。树状,总是具有一个基础或中心,并致力于对整个世界施加一种相对明确的总体性架构。根茎则相反,它没有固定的基础或明确的中心,而是通过不断地编织和重织来展现那种生生不息、流变不已的网络形态。

在对 AI 所进行的导航图式的研究中,这两个面向当然也是同时存在,且往往彼此纷争、分庭抗礼。以克劳福德为代表的所谓"树状导航图"研究,更倾向于将 AI 与算法视作强行施加于世界与人类生活之上的总体性框架,即便它们的初衷是为了取得知识的进步、便利人们的生活、促进社会的进步和发展,但实际上,它们最终所起到的只是控制和"占领大众"的作用:"理解、捕获、分类和命名数据的方式,从根本上来说是一种构建世界并对其进行控制的行为。"[1]她在书中详尽剖析了算法进行占领和控制的种种根本机制,大致可概括为四个方面。一是"非人化"[2]。算法只是一套客观而普适的冷冰冰的操作准则,它并不真正关心每个人的个性,也对不同自我的喜怒哀乐无动于衷。搜索、汇总、分析数据,就是它要做的一切。在算法面前,确实人人平等,但也千人一面。二是"简化"[3]。算法远非诗学,它致力于准确而高效的运转,因而必须在尽可能短的时间内搜集分析数据,进而做出即时的回应和判断。复杂、含混、纠缠,等等,这些恰恰是算法的大敌。三是"抽象化"[4]。抽象并非仅是简化,更具有一种"脱离上下文"的趋势。它并不关心具体情境的细节,而试图将普适的标准和规则推行于尽可能广阔的时空场域之中。这三个特征汇聚在一起,也就联手导向了"总

---

[1] 《技术之外》,第 107 页。
[2] 同上书,第 82 页。
[3] 同上书,第 86 页。
[4] 同上书,第 102 页。

体化"这个终极要旨。正如"图网"(ImageNet)试图"绘制出整个世界"①,算法其实最终也并非仅关注某个具体领域或问题,而是着力于将整个世界一网打尽,对万事万物给出最优解,最终解:"如果存在终极算法,那么它可以通过数据学包括过去的、现在的,以及未来的所有知识。"②就此看来,算法恰似一棵顶天立地的巨树,它不仅给人类提供化育与庇护,同时也以天罗地网之态势施加着全面而巨细无遗的占有与控制。

克劳福德的立场看似极端,甚至有几分偏颇,但其实亦只是对前人的总结与推进。萨菲亚·诺贝尔(Safiya Umoja Noble)的《压迫性算法》(*Algorithms of Oppression*)与凯西·奥尼尔(Cathy O'Neil)的《算法霸权》(*Weapons of Math Destruction*)这两部先行之作的批判力度比《技术之外》有过之而无不及。比如,诺贝尔就毫不避讳地痛斥,在 Google 的搜索引擎的背后,运作的往往是各种令人不齿的偏见与歧视。种族歧视、性别歧视,乃至文化偏见等等,几乎已经成为了内置于 Google 的搜索算法之中的种种默认前提。正是在这个意义上,她直接将算法与压迫画上了等号。③算法,非但未能如其所愿的那般实现人类的平等与解放,反倒将传统社会中的各种区隔、等级与歧视放大到无以复加的地步。究其缘由,亦大致存在着三个成因④,多少与克劳福德的论述形成呼应。首先当然还是"经济利益"。算法根本没有必要关切每个具体的生命,而只需要用最高效便捷的方式来榨取利益。因此,借用现有的各种标准,利用、煽动人们无意识之中的各种偏见,这显然不失为赚取利润的有力法宝。其次,除了经济上的考量之外,算法的压迫当然还体现于政治性的方面。各种"树状的"等级制度和系统,及其所预设的各种偏见与歧视,恰恰可以对整个社会施加全面的控制,剥夺不同个体的选择权力甚至能力。最后,经济利益与政治控制绑定在一起,也就使得 AI 时代的人类愈发深陷于"脆弱性"(vulnerable)的罗网和陷阱之中。面对遍在而强大的算法,我们不仅无力选择、无从抗辩,甚至无路可逃。

而奥尼尔的《算法霸权》堪称是对此种树状算法模式的最为有力而彻底的

① 《技术之外》,第 94 页。

② [美]佩德罗·多明戈斯:《终极算法:机器学习和人工智能如何重塑世界》,黄芳萍译,北京:中信出版集团 2017 年版,"序",第 XXI 页。

③ Safiya Umoja Noble, *Algorithms of Oppression*, New York: New York University Press, 2018, p. 4.

④ Ibid., pp. 28—29.

批判。在她的眼中和笔下,算法甚至早已不只是霸权的帮凶、压迫的工具,而简直就是一部极为强大而邪恶的"数学杀伤性武器"。然而,要为这么偏激的立场辩护,势必需要给出强有力的论据。数学家出身的奥尼尔也确实从方方面面剖析了"大数据的阴暗面"①。很多要点我们已经耳熟能详,比如"惩罚例外"所导致的多数人的暴政,"内置逻辑"所预设的各种偏见和歧视,"抽象化"所引发的对具体细节的忽视乃至误判,等等。但她确实点出了算法的另外一个(或许是最为根本的一个)致命杀伤力,似乎足以将其描绘、界定为一部名副其实的威力无比的"武器",也即算法与人之间的那种完全不对等的地位。简言之,在人面前,算法总是展现出"不透明、不接受质疑,解释不通"这三个根本特征。②固然,将算法的运作界定为"不透明"的黑箱,这似乎有几分不甚妥当。但即便那些大公司真心诚意地将算法的规则及原理清楚明白、巨细无遗地解释给大众,又真的有几个人能理解,有多少人会用心解读和反思呢? 就拿游戏玩家来说,真的有人会读完游戏开场之前那长长的隐私和权利的说明清单吗? 就算真的读完,有人确实能理解那些晦涩复杂的专业术语背后的真正含义吗? 确实,算法总会出错,甚至会犯下很多致命的错误,导致毁灭性的灾难,但面对所有这些,人几乎总是无计可施、无从争辩、别无选择。我们只能等待算法能够不断进步、完善,不断修正自己的错误,提升公正性和准确性。但事与愿违,算法在修正自己错误的时候往往会引发更为深重的一系列环环相扣的错误,由此导致奥尼尔所谓的"恶性循环"③。由此她大声疾呼:"如果我们不夺回一定程度的控制权,这些未来的数学杀伤性武器将成为隐藏在人类社会幕后的控制者。它们将以它们的方式对待我们,而我们却对此毫不知情。"④

二、最底限真理(ground truth):算法文化及其脆弱性

那么,面对如此严峻的局势,以奥尼尔为代表的持激烈批判立场的学者又到

---

① ［美］凯西·奥尼尔:《算法霸权:数学杀伤性武器的威胁》,马青玲译,北京:中信出版集团 2018 年版,"前言",第 XVII 页。
② 同上书,"前言",第 XV 页。
③ 同上书,第 232 页。
④ 同上书,第 201 页。

底给出了怎样的回应乃至疗治之道呢？显然微乎其微。"我们应该要求提高透明度"①，这几乎就是所有的、最终的解决方案了。但其实我们也已经看到，透明度并非是根本症结所在。算法与人之间的不对等性，算法对人的近乎单向度的压迫与操控，这才是要害所在。算法即便完全透明，即便在我们面前一览无遗地展示，我们仍然无从理解、无力抵抗。这才是问题的关键。

面对树状算法的巨大危害，看来首先要做的正是转变思路，重新、再度面对这样一个根本问题：到底什么是算法？除了树状这个等级化、中心化和决定性的模型之外，算法是否还有另外一种可能呢？那或许更接近根茎式的去中心、差异化、开放流动的网络？

那就先从科瓦尔斯基（Robert Kowalski）的那个经典定义入手，即"算法＝逻辑＋控制"②。逻辑是形式和规则上的界定，但单有这个方面，还做不成算法。任何算法注定要解决具体的问题，进入具体的情景，实现具体的操作。正是因此，我们应该避免对算法进行纯粹抽象化的理解③，进而清楚、清醒地认识到，算法的本质就是"做事情"（Algorithm do things）。④但做事情也有不同的方式，相异的背景。有的做法需要依赖巨大而强大的树状体制，如克劳福德和奥尼尔等人对算法的物质性所进行的剖析；但也确实存在另外一些迥异的做法，它自始至终都将算法置于开放多变、具体而微的社会场域和生活情境之中。如果说前者关注的是算法的决定性、限定性的"霸权"，那么，后者则可说是致力于展现算法的那种根茎式的"文化"。"算法文化"（Algorithmic Cultures）这个独具创意的说法，近来在罗伯特·赛弗特（Robert Seyfert）等人的推动之下日渐成为学界热点。但这个名称远非如字面上那般清晰显白。它或许并非只是强调要将抽象的算法带回到具体的文化场域之中，因为这似乎就已经把算法和文化视作彼此分立的两个领域。但实际上，算法既然是一种做事情的方式，那么它也完全可以有、已经有它自己的文化形态了。而且当如今的社会生活日渐全面地被算法渗透、影响甚至操控之时，算法也就在很大程度上建构着、左右着未来文化的形态与走向。

---

① 《算法霸权》，第249页。
② *Software Studies*: *A Lexicon*, edited by Matthew Fuller, Cambridge, Massachusetts: The MIT Press, 2008, p. 15.
③ Ibid., p. 19.
④ Ibid., p. 17.

由此,在《算法文化》这部重要文集的开篇,两位编者就开宗明义地指出,应该对树状的算法决定论的立场进行一定程度的纠偏,进而直面算法文化本身所具有的、难以还原与抽象的"含混性",甚至"混乱性(messy)"①。算法,并非是一套预先建构的明确清晰、完备系统的规则,得以顺畅自如地应用、套用在具体情境之中。算法,亦非是一个隐藏在实验室和大公司深处的神秘黑箱,凭借它那无人能解的奥秘操作暗中实施对整个世界的掌控。正相反,算法本身就是文化,就是生活,它本身就是运作于社会场域之中的复杂力量,就是在各种具体而差异的要素之间所展开的不断编织的开放网络。正是因此,算法文化至少具有以下几个鲜明特征。首先,算法都是动态的运作,开放的过程。"它们必须展开(unfolding)自身,由此实现为时间性过程。"②因此,任何仅从抽象、形式、程序、代码的角度对算法的理解都是片面的,甚至是扭曲的。其次,在这个时间性的展开自身的过程之中,算法注定要遭遇到各种未知的情况、偶发的事件,甚至各种阻碍与挑战。正是因此,算法也就时时处处深陷于错综复杂的现实之中,不断尝试,不断试错,不断"协商,谈判(negotiation)"。就此而言,算法其实根本上不只是一个"计算"的过程,而更接近康德式的(反思性)判断或亚里士多德式的"实践智慧"。计算,是运用既定的规则得到相对明确的结果。判断则相反,则是令思考面向开放而具体的情境,进而在深入现实的过程之中不断调整思想自身的前提,原理与方式。正是因此,算法可能更接近玩拼图游戏,而非学习解数学题。这也就导向了算法文化的第三个根本特征,即"多样化"(multiple)。③算法的做法与意义都是多种多样的,解决同一个问题完全可以存在着种种彼此有别,甚至相互冲突的算法,而且,就算是有一种算法可以暂时胜出,占据优势,它也完全可以在随后的展开和运作的过程之中发生修正、转变,乃至被否弃和取代。不妨借用泰纳·布赫尔(Taina Bucher)的经典概括:"算法不是固定的东西,而是演变的、动态的、关系的过程,它依赖于一系列复杂的行动者(actors),包括人与非人。"④也正是在这里,展现出算法文化的独特本性:它"不仅与事件一起变化,而

---

① *Algorithmic Cultures*, edited by Robert Seyfert and Jonathan Roberge, Abington and New York:Rouledge, 2016, p. 1.

② Ibid., p. 2.

③ Ibid., p. 3.

④ Taina Bucher, *If... then*:*Algorithmic Power and Politics*, New York:Oxford University Press, 2018, p.14.

且还有能力改变事件"①。算法并非只作为抽象的规则对事件进行预测、反思、调节与干预;正相反,算法本身就是事件性的,它在运作的过程之中本身就呈现为偶然、多样、生成性的事件。

关于算法文化的此种事件性的特征,似乎没有谁谈得比露易丝·阿穆尔(Louise Amoore)更为精辟透彻。在名作《云伦理》(*Cloud Ethics*)之中,她开篇就启示出极为关键的一个要点:确实,算法不是文学与艺术,它毕竟还是要将客观公正、精确明晰奉为自己的准则,但它根本上说是在一个不确定的、充满偶然甚至混沌的世界之中做出这些判断和决策的。因此,算法始终是处于不确定的世界和确定的判断"之间"的一个协商与试错的过程,它注定要带上幻觉、错误、误解、遗忘、忽视等不可根除的特征。②或不妨借用尼采的那个闻名概念,唯有"非真理"(untruth)才是居间的算法事件的真实形态与真正特征。由此阿穆尔进一步界定了算法事件的三个独特原理,这也是她全书的亮点和洞见所在。首先,算法并非只是一系列先后相继的、明确划分的操作步骤(比如菜谱),而是针对具体任务和情境不断调整的命题之"部署"(arrangement)。③正是因此,算法的运作其实远非是一个线性展开的过程,而更接近开放、灵活,又具有生成性("generative")的根茎式网络。

其次,阿穆尔用一个生动的形象来描绘算法的具体运作,就像是一个"聚焦"(aperture)的过程。④确实,算法一开始要面向复杂的现实,收集海量的数据,由此作为分析、判断、决策的依据与背景。但接下来它就要一步步缩小范围,在数据海洋之中不断凸显出那些关注的、关键的面向,由此迅速高效地实现目标任务。比如,在机场的茫茫人海之中进行飞速的面部识别,正是算法实施聚焦操作的鲜明体现。不过,在这个从开放到缩紧,从复杂到简单的聚焦、遴选、筛查的过程之中,也注定会遗忘、遮蔽、丧失很多关键的信息和背景,由此导致误判和偏差。但这就是事件性的算法所无法根除的风险乃至脆弱性。算法,或许远非是一把明断是非的尺子,能够凌驾于万物之上发号施令;实际上,它更接近于肉身性的触摸,在混沌幽暗的环境之中不断地摸索着,试探着,战战兢兢,左右无源。

---

① *If…then*:*Algorithmic Power and Politics*, p. 28.
② Louise Amoore, *Cloud Ethics*, Durham:Duke University Press, 2020, p. 9.
③ Ibid., p. 12.
④ Ibid., p. 16.

　　而这就涉及"最底限真理"这个极为关键的概念了。这个译法有必要进行阐释与辨析,因为它与我们全文的核心论证有着密切关系。其实,对于算法设计与研究来说,这是一个非常本质性的概念,且通常并无异议地被译作"基础性事实"。"ground",既是基础和起点,又有原理与根据之意。算法的运作总要从一个明确的起点开始,它始自对各种基本事实的辨识与确认,从而为进一步的计算与决策提供扎实的基础。进而,这些事实也远非仅是建构算法体系的基石与材料,而是在很大程度上引导着,甚至决定着后续步骤的运行。正是因此,很多算法专家都会明确强调,不同的算法其实从根本上说就是被不同的基础事实,以及针对基础事实的不同的分类、辨认、界定的方法所界定。基础事实,不仅是算法的"物质基础"①,更是效率之保障②,由此为算法的最优化提供了稳靠的依据。③但显然,这样一种对基础事实的界定与理解就与上述阿穆尔的立场形成了截然相反的对照:如果说以阿穆尔为代表的算法文化的研究试图将算法描绘为一个根茎式的开放动态的网络,那么,正统的算法研究则更倾向于"树状"的模型,从基础事实这个明确而牢固的根基开始,按照相对清晰的步骤建构起或简单或复杂的算法系统。

　　此种树状模型在经典文献里几乎比比皆是。比如,在图像识别的基本算法之中,基础事实的遴选和辨认便是根据鲜明对照的二值性逻辑("binary value")来进行的,将需要凸显出的对象及其重要特征与混沌多变的背景明确区分开来。④这就正如一棵蓬勃生长的大树,也总是首先在广袤的大地之上扎根,然后一步步根据二值分化的方式生根发芽,开花结果。⑤前景与背景的截然对照,非黑即白,非真即假的基本价值判断,也正是基础事实之所以能够支撑、引导算法系统的一个根本原因。但显然,阿穆尔的根茎式网络的运作方式却与此完全相反,由此她甚至提出了算法的"去根基"(ungroundedness)这个看似惊人、实则颇含洞见的说法。⑥但丧失根基的算法还能有效运行吗? 它跟那些毫无根据的玄

---

　　① Florian Jaton, *The Constitution of Algorithms*:*Ground-Truthing*,*Programming*,*Formulating*, Cambridge, Massachusetts:The MIT Press, 2020, p. 24.
　　② Ibid., p. 81.
　　③ Ibid., p. 84.
　　④ Ibid., p. 57, p. 67.
　　⑤ "学习算法是种子,数据是土壤,被掌握的程序是成熟的作物。"(《终极算法》,第10页)
　　⑥ *Cloud Ethics*, p. 19.

想和臆测又有何区别呢？在阿穆尔看来，这就从根本上涉及算法的自我相关这个关键问题。很多人都会倾向认为，是人编写、创造了算法，因此人对于算法始终保持着最终的"阐释权"。但此种人类中心主义显然太过局限了。一旦算法进入社会，本身变成文化，那么，它势必在很大程度上也会拥有自身的独立生命，在复杂多变的力量场域之中不断自我调整、自我适应，甚至自我修正。正是因此，算法并不需要预设的"基础"，也根本无需默认的中心，甚至都不必仰赖明确界定的规则。在适应和学习的过程之中，它本身就在不断修正乃至否定自己的"基础"，进而更好地融入开放多样的具体情境之中。算法文化的运作方式，更是网络的编织与重织，而或许远非是一次次回归基础、诉诸原理，来为自身进行说明，阐释与辩护。

正是在这个意义上，我们仿效阿多诺那部名作之标题，将"ground truth"转译作"最底限真理"。译成"真理"而非单纯的"事实"，旨在突出其在很大程度上的主导性作用。事实或许往往被认作有待进一步处理的材料，但真理就不同了，它更应该被视作是本源，原理乃至目的。但即便"真理"这个译法对于树状的经典模型也能大致成立，"最底限"可就是根茎式网络的独有特征了。诚如阿穆尔所言，算法绝非是一个预设的先天尺度，也无法实现绝对的明晰，正相反，它更接近于一种"阈限"（thresholds）式的运作[1]，在不确定与确定性之间往复循环、不断震荡，始终保持一种动态的活力，当然同样也隐含着各种无法根除的风险与脆弱性。由此，在专论最底限真理的章节之中，她极为详尽细致地剖析列举了各种基本特征。[2]如果说前面的几条，比如标准化、分类、简化等皆与树状模型大同小异，那么，随后她所启示出的诸多特征就更接近去根基的根茎式网络了。比如，算法是"具身的"，因而总是缠结在现实世界中的各种差异性力量之间。比如，算法是"可疑的"（doubtful），由此，以怀疑论的方式（而非"清楚明白"的标准）来推进自身的运作显然更接近它的真实样态。正是因此，算法是充满偶然的，且在很大程度上具有灵活性和"可塑性"（malleable）。

随后阿穆尔甚至进而援引了三个哲学性颇强的理论资源来对根茎式的算法文化进行解说和辩护。首先，算法文化显然更切近后人类时代的现实状况。[3]从

---

① *Cloud Ethics*, p. 139.

② Ibid., pp. 136—139.

③ Ibid., p. 142.

思考方式上来看,后人类更强调的是差异要素之间的相关性,而不再仅关注线性的因果关联。它更近似于在一个错综复杂的数据迷宫之中展开拼图游戏,而并非只是在一个事件的序列之中追根溯源。其次,后人类时代的思考或许也就与福柯晚年孜孜以求的"诚言"(parrhesia)的生活方式颇为契合。①诚言,并非只是明知真理为何,进而勇敢地捍卫与坚持,而是恰恰与此相反,一次次质疑现成的真理,既定的公理,基础性的事实,进而向着多变而偶然的现实开放,将自身与他者抛入到充满未知、风险的境遇之中。诚言,绝非只是坦诚与坚定,或许正相反,它恰恰是真理自身的脆弱性、人之生存的脆弱性的鲜明写照。就此而言,它确实得以颇为恰切地描摹后人类算法的去根基的脆弱本性。不妨用朱迪斯·巴特勒的名言作结,后人类时代的算法文化,其根本的原理绝非是基础性事实,而是源自一种清醒的意识,即我们时时刻刻皆需"将自身置于风险之中"②。

三、树状形式与根茎式清单:两种分类

然而,阿穆尔的根茎诗学是否又有几分矫枉过正了呢? 即便有着广泛而深入的具体案例的考察,即便援用了丰富而深刻的理论背景,但去根基、诚言、脆弱性这些关键概念看似确实与算法本身貌合神离,甚至格格不入。没错,算法毕竟要运作于多变的现实之中,面对具体的人、事与物,因此不确定性是一个不可忽视和根除的关键要素。因此,算法在运作的过程之中也就注定要遭遇、陷入各种错误、偏差、含混等状况之中,这也是无可避免的风险。但是,这也并不能证明算法就是没有根基的,就完全是一个可以任意编织和重塑的开放网络。比如,在算法学习的五大流派之中,"贝叶斯学派最关注的问题是不确定性。…… 那么问题就变成,在不破坏信息的情况下,如何处理嘈杂、不完整甚至自相矛盾的信息"③。但贝叶斯学派也恰恰展现出其他流派所难以比拟的计算的复杂性、模型的精致性,乃至那种甚为鲜明的树状形态。④面对不确定性,也完全可以且理当

①　*Cloud Ethics*, p. 145.
②　Ibid., p. 151.
③　《终极算法》,第67页。
④　同上书,第211页。

以确定性的基础事实和根本法则来应对,进而在最大限度上清除风险、脆弱性这些"顽疾"。同样,类推学派初看起来也是颇含含混,因为不同事物之间的类比往往会诉诸直觉和联想,不甚精确。但实际上,向量机这样的模型的出现,及其对相似和类比之"边界"的复杂计算[1],同样为算法提供着一个全新而稳固的基础。

不过,也许还有别样的方式来反思、探索甚至推进根茎式算法这个在后人类时代颇有意义和希望的方向。那还是从最底限真理开始。诚如众多学者几乎一致性的认同,如果在算法之中真的有一种"最底限"的起点,那当然就是分类。"对事物进行聚类,这是人类的天性,也是获取知识的第一步。"[2]因此,说算法始自分类,这几乎也是一个显然而自明的事实。但"分类"这个说法其实也颇为含混,且向来是困扰西方思想史的一个棘手难题。我们的分类标准,是有着真正客观的依据,还是仅仅源自主观的建构呢? 换言之,我们之所以将事物分为三六九等,到底是因为"事实如此",还只是我们"一厢情愿"呢? "自然"与"建构"之间的这个原初分歧,也同样体现于关键术语的差异之中。比如,同样是分类活动,"类别"(kind)就更倾向于客观世界的实情,而"范畴"(category)则更偏向人类语言的建构。[3]

然而,真正棘手的难题或许并非仅在于主观与客观之别,事实与建构之辨,更在于分类所依据的基本方法,所秉承的根本原理。这一点对于反思、重思算法文化来说尤为重要。比如,布赫尔就明确指出,范畴与分类对于算法的设计和实施来说都是至关重要的根本环节。[4]同样,克劳福德也在《技术之外》中专辟一章深入研讨"分类"问题,更是由此给出了两种截然相反的分类标准,也恰好对应着"树状"与"根茎"这一对贯穿本文的核心意象。她指出,主流的霸权式、压迫性算法显然是以树状的方式和形态来分类的,"将秩序强加给未分化的全体,将现象归于一个范畴,即给事物命名,反过来又是一种将该范畴具体化的手段。…… 一切都被压平并固定在标签上,就像展示柜中的蝴蝶标本"[5]。就此

[1] 《终极算法》,第245—247页。
[2] 同上书,第266页。
[3] Muhammad Ali Khalidi, *Natural Categories and Human Kinds*, Cambridge University Press, 2013, p. 5.
[4] *If…then: Algorithmic Power and Politics*, p. 5.
[5] 《技术之外》,第123页。

而言,树状分类几乎堪称是算法霸权的最得力的武器,正是它使得算法的抽象化、非人化、总体化等根本趋势得以从起点开始就落实到具体与细节之处,且自始至终都起到支撑与推动的作用。算法的偏见和歧视,总是始自僵化、中心化和等级化的分类;而在随后的运作和推广的过程之中,算法又会不断加深、加剧这些分类,让它们变得遍在而透明,成为默认的常识,基础的事实。

但与此相反,也还存在着另外一种根茎式的分类法。克劳福德借用了鲍克(Geoffrey C. Bowker)和斯塔尔(Susan Leigh Star)的著名研究,将其描绘为一种"针对诸如模糊性分布的事物的地形学"①。根茎式分类是模糊的,因为它向着复杂多变的现实敞开;它是动态的,因为它需要不断调整和修正自己的标准,重织自身的网络;它也就由此展现出独特的"地形学"样态,不再遵循着树状生长的标准,而是以根茎网络的方式对时空不断进行重组与创造。然而,此种分类其实远非看上去那般异想天开,而是早已有着漫长的历史,复杂深入的发展。翁贝托·艾柯(Umberto Eco)在名作《无限的清单》之中就对此进行过极为透彻,引人深思和遐想的阐发。

他首先指出,历史上向来有两种基本的分类方式,分别可称作"形式"与"清单"。他虽然未明言(但却有所暗示②),但二者恰好可以与树状和根茎之区分形成对应与呼应。形式化的分类显然是树状的,因为它不仅全面囊括和了解要分类的所有对象,更得以用一套根本的原理将它们形成为一个完备而封闭的体系。③但清单则截然不同,它所面对的是无法根除的含混性,不确定性与开放性。它无法确知对象的数量,只能向着无限的边界敞开,而在这种趋向于无限的分类活动之中,人类的心灵定然会涌现出两种看似相反,实则相辅相成,相伴而生的情感,那正是既焦虑,但又憧憬。焦虑,是因为面对未知所唤起的挥之不去的迷茫与错愕;憧憬,则是因为,在迈向无限的运动之中,心灵的范围得以拓展,体验的力量得以增强。二者汇聚在一起,恰好亦正可以用"崇高感"来完美概括。

我们看到,无论是形式还是清单,树状还是根茎,其实都试图在分类的客观面向和主观面向、种类与范畴之间实现一种平衡和统一,但二者的做法显然是大

---

① 《技术之外》,第130页。
② 或许也不能算是暗示,因为他在后文直接而明确地援引了《千高原》中关于根茎的相关段落:[意大利]翁贝托·艾柯:《无限的清单》,彭淮栋译,北京:中央编译出版社2013年版,第238—241页。
③ 同上书,第15页。

相径庭。形式化分类的做法，更可以被概括为"本质主义"（essentialism）的立场，而完备性、系统性、清晰的边界正是其显著特征。①之所以主观的范畴系统能够与客观的事物秩序形成对应，那是因为，每一种类的事物都有着其独特的本质特征，而该种类之内的每一个个体和对象都分享这个（些）本质特征，进而，在不同的种类之间存在着本质特征上的根本差别。②这正是我们能够从哲学和科学的角度将客观的类别建构成系统而严格的范畴框架的基本原因。不难发现，这种本质主义正是霸权性和压迫式算法的一个根本前提。之所以主导的算法能够将那些实则充满疑点和偏见的预设转化为自明的、天经地义的预设"内置入"自身的运作之中，其实正是因为它们始终会偏执地用本质主义的方式为自己辩护和推脱：这些基础分类绝非只是人为建构，而是有着现实的依据，符合事物本身的秩序。算法之树，转而就将主观的范畴潜移默化地替换成客观的种类，无可质疑，亦无从挣脱。

但根茎式清单就正相反。不过，鉴于情况的复杂，还是有必要根据艾柯的论述将清单进一步划分为两种，即实用清单和诗性清单。实用的清单只有工具性的作用，无甚深义。而且"由于这类清单记录的是实际存在的、已知的物事，因此这类清单是有限的"，而且"可能不会更改"③。如此看来，其实实用清单在很大程度上更接近形式化分类，只不过它所建构起的形式没有那么严格、系统而严密而已。而诗性清单就截然不同。既然我们面对的总是无限开放的万事万物，那么，任何形式的、本质的、实用的分类范畴其实都显得苍白无力，而真正行之有效的做法反倒是开动诗意的想象，打开分类的边界，让分类之思考与世界之现实彼此交织、协同共变。想象的诗性分类，并非仅意味着它们就是毫无依据的杜撰，或空穴来风的玄想，正相反，之所以着力倚重想象来进行分类，那正是因为唯如此方得以真正融入复杂而多变、差异而生成的现实世界之中，用流动不居的方式去释放和激活根茎式的潜能。诗性清单，正是鲍克和斯塔尔所畅想的模糊的地形学的生动呈现。实际上，在全书的最后，艾柯亦明确将互联网奉为"一切清单之母，……因为它时时刻刻在演化，它是一张网，兼是一座迷宫，而不是一棵

---

① Geoffrey C. Bowker and Susan Leigh Star, *Sorting Things Out*, Cambridge, Massachusetts：The MIT Press, 2000, pp. 10—11.

② *Natural Categories and Human Kinds*, pp. 12—13.

③ 《无限的清单》，第113页。

秩序井然的树。……唯一的问题是,我们无法确定它哪些成分指涉来自真实世界的资料,哪些不是,真相和谬误之间再也没有任何分野。"①但他之所以会发出如此杞人忧天的感慨,或许还是因为他尚未充分理解及正视算法文化的真正潜能。既然算法并非只是文化的镜像,而是有能力创造全新的文化形式,既然算法文化的最底限真理有能力实现从树状形式向着根茎式清单的根本转变,那么,那些树状的、二值划分的迷执("非真即假")或许也理应随之被弃置,进而让我们去拥抱一个风险与诗性并存、脆弱与想象并生的未来的数字文化。

四、小结：算法时代的否定性之思

然而,在人工智能的时代,分类所涉及的亦并非只是不同的方式与形态,而是指向了对人类思考的未来忧思。

在《女人、火与危险事物：范畴所揭示的心智》这部名作之中,莱考夫(George Lakoff)不仅着力批驳了本质主义的诸多谬误,进而有力地捍卫了自己所创发的"体验现实主义"(experiential realism)的立场,更由此对算法时代的思想危机进行了入情入理的剖析。在他看来,虽然在当今的世界,算法正在取代所有传统的思考方式,进而成为唯一主导的倾向,但实际上,算法并不能算是真正的思考,它至少展现出两个明显的缺陷乃至症结②：一方面,它将思考简化和还原成为纯粹的符号处理的过程,由此也就让思考蜕变成一种毫无意义的操作活动;另一方面,它将思考抽象为一种"离身性"(disembodied)的运作,由此也就随之斩断了思考与身体、情感、体验等等的"在世"关联。显然,这也可说是树状的、霸权性和压迫性算法的根本弊病所在。

那么,真正的思考应该是怎样的呢？它是具身的,是环境式的,而更重要的是,它可以是、理应是想象性的。③想象,不仅能激发主观的体验与自由,更是得以汇入开放流变的现实之中。想象,正是莱考夫所谓的体验现实主义的要旨所

---

① 《无限的清单》,第 356 页。
② ［美］George Lakoff：《女人、火与危险事物：范畴所揭示的心智》,北京：外语教学与研究出版社 2023 年版,第 339—340 页。
③ 同上书,"Preface", p. xxxii。

在。但其实,这个要旨早在涂尔干与莫斯关于"原始分类"的经典论述之中已清晰呈现。在那里,两位大师开篇就区分了两种分类方式,进而在"固定而明确"的科学式分类与以"嬗变"和"变形"为特征的神话式分类之间形成了鲜明对照。①而后者的根本特征,正是其中所主导而洋溢的"情感价值"的氛围。②虽然他们全书的论证于此戛然而止,虽然在一个算法文化的时代试图复兴原始分类也注定是痴人说梦,但情感、想象这些体验维度的引入,却仍然对于建构未来的根茎式算法文化具有明显的助益与启示。只不过,在一个人类的情感、记忆与体验都日渐全面被"自动化""被动化"③,甚至"计量化(metric)"④的时代,我们可能需要一些更为极端的方式才能激活其中的潜能。在《临床医学的诞生》(尤其第八章)中,福柯独具慧眼地指出,空间的深度与死亡的瞬间可以作为对抗表面化分类的两种绝对否定的方式。⑤无独有偶,在《分门别类》这部名作中,鲍克与斯塔尔也同样将生死之间的边界(borderlands)作为抵抗树状分类的根本契机。"我们,就是一个进行分类的族群。"⑥在未来的数字时代,我们仍然将进行着各式各样的分类,它们可以是无关痛痒的游戏,同样亦可以是生死攸关的命运。在一个算法至上的时代重新激活思考本身的否定性潜能,或许正是未来人类的生存之道。

---

① [法]爱弥儿·涂尔干、马塞尔·莫斯:《原始分类》,汲喆译,商务印书馆 2012 年版,第 3—4 页。
② 同上书,第 99—100 页。
③ Ben Jacobsen and David Beer, *Social Media and the Automatic Production of Memory*, Bristol University Press, 2021, pp. 3—4.
④ Ibid., p. 8.
⑤ [法]米歇尔·福柯:《临床医学的诞生》,刘北成译,译林出版社 2011 年版,第 152 页,第 158 页。
⑥ *Natural Categories and Human Kinds*, p. 1.

后　记

　　承蒙于力平师弟的美意,不知不觉间,这已经是我在上海人民出版社发表的第三部个人专著了。对于这里的感情,已经不能只用"宾至如归"来形容了,更有几分"诗意栖居"的自在。

　　与上一本书《后人类影像》相比,收入这本集子里的文章,在时间上更近一些,或许更能体现出自己最新的研究动态和思考心得。整理、编辑、校对的过程中,每一篇文章背后的那些酸甜苦辣,喜怒哀乐,又如时间影像一般,慢慢展开在眼前。真心期待读者朋友们,也能在这些或激昂或冷静,或张狂或戏谑的文字之间,分享我在这些年间的生命体验。或更准确地说,是生死之间的否定性体验。

　　用心的读者可能也注意到了,这组文章,大多是从疫情期间开始,经历了元宇宙的热潮,然后慢慢回归于对真理和真实的冷静哲思。这也确实可以概括这段生命历程的时间主线。从创伤开始,然后经历了作为虚妄之希望,最后还是要复归于对于真之执着。我只想模仿德勒兹老人家说一句,无论我在书中跨越了多少不同的领域,编织起多少条不同的经纬,但在这些造作的背后,真正的基调和主线只有一个,那就是"哲学,唯有哲学"。

　　确实,从文集中的第一篇论文开始,我已经着手探寻我自己的哲学,属于我自己的独特原创的思考。至于它是否真的那么深刻,甚至足以推进哲学史的发展,我并不是很在意。我只在意一件事,就是它足够真实,既切近我自己生命的真实,更呼应着时代之真、世界之真、存在之真。

　　既然如此,那就不妨借后记这里的简短留白,再度提纲挈领地总述一下我在这本有些另类的"哲学书"里面的基本思路。大致说来清楚明白,那就是三个步骤的论证:

　　首先,我的起点是脆弱性,由此试图突出人的生存的否定性向度。与黑格尔的辩证法与德勒兹的差异形上学颇为相似,否定性看似只是起点,但我更试图从否定转向肯定,从被动转向主动。简言之,一次次死而后生,更接近全书的整体性氛围。

其次,进一步说来,与黑格尔的辩证法不同,我并不试图经由否定走向更高层次的综合和扬弃,也无意达成一致性和统一性的和谐,而更想如阿多诺所言的那般,让否定停留于否定的状态,或如福柯与列维纳斯所展示的一般,让否定性趋向于绝对否定的境地。(暗夜、死亡、深渊、疯狂……)

最后,正是因此,我所谓的肯定性,既非辩证式综合,亦非德勒兹式的生成,而更接近于克尔凯郭尔或利奥塔式的震荡。在生与死之间的震荡,在有限和无限之间的震荡,克尔凯郭尔将其唤作反讽,利奥塔将其比作智术(sophistry),但在大家眼前的这本小书里面,可能我更期待着,它能有几分接近福柯早期那些杰作之中的绝对否定的"体验"。也正是因此,阿甘本的 anarchy 与福柯的体验,理应构成撑起全书的两个最核心的哲思锚点。

关于这些要点,我其实在后续的很多论文之中已经有非常丰富而多样的思考,也敬请大家期待在今明年即将陆续出版的两本更有思辨味道的专著,尤其是《德勒兹之暗面》,依然会在上海人民出版社发布,我愿将其视作我自己的"小小哲学宣言"。

在这些文章的写作过程之中,真的想感谢很多很多的前辈、师友、同道。没有你们,就不可能有这部颇有几分离经叛道的作品之问世。首先想感谢胡范铸老师,他多年来对我的支持鼓励,尤其让我深感温暖。他既是伯乐,亦是知音。在酒桌上听他谈论学界风云,针砭时弊,实在是人生一大快事。然后还要一如既往地感谢《电影艺术》,感谢谭政老师,感谢刘起编辑,你们让我得到了一个学术研究者能够尊享的最高厚待,这份友情与恩情,也是每每激励我在电影哲学和电影研究的道路上不断进取探索的最大动力。

还要感谢卿青老师,张素琴老师,欧建平老师,是你们接纳我进入了舞蹈学这片陌生但又充满惊奇的园地,也让我这个学术宅男第一次体会到身心共舞的兴奋与灵感。虽然近年来写舞蹈的论文不多了,但它仍然是我未来学术生命中的一个持久动力。实际上,每每我在电脑前面激动不已地敲击键盘之时,总会觉得,自己也真有点像是尼采和德勒兹所描述的思想的舞者。对于我,奠基、建构、框架等等可能并非是思考之要务,正相反,天马行空的想象、曼妙绚丽的舞姿、不可言喻的形象,才是我真正在这些白纸黑字之中所心心念念的至真至美之境。

也要感谢吴冠平老师,王秀梅老师,张娅老师,还有近年来越来越熟悉的传播学界的诸位师友,你们都是这本书的真正合作者。离开你们,这些稚拙的想法也许还只能停留在襁褓之中,焦虑地等待着第一声啼哭和问世。

最后,还要感谢我身边的同学、粉丝、好友、玩伴,这是献给你们的又一份礼物,感谢大家长久以来的支持,希望你们能喜欢。

最后的最后,真心想把这本书献给我的妈妈。感谢你赐予我新生,我一定会用它来抒写最美的诗篇和图画。

2025 年 5 月 13 日,写于家中

图书在版编目(CIP)数据

数字时代的精神症候 / 姜宇辉著. -- 上海 : 上海
人民出版社, 2025. -- ISBN 978-7-208-19506-6

Ⅰ. C913.3

中国国家版本馆 CIP 数据核字第 2025LZ8129 号

责任编辑　于力平
封扉设计　人马艺术设计・储平

数字时代的精神症候

姜宇辉　著

出　　版　上海人民出版社
　　　　　（201101　上海市闵行区号景路 159 弄 C 座）
发　　行　上海人民出版社发行中心
印　　刷　上海商务联西印刷有限公司
开　　本　720×1000　1/16
印　　张　22
插　　页　2
字　　数　349,000
版　　次　2025 年 6 月第 1 版
印　　次　2025 年 6 月第 1 次印刷
ISBN 978 - 7 - 208 - 19506 - 6/B・1839
定　　价　88.00 元

MINERVA

· 密涅瓦 ·

社会观察

《新异化的诞生：社会加速批判理论大纲》	[德] 哈特穆特·罗萨 著	郑作彧 译
《不受掌控》	[德] 哈特穆特·罗萨 著 郑作彧 马 欣 译	
《部落时代：个体主义在后现代社会的衰落》	[法] 米歇尔·马费索利 著	许轶冰 译
《鲍德里亚访谈录：1968—2008》	[法] 让·鲍德里亚 著	成家桢 译
《替罪羊》	[法] 勒内·基拉尔 著	冯寿农 译
《吃的哲学》	[荷兰] 安玛丽·摩尔 著	冯小旦 译
《经济人类学——法兰西学院课程（1992—1993）》	[法] 皮埃尔·布迪厄 著	张 璐 译
《局外人——越轨的社会学研究》	[美] 霍华德·贝克尔 著	张默雪 译
《如何思考全球数字资本主义？——当代社会批判理论下的哲学反思》		蓝 江 著
《晚期现代社会的危机——社会理论能做什么？》	[德] 安德雷亚斯·莱克维茨 [德] 哈特穆特·罗萨 著	郑作彧 译
《解剖孤独》	[日] 慈子·小泽-德席尔瓦 著 季若冰 程 瑜 译	
《美国》（修订译本）	[法] 让·鲍德里亚 著	张 生 译
《面对盖娅——新气候制度八讲》	[法] 布鲁诺·拉图尔 著	李婉楠 译
《狄奥尼索斯的阴影——狂欢社会学的贡献》	[法] 米歇尔·马费索利 著	许轶冰 译
《共鸣教育学》	[德] 哈特穆特·罗萨 [德] 沃尔夫冈·恩德雷斯 著 王世岳 译	
《商品美学批判》（修订译本）	[德] 沃尔夫冈·弗里茨·豪格 著 董 璐 译	
《当代前沿社会理论十讲》	郑作彧 编著	
《死亡与右手》（修订译本）	[法] 罗伯特·赫尔兹 著	吴凤玲 译
《实用人类学》	[德] 伊曼努尔·康德 著	邓晓芒 译

思辨万象

《概率：人生的指南》	[英] 达瑞·P.罗博顿 著 刘叶涛 校	雒自新 译
《哲学与现实政治》	[英] 雷蒙德·戈伊斯 著	杨 昊 译
《作为人间之学的伦理学》	[日] 和辻哲郎 著	汤恺杰 译
《扎根——人类责任宣言绪论》（修订译本）	[法] 西蒙娜·薇依 著	徐卫翔 译
《电子游戏与哲学》	[美] 乔恩·科格本 [美] 马克·西尔考克斯 著	施 璇 译
《透彻思考：哲学问题与成就导论》（第二版）	[美] 克拉克·格利穆尔 著 张 坤 张寄冀 译	
《超自然认识》	[法] 西蒙娜·薇依 著	王星皓 译
《技术中的身体》	[美] 唐·伊德 著	王明玉 译
《数字时代的精神症候》	姜宇辉 著